IRLAND

DIE AUTOREN

Rasso Knoller, 1959 in Augsburg geboren, lebt heute als Journalist in Berlin. Seit 1989 hat er mehr als 50 Sachbücher veröffentlicht. Er hat lange in Helsinki gearbeitet und spricht fließend Englisch, Schwedisch, Norwegisch und versteht Dänisch und Finnisch – seine Reiseschwerpunkte liegen in Nordeuropa und im englischsprachigen Raum.

Christian Nowak, 1954 in Berlin geboren, veröffentlicht Reportagen und Fotos. Außerdem sind von ihm bisher mehr als 50 Reiseführer und Bildbände erschienen. Seine Schwerpunkte liegen in Nordeuropa, Deutschland und im Baltikum.

Rasso Knoller und Christian Nowak sind Mitglieder des Berliner Journalistenbüros »Die Reisejournalisten« (www.die-reisejournalisten.de) und betreiben mit Kollegen das Onlineportal »Weltreisejournal« (www.weltreisejournal.de).

TOP 10

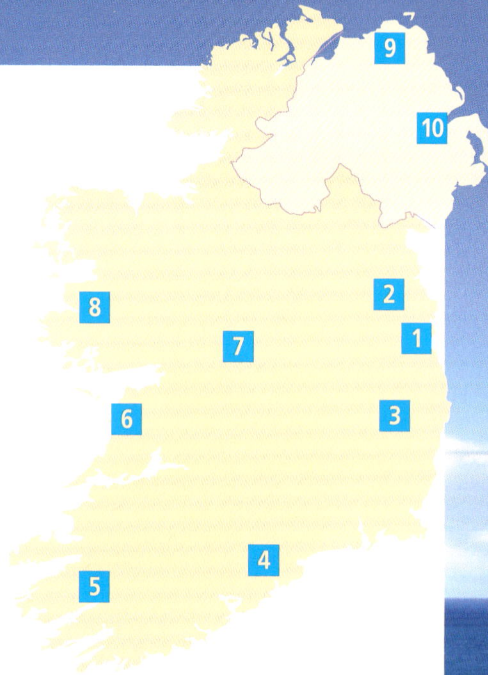

1 Dublin
S. 24–69

Die irische Hauptstadt hat eine Reihe hochklassiger Sehenswürdigkeiten wie das Trinity College mit dem »Book of Kells«, die National Gallery oder die St. Patrick's Cathedral zu bieten – und natürlich das legendäre Kneipenviertel Temple Bar.

2 Newgrange
S. 75 ff.

Der Grabhügel hat einen Durchmesser von 90 Metern und ist mehr als 5000 Jahre alt. Die Wände, die das steinzeitliche Grab umschließen, wurden aus 200 000 Tonnen Stein errichtet.

3 Wicklow Mountains
S. 86 f.

Die Hügel des Wicklow Nationalparks sind eines der beliebtesten Ausflugsziele der Dubliner. Höhepunkte sind der Park Powerscourt Gardens und die Überreste der Klostersiedlung Glendalough.

4 Cork
S. 102 ff.

In der Studentenstadt mit historischem Stadtkern wird viel gefeiert, die Auswahl an Pubs ist beeindruckend. Auch die Shoppingmöglichkeiten sind gut.

5 Ring of Kerry
S. 118 ff.

Bei einer Rundfahrt über die Iveragh-Halbinsel – auch als der »Ring of Kerry« bekannt – kommt man durch eine irische Landschaft wie aus dem Bilderbuch: Grüne Weiden, klare Seen, karges Bergland und zerklüftete Küste wechseln sich ab.

6 Cliffs of Moher
S. 130

Die bis zu 200 Meter hohen, senkrechten Klippen zählen zu den beeindruckendsten Küstenabschnitten Irlands.

7 Clonmacnoise
S. 149 f.

Die Überreste des Klosters am Ufer des Flusses Shannon sind einer der wichtigsten Orte frühchristlicher Geschichte in Irland.

8 Connemara
S. 166 ff.

Westlich von Galway erstreckt sich das wilde Bergland von Connemara mit zahlreichen Sümpfen und Mooren.

9 Giant's Causeway
S. 212 f.

Die rund 40 000 Basaltsäulen an der Nordküste der Grafschaft Antrim sind vulkanischen Ursprungs und UNESCO-Weltnaturerbe.

10 Belfast
S. 216–234

Das geschichtsträchtige Zentrum Nordirlands liegt malerisch zwischen Bergen und Küste. Nach jahrzehntelangen blutigen Auseinandersetzungen ist die Stadt zu neuem Leben erwacht und ein lohnendes Ziel.

Christian Nowak und Rasso Knoller

IRLAND

DIE GRÜNE INSEL

IRLAND

DIE GRÜNE INSEL

Ruhe und Entspannung – das suchen die meisten Touristen, die Irland bereisen. Von Sehenswürdigkeit zu Sehenswürdigkeit hetzen wollen nur die wenigsten Gäste, die ins Land kommen. Sie nehmen für die Zeit ihres Urlaubs das ausgeglichene Temperament ihrer Gastgeber an und kommen so auch der irischen Seele ein wenig näher.

»Die Grüne Insel« – wie oft hat man diese Floskel schon gehört und gelesen, und doch beschreibt sie die Natur des Landes absolut treffend: saftige Wiesen, auf denen je nach Region Schafe oder Kühe weiden, und üppig bepflanzte Vorgärten, in denen auch noch zur Adventszeit Rosen und Ginster blühen. Frost gibt es in Irland nur selten. So verführt das milde Wetter die abgehärteten Iren selbst noch im Dezember, im T-Shirt auf die Straße zu gehen.

Blütenkissen pinkfarbener Grasnelken an der Steilküste der Halbinsel Dingle

Erkauft werden muss das Ganze allerdings mit Regen, der üppig und gleichmäßig übers Jahr verteilt fällt und der für die Iren ebenso selbstverständlich zum Leben gehört wie ihre Pubs. Drinnen in der Gaststube ist man dann immerhin sicher vor dem Regen. Ein irisches

Sprichwort besagt, dass der Innenraum eines Pubs der einzige Ort im ganzen Land ist, an dem es nicht regnet.

Ganz so schlimm ist es aber nicht. Denn meist verzieht sich der Regen genauso schnell, wie er gekommen ist, und die dann durchbrechende Sonne macht Irland zur »Insel der Regenbogen«. Dann wirkt alles noch grüner und schöner und man kann den Nationalstolz der Iren verstehen, der sie auch Zeiten großer Not überstehen ließ. Perioden, in denen Hunderttausende zur Auswanderung gezwungen waren, und Epochen, in denen Kriege und Gewalt das Land zerrissen.

Doch die Zeiten der Bürgerkriegswirren in Nordirland sind lange vorbei. So ist es kein Wunder, dass immer mehr Touristen Irland für sich entdecken. Die Insel ist das ideale Reiseland für Naturliebhaber, die ihre Ferien mit Angeln, Wandern oder Reiten verbringen wollen, aber auch für Menschen, die sich für alte Kulturen interessieren oder einfach Gemütlichkeit und gute Laune zu schätzen wissen. Die irische Freundlichkeit ist sprichwörtlich. Bei einem Guinness im Pub wird jeder Reisende schnell zu einem Freund. In diesen Sinne: Willkommen in Irland – »Fáilte go Éireann«.

Unterwegs im »Reich der Schafe«

Auf der Dingle Peninsula mit Blick auf die Blasket Islands

Klima

Da gibt es nichts schönzureden. In Irland regnet es mehr als in den meisten anderen Reiseländern. Ein Trost ist allenfalls, dass es oft nicht besonders lange regnet und sich Regen, Sonne und Wolken beständig abwechseln. Am meisten Niederschlag geht im bergigen Südwesten des Landes nieder. Die Temperaturen steigen auch im Sommer nur selten über 20 Grad. Andererseits sind selbst im November noch Temperaturen bis 15 Grad möglich. Frost herrscht in den Flachlagen nur äußerst selten, wenn doch mal, dann vor allem im Nordwesten des Landes. Der Grund für das milde Wetter ist der Golfstrom, der in Irland ein gemäßigtes atlantisches Klima schafft.

Georgianische Hauseingänge in Dublin

Städte

Die irische Insel wird im Wesentlichen von zwei Städten beherrscht: Dublin (Republik Irland, 553 000 Einwohner) und Belfast (Nordirland, 340 000 Einwohner). Die jeweils an Nummer zwei liegenden Städte Cork (126 000 Einwohner) und Derry (107 000 Einwohner) folgen – nicht nur was die Einwohnerzahl angeht – mit deutlichem Abstand. Dublin wie Belfast sind auch als eigenständige Reiseziele geeignet, beide Städte bieten genügend Sehenswertes für einen mehrtägigen Aufenthalt. Vor allem Belfast hat in den vergangenen Jahren enorm aufgeholt. Die Stadt leidet zu Unrecht immer noch ein wenig unter ihrem schlechten Ruf aus der Zeit der »Troubles« und ist von Touristen bisher nur wenig entdeckt. Dublin und Belfast sind nicht nur der politische, sondern auch

Dublin am River Liffey, Hauptstadt der Republik Irland

Hausboote passieren Clonmacnoise, die einzigartige Klosterruine am Ufer des Shannon

der wirtschaftliche und kulturelle Mittelpunkt im jeweiligen Landesteil.

Cork und Derry haben mit ihren schmucken Altstädten durchaus ihren Reiz und lohnen auf jeden Fall einen Umweg. Gerade Derry ist ein sehr schönes Städtchen und bietet mit seiner völlig erhaltenen Stadtmauer eine auf der irischen Insel einmalige Sehenswürdigkeit. Allerdings: Wer keine speziellen Interessen hat, hat in einem Tag alles gesehen.

Und die jeweilige Nummer drei? Lisburn, die drittgrößte Stadt des Nordens, ist beinahe ein Vorort von Belfast. Und in Limerick steht zwar eine alte Burg, doch ein wirkliches touristisches Highlight ist die Stadt nicht. Allerdings dient sie vielen Touristen als Ausgangspunkt für eine Hausboottour auf dem Shannon.

Bestens erhalten: Das Kreuz von Muiredach zählt zu den schönsten Irlands

Wirtschaft

Mal oben, mal unten – Irland hat auf der Achterbahnfahrt der Wirtschaft schon alles erlebt. Im 19. Jahrhundert war Irland das Armenhaus Europas. Hunderttausende Iren verließen ihre Heimat, um in den USA oder Australien ihr Glück zu suchen. Später, in der Zeit nach dem Zweiten Weltkrieg, ging es mit der irischen Wirtschaft langsam, aber beständig bergauf. Dann jedoch führte Ende der 1970er und Anfang der 1980er Jahre die »zweite Ölkrise« zu einer deutlichen Abschwächung des Wirtschaftswachstums,

1983 musste man erstmals nach dem Krieg sogar einen Rückgang des Bruttoinlandprodukts (BIP) vermelden. Die Inflation stieg zeitweise auf über 20 Prozent.

Zwar stabilisierte sich die Lage allmählich, doch erst Mitte der 1990er Jahre kam es zu einem deutlichen Wirtschaftsaufschwung – zwischen 1995 und 2007 nahm das BIP im Schnitt um 5 Prozent pro Jahr zu. Damit hatte Irland europaweit die größten Wachstumsraten. Grund für den Boom war der Kapitalzufluss aus dem Ausland. Viele amerikanische Unternehmen – wie beispielsweise Dell, Intel und Microsoft – investierten riesige Summen. Um weitere Unternehmen anzuwerben, wurde die Unternehmenssteuer auf 12,5 Prozent und damit den niedrigsten Wert in Europa abgesenkt. Im Jahr 2000 wurde ein gesetzlicher Mindestlohn von 8,65 Euro festgeschrieben, der allerdings 2011 wegen wirtschaftlicher Probleme auf 7,65 Euro abgesenkt wurde. Das ehemalige Auswandererland wurde zum Einwandererland. Besonders aus Osteuropa, und da wiederum vor allem aus Polen, strömten Arbeitskräfte ins Land.

Die Bauindustrie begann ab dem Jahr 2000 stark zu expandieren. Bald schon allerdings wuchs dieser Sektor über das vernünftige Maß hinaus. Ein ungesunder Immobilienboom suchte das Land wie eine Krankheit heim. Jeder glaubte, der Aufschwung würde ewig anhalten, jeder wollte mit Speku-

Hummerkörbe im County Connemara

lationsgewinnen einfaches Geld machen. Ein Haus zu kaufen schien plötzlich für jeden erschwinglich. Dass man für Immobilien Mondpreise zahlen musste, schreckte die Käufer nicht ab.

Als sich aber die von den USA ausgehende Immobilien- und Bankenkrise zu einer Weltwirtschaftskrise auswuchs, war Irland zunächst stärker betroffen als jedes andere Land der EU. Der »keltische Tiger«, wie sich das Land in Aufschwungzeiten gern nennen ließ, landete als Bettvorleger. Die Kredite platzten und Banken gingen bankrott. Die drohende Zahlungsunfähigkeit des irischen Staates konnte 2010 nur durch massive Kredite aus Brüssel abgewendet werden.

Nach und nach konnte der Niedergang durch eine rigide Sparpolitik gestoppt werden. Die Auswirkungen der Krise sind teilweise noch sichtbar: In einigen Regionen fährt man an nie vollendeten Neubaugebieten vorbei, in anderen hängt an etlichen Häusern immer noch ein »For Sale«-Schild.

Die Lage hat sich in den letzten drei Jahren stabilisiert, weil faule Kredite abgebaut wurden, das Staatsdefizit wurde verringert. Die Ratingagentur Fitch hat laut Handelsblatt die beiden großen irischen Banken in der Bewertung auf ein A+ (Dezember 2017) angehoben. Irland gehört zu den Ländern, die hart von der Krise getroffen wurden, dieser aber mittlerweile entwachsen sind. Allerdings kritisiert die EU-Kommission Irland für seine niedrigen Steuern. Apple nutzte das besonders dreist aus und zahlte auf seine Gewinne im Jahr 2014 laut EU-Kommission nur 0,005 Prozent Steuern. Doch immerhin: Der Mindestlohn in Irland gehört mit 9,55 Euro zu den höchsten in der EU.

Ebbe-Vergnügen: das Sammeln von Miesmuscheln, Austern und anderen Mollusken oder …

Touristische Highlights

Den ersten Irlandurlaub widmen viele Besucher der Hauptstadt. Dublin bietet einiges an städtebaulicher Schönheit und verfügt über ein attraktives Umland. Vermutlich ist es aber vor allem doch die besondere Atmosphäre der Stadt, die die Besucher anlockt. Entspannt und freundlich geht man hier miteinander um. Der abendliche Bummel von einem Pub zum anderen ist für viele Touristen mindestens genauso wichtig wie der Besuch des Nationalmuseums, des Trinity College oder der St. Patrick's Cathedral am Nachmittag.

Im Süden des Landes, in den Provinzen Cork und Kerry, ragen fünf Halbinseln wie Finger ins Meer hinein. Dingle, Iveragh – mit dem Ring of Kerry –, Beara, Sheep's Head und Mizen gehören zu den schönsten Regionen Irlands und, wie manche meinen, Europas. Perfekte Ziele für Aktivurlauber, die gern wandern, Fahrrad fahren oder einfach nur am Meer entlangspazieren. Allerdings ist der Ring of Kerry – zumindest für irische Verhältnisse – schon ziemlich überlaufen. Im Sommer fahren die Touristenbusse dicht an dicht um die Halbinsel.

… das Beobachten der Meeresfauna

Im Hinterland liegt der spektakuläre Killarney Nationalpark mit seiner Hügellandschaft, mit Wasserfällen und Seen. Doch auch auf städtisches Flair braucht man hier im Süden nicht zu verzichten. Cork, die zweitgrößte Stadt des Landes, sieht sich selbst als die heimliche Hauptstadt und in ewiger Konkurrenz zu Dublin. Das ist nun zwar etwas weit hergeholt, doch was die Kneipendichte und die Feierfreude angeht, kann es die etwa 126 000 Einwohner zählende Stadt auch mit größeren Metropolen aufnehmen.

Der Westen ist generell etwas spektakulärer als die Ostküste. Ein herausragendes Beispiel dafür sind die Cliffs of Moher, die über 200 Meter steil aus dem Meer aufragen. Zu den weiteren Highlights auf einer Reise entlang der Westküste zählt das Bergland von Connemara. Welch herben Reiz diese

Region ausstrahlt, vermittelt sich zwar schon beim Durchfahren, wirklich »erspüren« kann man Connemara jedoch nur mit Wanderstiefeln und Rucksack.

Ähnliches gilt auch für die nordwestliche Region des Landes nördlich von Sligo. Hier ist die Einwohnerdichte am geringsten, die Landschaft ist weniger zersiedelt und die Natur noch wild und ungezähmt. Die erste Adresse für Wanderer ist hier oben der Glenveagh Nationalpark mit seiner rauen Berglandschaft.

Auf keinen Fall versäumen sollte man eine Rundfahrt um die Halbinsel Inishowen, zumal diese ab Derry, der zweitgrößten Stadt Nordirlands, recht einfach zu erreichen ist.

Der Trumpf Nordirlands ist – abgesehen von den beiden Städten Belfast und Derry – vor allem die Küste zwischen

Eine der schönsten Regionen der Grünen Insel: der Killarney Nationalpark auf der Iveragh-Halbinsel im Südwesten Irlands

Carrickfergus und Portrush. Hier reiht sich eine Sehenswürdigkeit an die andere: alte Burgen, weite Strände, spektakuläre Klippen und als Highlight der Giant's Causeway. Die 40 000 Basaltsäulen, die hier aus der Erde ragen, wurden von der UNESCO bereits 1986 zum Weltnaturerbe ernannt. Giant's Causeway, der Damm des Riesen, zählt heute zu den meistbesuchten Sehenswürdigkeiten des Landes.

Im Osten des Landes lohnen das alte Seebad Bray und die Wicklow Mountains einen Ausflug von Dublin aus. Kilkenny am Nore River gilt als eine der schönsten Städte Irlands; ein Besuchermagnet ist die Burg aus dem 12. Jahrhundert.

Das Zentrum des Landes wird von vielen Irlandbesuchern unterschätzt und ist als Urlaubsregion noch kaum entdeckt. Hierher kommen die Touristen nur, um eine Hausboottour auf dem Shannon anzutreten oder in den Seen und Flüssen der Region zu angeln. Landschaftlich mag das Landesinnere in der Tat etwas hinter den spektakulären Küstenregionen zurückstehen, dafür findet man gerade hier besonders viele historische Zeugnisse.

Das Idealbild einer mittelalterlichen Burganlage: das normannische Kastell Trim Castle (County Meath)

Übers ganze Land verstreut liegen die Stätten des frühen Christentums. Die Ruinen von Clonmacnoise, Glendalough oder Monasterboice sind mehr als nur einen Umweg wert. Weil Irland über Jahrhunderte heftig umkämpft war, wird das Land von einer dichten Reihe von Burgen und Befestigungsanlagen durchzogen. Einst kriegerischen Zwecken dienend, sind es heute beliebte Reiseziele. Besonders gut erhalten ist Trim Castle nordwestlich von Dublin. Da es dem Idealbild einer mittelalterlichen Burganlage perfekt entspricht und zudem malerisch am Fluss Boyne liegt, dient es häufig als Kulisse für Ritterfilme.

Bedeutend sind auch die Reste aus der Stein- und Bronzezeit, die man überall in Irland findet. Das Ganggrab von Newgrange, von der UNESCO 1993 zum Weltkulturerbe ernannt, ist das bekannteste Bauwerk aus dieser Zeit. Aber auch Knowth in unmittelbarer Nachbarschaft von Newgrange, Grianán of Aileach im Norden, Céide Fields im Westen und Tulsk im Zentrum des Landes sind beeindruckende Zeugen aus grauer Vorzeit.

Für alle jene, die Parks und Gärten lieben, ist Irland ohnehin ein traumhaftes Reiseziel. Der reichliche Regen und das relativ milde Klima ohne Frost schaffen ideale Bedingungen für viele Pflanzen. Die meisten Schlösser und Herrschaftshäuser sind von großen Parkanlagen umgeben. Powerscourt Gardens südlich von Dublin, Mount Stewart House auf der Ards-Halbinsel östlich von Belfast und Muckross House im County Kerry sind nur drei Beispiele für die unzähligen schönen Gärten, die Irland zu bieten hat.

Highlight des Nordens: die Kreidefelsen an der Causeway-Küste

CHRONIK IRLANDS

DATEN ZUR LANDESGESCHICHTE

Älter als die Pyramiden von Gizeh: das Ganggrab in Newgrange

Um 7500 v. Chr.
Erste Besiedlung der irischen Insel durch kontinentaleuropäische Jäger, Fischer und Sammler. Zu dieser Zeit ist Irland noch fast komplett von dichten Wäldern bedeckt.

4000–2500 v. Chr.
Vor allem große Grabhügel, die bis in die Bronzezeit genutzt wurden, zeugen von einer hoch entwickelten jungsteinzeitlichen Kultur. Besonders beeindruckende Beispiele sind Knowth und Newgrange, die beide zum Weltkulturerbe zählen. Knowth im Boyne Valley besteht aus einem Haupthügel sowie rund 20 kleineren Hügeln. Das Ganggrab von Newgrange, oberhalb einer weiten Flussbiegung gelegen, zählt zu den weltweit bedeutendsten Megalithanlagen und wurde um 3100 v. Chr. erbaut.

Um 2500 v. Chr.
Zu dieser Zeit tauchen die ersten »Becherleute« in Irland auf, von denen man charakteristische Töpferarbeiten gefunden hat.

Um 1500 v. Chr.
Die Metallverarbeitung und insbesondere die Goldschmiedekunst erreichen ein hohes Niveau.

Ab 600 v. Chr.
Die ersten Kelten kommen wahrscheinlich von Frankreich nach Irland. Verschiedene Stämme, unter ihnen die Gälen, wandern ein und bringen die keltische Sprache, das spätere Irisch, auf die Insel mit. Sie alle verehren die Sonne als höchste Gottheit. Kleinere Königreiche vereinigen sich zu fünf Hoheitsgebieten: Connacht, Ulster, Munster, Leinster des Südens und Leinster des Nordens (Meath).

Verzierter Steinblock mit Dreifachspirale in Newgrange

Ab 430
Mit der Missionierung des heiligen Patrick beginnt die Christianisierung Irlands. Es entsteht eine eigenständige irische Kirche; die nächsten 300 Jahre gelten wegen der Kloster-Kultur als Blütezeit des frühchristlichen Irland. In der Nähe des heutigen Dublin werden die ersten Holzkirchen erbaut.

Um 800
Die Wikinger, die schon die Orkney- und Shetlandinseln besiedelt haben, erreichen nun auch Irland. Nach rund 50 Jahren, in denen sie ihre gefürchteten Überfälle vor allem auf Klöster richten, gründen sie die ersten permanenten Siedlungen. Daraus entwickeln sich unter anderem die Städte Dublin, Wicklow, Wexford und Waterford.

902
Die Kelten besiegen und vertreiben die Wikinger, die jedoch schon einige Jahre später zurückkehren.

1005
Der Hochkönig Brian Boru herrscht nicht unumstritten über ein geeintes Irland. 1014 besiegt er in der Schlacht von Clontarf in der Nähe des heutigen Dublin die Wikinger. Die Überlebenden ziehen sich zum Großteil nach England und Schottland zurück. Da Brian Boru und sein Thronfolger gefallen sind, entsteht ein Machtvakuum und Irland zerfällt wieder in rivalisierende Kleinkönigreiche.

1169–72
Der englische König Heinrich II. erobert mit seinem Normannenheer den Osten Irlands. Anschließend verteilt er große Ländereien als Lehen an normannische Barone. Sie errichten befestigte Wohn- und Wehrtürme. Noch heute prägen rund 2000 teils als Ruine erhalten gebliebene *Town Houses* das Landschaftsbild Irlands.

13. Jh.
Zwei Drittel des Landes stehen unter der Herrschaft des englischen Adels, der sich jedoch schnell assimiliert. Daher nimmt gegen Ende des 13. Jahrhunderts der englische Einfluss wieder ab.

1315
Die Schotten überfallen Irland. Edward Bruce, der Bruder des schottischen Königs, wird zum irischen König gekrönt. Er fällt drei Jahre später im Kampf.

1348
Eine verheerende Pestepidemie wütet auf der Insel; innerhalb von nur drei Jahren stirbt rund ein Drittel der Bevölkerung am »Schwarzen Tod«. Große Teile des Landes verfallen in Anarchie.

1394
Richard II. landet in Irland und besiegt den König von Leinster, womit die englische Herrschaft neu untermauert wird.

1534
Thomas Fitzgerald zettelt eine Revolte gegen England an. Heinrich VIII. lässt den Aufstand niederschlagen.

1541
Irland wird zum »Kingdom of Ireland«; damit wird der englische König Heinrich VIII. auch König von Irland. Unter ihm werden alle Kirchengüter eingezogen, dennoch halten die Iren zum Großteil am katholischen Glauben fest.

Mit St. Patrick beginnt die Christianisierung Irlands

Das keltische Kreuz symbolisiert die vier Himmelsrichtungen und die vier Jahreszeiten

Unter Heinrich VIII. werden alle Kirchengüter eingezogen (Gemälde von Hans Holbein d. J., um 1536)

1560
Die staatlich geförderte Ansiedlung von Briten in Irland nimmt stark zu, gleichzeitig wird die katholische Mehrheit immer mehr unterdrückt. Schließlich erklärt Königin Elizabeth I. Irland zu einem protestantischen Land. Englisches Recht wird eingeführt. In der Folgezeit kommt es häufig zu Aufständen. Als Vergeltung werden irische Grundbesitzer enteignet, woraufhin zahlreiche Adlige das Land verlassen.

1649
Oliver Cromwell führt einen Feldzug gegen das aufständische Irland an. Nach der Landung schlägt er einen seit Anfang der 1640er Jahre gärenden Aufstand brutal nieder. Die Städte Drogheda und Wexford werden vollständig zerstört. Es folgt eine Zwangsumsiedlung katholischer Landbesitzer nach Westirland. Einige Aufständische werden sogar als Sklaven in die Karibik verschifft. Statt Sold erhalten die Soldaten oft Grundstücke, sie lassen sich hauptsächlich in Ulster nieder.

1689
Katholische Truppen unter James II. belagern Derry 105 Tage lang. Viele Bewohner sterben an Hunger und Krankheiten. Die Kanonen, mit denen die Stadt verteidigt wurde, sind heute noch auf der Stadtmauer zu sehen.

1690
Am River Boyne kämpfen zwei britische Könige gegeneinander. James II., der die irische Sache unterstützt, unterliegt gegen Wilhelm von Oranien. Dessen Sieg wird bis heute von den protestantischen Unionisten in Nordirland gefeiert.

1691
Die Briten führen die Strafgesetze ein, die es den Katholiken unter anderem verbieten öffentliche Ämter auszuüben.

Seine Tochter, Königin Elizabeth I., erklärt Irland 1560 zu einem protestantischen Land

1731
Der »Belfast Newsletter« erscheint erstmalig – es ist die älteste bis heute erscheinende Zeitung der Welt.

1782
Das irische Parlament, in dem nur Protestanten vertreten sind, erhält mehr Rechte.

1797/98
Ein Aufstand der »United Irishmen«, der auf die Unabhängigkeit des Landes zielt, wird niedergeschlagen. Der Anführer Theobald Wolfe Tone wird von den Engländern verhaftet und begeht Selbstmord.

1800
Das Parlament löst sich selbst auf, da die Engländer die meisten Abgeordneten mit großen Geldsummen bestochen haben.

1801
Im »Act of Union« wird Irland mit dem Königreich Großbritannien vereinigt. Dublin wird Hauptsitz der britischen Verwaltung.

1803
Erneuter und wieder erfolgloser Aufstand gegen die Briten.

1823
Gründung der »Catholic Association« durch Daniel O'Connell, die 1829 die Aufhebung der antikatholischen Gesetze erreicht.

1845–48
Ab 1845 breitet sich die Kartoffelfäule auf der Insel aus und nimmt vor allem den Armen das Hauptnahrungsmittel. Die britische Regierung verweigert jegliche Hilfe, was die Große Hungersnot auslöst – rund eine Million Iren sterben. Die gleichzeitige Auswanderungswelle verringert die Einwohnerzahl weiter: von zuvor achteinhalb auf sechs Millionen. Dublin erlebt hingegen einen Bevölkerungszuwachs, denn wer nicht auswandern kann, versucht sein Glück in der Stadt. Der Ruf nach besseren Pachtrechten wird laut, der Widerstand gegen London wächst.

1867
Der Aufstand der »Irish Republican Brotherhood« gegen die Briten wird niedergeschlagen.

1879
Als die Preise für landwirtschaftliche Produkte drastisch sinken und die Bauern ihre Pacht nicht mehr bezahlen können, werden sie von den Eigentümern vertrieben. Gründung der »Land League«, die für Reformen bei den Pachtgesetzen kämpft.

Ab 1880
Charles Parnell Stewart wird immer mehr zur führenden Person im irischen Widerstand. Er kämpft für Autonomie und Bodenreformen. In Nordirland formiert sich eine Bewegung, die gegen die irische Selbstständigkeit eintritt.

1884
Gründung des gälischen Sportverbands, der sich auch für den Erhalt der irischen Traditionen einsetzt.

1893
Gründung der »Gaelic League« zum Schutz der irischen Sprache und Literatur.

1905
Gründung der Partei »Sinn Féin«, die zum passiven Widerstand gegen die britische Herrschaft auffordert.

1911
Am 31. Mai läuft die »Titanic« in Belfast vom Stapel. Das von der Reederei Harland & Wolff gebaute Schiff gilt als technisches Meisterwerk.

»Catholicism is more than a Religion, it is a Political Power«: Mural in der Shankill Road in Belfast zu Ehren von Oliver Cromwell, Lordprotektor von England, Schottland und Irland im 17. Jahrhundert

Das bewegende Denkmal der Großen Hungersnot (The Famine) am Custom House Quay in Dublin: ausgezehrte und hungernde Menschen auf dem Weg zum Auswandererschiff

Das General Post Office in Dublin ist 1916 Schauplatz des Osteraufstands

1913
Generalstreik in Dublin.

1914
Das britische Unterhaus verabschiedet die »Home Rule Bill«, die Irland eine eigene Verfassung und Selbstverwaltung gewähren soll. Wegen des Ausbruchs des Ersten Weltkriegs wird das Gesetz jedoch nicht umgesetzt.

1916
Der Osteraufstand von Dublin kann von den Briten niedergeschlagen werden. Die Aufständischen rufen die Irische Republik aus, werden aber nach nur sechs Tagen besiegt. Die Anführer werden hingerichtet, 300 Menschen getötet und die Innenstadt Dublins wird verwüstet. Erst durch die übertriebene britische Reaktion provoziert, schlägt sich die Bevölkerung, die bis dahin wenig Interesse für die Rebellion gezeigt hat, auf die Seite der Aufständischen. Sinn Féin ist zwar kaum an dem Aufstand beteiligt, wird in der Folgezeit aber zum Sammelbecken der Unabhängigkeitsbewegung.

1919
Die irischen Abgeordneten im Parlament von Westminster gründen in Dublin ein eigenes Parlament, rufen die Unabhängigkeit Irlands aus und bilden unter Eamon de Valera eine eigene Regierung. Die überwiegend protestantischen Grafschaften von Ulster im Norden bleiben auf eigenen Wunsch bei England. Um seinen Einfluss auf den neuen Staat nicht ganz zu verlieren, besteht England darauf, dass Irland Mitglied des Commonwealth bleibt.

1919–21
Der Unabhängigkeitskrieg endet mit dem englisch-irischen Vertrag und der Gründung des Freistaats Irland sowie der Teilung der Insel. Irland erhält in dem Vertrag beschränkte Unabhängigkeit. In Nordirland beherrschen die Protestanten Verwaltung und Wirtschaft. Doch der neue unabhängige Staat hat die gleichen Probleme, die schon zur Besatzungszeit bestanden: Die Wirtschaft ist zu schwach, um allen Iren ein gesichertes Einkommen zu bieten. Die »Fianna Fáil« und die »Fine Gael Labour Party« werden einander in relativ kurzer Folge in der Regierungsverantwortung ablösen.

Ein technisches Meisterwerk seiner Zeit: Am 31. Mai 1911 läuft die »Titanic« in der Belfaster Werft Harland & Wolff Ltd. vom Stapel

1922–23
Irischer Bürgerkrieg: Innerhalb der irischen Parteien kommt es zum Streit über den englisch-irischen Vertrag, der bald mit Waffengewalt ausgetragen wird. 4000 Menschen kommen im Verlauf des Bürgerkriegs ums Leben. Nach Kriegsende tritt der Irische Freistaat dem Völkerbund bei und beginnt mit einer radikalen Landreform.

1923/25
Der Nobelpreis für Literatur geht an W. B. Yeats und George Bernard Shaw.

1926
Gründung der Partei »Fianna Fáil« unter Eamon de Valera.

1932
Wahlsieg von »Fianna Fáil«, Eamon de Valera wird Premierminister.

1937
Irland erhält eine neue Verfassung, in der die vollständige Unabgängigkeit von Großbritannien erklärt wird. Der Anspruch auf Nordirland wird aufrechterhalten, der Freistaat gibt sich den gälischen Namen Éire, die katholische Kirche erhält Sonderrechte.

Eamon de Valera wird 1932 zum irischen Premierminister gewählt

1939–45
Irland bleibt im Zweiten Weltkrieg neutral. Die Deutsche Luftwaffe bombardiert 1941 aus Versehen Dublin – 28 Menschen sterben.

1949
Irland tritt aus dem Commonwealth aus und erklärt sich zur Republik.

1955
Irland tritt der UNO bei.

1966
Die IRA (Irisch-Republikanische Armee) sprengt die Nelsonsäule in der Dubliner O'Connell Street in die Luft.

1967
In Nordirland gründet sich eine Bürgerrechtsbewegung gegen die Diskriminierung der Katholiken.

1969
Protestantische Demonstranten ziehen durch katholische Stadtviertel in Derry. Daraufhin kommt es zu Straßenschlachten zwischen Katholiken, Protestanten und der Polizei. Die irische Armee verlegt Streitkräfte an die Grenze zu Nordirland. Die gewalttätigen Zusammenstöße zwischen Polizei und Bürgerrechtsdemonstranten in Derry und Belfast sowie die immer brutaler werdenden Auseinandersetzungen zwischen nationalistischen und unionistischen Bevölkerungsgruppen beantwortet die Londoner Regierung mit der Entsendung von Truppen. Das Jahr 1969 markiert den Beginn der »Troubles«, die Irland jahrzehntlang ins Chaos stürzen.

Samuel Beckett wird der Nobelpreis für Literatur verliehen.

1972
Am 30. Januar, dem »Bloody Sunday«, töten britische Fallschirmjäger im nordirischen Derry 14 unbewaffnete Demonstranten. Daraufhin wird das Belfaster Parlament aufgelöst und Nordirland von London aus regiert.

Bei einer Reihe von Bombenanschlägen in Belfast werden am 1. Juli, dem »Bloody Friday«, elf Menschen getötet und 130 verletzt. In den folgenden Jahren verübt die Irisch-Republikanische Armee (IRA) zahlreiche Bombenanschläge, ohne jedoch die Mehrheit der nordirischen Katholiken hinter sich zu haben. Auf der anderen Seite widersetzt sich der Pfarrer Ian Paisley als Mitglied des nordirischen Parlaments jeglicher Annäherung zwischen Irland und Nordirland.

Chronik Irlands

Aus der Zeit der »Troubles« – Wandmalerei in Derry/Londonderry

1973
Irland wird Mitglied der EG. Nach einigen Anlaufschwierigkeiten kommt es zu einem wirtschaftlichen Aufschwung, der Irland den Beinamen »Keltischer Tiger« einbringt.

1976
Friedensnobelpreis für die Gründerinnen der Ulster Friedensbewegung Mairead Corrigan und Betty Williams.

1980er Jahre
Schwere Wirtschaftskrise, viele Iren verlassen das Land. Hungerstreik von IRA-Aktivisten 1981 im Gefängnis von Long Kesh, wobei zehn von ihnen sterben.

1994
Die IRA-nahe »Sinn Féin« erklärt eine einseitige Waffenruhe; es kommt zu ersten Gesprächen zwischen der katholischen Sinn-Féin-Partei und der britischen Regierung.

1995
Die Ehescheidung wird zugelassen.

1996
Die IRA kündigt den Waffenstillstand wieder auf, es folgen gewalttätige Auseinandersetzungen zwischen Protestanten und Katholiken. Politische Morde und Bombenanschläge erschüttern ganz Nordirland.

1997
Nach dem Wahlsieg der »Labour Party« in Großbritannien kommt es zur Wiederaufnahme der Friedensgespräche für Nordirland. Trotzdem geht die Gewalt weiter.

1998
Durchbruch in den Friedensverhandlungen. Am 10. April wird zwischen den Regierungen Irlands und Großbritanniens sowie den nordirischen Parteien das Karfreitagsabkommen geschlossen. Für Nordirland wird eine größere Autonomie von London vereinbart. Außerdem legt das Abkommen fest, dass der Verfassungsanspruch Irlands auf Nordirland gestrichen wird. Einer Verfassungsänderung stimmen in einem Referendum 94 Prozent der Wähler zu.

2000
Eine neue Welle der Gewalt überzieht Nordirland. Großbritannien schickt erneut Truppen.

2002
Irland übernimmt den Euro als Währung.

2004
Der irische Premierminister übernimmt den Ratsvorsitz in der EU und führt die Verhandlungen über eine neue Europäische Verfassung zum Abschluss. In allen Pubs und öffentlichen Gebäuden wird Rauchverbot erlassen.

2005
Die IRA erklärt ihren endgültigen Gewaltverzicht und übergibt ihre Waffen.

2006
Der britische Premier Tony Blair und der irische Regierungschef Bertie Ahern stellen den nordirischen Streitparteien ein Ultimatum zur Bildung einer Regionalregierung.

2007
Bertie Ahern wird zum dritten Mal als irischer Ministerpräsident gewählt. Die Finanzkrise trifft Irland besonders hart, da das schnelle Wachstum der letzten Jahre zum Großteil auf Spekulationsblasen beruhte. Der mit Krediten aus dem Ausland finanzierte Bauboom kommt fast völlig zum Stillstand, die Immobilienblase platzt und dem Staat fehlen plötzlich fast 20 Prozent der Steuereinnahmen.

Die »Titanic« kurz vor ihrem Stapellauf 1911 in Belfast

2009
In einem zweiten Referendum stimmt die Mehrheit der irischen Bevölkerung dem EU-Vertrag von Lissabon zu.

2008–10
Das Land leidet immer noch stark unter der Weltwirtschaftskrise, es steht kurz vor dem Staatsbankrott. Im Herbst 2010 muss Irland als erstes Land unter den Euro-Rettungsschirm von EU und IWF und bekommt Finanzhilfen in Höhe von 85 Milliarden Euro.

2012
Durch rigorose Sparbemühungen und das milliardenschwere Rettungspaket hat Irland seine Wettbewerbsfähigkeit verbessert.

Dort, wo die »Titanic« 1911 vom Stapel lief, wird ein hochmodernes Titanic-Erlebniszentrum eröffnet.

2014/2015
Die wirtschaftliche Erholung setzt sich fort, die Arbeitslosenrate sinkt und die irische Wirtschaft ist wieder auf Wachstumskurs.

2016
Bei den Parlamentswahlen erzielt die Koalition um den Konservativen Enda Kenny herbe Verluste. Viele Iren sind unzufrieden, da sie nicht vom Aufschwung profitieren. Kenny bleibt jedoch im Amt.

»When she left, she was alright«: Mit »Titanic Belfast« feiert die Stadt nicht den Untergang des Luxusliners, sondern das, was vor 100 Jahren in Belfast geleistet wurde

2017/2018
Die »Irland-Frage« beschäftigt die europäische Politik als eines der wichtigen Themen des Brexit: Muss es eine harte Grenze zwischen der Republik Irland, die zur EU gehört, und Nordirland, das zu Großbritannien zählt, geben? Viele fürchten, dass eine solche Grenze mit Zollbeamten oder gar Militär den langwierig erkämpften Friedensprozess zwischen Nordirland und Irland gefährdet.

Irlands berühmte Sehenswürdigkeit: die Cliffs of Moher

DIE SCHÖNSTEN REISEREGIONEN IRLANDS

DUBLIN

POESIE UND PUBS – STADT DER SCHRIFTSTELLER UND SCHENKEN

Die Ha'penny Bridge über den River Liffey und das Zentrum des Dubliner Nachtlebens – Temple Bar

Schriftsteller und Dichter haben sich in 1 Dublin schon immer wohlgefühlt. James Joyce wurde hier geboren. George Bernard Shaw, Samuel Beckett und auch Oscar Wilde lebten in der irischen Hauptstadt. In letzter Zeit entdecken sie jedoch auch immer mehr Touristen für sich. Ein Grund dafür sind sicher die zahlreichen sogenannten Billigflieger, die eine Reise nach Dublin für viele erschwinglich machen. Doch inzwischen hat sich auch der Ruf der einstigen »grauen Maus« unter den europäischen

Hauptstädten grundlegend gewandelt: Früher Reiseziel nur für eingefleischte Fans, ist Dublin heute »in«. Was das kulturelle Erbe angeht, kann es die Stadt zwar nicht mit London, Wien oder Berlin aufnehmen, doch viel Sehenswertes hat auch sie zu bieten: das Trinity College mit dem Book of Kells, das Dublin Castle, die Christ Church und die St. Patrick's Cathedral oder auch das Guinness Storehouse – die riesige Ausstellung der gleichnamigen Brauerei.

Den eigentlichen Reiz der Stadt machen jedoch ihre Menschen aus. Ihre Freundlichkeit wirkt natürlich und nicht aufgesetzt. Die Hilfsbereitschaft kommt von Herzen. Kontakte schließt man schnell in Dublin. Spätestens, wenn abends in den Pubs bei Guinness und Livemusik die Stimmung steigt, werden Fremde zu Freunden. Ohnehin sind die gemütlichen Pubs für nicht wenige Touristen der Hauptgrund nach Dublin zu kommen – der Kneipenbezirk Temple Bar ist eine der wichtigsten Attraktionen. Dass Pubs auch Orte der Kultur sein können, beweisen schon die Schriftsteller der Stadt: Die meisten von ihnen verbrachten viele Stunden ihres Lebens am Tresen. Eine Pub-Wanderung auf ihren Spuren gehört zu den meistgebuchten Touren der Stadt.

Und dann ist da noch die Natur: Keine Stunde vom Zentrum der Hauptstadt entfernt, kann man im Hafenbecken der Insel Howth den Seehunden beim Planschen zusehen. Oder auf einsamen Pfaden in den Wicklow Mountains wandern.

Dublin heißt seine Gäste willkommen – vielleicht mit weniger weltstädtischem Charme als manch andere europäische Hauptstadt, dafür aber mit viel Herz.

Bier und Beten: Rundgang vorbei an Kirchen, Guinness Brauerei und dem ältesten Pub Irlands

Der Rundgang ist in der Karte auf S. 26/27 rot eingezeichnet.

Von der ❶ **Tourist Information** in der Suffolk Street, die in der ehemaligen St. Andrew Church untergebracht ist, sind es nur wenige Schritte ins Vergnügungsviertel

❷ **Temple Bar**. Am Gebäude der Central Bank vorbei geht man die Fownes Street hinab und biegt dann in die Temple Bar ein – der Name der Straße ist identisch mit dem des Viertels. Gleich an der Ecke liegt die **Temple Bar Gallery**, ein dreistöckiges Gebäude, in dem wechselnde Ausstellungen zu sehen sind. Obwohl im Viertel viele Künstler ihre Ateliers haben, stehen doch die Gaumengenüsse im Vordergrund: Ein Restaurant neben dem anderen, die Kneipen liegen wie an einer Per-

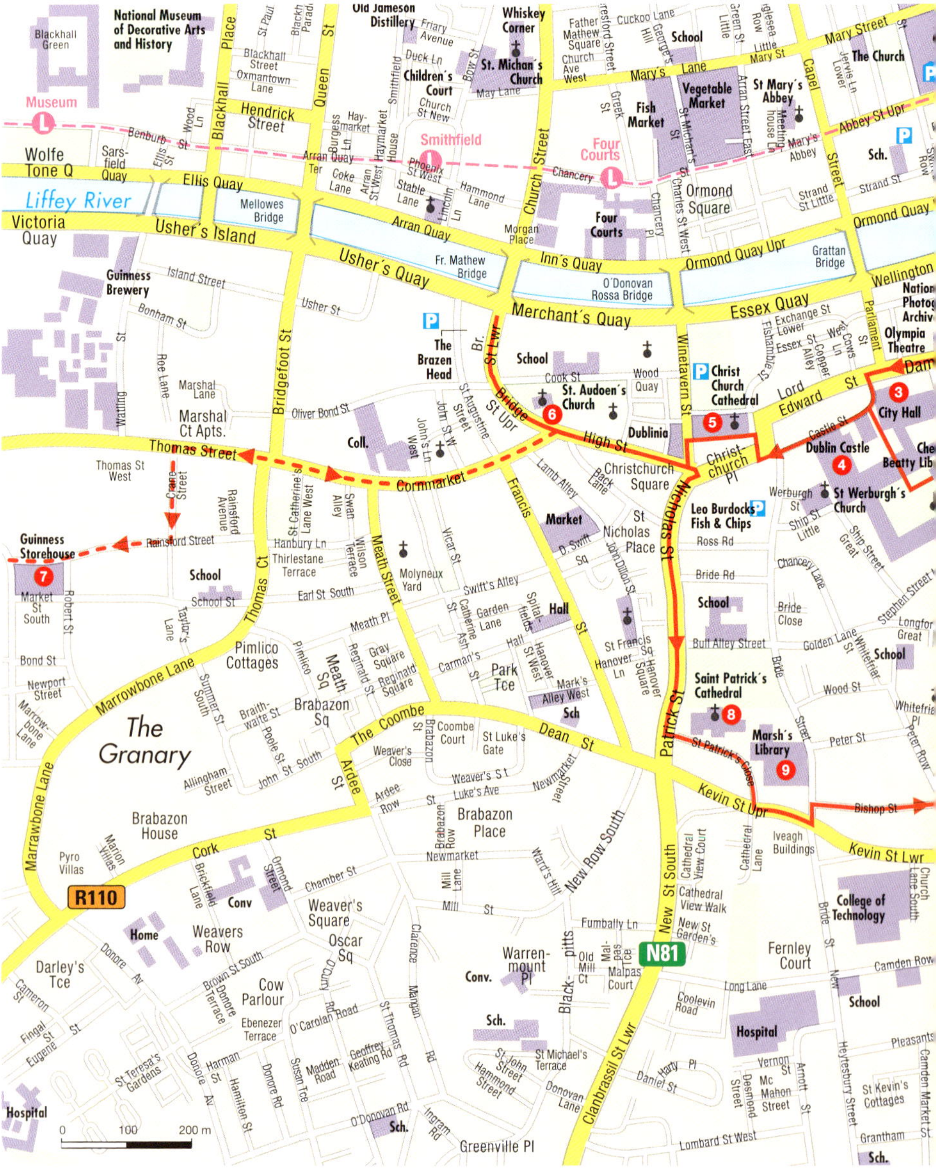

lenschnur aneinandergereiht dicht an dicht. An der Ecke zur Fleet Street liegt das wegen seines farbenfrohen Äußeren viel fotografierte Restaurant **The Oliver St. John Gogarty**. Wenig später passiert man »The Temple Bar Trading Company« – die richtige Adresse für alle, die sich Souvenirs mit Temple-Bar-Aufschriften besorgen wollen. Schließlich findet sich an der Ecke Temple Bar/Meeting House Square das **National Photographic Archive** mit wechselnden Fotoausstellungen.

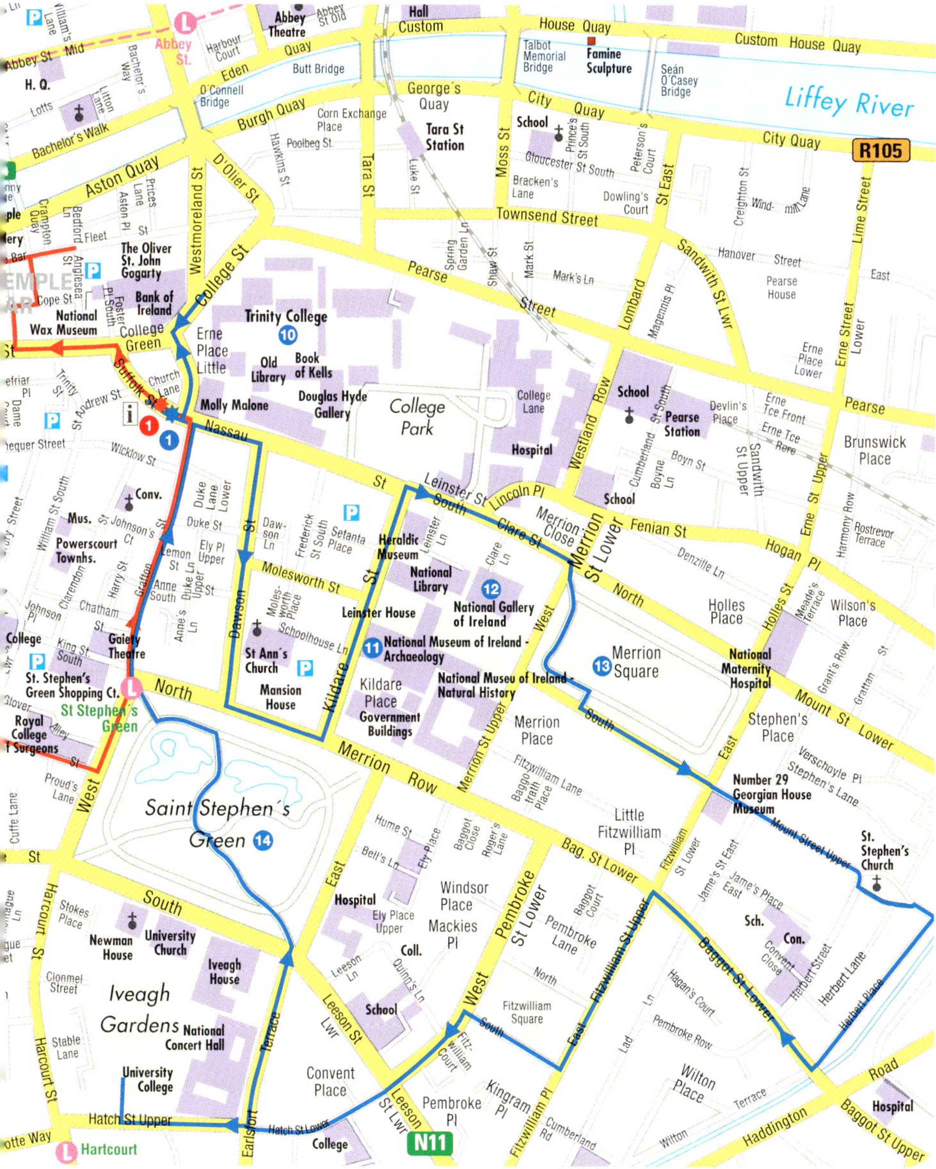

Direkt dahinter biegt man links in die enge Sycamore Street ein und erreicht nach wenigen Schritten die geschäftige Dame Street, an der die ❸ **City Hall** liegt. Obwohl das Mitte des 18. Jahrhunderts als Königliche Börse errichtete Gebäude mit seiner großen Kuppel kaum zu übersehen ist, wird das Rathaus sowohl von Touristen als auch von Einheimischen nur selten besucht – was schade ist, denn hier gibt es viel zu sehen. Bemerkenswert ist die Haupthalle mit den Statuen irischer Nationalhelden und der von zwölf Säulen getragenen und mit Fresken geschmückten Kuppel. Im Untergeschoss ist eine sehr sehenswerte **Ausstellung zur Stadtgeschichte** untergebracht. Seine Funktion als Börse verlor der Bau Mitte des 19. Jahrhunderts: Die Wirtschaft in Irland lag am Boden und es gab kaum noch Firmen, die Aktien ausgeben konnten, als

❷ TEMPLE BAR

Zwischen Dame St. und den Quais liegt das Kneipen- und Ausgehviertel Dublins, benannt nach Sir William Temple (1555–1627), der hier einst ein Grundstück besaß. Heute ist Temple Bar das Herzstück der Stadt. Das war nicht immer so: Im Laufe des 19. Jahrhunderts verkam die Gegend zusehends. Wer es sich leisten konnte, zog weg, und die Gebäude verfielen immer mehr. Genau das erwies sich später als Glück: Das Viertel machte einen so schäbigen Eindruck, dass sogar die Grundstücksspekulanten einen großen Bogen darum machten. In den 1980er Jahren sollte Temple Bar abgerissen werden und einem Busbahnhof weichen. In dieser Phase wurden die Gebäude zur Zwischennutzung preisgünstig vermietet, wodurch Künstler und kleine Geschäftsleute zurück ins Viertel kamen. Sie waren es auch, die gegen den Abriss der Häuser protestierten – und zwar mit Erfolg: Die irische Regierung rief eine Gesellschaft zum Erhalt des Viertels ins Leben. Im Laufe der 1990er Jahre wurde Temple Bar saniert. Heute reihen sich hier fast 200 Restaurants und Kneipen aneinander.

die Stadt das Gebäude kaufte und ab 1852 als Rathaus nutzte. Seit einigen Jahren werden die Amtsgeschäfte allerdings in einem Neubau am Wood Quay abgewickelt.

Dublin Castle symbolisiert die englische Vorherrschaft über 700 Jahre

Gleich neben der City Hall, etwas zurückgesetzt, liegt das 4 **Dublin Castle**. Zu Beginn des 13. Jahrhunderts von den Engländern erbaut, wurde es im 18. Jahrhundert renoviert. Im Rahmen einer Schlossführung kann man unter anderem die State Apartments besuchen. In diesen wird heutzutage der Staatspräsident in sein Amt eingeführt; dort empfängt er auch Staatsgäste.

Ebenfalls auf dem Gelände des Schlosses liegt die **Chester Beatty Library**. Die von ihrem Namensgeber Sir Alfred Chester Beatty im Laufe eines Sammlerlebens zusammengetragene Ausstellung wurde 2002 zum europäischen Museum des Jahres gekürt. Sie beheimatet neben Kuriosem und Kunstschätzen aus Asien, darunter eine beeindruckende Kollektion chinesischer Jadebücher, auch eine sehr gute Ausstellung über die führenden Weltreligionen.

Durch die Castle Street erreicht man nach wenigen Schritten die 5 **Christ Church Cathedral**. Sie wurde im 12. Jahrhundert an der Stelle einer Holzkirche aus dem Jahr 1030 erbaut und ist damit das älteste noch erhaltene Gebäude der Stadt. Im Inneren sehenswert sind der Sarkophag des Normannenkriegers Strongbow, eine Reliquie des Kirchengründers – des heiligen Lawrence – sowie der Domschatz in der Krypta.

Königliche Skulptur am Eingang zur Krypta der Chapel Royal in Dublin Castle: Hochkönig Brian Boru

Die Christ Church Cathedral ist die ältere der beiden im Mittelalter errichteten Kathedralen in Dublin; oben ein gotisches Kapitell im Kircheninneren

Die gleich nebenan gelegene Ausstellung **Dublinia and the Viking World** präsentiert auf unterhaltsame Weise die mittelalterliche Stadtgeschichte. Besucher erhalten zudem einen Einblick in das Leben der Wikinger, die einst Dublin gründeten. Wer sowohl Dublinia als auch Christ Church Cathedral besuchen will, sollte ein Kombiticket für beide Sehenswürdigkeiten kaufen.

Einige Schritte auf der High Street weiter stadtauswärts erreicht man die 6 **St. Audoen's Church**, erbaut im 13. Jahrhundert. Das Westportal stammt aus der Vorgängerkirche und datiert sogar bis ins Jahr 1190 zurück. Besichtigt werden kann die Kirche mit den ältesten Glocken Irlands und dem *lucky stone*, dessen Berührung Glück bringen soll, nur zwischen Mitte April und Mitte Oktober.

Um die Ecke, in der Lower Bridge Street 20, liegt das älteste Pub Irlands. Im **Brazen Head** kann man gemütlich sein Bier trinken und zugleich preisgünstige irische Hausmannskost genießen – bei gutem Wetter auch im Innenhof unter freiem Himmel. Wer es eilig hat, holt sich bei **Leo Burdock**, dem angeblich besten *Chipper* der Stadt (mit mehreren Standorten), Fish and Chips auf die Hand. Damit befindet man sich dann in prominenter Gesellschaft, denn laut Firmenprospekt haben sich hier schon Sandra Bullock, Tom Cruise, Bruce Springsteen und die komplette Crew von U2 ihren Fisch geholt. Ein Imbissladen liegt in der Werburgh Street 2, gegenüber der Kathedrale.

Für einen Abstecher zum 7 **Guinness Storehouse** muss man von der Christ Church Cathedral zehn Minuten Fußweg bis zum Firmensitz des berühmten Brauereierzeugnisses zurücklegen. Die Hauptstraßen High Street, Cornmarket und Thomas Street entlang und an der St. Catherine's Church von 1769 vorbei erreicht man linker Hand die Crane Street. Durch sie gelangt man schließlich zum Storehouse. In einer opulenten und deshalb manchmal etwas verwirrenden Multivisionshow wird die Herstellung des Biers und die Geschichte der Brauerei erklärt. Der Höhepunkt des Rundgangs ist aber ohnehin der Besuch der Gravity Bar im obersten Stockwerk: Hier kann man endlich ein Guinness probieren – und das kostenlos, denn ein Glas des dunkelbraunen Biers ist im Eintrittspreis inbegriffen. Außerdem hat man von hier oben aus den besten Blick über Dublin.

Von der Christ Church Cathedral aus erreicht man durch die Nicholas und St. Patrick's Street innerhalb nur weniger Hundert Meter die nächste bedeutende Kirche – die 8 **St. Patrick's Cathedral**. Bevor man die Kirche betritt, ist ein kurzer Rundgang durch den kleinen Park vor dem Kirchengebäude zu empfehlen. Auf der Rückseite des Parks sind in einer Mauer Gedenktafeln eingelassen, die an die wichtigsten irischen Dichter erinnern. Der Grundstein zum Bau von St. Patrick's wurde schon im Jahr 1191 gelegt. Ihr heutiges gotisches Aussehen erhielt die Kirche aber erst bei Umbauarbeiten im 13. Jahrhundert. Im Inneren der Kathedrale liegen einige sehr berühmte Iren begraben, unter anderem der Schriftsteller Jonathan Swift (1667–1745) und die beiden irischen Präsidenten Douglas Hyde (1860–1949) und Erskine Childers (1905–1974).

Unmittelbar hinter der St. Patrick's Cathedral biegt man links in die kleine St. Patrick's Close ein. Man folgt der Gasse etwa 50 Meter und erreicht linker Hand die 9 **Marsh's Library**, die älteste öffentliche Bücherei Irlands. Sie wurde 1710 vom Erzbischof Narcissus Marsh eingerichtet. Der Besuch lohnt

Umgeben von einem kleinen Park: St. Patrick's Cathedral

sich, denn die Räume wurden seitdem nicht verändert. Ende 2017 kehrte ein Buch in die Marsh's Library zurück, das im Jahr 1840 aus dem Lesesaal verschwunden war: »The Book of Common Prayer« von 1666. Ein Geistlicher hatte das Buch in seiner Kirche in Monkstown entdeckt. Sonntags und dienstags ist die Bibliothek geschlossen.

»Hair Fashion« nahe der Grafton Street

Der Weg zurück zum Ausgangspunkt dieses Rundgangs führt durch die Bishop und die Yorck Street zum Stadtpark St. Stephen's Green. Durch die Grafton Street mit ihren vielen Geschäften geht es dann weiter zum Büro der 1 **Tourist Information** in der Suffolk Street. Ein kleiner Abstecher zum **Powerscourt Townhouse Centre** – nur wenige Meter abseits der Grafton Street, Eingang bei »Barretts Shoe Shop« und der Powerscourt Clock – lohnt sich für diejenigen, die mit Designerware im Gepäck die Rückreise nach Hause antreten wollen. In dem alten Herrschaftshaus aus dem 18. Jahrhundert befindet sich nämlich das edelste Einkaufszentrum der Stadt.

Der Rundgang ist in der Karte auf S. 26/27 blau eingezeichnet.

Ein Rundgang zu Museen, Prachtbauten und gepflegten Parks aus georgianischer Zeit

Wegen der zentralen Lage in der Suffolk Street bietet sich die 1 **Tourist Information** als Ausgangspunkt auch für diesen Stadtrundgang an. Er führt durch die südlich der Liffey gelegene Innenstadt zu vielen wichtigen Museen, dabei kommt man immer wieder durch Straßen, die von typisch georgianischen Stadthäusern gesäumt sind. Unterwegs gibt es aber auch mehrere grüne Oasen wie den Merrion Square, St. Stephen's Green oder Iveagh Gardens, die mit ihren gepflegten Rasenflächen, Blumenrabatten und Bänken zum Verweilen einladen.

Auch wer schon gut mit Informationsmaterial versorgt ist, sollte nicht versäumen einen Blick in die Tourist Information zu werfen, die in der ehemaligen St. Andrew Church von 1862 untergebracht ist. Außerdem gibt es hier einen gut sortierten Souvenirshop. Beim Hinausgehen wendet man sich nach rechts und geht ein kurzes Stück auf der Suffolk Street bis zur Kreuzung Grafton Street. Hier steht die Bronzefigur der **Molly Malone** mit ihrem Karren. Meist ist sie von Touristen umlagert, die sich zusammen mit der legendären Fischhändlerin fotografieren lassen wollen.

Von Molly Malone sind es nur wenige Schritte bis man am **College Green**, einer der belebtesten Ecken der Stadt, anlangt. Zur Rushhour herrscht regelmäßig Verkehrschaos, weil hier drei der wichtigsten Straßen aufeinandertreffen. Beherrschend ist die Fassade des 10 **Trinity College**, hinter der sich die älteste Universität Irlands verbirgt. Seit die Uni im

Jahr 1592 von der englischen Königin Elisabeth I. gegründet wurde, hat sie unter anderem Berühmtheiten wie Jonathan Swift, Oscar Wilde, Bram Stoker oder Samuel Beckett hervorgebracht. Durch eine kleine Tür betritt man mit dem Strom der Studenten den Campus und schon nach wenigen Metern ist nichts mehr vom Lärm auf dem College Green zu hören. Inmitten des weiten Innenhofs steht das Wahrzeichen der Universität, der 1852 errichtete Campanile.

Von außen relativ unscheinbar ist das lange Gebäude zur Rechten, in dem sich die **Old Library** befindet. Als größte Kostbarkeit wird in der Schatzkammer das **Book of Kells** aufbewahrt. Das in lateinischen Großbuchstaben geschriebene Buch ist rund 1200 Jahre alt und enthält die vier Evangelien. Verfasst wurde die Kostbarkeit höchstwahrscheinlich von Mönchen auf der Insel Iona vor der Westküste Schottlands. Jedoch zumindest ein Teil, so nimmt man an, entstand in Kells, in der irischen Grafschaft Meath. Dorthin waren die Mönche nach einem Überfall der Wikinger geflüchtet. In den Ausstellungsräumen sind neben dem Original dieses Buchs, das durch seine farbige Ornamentik fasziniert, weitere kostbare mittelalterliche Evangelienhandschriften zu sehen.

Im ersten Stock befindet sich mit dem **Long Room** eine einzigartige Bibliothek. In den zweistöckigen Regalen, die bis unter die Tonnengewölbedecke reichen, lagern rund 200 000 kostbare, in Leder gebundene Bücher. Seit dem Jahr 1743 gibt es an beiden Längsseiten eine Sammlung von Marmorbüsten, die unter anderem Berühmtheiten wie Platon, Sokrates, Cicero, Aristoteles, Shakespeare, Locke, Newton, Swift und Bacon darstellen. In einem eher unscheinbaren Schaukasten ist die wahrscheinlich älteste Harfe Irlands aus dem 15. Jahrhundert ausgestellt. Nach einer Legende soll sie sogar noch älter sein und von Brian Boru stammen, einem irischen König, der im Jahr 1014 starb.

Molly Malone
An der Ecke Grafton und Suffolk Street steht das Denkmal von Molly Malone, der wahrscheinlich bekanntesten Dublinerin. Respektlos, aber liebevoll nennen die Dubliner sie »the tart with the cart« – das Flittchen mit dem Karren. Offiziell war sie eine Fischhändlerin, die im vom Armut gebeutelten Dublin des 17. Jahrhunderts lebte. Doch der tiefe Ausschnitt ihres Kleides legt nahe, dass sie nicht nur Muscheln verkauft hat, bevor die Cholera sie dahinraffte. Ob sie wirklich gelebt hat, ist nicht belegt, trotzdem ist sie durch das irische Volkslied »Cockles and Mussels« (Herzmuscheln und Miesmuscheln), das man zu später Stunde in so manchem Pub hört, berühmt geworden.

Die offenherzige Fischhändlerin Molly Malone

Das wertvollste Exponat im Trinity College: das Manuskript des »Book of Kells« aus dem 8. Jahrhundert

Einen Besuch wert: die eindrucksvolle Old Library im Trinity College

Verlässt man das Trinity College wieder durch die kleine Tür, die zum College Green führt, blickt man halbrechts auf ein imposantes Gebäude, in dem heute die **Bank of Ireland** ihre Geschäfte abwickelt. Ursprünglich war das ab 1729 von Edward Lovett Pearce errichtete Gebäude als Tagungsort des irischen Parlaments gedacht. Diese Funktion erfüllte der stattliche Bau aber nur bis 1801. Ein Blick ins Innere der Bank ist durchaus lohnend, denn die Kassettendecke in der Schalterhalle und das Obergeschoss sind beeindruckende Zeugnisse georgianischer Baukunst.

Von der Bank of Ireland geht man nun den kurzen Weg zurück zu Molly Malone und biegt hier nach links in die Nassau Street ein. Dieser folgt man ebenfalls nur ein kurzes Stück und biegt bald nach rechts in die Dawson Street ein. Hier kann man in mehreren Buchläden stöbern, sich das 1710 errichtete **Mansion House**, den Sitz des Bürgermeisters, anschauen, einen Blick in die **St. Anne's Church** werfen und dann auf eine Tasse Kaffee oder Tee ins sehenswerte **Café en Seine** einkehren. Die Dawson Street endet schließlich am St. Stephen's Green, einem Park, der gegen Ende dieser Tour noch erkundet wird. Zunächst biegt man jedoch in die Kildare Street ein, nicht ohne einen Blick auf die Hotellegende Shelbourne zu werfen.

Der Rundgang durch eines der Museumsviertel Dublins beginnt mit dem Besuch des ⑪ **National Museum of Ireland – Archaeology**. Schon die von klassischen Säulen aus irischem Marmor getragene und von einer 19 Meter hohen Kuppel

gekrönte Eingangshalle ist einen näheren Blick wert. Auch die nun folgenden Innenräume des 1890 eröffneten Museums zählen zu den schönsten Beispielen des viktorianischen Palladianismus. In der zentralen Emporenhalle sind Funde des prähistorischen Irlands wie Waffen und Steinwerkzeuge sowie eine umfangreiche Sammlung von Goldgegenständen aus der Bronzezeit zu sehen. In der Schatzkammer befinden sich herausragende Beispiele der keltischen und frühchristlichen Metallschmiedekunst. Im sogenannten goldenen Zeitalter der irischen Kunst ab dem 5. Jahrhundert entstanden Meisterwerke wie der »Kelch von Ardagh«, die »Brosche von Tara« und der »Bischofsstab von Clonmacnoise«. Im ersten Stock kann man den Rundgang durch die Landesgeschichte mit der Zeit der Wikinger und dem Mittelalter fortsetzen. Außerdem erhält man eine kleine Einführung in die Geschichte des alten Ägyptens.

Der imposante Bau der Bank of Ireland

Das **Leinster House** neben dem Museum, das 1745 für den späteren Herzog von Leinster errichtet wurde, nutzen heute die beiden Kammern des irischen Parlaments, das Unterhaus *Daíl* und das Oberhaus *Seannad*, für ihre Sitzungen. Dem irischen Architekten des Weißen Hauses in Washington D.C. diente es als Inspiration.

Das Dreigespann der historischen Gebäude in der Kildare Street beschließt die **National Library**, die ihre umfangreichen Buchbestände in einem sehr ansprechenden Ambiente prä-

Die keltische Tara-Brosche im National Museum of Ireland – Archaeology

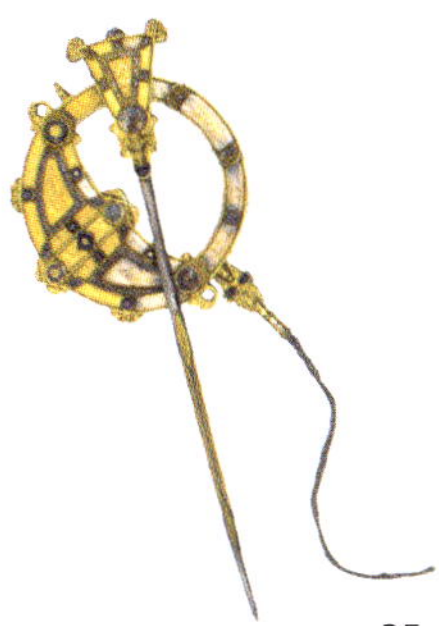

sentiert. Sehenswert sind das Foyer und die mit Stuck verzierte Kuppelhalle.

Ein weiteres Highlight des Museumsviertels ist die 1864 eröffnete ⑫ **National Gallery of Ireland**. Anfangs bestand das Gebäude am Merrion Square nur aus dem von Francis Fowke entworfenen sogenannten Dargan-Flügel. Doch die immer größer werdende Sammlung erforderte laufend Erweiterungen der Ausstellungsflächen. So besteht die Nationalgalerie heute aus einer – gelungenen – Mischung aus ehrwürdigen viktorianischen und modernen Räumen. Verteilt auf drei Stockwerke und vier Flügel bieten die 54 Galerien Einblicke in die westeuropäische Malerei vom Mittelalter bis zum 20. Jahrhundert. Den Kern der Sammlungen bilden die irische Schule und die Yeats Collection, die Irlands bekanntestem Maler Jack B. Yeats gewidmet ist. Eine Nationalgalerie kommt natürlich nicht ohne berühmte internationale Namen aus: In Dublin sind dies unter anderen Caravaggio, Vermeer, Rembrandt, Monet und Picasso. Bei den sonst doch recht hohen Eintrittspreisen der Dubliner Museen ist es besonders erfreulich, dass der Besuch der Nationalgalerie kostenlos ist.

Meisterwerk in der National Gallery of Ireland: Goyas »Porträt der Antonia Zárate« (um 1805)

Von der National Gallery sind es nur wenige Schritte bis zum schönsten Park aus georgianischer Zeit, dem Archbishop Ryan Park, den die Dubliner aber nur ⑬ **Merrion Square** nennen. Bevor man in den umzäunten Park hineingeht und sich an der Stille und den gepflegten Beeten erfreut, lohnt ein Blick auf die fast lückenlosen Reihen der georgianischen Häuser, die den Park umgeben. Typisch für diesen Häusertyp sind die schnörkellosen Fassaden aus roten oder braunen Backsteinen und vor allem die bunten Türen. Rund um den Park hat schon so manch berühmter Dubliner gewohnt, in der Nr. 1 Oscar Wilde, in der Nr. 84 William Butler Yeats und

Im Archbishop Ryan Park am Merrion Square lächelt Oscar Wilde auf einem Stein selbstgefällig über die Besucher hinweg

in der Nr. 58 Daniel O'Connell. Nicht weit von seiner ehemaligen Wohnung lümmelt der Dichter Oscar Wilde entspannt auf einem Felsen.

An der Südostecke vom Merrion Square Park kann man eines der georgianischen Häuser von innen besichtigen. **Number Twenty Nine – Dublin's Georgian House Museum** ist ein typisches Bürgerhaus vom Ende des 18. Jahrhunderts. Vollständig eingerichtet vom Keller bis zum Dach gibt es einen guten Einblick in das bürgerliche Leben jener Zeit, das sich zwischen Delfter Porzellan, Baldachinbetten und Puppenstuben für die Kinder abspielte.

Von Number Twenty Nine blickt man in die Upper Mount Street, an deren Ende die wegen ihres eigenwilligen Turms gern »Pfefferstreuer« genannte **St. Stephen's Church** steht. Rechter Hand lohnt ein Blick in die Herbert Street, in deren winzigen Häuschen früher die Dienstboten wohnten. Hinter der St. Stephen's Church trifft man bald auf den **Grand Canal**, der die südliche Innenstadt halbkreisförmig umschließt. Die nur wenige Meter breite Wasserstraße, die von mehreren Schleusen unterbrochen wird, war früher ein wichtiger Transportweg. Heute sind die schmalen Uferstreifen beliebte Spazierwege.

Nach einigen Hundert Metern entlang des Grand Canal lohnt es sich, wieder nach Nordwesten abzubiegen und zum **Fitzwilliam Square** zu gehen. Der kleinste georgianische Platz, der erst 1830 in seiner jetzigen Form fertiggestellt wurde, ist ebenfalls von den typischen Backsteinhäusern mit den bunten Türen umgeben. Der gepflegte Park steht allerdings nur den Anwohnern zur Verfügung, nur sie besitzen einen Schlüssel für die eisernen Tore.

Die einige Blocks westlich gelegenen **Iveagh Gardens** verbergen sich zwar hinter hohen Mauern, sind aber für die Öffentlichkeit zugänglich. Das Areal gehörte einst der wohlhabenden Bierbrauerfamilie Guinness, heute ist es ein verwunschener Stadtpark mit Brunnen, Rosengärten, Kaskaden und Blumenbeeten.

Auch den fast unmittelbar nördlich angrenzenden Park ⓮ **St. Stephen's Green** verdankt die Stadt einem edlen Spender aus der berühmten Bierbrauerfamilie. Sir Arthur Guinness ließ ihn 1880 anlegen und schuf damit eine der grünen Lungen Dublins. Am nordwestlichen Eingang, am Ende der Grafton Street, erhebt sich der Triumphbogen Fusilier's Arch. Beim

Schleusenfahrt auf dem Grand Canal

Die grüne Lunge von Dublin: St. Stephen's Green

Schlendern durch den Park sollte man ein Auge auf die zahlreichen Denkmäler werfen. Zu sehen sind William Butler Yeats, Theobald Wolfe Tone, Countess Markievicz, James Joyce, James Clarence Mangan und Robert Emmet. Tafeln im Park geben Auskunft über den Standort der Skulpturen.

Verlässt man St. Stephen's Green durch den Fusilier's Arch, ist man sofort in der **Grafton Street**, einer belebten Fußgängerzone mit vielen Einkaufsmöglichkeiten. Am Nordende der Grafton Street wartet dann schon wieder Molly Malone, von der es nicht mehr weit zurück zur ❶ **Tourist Information** ist.

Ein einstiges Arbeiterviertel im Umbruch: ein Spaziergang nördlich der Liffey

Der Rundgang ist in der Karte auf dieser Seite grün eingezeichnet.

Die Stadtteile nördlich der Liffey waren bis vor einigen Jahren touristisch völlig uninteressant. Auf der *North Side* lagen die heruntergekommenen Arbeiterviertel, im Süden dagegen wohnten immer die Reichen, was man leicht an der Vielzahl der erhaltenen Prachtbauten erkennen kann. Diese Zweiteilung der Stadt existiert zwar immer noch, jedoch haben aufwendige Sanierungskonzepte in den boomenden 1990er Jahren zu einer tief greifenden Erneuerung der Stadt geführt und die *North Side* zu einem lohnenswerten Ziel für Touristen gemacht.

Ein guter Ausgangspunkt für einen Spaziergang durch den Dubliner Norden ist die Talbot Memorial Bridge. Schon von der Brücke aus ist das imposante ❶ **Custom House** mit seiner 130 Meter langen Fassade und der grünen Kuppel zu sehen. Das 1791 nach Plänen von James Gandon fertiggestellte ehemalige Hauptzollamt mit dem imposanten Säuleneingang zählt zu den architektonisch interessantesten Gebäuden Dublins.

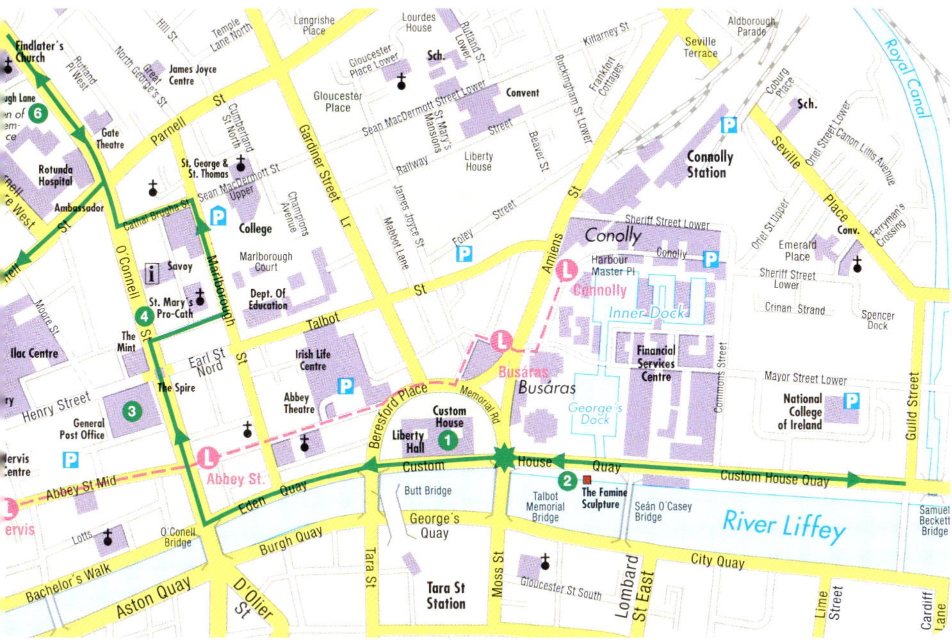

Das Custom House, das frühere Zollgebäude, zählt zu den wichtigsten Sehenswürdigkeiten in Dublin

Ein kurzer Abstecher flussabwärts auf der neu angelegten Uferpromenade Custom House Quay führt zur Skulpturengruppe ❷ **The Famine** von Rowan Gillespie. Die ausgemergelten, in Bronze gegossenen Figuren erinnern sehr eindrücklich an die Hungerjahre Mitte des 19. Jahrhunderts. Geht man noch ein Stück weiter flussabwärts, fallen an beiden Flussufern zahlreiche moderne Neubauten – und Kräne – auf, die Teil der umfangreichen Sanierung der einst heruntergekommenen **Docklands** sind.

Entlang des Flusses geht es dann wieder zurück zum Custom House. Gegenüber der **Liberty Hall**, dem Haus der Transportarbeitergewerkschaft, steht etwas versteckt ein Denkmal für den 1916 von den Briten hingerichteten Gewerkschaftsführer James Connolly. Voraus ist schon die breite O'Connell Bridge zu sehen, die in die gleichnamige Straße übergeht. Gleich am Beginn des breiten Boulevards steht das Denkmal für Daniel O'Connell, einen der bekanntesten irischen Freiheitskämpfer.

Die von einigen Prachtbauten gesäumte **O'Connell Street** hat in den letzten Jahren durch ein gründliches Facelifting deutlich an Attraktivität gewonnen und ist eine der Lebensadern der Stadt, fast immer geschäftig, zur Rushhour oft sogar hektisch. Bemerkenswerte Gebäude sind das Anfang des 20. Jahrhunderts erbaute Kaufhaus **Clerys** und vor allem das Gebäude des ❸ **General Post Office**, das ab 1814 entstand und mit seiner Säulenfront wie ein monumentaler griechischer Tempel wirkt. Für die Iren ist es viel mehr als nur ein Postamt, war es doch einer der wichtigsten Schauplätze des Unabhängigkeitskampfes. Am Ostermontag 1916 besetzten im Rahmen des sogenannten *Easter Rising*, des Osteraufstands, irische Freiwillige das Postamt und trotzten sechs Tage der britischen Armee. Am Ende war der Kampf dann doch verloren, das Gebäude brannte aus und die Rädelsführer landeten im Gefängnis von Kilmainham und wurden hingerichtet.

Auf der gesamten O'Connell Street zieren teils sehr schöne Uhren die Häuserfronten. An der Einmündung der Henry Street, einer weiteren Einkaufsmeile, ist seit 2002 das moderne Wahrzeichen Dublins zu sehen: Auf dem Mittelstreifen sticht **The Spire**, eine 120 Meter hohe Stahlnadel, kerzengerade in den Himmel. Bei einem Blick in die kurz darauf von rechts einmündende Earl Street North ist das **James-Joyce-Denkmal** zu bewundern.

Anschließend biegt man von der O'Connell rechts in die kleine Catherine Street ein und gelangt nach wenigen Schritten zur 4 **St. Mary's Pro Cathedral** von 1825. Die einzige katholische Kathedrale Dublins war bei ihrer Errichtung nur als Provisorium gedacht – daher das »Pro« im Namen – und wurde in dieser Nebenstraße versteckt, um keinen Streit mit den Protestanten anzufachen. Bis heute werden hier Messen gelesen.

Über die Marlborough Street kommt man zu **St. George and St. Thomas**, einer kleinen Backsteinkirche, die auf dem Mittelstreifen zwischen all den sie überragenden, gesichtslosen Neubauten etwas verloren wirkt. Nach diesem kleinen Abstecher trifft man kurz vor ihrem Ende am Parnell Square wieder auf die O'Connell Street.

Nun geht es durch die Parnell Street bergauf, linker Hand steht das ehrwürdige **Gate Theatre**, rechter Hand passiert man eine Reihe georgianischer Häuser. An der nächsten Kreuzung liegt der **Garden of Remembrance**, angelegt in den 1960er Jahren. Der kleine Park mit Wasserbecken, Bänken und der monumentalen Plastik »Children of Lir« erinnert an Irlands Freiheitskämpfer. In der angrenzenden Parnell Square North warten zwei weitere Highlights: das Dublin Writers Museum und die Dublin City Gallery The Hugh Lane.

Das 1991 eröffnete 5 **Dublin Writers Museum** ist in einem schönen Haus aus dem 18. Jahrhundert untergebracht und widmet sich den literarischen Größen der Stadt. Im Erdgeschoss beleuchten Werke und persönliche Gegenstände das Schaffen von Swift, Sheridan, Shaw, Wilde, Yeats, Joyce und Beckett. Im prächtig ausgeschmückten Saal im Obergeschoss sind zahlreiche Porträtgemälde der berühmten Schriftsteller zu sehen.

Neben dem Writers Museum beherbergt die 6 **Dublin City Gallery The Hugh Lane** Werke einiger französischer Impressionisten, z.B. von Renoir und Degas, und präsentiert – vor allem – irische Kunst des 20. Jahrhunderts. Eine Daueraus-

The Spire: Eines der modernen Wahrzeichen von Dublin steht mitten auf der O'Connell Street

Die James-Joyce-Statue an der O'Connell Street

Das Justizgebäude »Four Courts« wird von einer riesigen Kuppel gekrönt

stellung zeigt das original rekonstruierte Studio von Francis Bacon, das an Chaos kaum zu überbieten ist. Untergebracht ist die Galerie in dem 1762 von William Chambers entworfenen Charlemont House – mit seinen modernen Erweiterungsbauten eine gelungene Mischung aus Alt und Neu.

Der Spaziergang führt zurück zur Parnell Street. Über die links abgehende Jervis Street gelangt man zum gleichnamigen Shopping Center und zum Restaurant **The Church**, das in der ehemaligen St. Mary's Church untergebracht ist und sich hervorragend für eine Lunchpause eignet. Dass man hier in einer ehemaligen Kirche speist, ist nicht zu übersehen, denn selbst die Orgel mit ihren goldenen Pfeifen ist noch vorhanden.

Nun schlendert man durch die Mary's Lane, die besonders am Morgen wegen ihrer Obst-, Gemüse- und Fischmärkte interessant ist, und macht dann einen kurzen Abstecher zum Flussufer, wo sich die zwischen 1796 und 1802 nach Plänen von James Gandon erbauten Gerichtshöfe, die ❼ **Four Courts**, befinden. Die gesamte Pracht ihrer Fassade ist am besten vom südlichen Ufer der Liffey zu sehen. Danach geht es zur ❽ **St. Michan's Church**, auf deren Orgel schon Händel gespielt hat, doch heute kommen die meisten Besucher, um sich die mumifizierten Leichen in der Krypta anzuschauen. Nicht weit entfernt liegt die im Jahr 1780 gegründete ❾ **Old Jameson Distillery** im Stadtteil Smithfield. Ein rund dreiviertelstündiger Rundgang mit anschließender Verkostung zeigt die ehemaligen Produktionsstätten der Whiskey-Destillerie.

Einige Hundert Meter weiter erreicht man die Collins Barracks, einst die größte Kaserne Europas. Heute ist in einem Teil des riesigen Komplexes das ❿ **National Museum of Ireland – Decorative Arts and History** untergebracht. Die Bandbreite der ausgestellten Objekte ist immens – Möbel, Kleidung,

Musikinstrumente und vieles mehr. Zu den ständigen Ausstellungen des Museums zählt »Soldiers and Chiefs« – hier wird Irlands militärische Geschichte der letzten 500 Jahre beleuchtet.

Wer nach diesem Spaziergang durch die ehemaligen Arbeiterviertel nördlich der Liffey bequem zum Ausgangspunkt zurückkommen möchte, steigt vor dem Museum in die neue Straßenbahn ein und fährt bis zur Abbey Street.

Auf Erkundung im Phoenix Park

Der Rundgang ist in der Karte auf dieser Seite lila eingezeichnet.

Der nordwestlich des Zentrums liegende Park ist gut mit öffentlichen Verkehrsmitteln zu erreichen. Wenn Sie Ihren Spaziergang durch den Park am Park Gate im Südosten beginnen und am Ashtown Gate im Nordosten beenden, können Sie bei der Hinfahrt mit dem Bus Nummer 10 zur Endstation in der Infirmary Road fahren und die Rückreise ins Stadtzentrum mit Bus 37, 38, 39 oder 70 von der Navan Road aus antreten.

Bereits vom Park Gate sieht man den fast 70 Meter hohen Obelisken des ❶ **Wellington Monument**. Es erinnert an den in Dublin geborenen Duke of Wellington, der als Feldherr in der Schlacht von Waterloo Napoleon besiegte. Mit dem Bau des Denkmals begann man 1814, doch fertiggestellt wurde es erst 1861. Der Grund für die lange Bauzeit: Anfangs ging das Geld aus und danach konnte man sich nicht über das Aussehen des Monuments einigen.

Gegenüber dem Denkmal liegt der **Cricket Ground**. Für deutsche Besucher eigentlich weniger interessant, würde sich

Dublin Zoo: ein Amurtiger beim »Keltischen Tiger«, wie Irland genannt wird

damit nicht eine deutsch-irische Kriegsanekdote verbinden: Am 31. Mai 1941 warf ein Flugzeug der Luftwaffe – versehentlich – vier Bomben über Dublin ab. Eine davon beschädigte das Dach des Cricketclubs. Die Dachplatten zersplitterten und flogen auf das Spielfeld, sodass das angesetzte Spiel abgesagt werden musste. Nach Kriegsende entschuldigte sich die deutsche Regierung offiziell für den Vorfall und schickte einen Scheck in Höhe von £ 219 zur Reparatur des Dachs.

Einige Schritte weiter zweigt rechts von der Chesterfield Avenue, die den Park in der Mitte durchschneidet, die Straße zum ❷ **Dublin Zoo** ab. Dieser Tierpark wurde bereits 1831 eröffnet und zählt damit zu den ältesten Tiergärten Europas. Er ist selbst Besuchern zu empfehlen, die normalerweise mit Tieren in Käfigen nichts anfangen können. Gefangen sind die Tiere zwar auch hier, doch haben sie immerhin viel Auslauf. Besonders viel Raum ist – nicht nur was die Quadratmeter angeht – Raubkatzen und Primaten gewidmet. Über das ganze Zoogelände sind zudem mehrere künstliche Teiche verteilt, an denen schöne Picknick- und Spielplätze angelegt wurden. So ist der Zoo von Dublin insbesondere für Familien ein ideales Ausflugsziel.

Der Spaziergang führt weiter am Polofeld vorbei, das sich bereits seit 1832 hier befindet, hin zum ❸ **Áras an Uachtaráin**. Die Residenz des Staatspräsidenten wurde 1751 als Wohnung des königlichen Parkbeauftragten erbaut. Damals war der Phoenix Park Jagdgebiet des Königs von England. Da es nicht leicht war, den König zufriedenzustellen und dafür zu sorgen, dass er sich bei seinen Besuchen hier wohlfühlte und genügend Jagdwild vorfand, wurde ein Parlamentsabgeordneter mit der Aufgabe betraut, das Jagdrevier zu verwalten.

Áras an Uachtaráin – die Residenz des irischen Staatspräsidenten im Phoenix Park

Damwild am Papstkreuz im Phoenix Park

Nathaniel Clemens war nicht nur Politiker, sondern auch ein leidenschaftlicher Hobbyarchitekt – und offenbar gar kein so schlechter, denn er entwarf sein Haus selbst. Als nach seinem Tod 1782 die Vertreter des englischen Königs hier ihren Amtssitz nahmen, wurde das Haus ausgebaut und luxuriöser gestaltet. Nach der Gründung des Irischen Freistaates im Jahr 1922 – dem Vorläufer der heutigen Republik Irland – wurde die Position des Vizekönigs abgeschafft. Doch noch bis 1937 nutzten Vertreter der englischen Krone den Palast – so residierte der Governor General hier. Erst seit 1938 hat der Staatspräsident in dieser Villa seinen Amtssitz. Samstags kann das Gebäude im Rahmen einer kostenlosen Führung besichtigt werden.

Etwa einen halben Kilometer vom Präsidentenpalast entfernt liegt das ❹ **Phoenix Park Visitor Centre** mit einer kleinen Ausstellung über Natur und Geschichte des Parks. Gleich daneben befindet sich das **Ashtown Castle**. Es handelt sich allerdings um keine komplette Burg, sondern nur um einen Befestigungsturm aus dem frühen 17. Jahrhundert. Um den Spaziergang zu beenden, verlässt man das Visitor Centre am Hinterausgang und erreicht nach zehn Minuten das Ashtown Gate. Von hier gelangt man in zwei Minuten zur Bushaltestelle in der Navan Road.

Abseits des Spaziergangs liegen noch einige weitere Sehenswürdigkeiten im Park: Das **Papstkreuz** erinnert an den Besuch von Papst Johannes Paul II. im Jahr 1979. Die prächtige **Residenz des US-amerikanischen Botschafters**, erbaut 1776, lohnt einen Blick, kann jedoch nicht besichtigt werden. Und wer etwas Glück hat, bekommt vielleicht einen oder mehrere der etwa 300 frei im Park umherlaufenden **Damhirsche** zu sehen.

Irlands wohl bekanntestem Autor, James Joyce, wurde der Literaturnobelpreis zeitlebens verweigert

Samuel Beckett gewann den Preis 1969

George Bernard Shaw wurde als Dramatiker und Satiriker bekannt

DUBLIN – HAUPTSTADT DER SCHRIFTSTELLER

Liegt es an der irischen Luft oder am Wind? Am Bier oder am Whiskey? Keiner weiß es – aber fest steht: Dublin ist die Welthauptstadt der Dichter und Schriftsteller. Keine andere Stadt hat im Verhältnis zur Einwohnerzahl so viele Literaturnobelpreisträger hervorgebracht. Und nirgendwo sonst sind so viele bekannte Dichter und Schriftsteller zu Hause.

Einer der ersten in der langen Reihe bekannter Größen war Jonathan Swift. Er trat mit seiner Satire »A Modest Proposal« für die hungernden Menschen in Irland ein. Später waren es dann Sean O'Casey (1880–1964) oder George Bernard Shaw, die in ihren Werken für soziale Gerechtigkeit plädierten. Oscar Wilde, William Butler Yeats (1865–1939; Nobelpreisträger 1923), John Millington Synge (1871–1909) und Samuel Beckett sind weitere Größen am Literaturhimmel. Der wahrscheinlich bekannteste Dubliner Schriftsteller ist aber James Joyce.

Mehr erfahren über die berühmten Autoren der Stadt kann man nicht nur im **Dublin Writers Museum**. Speziell an James Joyce erinnern das **James Joyce Museum** im Martello Tower in Sandycove (südwestlich von Dublin nahe dem Fährhafen Dun Laoghaire) und das **James Joyce Centre** in der North Great George's Street, von wo aus man auch geführte Touren auf den Spuren des Dichters unternehmen kann. Das **Geburtshaus von George Bernard Shaw** steht in der 33 Synge Street. Einst ein Museum soll es nun eine Residenz auf Zeit für Schriftsteller werden (artist in residence). Für das **Kindheitsheim von Oscar Wilde** am Merrion Square können sich nur Gruppen von mindestens 25 Personen anmelden (✆ 01-662 02 81). Frei zugänglich ist am selben Platz die Statue zu Ehren des Dichters.

Keinesfalls »trocken« lernt man die Dubliner Berühmtheiten beim **Dublin Literary Pub Crawl** kennen. Auf dieser Tour durchstreift man die Kneipenszene der Hauptstadt auf den Spuren der meist recht trinkfreudigen Schriftsteller. Sofern es die Lautstärke in den Pubs zulässt, zitiert der Guide vor Ort aus deren Werken.

Jonathan Swift (1667–1745), englisch-irischer Schriftsteller, war zeitlebens ein politischer Mensch und galt als Rebell, wobei er viele kritische Texte unter wechselnden Pseudonymen schrieb. Seine Heimatstadt ernannte ihn zum Ehrenbürger. Weltberühmt machte ihn vor allem sein Roman »Gullivers Reisen«, geschrieben als beißende Satire und nicht als Kinderbuch gedacht, als das es später oft – in stark gekürzter Fassung – veröffentlicht wurde.

Oscar Fingal O' Flahertie Wills Wilde (1854–1900) schrieb zahlreiche Essays, Gedichte und Komödien. Bekannt wurde er vor allem durch seinen Roman »Das Bildnis des Dorian Gray«. Mit seinen pointierten Aphorismen amüsierte er seine Zuhörer. Für das Ausleben seiner Homosexualität wurde er zu einer langjährigen Haftstrafe verurteilt.

George Bernard Shaw (1856–1950) wurde als irischer Dramatiker und Satiriker bekannt. Er arbeitete als Theater- und Musikkritiker. Das 1913 erschienene Theaterstück »Pygmalion« diente als Vorlage für das Musical »My Fair Lady«. 1925 erhielt er den Literaturnobelpreis für sein Gesamtwerk.

James Joyce (1882–1941) wurde in Dublin geboren und verdiente seinen Lebensunterhalt unter anderem als Journalist in London und Paris. Mit seinen – vergleichsweise wenigen – Werken wie »Dubliners« und vor allem »Ulysses« setzte er neue Akzente in der modernen Literatur. Doch er fand nicht nur begeisterte Anhänger, sondern ebenso viele erbitterte Gegner – von denen die meisten in Dublin saßen. Sie mokierten sich über den »obszönen Stil« des Autors, störten sich aber auch daran, wie Joyce die irische Hauptstadt und ihre Menschen darstellte. Erst zwölf Jahre nach seinem Erscheinen 1922 in Frankreich kam »Ulysses« in den USA und Großbritannien auf den Markt. In Irland war das Buch zwar nicht verboten, wurde aber bis in die 1950er Jahre hinein nicht verlegt und galt als eine Art Untergrundliteratur. Heute schmückt sich die Stadt voller Stolz mit diesem Dubliner.

Samuel Beckett (1906–1989) verfasste zahlreiche Gedichte, Romane und Theaterstücke. 1969 wurde ihm der Nobelpreis für sein Gesamtwerk verliehen. Da er sich aber zeitlebens weigerte, über sein Werk zu sprechen, blieb er auch der Preisverleihung in Stockholm fern – und sorgte damit für einen heftigen Skandal. Seiner Geburtsstadt war er nicht sehr treu, er lebte ab 1937 ständig in Paris.

Jonathan Swift, weltberühmt geworden als Autor von »Gullivers Reisen«

Im Dublin Writers Museum erfährt man eine Menge über Irlands berühmte Schriftsteller

William Butler Yeats, Literaturnobelpreisträger von 1923

Anflug auf Dublin

Die Serviceadressen zu Dublin finden Sie in dieser Abfolge: Info-Adressen, Stadttouren, Museen, Sehenswürdigkeiten, Parks und Gärten, Restaurants, Kneipen und Nachtclubs, Läden und Märkte. Innerhalb der Kategorien ist die Sortierung alphabetisch, bei den Restaurants nach Preiskategorie.

Typisch irisch: die Harfe

SERVICE & TIPPS

✈ Dublin Airport
www.dublinairport.com
✆ (01) 814 11 11
Der Flughafen liegt etwa 10 km nördlich der City von Dublin und wird von zahlreichen Fluggesellschaften bedient, auch von einigen sogenannten Billigfliegern.

Es gibt mehrere Busverbindungen vom Flughafen in die Stadt, u. a.: Airlink 747 (Heuston Rail Station–Dublin Airport), 16 (Dublin Airport–Ballenteer, Kensington), 102 (Sutton Station–Dublin Airport). Die einfache Fahrt kostet jeweils € 7/1,50 (online € 6).

1 Dublin Tourism Centre
25 Suffolk St., Dublin 2
County Dublin, D02 F656
✆ (01) 850 23 03 30
Mo–Sa 9–17.30, Juli/Aug. bis 19, So/Fei 10.30–15 Uhr
Touristische Informationen zu Dublin, Tickets und Reservierungen. Der angeschlossene Shop verkauft Bücher, Karten und Souvenirs.

Tourism Office
Upper O'Connell Street, Dublin 1
County Dublin, D01 HR04
✆ (01) 850 23 03 30
Tägl. außer So 9–17 Uhr
Informationen, Tickets und Reservierungen für Dublin und ganz Irland. Mit Shop.

Touristische Informationen
Per Telefon unter:
✆ 18 50 23 03 30 (von Irland aus)
✆ +353-1-669 79 20 83 (aus dem Ausland)
Im Internet auf den Seiten:
www.visitdublin.com
www.tourist-information-dublin.co.uk

Sightseeing/Touren
Stadtrundfahren im offenen Doppeldeckerbus bieten die städtischen Busbetriebe (www.dublinsightseeing.ie) ebenso an wie einige private Anbieter. Das 24-Std.-Ticket kostet € 19/8. Eine Buchung im Voraus ist nicht erforderlich, im Internet ist es jedoch günstiger: 24-Std.-Ticket € 17,10/7,20. Ansonsten: Einfach an einer der vielen Haltestellen einsteigen und los geht's.

Dublin Literary Pub Crawl
1 Suffolk St., Dublin 2
✆ (01) 670 56 02
www.dublinpubcrawl.com
Start: 19.30 Uhr (April–Okt. tägl., sonst Do–So) am The Duke Pub, 9 Duke St.
Ticket € 12/10, vorab online € 13/11

Stadtführung auf den Spuren der (trinkfesten) Dubliner Dichter und Schriftsteller. Schauspieler zitieren aus deren Werken.

Historical Walking Tours of Dublin
✆ (087) 688 94 12
www.historicaltours.ie
Treffpunkt: Trinity College, Haupteingang
Ticket € 12/10, bis 14 J. frei
Gleichzeitig Stadtwanderung und Spaziergang durch die irische Geschichte. Man besucht die Schauplätze bedeutender historischer Ereignisse und erfährt Hintergründe zu wichtigen Gegebenheiten.

Traditional Irish Musical Pub Crawl
20 Lower Stephens St., Dublin 2
✆ (01) 475 83 45
www.musicalpubcrawl.com
Treffpunkt: The Oliver St. John Gogarty's Pub, Ticket € 14/12
Von Pub zu Pub führt dieser Stadtspaziergang, bei dem man viel über irische Musik erfährt. Ausgebildete Musiker übernehmen die Führung und geben auch Kostproben ihres Könnens.

Viking Splash Tours
RGI House, 18 Mill St., Dublin 8
✆ (01) 707 60 00
www.vikingsplash.com
Abfahrt: Stephen's Green North, Nähe Grafton Street
Tickets € 25/13 (bis 12 J.)
Zwar sieht man auf dieser Tour nicht mehr als auf anderen Stadtrundfahrten, doch man ist mit einem Amphibienfahrzeug unterwegs und an die Rundfahrt auf der Straße schließt sich eine 20-minütige Tour auf dem Grand Canal Harbour an. Ideal für Familien mit Kindern!

Chester Beatty Library
Im Dublin Castle, Dublin 2
Bus 27, 56a, 77a, 150, 151: Werburgh St., Little Ship St.
✆ (01) 407 07 50, www.cbl.ie
Mo–Fr 10–17, Sa 11–17, So 13–17 Uhr, Nov.–Feb. Mo geschl., Eintritt frei

Edouard Manets »Musik im Tuileriengarten« (1862) in der Dublin City Gallery The Hugh Lane

Der passionierte Sammler Sir Alfred Chester Beatty (1875–1968) hat die hier gezeigten Stücke zusammengetragen. Im Wesentlichen besteht das Museum aus zwei Teilen: einer Sammlung asiatischer Kunst, darunter eine der weltweit bedeutendsten Kollektionen chinesischer Jadebücher, und einer Ausstellung über die großen Weltreligionen. Neben einigen frühen Evangelientexten kann man Koranschriften aus dem 9. Jh. einsehen. Im Jahr 2000 wurde die Chester Beatty Library zum irischen Museum des Jahres gewählt, 2002 zum europäischen Museum des Jahres.

6 Dublin City Gallery The Hugh Lane
Charlemont House
Parnell Sq. North, Dublin 1
Bus 46e: Parnell Sq., Hugh Lane Gallery
✆ (01) 222 55 50
www.hughlane.ie
Di–Do 9.45–18, Fr 9.45–17, Sa 10–17, So 11–17 Uhr
Eintritt frei
Den Kern des Museums bildet das 1762 von William Chambers entworfene Charlemont House, das mit modernen Anbauten gelungen erweitert wurde. Gezeigt wird irische Kunst des

20. Jh. sowie eine Sammlung französischer Impressionisten, darunter Degas, Monet, Manet und Renoir. Eine weitere Dauerausstellung widmet sich dem Schaffen von Francis Bacon (1909–92), dessen chaotisches Atelier originalgetreu rekonstruiert wurde.

Dublinia and the Viking World
St. Michael's Hill, Dublin 8
Luas: Four Courts
✆ (01) 679 46 11
www.dublinia.ie
Tägl. März–Sept. 10–18.30, Okt.–Feb. 10–17.30 Uhr, letzter Einlass 1 Stunde vor Schließung
Eintritt € 9,50/6, Studenten € 8,50, Familienticket € 25
Diese Ausstellung ist das Richtige für all jene, die mehr über die Wikinger und die mittelalterliche Geschichte der Stadt erfahren wollen – und zwar auf unterhaltsame Weise und ohne den lehrerhaft erhobenen Zeigefinger. Der Besucher bekommt wenige Originale zu sehen, darf aber in der Hands-on-Ausstellung alles anfassen, an vielen Stellen sogar mitmachen – und kann so eine spannende Reise in eine längst vergangene Zeit antreten.

Dublin Culture Night: das Irish Museum of Modern Art

5 Dublin Writers Museum
18 Parnell Sq. North, Dublin 1
Bus 46e: Parnell Sq., Hugh Lane Gallery
✆ (01) 872 20 77
www.visitdublin.com (Dublin A–Z)
Mo–Sa 9.45–16.45, So 11–16.30 Uhr, Eintritt € 7,50/4,70, Familienticket € 20
Immerhin besitzt das kleine Irland vier Literaturnobelpreisträger. In der georgianischen Villa am Parnell Square wird seit 1991 das literarische Schaffen von Swift, Sheridan, Shaw, Wilde, Yeats, Joyce, Beckett und anderen irischen Schriftstellern gewürdigt. Unten werden Schriften und Erinnerungsstücke, im Obergeschoss Porträts gezeigt.

Irish Jewish Museum
3 Walworth Rd., Dublin 8
Bus 14, 14a, 15, 15a, 15b, 15c, 65, 65b, 83: Lennox St., South Richmond St.
✆ (01) 453 17 97
www.jewishmuseum.ie
Juni–Sept. So–Do 11–15, Okt.–Mai nur So 10.30–14.30 Uhr (oder nach Vereinbarung)
Eintritt € 5, Führungen € 7
Kleines Museum über die Geschichte der kleinen irisch-jüdischen Gemeinde. 1995 wurde es vom damaligen israelischen Präsidenten Chaim Herzog eröffnet, dessen Leben ein Teil der Ausstellung gewidmet ist.

Ein Blick lohnt sich auch auf das Nachbarhaus: Dort wurde der Schauspieler Barry Fitzgerald (1888–1961) geboren, der 1945 den Oscar für seine Rolle als Father Fitzgibbon im Film »Der Weg zum Glück« erhielt.

Irish Museum of Modern Art
Military Rd., Kilmainham
Dublin 8

Luas: Heuston
✆ (01) 612 99 00, www.imma.ie
Di–Fr. 11.30–17.30, Sa 10–17.30, So 12–17.30 Uhr
Eintritt frei außer Sonderausstellungen
Das Museum ist in einem sehenswerten Krankenhausgebäude aus dem 17. Jh. untergebracht. Irlands beste und umfangreichste Sammlung moderner Kunst wird in wechselnden Ausstellungen präsentiert.

James Joyce Centre
35 North Great George's St.
Dublin 1
Bus 40b, 40d: Parnell St., Marlborough St.
✆ (01) 878 85 47
http://jamesjoyce.ie
Di–Sa 10–17, So 12–17, April–Sept. auch Mo 10–17 Uhr
Eintritt € 5/4
In einem alten Herrschaftshaus von 1784 ist seit 1996 das James Joyce Centre beheimatet. Es wird von Nachfahren der Schwester des Schriftstellers geleitet und befasst sich mit unterschiedlichen Aspekten seines Werks. Im Videozimmer werden Filme über das Leben des Schriftstellers gezeigt. Wie im Joyce Museum in Sandycove ist auch hier eine Totenmaske von Joyce ausgestellt.

Vom James Joyce Centre aus kann man geführte Touren auf den Spuren des Dichters unternehmen, und zwar Sa um 14 Uhr, Gruppen von mindestens vier Personen nach Voranmeldung auch Di und Do um 11 und 14 Uhr. Die Führung kostet € 10, für Studenten und Rentner € 8.

12 National Gallery of Ireland
Merrion Sq. West & Clare St.
Dublin 2
Luas: St. Stephen's Green; Bus 4, 7, 8: Merrion Sq. North; Bus 39a: Merrion Row; Bus 46a: Dawson St.
✆ (01) 661 51 33
www.nationalgallery.ie
Mo–Sa 9.15–17.30, Do bis 20.30, So 11–17.30 Uhr, Eintritt frei

Caravaggios »Christi Gefangennahme im Garten Gethsemane« in der National Gallery of Ireland

Die 1864 eröffnete Nationalgalerie zeigt eine beeindruckende Sammlung irischer und europäischer Meisterwerke vom Mittelalter bis zum 20. Jh. Angefangen hat es relativ bescheiden mit etwas mehr als 100 Kunstwerken in dem von Francis Fowke (1823–65) entworfenen sogenannten Dargan-Flügel. Doch die Ausstellungsfläche wurde nach und nach vergrößert – 1903 wurde der Milton-Flügel, 1968 der Beit-Flügel und 2002 der Millennium-Flügel hinzugefügt. Die Mischung aus viktorianischen und modernen Sälen ist durchaus gelungen. Werke der irischen Schule wetteifern mit Caravaggio, Vermeer, Rembrandt, Monet und Picasso um die Gunst der Besucher. Großen Zuspruch erfährt auch der Yeats-Raum.

11 National Museum of Ireland – Archaeology
Kildare St.
Dublin 2
Luas: St. Stephen's Green
✆ (01) 677 74 44
www.museum.ie
Di–Sa 10–17, So 14–17 Uhr
Eintritt frei

Das in einem viktorianischen Prachtbau von Thomas Deane untergebrachte Museum wurde 1890 eröffnet und zeigt irische Kunst von den Anfängen vor 9000 Jahren bis in die Gegenwart. Durch die von Säulen getragene und von einer Kuppel gekrönte Eingangshalle betritt man die zentrale Emporenhalle. Hier sind neben steinzeitlichen Objekten kunstvolle Goldgegenstände aus der Bronzezeit zu sehen. In der Schatzkammer sind Funde aus dem sogenannten goldenen Zeitalter ab dem 5. Jh. ausgestellt, u. a. der »Kelch von Ardagh«. Im ersten Stock gibt es Ausstellungen über die Zeit der Wikinger, über Irland im Mittelalter und Irlands Kampf um Unabhängigkeit zwischen 1916 und 1922 sowie eine Einführung in die Geschichte des alten Ägypten.

🏛 ⑩ National Museum of Ireland – Decorative Arts and History
Collins Barracks
Benburb St., Dublin 7
Luas: Museum
✆ (01) 677 74 44
www.museum.ie
Di–Sa 10–17, So 14–17 Uhr
Eintritt frei
Ehemals waren die Anfang des 18. Jh. erbauten Colins Barracks die größte Kaserne Europas. Heute nutzt das Museum für dekorative Kunst und Geschichte einen Teil des Gebäudekomplexes. Die thematische Vielfalt der ausgestellten Objekte ist beeindruckend und reicht von Möbeln, Glas- und Silberwaren über Kleidung und Schmuck bis zu wissenschaftlichen und Musikinstrumenten sowie geologischen Exponaten. Die Ausstellung »Soldiers and Chiefs« widmet sich Irlands militärischer Geschichte der letzten 500 Jahre.

🏛 National Museum of Ireland – Natural History
Merrion St., Dublin 2
Bus 44, 61: Merrion St., Natural History Museum; DART: Pearse Station
✆ (01) 677 74 44
www.museum.ie
Di–Sa 10–17, So 14–17 Uhr
Eintritt frei
1857 eröffnet – und seitdem fast unverändert – ist das Naturkundemuseum ein faszinierendes Relikt der viktorianischen Zeit. Rund 10 000 tote Tiere aus Irland und aller Welt sind hier zu sehen, ausgestopft und die meisten fein säuberlich in Vitrinen mehr oder minder staubfrei aufbewahrt. Schon am Eingang wird man von drei Skeletten der vor rund 10 000 Jahren auf Howth beheimateten riesigen Hirsche begrüßt.

🏛 National Photographic Archive
Meeting House Sq./Temple Bar
Dublin 2
Bus 49, 56a, 77, 77a, 123
✆ (01) 603 02 00
www.nli.ie
National Photographic Archive nur nach Voranmeldung unter ✆ (01) 603 03 73 oder E-Mail npaoffice@nli.ie
NPA Exhibition Gallery Mo–Sa 10–17, So 12–17 Uhr
Obwohl räumlich von ihr getrennt ist das National Photographic Archive Teil der Nationalbibliothek. Für Touristen interessant sind die wechselnden Fotoausstellungen aus den umfangreichen Beständen des Archivs.

🏛 Number Twenty Nine – Dublin's Georgian House Museum
Fitzwilliam St. Lower, Dublin 2
Bus 25x, 38, 38a, 38b, 39, 39a, 51d, 51x, 66x, 67x, 70, 77x: Baggot St., Fitzwilliam St.
✆ (01) 702 61 63
www.esb.ie/numbertwentynine

Vom Keller bis ins Dachgeschoss zu bestaunen: Number Twenty Nine – Dublin's Georgian House Museum in der Fitzwilliam Street Lower

Wegen Umbau geschl., Wiedereröffnung für 2020 geplant, virtueller Rundgang auf der Website
Nachdem man an Dutzenden der typischen georgianischen Häuser vorbeigelaufen ist, kann man in diesem Museum an der Südostecke des Merrion Square auch einen Blick hineinwerfen. Das vierstöckige Haus vom Ende des 18. Jh. ist wieder original eingerichtet worden und bietet einen guten Einblick in das Leben des damaligen wohlhabenden Bürgertums.

3 Áras an Uachtaráin/Residenz des Staatspräsidenten
Phoenix Park, Dublin 8
Luas: Heuston; Bus 37: Skreen Rd., Ardpatrick Rd.
✆ (01) 677 00 95
www.president.ie
Geführte Touren Sa 10.30–15.30 Uhr, Phoenix Park Visitor Centre tägl. 9.30–17 Uhr
Kostenlose Tickets beim Phoenix Park Visitor Centre, von hier werden die Besucher die ca. 500 m zur Residenz gefahren.
Seit 1938 Palast des irischen Präsidenten entstand die mehrfach erweiterte und veränderte Villa 1751 als Wohnstatt des königlichen Parkbeauftragten Nathaniel Clemens, der sie selbst plante. 1782–1922 nahmen die Vertreter des englischen Königs hier ihren Amtssitz und auch anschließend nutzten Vertreter der englischen Krone den Palast.

Bank of Ireland
2 College Green, Dublin 2
DART: Tara St. College Green
✆ (01) 661 59 33
Mo–Fr 10–16, Do bis 17 Uhr
Eintritt frei, geführte Touren (45 Min.) Di 10.30, 11.30, 13.45 Uhr
Der von Edward Lovett Pearce entworfene Bau wurde 1739 fertiggestellt und diente bis 1801 als Parlamentsgebäude. In dem heutigen Bankhaus ist noch einiges der ursprünglichen Ausstattung zu sehen, so die sehenswerte Kassettendecke der Schalterhalle, Wandteppiche mit Motiven der Schlacht von Boyne und ein riesiger Kristallkronleuchter.

The Casino Marino
Cherrymount Crescent, off the Malahide Rd., Marino, Dublin 3
Bus 14, 27, 27a, 27b, 42, 43, 128: Malahide Rd., Mount Temple School
✆ (01) 833 16 18
www.heritageireland.ie
Wegen Umbau derzeit geschl.
Das Lustschlösschen zeigt die neoklassizistische Baukunst des 18. Jh. Sir William Chambers hat es für James Caulfeild, den

ersten Earl von Charlemont, entworfen. Es besitzt 16 teils schön möblierte Zimmer und Fußböden mit Einlegearbeiten.

Synod Hall Bridge oder Dublinia Arch (links) und die Christ Church Cathedral (rechts)

5 Christ Church Cathedral
Christchurch Place, Dublin 8
Bus 13, 27, 40, 49, 77a, 123, 747: Lord Edward St., Fishamble St.
✆ (01) 677 80 99
www.christchurchdublin.ie
April–Sept. Mo–Sa 9.30–19, So 12.30–14.30 und 16.30–19, sonst Mo–Sa 9.30–18 (Nov.–Feb. bis 17), So 12.30–14.30 und 16.30–18 Uhr, letzter Einlass jeweils 45 Min. vor Schließung
Eintritt € 7/2,50 (unter 16 J.)
Die Kathedrale wurde zwischen 1172 und 1240 unter dem später heilig gesprochenen Erzbischof Laurence O'Toole erbaut. 1562 stürzten große Teile der Kirchensüdwand ein; die Reparaturarbeiten dauerten bis in die 70er Jahre des 19. Jh. Sehenswert ist u. a. der Sarkophag des normannischen Eroberers Strongbow. Allerdings handelt es sich nicht um das Original, denn das wurde beim Einsturz der Kirche zerstört. In der Friedenskappelle des heiligen Laud wird eine Reliquie aufbewahrt, die angeblich ein Stück Herz des Erzbischofs Laurence enthält. Beachtenswert ist die Krypta, in der sich u. a. der Domschatz befindet.

3 City Hall
Exchange Court/Dame St.
Dublin 2
Bus 69, 79, 79a: Parliament St., Lord Edward St.
✆ (01) 222 22 04
Tägl. außer So 10–17.15 Uhr
Eintritt frei
Zwischen 1769 und 1779 als Königliche Börse erbaut ist die City Hall ein herausragendes Beispiel für die georgianische Architektur der damaligen Zeit. Architekt war Thomas Cooley, der sich mit seinem Bauplan in einem Wettbewerb gegen weitaus berühmtere Kollegen durchsetzte. Besonders sehenswert sind die Kuppeldecke der Eingangshalle und die Ausstellung zur Geschichte Dublins im Kellergewölbe. Ab 1852 wurde der Bau als Rathaus genutzt.

Heute werden die Amtsgeschäfte in einem Neubau am Wood Quay geführt. Trotz der umfassenden Renovierung im Jahr 2000 hat sich die City Hall bis heute nicht zu einem Touristenmagneten entwickelt. Auch deshalb wird sie bescheiden als das »bestgehütete Geheimnis Dublins« vermarktet. Für die Iren hat das Gebäude große Bedeutung in ihrem Kampf um die nationale Unabhängigkeit erlangt: 1922 war in der City Hall das Hauptquartier der provisorischen Regierung Irlands untergebracht.

1 Custom House
Custom House Quay
Dublin 1
DART: Tara St.
✆ (01) 888 20 00
Mo–Fr 10–12.30 und 14–17, Sa/So 14–17 Uhr, Dez.–Mitte März nur Mi–Fr, Eintritt € 1,50, Familienticket € 4
Seit der Fertigstellung des Custom House im Jahr 1791 gehört

das Zollamt zu den wichtigsten Sehenswürdigkeiten der Stadt. In schöner Lage in Hafennähe und direkt am Ufer der Liffey kommt die 130 m lange klassische Fassade mit Säulen, Arkaden, Figurenschmuck und der zentralen Kuppel gut zur Geltung. Während des Bürgerkriegs brannte das Custom House vollständig aus – das Feuer wütete fünf Tage lang und brachte sogar die Kuppel zum Schmelzen. Das Zollamt wurde jedoch relativ schnell wieder aufgebaut und in den 1980er Jahren nochmals saniert.

4 Dublin Castle

Dame St.
Dublin 2
Bus 27, 49, 54a, 56a, 77a, 123, 150, 151: Dame St., South George's St.
✆ (01) 679 78 31
www.dublincastle.ie
Tägl. 9.45–17.45 Uhr, Eintritt € 7/3, Führung (Zugang zu mehr Orten, 70 Min.) € 10/4
Dublin Castle wurde Anfang des 13. Jh. von den Engländern als Festung gegen die rebellischen Iren errichtet. Sie waren jedoch nicht die ersten, die hier am höchsten Punkt der Stadt eine Burg bauten. Vorher standen an derselben Stelle bereits Befestigungsanlagen der Wikinger und der Normannen. Sein jetziges Aussehen erhielt Dublin Castle während eines Umbaus im 18. Jh.

In den State Apartments wird heute der irische Präsident in sein Amt eingeführt, es werden Staatsgäste empfangen und nationale und internationale Konferenzen abgehalten. Im Vergleich zu den Schlössern Mitteleuropas ist Dublin Castle zwar klein und bescheiden ausgestattet, doch ein Besuch lohnt als Einführung in die Geschichte des Landes allemal.

7 Four Courts

Inns Quay
Dublin 7
Luas und DART: Four Courts

Die City Hall erinnert an die Eleganz und den Reichtum Dublins zur Blütezeit des 18. Jahrhunderts

✆ (01) 872 55 55
Mo–Fr 10–16 Uhr
Die große Kuppel der »Vier Gerichtshöfe« beherrscht das Nordufer der Liffey westlich des Zentrums. Das nach Plänen von James Gandon errichtete Justizgebäude mit seiner über 100 m langen Front, dem korinthischen Säuleneingang und dem Skulpturenschmuck wurde im Jahr 1802 fertiggestellt. Während des Bürgerkriegs wurde es 1922 stark beschädigt, aber originalgetreu wieder aufgebaut.

3 General Post Office

O'Connell St., Dublin 1
Alle Busse Richtung Zentrum
✆ (01) 872 19 16
www.gpowitnesshistory.ie
Mo–Sa 10–17.30, So 12–17.30 Uhr, Eintritt € 14/7, Familienticket ab € 35, online preiswerter
Hinter der imposanten Tempelfront mit dem Säuleneingang verbirgt sich das Hauptpostamt von Dublin. Das 1814 von Francis Johnston errichtete Gebäude spielte auch eine Rolle im Unabhängigkeitskampf: 1916 besetzten irische Freiwillige beim

sogenannten Osteraufstand das Postamt und trotzten sechs Tage der britischen Armee – dann brannte das Gebäude aus

Dublin O'Connell Street: das geschichtsträchtige General Post Office (links), das Denkmal für den Führer der irischen Gewerkschaftsunion, James Larkin, und im Hintergrund das hypermoderne Monument des Lichts (The Spire)

und die Rädelsführer wurden im Gefängnis von Kilmainham hingerichtet.

2017 wurde das GPO Witness History Visitor Centre mit dem renommierten Micheletti Award ausgezeichnet.

7 Guinness Storehouse
St. James' Gate, Dublin 8
Bus 123, Luas: St. James's Hospital
✆ (01) 408 48 00
www.guinness-storehouse.com
Tägl. 9.30–19, Juli/Aug. 9–20, letzter Einlass 18 Uhr, Eintritt ab € 17,50/16, unter 13 J. frei
In der Guinness Brauerei zeigt ein etwas zu buntes und unübersichtliches Multimediaspektakel, wie das dunkelbraune Bier hergestellt wird. Doch der Besuch lohnt schon wegen des faszinierenden Ausblicks, den man in der Gravity Bar im 7. Stock genießt, wenn man am Ende des Rundgangs ein Glas Guinness trinkt (im Eintrittspreis inbegriffen).

Kilmainham Gaol
Inchicore Rd., Kilmainham
Dublin 8
Bus 69, 79: Inchicore Rd., Kilmainham Courthouse
✆ (01) 453 59 84, www.kilmainhamgaolmuseum.ie
Tägl. Juni–Aug. 9–19, April/Mai, Sept. 9–18, Okt.–März 9.30–17.30 Uhr, Besuch nur mit Führung (letzte jeweils 75 Min. vor Schließung)
Eintritt € 8/4, unter 12 J. frei, Familienticket € 20
Beklemmende Gefängnis-Atmosphäre und ein Überblick über Irlands fehlgeschlagene Befreiungskämpfe erwarten den Besucher. In Kilmainham haben von der Eröffnung im Jahr 1796 bis zur Schließung 1924 unzählige Freiheitskämpfer und Patrioten eingesessen.

Leinster House
Kildare St., Dublin 2
Bus 25, 25a, 25b: Kildare St., Leinster House; Luas: St. Stephen's Green; DART: Pearse
✆ (01) 618 32 71 oder 618 37 81
Führungen Mo–Fr 10.30, 14.30, Treffpunkt spätestens 15 Min. vor Beginn, Lichtbildausweis erforderlich, besser vorher telefonisch bestätigen lassen
In dem stattlichen georgianischen Gebäude, das sich der spätere Herzog von Leinster 1745 errichten ließ, tagen die beiden Kammern des irischen Parlaments. Der irische Architekt des Weißen Hauses in Washington D.C. James Hoban ließ sich vom Leinster House inspirieren.

9 Marsh's Library
St. Patrick's Close, Dublin 8
Bus 27, 56a, 77a, 150, 151: Kevin St., Garda Station
✆ (01) 454 35 11
www.marshlibrary.ie
Mo, Mi–Fr 9.30–17, Sa 10–17 Uhr
Eintritt € 3/2, unter 16 J. frei
Die älteste öffentliche Bücherei Irlands, 1710 von Erzbischof Narcissus Marsh (1638–1713) eingerichtet, hat zwei Besonderheiten: Erstens wurden die Räume seit der Eröffnung nicht

verändert und zweitens hat hier angeblich noch nie jemand ein Buch gestohlen. Kein Wunder: Im Lesesaal wird, wer ein wertvolles Buch lesen will, zusammen mit seiner Lektüre hinter einem Drahtgitter eingeschlossen.

Molly Malone
Grafton St., Dublin 1
Fast alle City-Busse passieren die Grafton St.
An der Ecke Grafton St. und Suffolk St. steht die wohl bekannteste Dublinerin: Molly Malone. Die Bronzefigur ist eines der Wahrzeichen der Stadt.

9 Old Jameson Distillery
Bow St., Smithfield, Dublin 7
Luas: Smithfield
✆ (01) 807 23 55
www.jamesonwhiskey.com
So–Do 10–18, letzte Führung 17.30, Fr/Sa 10–19 Uhr
Eintritt € 20/10, online günstiger
In der Jameson Distillery wurde 200 Jahre lang Whiskey, den die Iren *Uisce Beatha* – »Wasser des Lebens« – nennen, hergestellt. Whiskey-Liebhaber können im Besucherzentrum in der ehemaligen Fabrik an einer multimedialen Einführung in die Herstellung des Kultgetränks und anschließend an einer Verkostung teilnehmen, edlen Whiskey für zu Hause erwerben und an der Bar die Tests fortsetzen.

Prospect Cemetery
Finglas Rd., Dublin 11
Bus 40, 140: Finglas Rd., Glasnevin Cemetery
✆ (01) 882 65 50
www.glasnevintrust.ie
Tägl. 10–18, Nov.–Mitte März bis 17 Uhr, geführte Touren tägl. 11.30, 14.30, Sa/So auch 15.30 Uhr
Eintritt (Museum und Tour) € 13/10, Familienticket € 29, nur Museum € 6,50/4,50, Friedhofsbesuch kostenlos

Seit 1832 wurden auf dem weitläufigen Prospect Cemetery, auch als Glasnevin-Friedhof bekannt, etwa 1,5 Mio. Menschen bestattet. Darunter unzählige Prominente aus Politik, Kunst und Literatur, von Daniel O'Connell über Michael Collins bis Brendan Behan. So bietet der Nationalfriedhof eine beeindruckende Reise durch die irische Geschichte.

Kilmainham Gaol, der wichtigste Schauplatz des irischen Unabhängigkeitskampfes

The Spire
O'Connell St., Dublin 1
Luas: Abbey St.
Mitten auf der O'Connell St., dem Flanierboulevard nördlich der Liffey, reckt sich The Spire 120 m in den Himmel. Am Fuß misst die Metallnadel 3 m im Durchmesser, an der Spitze, die nachts beleuchtet wird, nur noch 15 cm. Der siegreiche Entwurf eines Wettbewerbs wurde 2003 verwirklicht und ersetzt die 1966 von der IRA gesprengte Nelson-Säule.

Emblem der St. Patrick's Cathedral

6 St. Audoen's Church

Cornmarket/High St.
Dublin 8
Bus 13, 40, 123: High St., St. Audeon's Church
✆ (01) 677 00 88
www.heritageireland.ie
Ende April–Okt. 9.30–17.30, letzter Einlass 16.45 Uhr, sonst nur nach Vereinbarung
Eintritt frei

Die Kirche aus dem 13. Jh. ist dem normannischen Bischof Quen geweiht. Eine kleine Ausstellung erinnert an sein Leben. Im Glockenturm hängen die ältesten Glocken Irlands von 1423. Manchem vielleicht noch wichtiger ist der *lucky stone*: Ihn zu berühren bringt angeblich Glück im Geschäftsleben.

4 St. Mary's Pro Cathedral

83 Marlborough St., Dublin 1
Luas: Abbey St.
✆ (01) 874 54 41
www.procathedral.ie
Mo–Fr 8–17, Sa 9–19.15, So 9–13 und 17–19.45 Uhr
Eintritt frei

Die zwischen 1815 und 1825 errichtete Kirche ist die einzige katholische Kathedrale Dublins. Da die katholische Kirche zu dieser Zeit noch keinen festen Stand in der Stadt hatte, wurde der Bau in einer Nebenstraße versteckt. Obwohl als Provisorium gedacht, wird die fünfschiffige Säulenkirche, die an einen Athener Tempel erinnert, bis heute von den Gläubigen viel genutzt.

Blick in Irlands größtes Kirchenschiff: St. Patrick's Cathedral

8 St. Michan's Church

Church St., Dublin 7
Bus 25, 25a, 67, 67a, 68, 69, 79, 90, Luas: Smithfield
✆ (01) 872 41 54
Mitte März–Okt. Mo–Fr 10–12.45 und 14–16.30, Nov.–Mitte März Mo–Fr 12.30–15.30, Sa ganzjährig 10–12.45 Uhr
Eintritt € 6/4 für die geführte Tour, sonst frei

Die erste St. Michan's Church wurde 1095 errichtet, von ihr sind allerdings nur noch Reste erhalten. Die heutige Kirche stammt aus dem Jahr 1686. Ihre Orgel ist eine der ältesten des Landes – auf ihr soll Georg Friedrich Händel den »Messias« gespielt haben. Doch die meisten Besucher zieht es wegen der Gruft hierher. Über eine enge Steintreppe gelangt man in einen Tunnel mit Särgen. Einige von ihnen sind offen, sodass man einen Blick auf die mumifizierten Toten werfen kann. Man geht davon aus, dass die extrem trockene Luft in der Krypta für die Mumifizierung verantwortlich ist.

8 St. Patrick's Cathedral

Saint Patrick's Close, Dublin 8
Bus 27, 49, 54a, 56a, 77a, 77x, 150, 151: Patrick St., St. Patrick's Cathedral
✆ (01) 453 94 72
www.stpatrickscathedral.ie
Mo–Sa 9.30–17 (März–Okt. Sa 9–18), So 9–10.30 und 12.30–14.30 (März–Okt. auch 16.30–18) Uhr
Eintritt € 7/6, bis 16 J. frei, Familienticket € 17

Die Kathedrale, deren Grundstein 1191 gelegt wurde, wurde im 13. Jh. im gotischen Stil umgebaut. In der Kirche befinden sich Grabmäler bzw. Gedenktafeln, die an bekannte Iren erinnern – allen voran an den Schriftsteller und Satiriker Jonathan Swift (1667–1745), der von 1713 bis 1742 Dekan in St. Partricks war. Die beiden irischen Präsidenten Douglas Hyde (1860–1949) und Erskine Childers (1905–1974) liegen hier begraben.

Der **Chor der Kirche** ist landesweit bekannt und blickt auf eine lange Tradition zurück. 1742 hat er – gemeinsam mit dem Chor der Christ Church Cathedral – die Welturaufführung von Händels »Messias« gesungen.

2 Temple Bar
Viertel zwischen dem River Liffey, der Parliament St., der Dame St. und der Anglesea St.
www.templebar.ie
Das Kneipen- und Ausgehviertel Dublins ist benannt nach Sir William Temple (1555–1672), der hier einst ein Grundstück besaß. Nach langen Zeiten des Verfalls wurde Temple Bar im Laufe der 1990er Jahre saniert und ist heute das Herzstück der Stadt. In dem bei Künstlern beliebten Viertel sind die **NPA Exhibition Gallery** (vgl. National Photographic Archive) und die **Tempel Bar Gallery** (5–9 Temple Bar) besonders sehenswert.

10 Trinity College
College St., Dublin 2
DART: Tara St.
✆ (01) 896 10 00
www.tcd.ie
Mai–Sept. Mo–Sa 8.30–17, So 9.30–17, Okt.–April Mo–Sa 9.30–17, So 12–16.30 Uhr
Eintritt € 14/11, bis 12 J. frei, Familienticket € 28
1592 von der englischen Königin Elisabeth I. gegründet, ist das Trinity College die älteste Universität Irlands – und die berühmteste. Hier haben mit Jonathan Swift, Bram Stoker, Oscar Wilde und Samuel Beckett einige der wichtigsten irischen Schriftsteller studiert. Im Innenhof findet sich der 1852 errichtete Campanile, das Wahrzeichen des Campus.

Vorbereitungen für den Ball des Trinity College

Im langen Gebäude zur Rechten befindet sich die **Old Library**. In einer Schatzkammer im Erdgeschoss wird neben anderen kostbaren Evangelienhandschriften das rund 1200 Jahre alte **Book of Kells** aufbewahrt, das auf 340 prachtvoll illustrierten Folianten die vier Evangelien des Neuen Testaments enthält. Der **Long Room** im ersten Stock ist eine 65 m lange, einzigartige Bibliothek mit rund 200 000 kostbaren, ledergebundenen Büchern.

2 Dublin Zoo
Phoenix Park, Dublin 8
Luas: Heuston Station; Bus 46a: Infirmary Rd., Phoenix Park Gate
✆ (01) 474 89 00
www.dublinzoo.ie
Tägl. ab 9.30, Jan. bis 16.30, Feb. bis 17, März–Sept. bis 18, Okt. bis 17.30, Nov./Dez. bis 16 Uhr
Eintritt € 18/13,20 (3–15 J.), Familienticket € 51 (online € 49)
1831 gegründet, ist der Dubliner Zoo der älteste Tierpark Europas. Besonders sehenswert

Georgianischer Hauseingang am Merrion Square

sind die Raubtier- und die Primatenabteilung. Großzügige Gehege.

Garden of Remembrance
Parnell Sq. East, Dublin 1
Bus 46e: Parnell Sq., Hugh Lane Gallery
✆ (01) 821 30 21
www.heritageireland.ie, http://opwdublincommemorative.ie
Tägl. April–Sept. 8.30–18, Okt.–März 9.30–16 Uhr, Eintritt frei
Die stille Oase inmitten des Verkehrs am Parnell Square erinnert an alle irischen Freiheitskämpfer, die ihr Leben für die Freiheit gelassen haben.

Iveagh Gardens
Clonmel St., Dublin 2
Luas: Harcourt
✆ (01) 475 78 16
www.iveaghgardens.ie
Mo–Sa ab 8, So ab 10, im Sommer bis 18, im Winter bis 15.30/16 Uhr
Die hinter hohen Mauern versteckten Iveagh Gardens wurden 1863 angelegt und sind bis heute ein stilles Kleinod inmitten der Stadt. Rasenflächen, Brunnen, Grotten, Statuen, Rosengarten, Labyrinth und sogar ein Wasserfall laden zum Verweilen ein.

13 **Merrion Square**
Merrion Sq., Dublin 2
DART: Pearse
Tägl. von Sonnenauf- bis Sonnenuntergang
Merrion Square ist einer der größten und schönsten Plätze Dublins, an drei Seiten von den typischen georgianischen Häusern umgeben. In diesen wohnten einst einige der großen Literaten der Stadt wie Oscar Wilde in der Nr. 1. Ihn findet man im Inneren der umzäumten und gepflegten Grünanlage auf einem Stein. An Wochenenden nutzen die Künstler der Stadt die Zäune des Parks als Freiluftgalerie.

4 **Phoenix Park**
Phoenix Park, Dublin 8
Luas: Heuston Station
Park Visitor Centre:
✆ (01) 677 00 95
www.phoenixpark.ie
Park immer zugänglich, Visitor Centre April–Dez. tägl. 10–18, Jan.–März Mi–So 9.30–17.30 Uhr, Eintritt frei
Mit mehr als 800 Hektar ist der Phoenix Park der größte eingezäunte Park Europas. Den Zaun braucht man u.a. deshalb, weil auf dem Gelände 300 Hirsche frei herumlaufen. Einst Jagdrevier des englischen Königs, ist der Park heute ein beliebtes Ausflugsziel der Dubliner. Sie joggen und skaten hier oder fahren Rad. Am Wochenende trifft man sich zum Picknick. Die größten Sehenswürdigkeiten im Park sind die Residenz des Staatspräsidenten und der Zoo. Das Visitor Centre zeigt eine kleine Ausstellung über Natur und Geschichte des Parks.

14 **St. Stephen's Green**
St. Stephen's Green, Dublin 2
LUAS: St. Stephen's Green
www.ststephensgreenpark.ie
Mo–Sa ab 7.30, So ab 9.30 Uhr, jeweils bis zum Sonnenuntergang, Eintritt frei
Dublins ältesten Park verdankt die Stadt einem Spross der berühmten Bierbrauerdynastie. Sir Arthur Guinness machte ihn 1880 der Öffentlichkeit zugänglich. Die Dubliner sind ihm noch heute dankbar und tummeln sich in der grünen Oase. Alles ist akkurat gepflegt – der Ententeich mit Pavillon, die Blumenbeete und die Rasenflächen. Versteckt zwischen den Bäumen gibt es eine Reihe von Denkmalen wie das von Henry Moore für William Butler Yeats. Sehenswert ist auch der Eingang an der Verlängerung der Grafton St. mit dem Ende des 19. Jh. errichteten Fusilier's Arch.

Chapter One
18–19 Parnell Sq., Dublin 1
✆ (01) 873 22 66
www.chapteronerestaurant.com
Di–Fr 12.30–14 und 19.30–22.30, Sa 19.30–22.30 Uhr
Chefkoch Ross Lewis hat sich seit der Eröffnung 1992 einen festen Platz in der Dubliner Restaurantszene erobert und darf sich mit einem Michelin-Stern schmücken. Im Jahr 2017 wurde Chapter One von der Restaurant Association of Ireland zum achten Mal zu Irlands bestem Restaurant gekürt. Abwechslungsreiche, moderne irische Küche mit Lamm, Lachs, Geflügel und Meeresfrüchten. Das Ambiente im Kellergewölbe des Writers Museum könnte kaum stimmungsvoller sein und auch das Preis-Leistungs-Verhältnis stimmt. €€€€

The Church
Mary St./Jervis St., Dublin 1
✆ (01) 828 01 02
www.thechurch.ie
Tägl. ab 17, Main Bar ab 10.30, So ab 11.30 Uhr
Die Anfang des 18. Jh. errichtete St. Mary's Church war eine der ersten Galerienkirchen in Dublin. Nach der Schließung 1964 stand sie eine Weile leer, bis schließlich nach aufwendigen Restaurierungsarbeiten im Dezember 2005 das Restaurant eröffnet werden konnte. Schon auf den ersten Blick sieht man, dass dies eine Kirche war, denn sogar die Orgel und die Kirchenfenster sind erhalten geblieben. Im zentralen ehemaligen Kirchenschiff befindet sich nun die Bar, auf der Galerie das Restaurant. Eine weitere Bar verbirgt sich im Keller. 2006 gab es den Preis für das bestsanierte alte Gebäude. Zwischen 17 und 18 Uhr wird ein preisgünstiges Menü *(for Early Birds)* angeboten, unbedingt reservieren. €€€€

L'Ecrivain
109A Lower Baggot St., Dublin 2
✆ (01) 661 19 19
www.lecrivain.com
Tägl. außer So 18.30–22.30, Fr auch 12.30–15.30 Uhr
Derry und Sallyanne Clarke servieren moderne irische Küche und wurden dafür schon mit einem Michelin-Stern belohnt. Dass dieses Gourmetvergnügen nicht ganz billig ist, versteht sich von selbst, doch die Dubliner sind begeistert, und so muss man den Tisch im L'Ecrivain rechtzeitig bestellen. Von den Wänden schauen berühmte irische Schriftsteller den Gästen beim Essen zu. €€€€

Ely Wine Bar
22 Ely Place, Dublin 2
✆ (01) 676 89 86
www.elywinebar.ie
Mo–Do 12–23.30, Fr 10–0.30, Sa 17–0.30 Uhr
Hier gibt es die wahrscheinlich beste Weinauswahl in Dublin. Lassen Sie sich vom Ober beraten, welchen Roten Sie zum Biolamm trinken sollen. Nicht nur das Lamm kommt vom Ökobauernhof. €€€€

Patrick Guilbaud
21 Upper Merrion St., Dublin 2
✆ (01) 676 41 92, www.restaurantpatrickguilbaud.ie
Mo–Sa 19–22.15, Di–Fr auch 12.30–14.15, Sa auch 13–14 Uhr
Das Ambiente passt zum Anspruch. Begleitet von zeitgenössischer irischer Kunst zelebriert der Chefkoch Patrick Guilbaud seine Kochkünste, die ihm immerhin zwei Michelin-Sterne eingebracht haben. Bei schönem Wetter kann man auch auf der Terrasse im Garten speisen. Dass nur feinste saisonale Zutaten verarbeitet werden, ist in dieser Preisklasse selbstverständlich. Während die Dinner-Menüs doch ein größeres Loch in die Geldbörse reißen, ist das Lunch-Menü ab

Die Preiskategorien bei den Restaurants beziehen sich jeweils auf ein Hauptgericht ohne Getränke:

€ – bis 15 Euro
€€ – 15 bis 20 Euro
€€€ – 20 bis 28 Euro
€€€€ – über 28 Euro

»Menu of the Day«

40 Euro ein vergleichsweise erschwinglicher Einstieg in die kulinarische Welt des Herrn Guilbaud. €€€€

Cleaver East
The Clarence Hotel, 6–8 Wellington Quay, Eingang von der East Essex St., Dublin 2
✆ (01) 531 35 00
www.theclarence.ie
Mo–Sa 17.30–22.30, So 17.30–21.30, Fr–So auch 12–15 Uhr
Schönes Ambiente und moderne Küche zu erschwinglichen Preisen. Es gibt ein Sechs-Gänge-Überraschungsmenü, man kann aber auch à la carte bestellen. Ein Schwerpunkt liegt auf den edelsten Teilen vom Rind, etwa Rib Eye Beef. Freitags und am Wochenende können Gäste sich vom »Not Afternoon Tea« überraschen lassen: Eine kreative Interpretation des klassischen Afternoon Tea. €€€

Matt the Tresher
31–32 Lower Pembroke St. Dublin 2
✆ 01) 676 29 80
www.mattthethresher.ie
Mo–Fr 10–21.45, Sa 12–21.45, So 12.30–20.30 Uhr
Ein lässiges Seafood-Restaurant, das mehrfach Preise gewonnen hat und sich auf frischen irischen Fisch und lokale Meeresfrüchte spezialisiert hat. Auch Fleischliebhaber finden etwas auf der Karte. Zum Restaurant gehört eine Bar. €€€

Irische Pub-Kultur

Bewley's Grafton Street Café
78–79 Grafton St., Dublin 2
✆ (01) 672 77 20
http://bewleys.com
Mo–Sa 8–20, Do bis 21, So 9–20 Uhr
Das Bewley's hat einen speziellen nostalgischen Charme. Herrlich duftende Kaffee- und Teespezialitäten und leichtes Essen erfreuen den Gaumen. Im ehemaligen Oriental Room werden zur Mittagszeit öfter kleine Theaterstücke von jungen Schauspielern aufgeführt. €€

The Brunswick Bar
Trinity City Hotel
Pearse St., Dublin 2
✆ (01) 648 10 10
www.trinitycityhotel.com
Tägl. 12–22 Uhr, danach nur noch Drinks
Elegant-opulente Bar mit nostalgischem Charme. Die Einrichtung ist eine Mischung aus altehrwürdigem Mobiliar und zeitgenössischen Stücken. Lunch und Dinner. €€

Café en Seine
39 Dawson St., Dublin 2
✆ (01) 677 45 67
www.cafeenseine.ie
Tägl. ab 12, Mo/Di bis 24, Mi–Sa bis 3, So bis 23 Uhr, Jazzbrunch So bis 17 Uhr
Tagsüber Café und Restaurant, später am Abend dann Pub mit Livemusik. Das Interieur ist opulent im Art-déco-Stil gehalten und erinnert mit den imposanten Glaslampen, der Büste von Louis XIV., den Spiegeln und dem Piano an das Paris zu Beginn des 20. Jh. Das wunderschöne Atrium und die beeindruckend großen Pflanzen unterstreichen das besondere

Flair des preisgekrönten Café en Seine. €€

Gallaghers Boxty House
20–21 Temple Bar
Dublin 2
✆ (01) 677 27 62
www.boxtyhouse.ie
Tägl. 11–10.30 Uhr, am Wochenende und im Sommer länger
Eines der wenigen Restaurants in Dublin, in denen man *Boxty* – den traditionellen irischen Kartoffelpfannkuchen – essen kann. Aber auch alles andere, was man mit irischer Küche in Verbindung bringt, kann man hier bestellen. €€

Langkawi
46 Upper Baggot St., Dublin 2
✆ (01) 668 27 60
www.langkawi.ie
Tägl. 18–23.30, Mo–Fr auch 12.30–14 Uhr
Malaysisches Restaurant in Familienbesitz. Freundliche Bedienung und ausgezeichnete Currygerichte gehen hier Hand in Hand. Empfehlenswert sind auch die Vorspeisen. €€

The Oliver St. John Gogarty Restaurant
58–59 Fleet St., Temple Bar
Dublin 2
✆ (01) 671 18 22
www.gogartys.ie
Mo–Do ab 17.30, Do–So Lunch 12–14.30 Uhr
Eines der bekanntesten Restaurants in Temple Bar. Gute Stimmung und irische Hausmannskost sind die Markenzeichen des Pubs. Der Namensgeber war Dichter, Pilot und Politiker, vor allem aber Liebhaber eines guten Guinness. Nicht nur ihm zu Ehren fließt der braune Gerstensaft hier in Strömen. €€

Restaurant@The Schoolhouse
2–8 Northumberland Rd.
Dublin 4
✆ (01) 667 5014
www.schoolhousehotel.com
Lunch Mo–Fr 12–14.30, Dinner tägl. 17–22 Uhr

»The Oliver St. John Gogarty Restaurant« in der Fleet Street

Bis 1965 war das Gebäude eine Schule, dann stand es lange leer – 1998 sind hier ein Restaurant und ein Hotel eingezogen. Küchenchef François Gelet verwöhnt seine Gäste mit einem breiten Spektrum: von guter Pub-Küche bis zum feinen Bistrot-Menü – und mit wunderbaren Desserts. Die Tagesmenüs sind mit 22,50 bis 25 Euro relativ preisgünstig und auch sonst stimmt das Preis-Leistungs-Niveau. In der Schoolhouse Bar gibt es fast jeden Tag Livemusik. €€

The Lord Edward Tavern
23 Christchurch Place, Dublin 8
✆ (01) 454 24 20
www.lordedward.ie
Tägl. 10.30–0.30 Uhr
Authentisches Pub, das hauptsächlich von Einheimischen besucht wird. Rustikal und stimmig, für den kleinen Hunger gibt es zum Guinness Pub Food. €–€€

The Brazen Head
20 Lower Bridge St.
Dublin 8
✆ (01) 679 51 86

www.brazenhead.com
Tägl. 10.30–0.30 Uhr
1198 eröffnet ist das Brazen Head das älteste Pub Irlands. Obwohl das heutige Gebäude erst aus dem 17. Jh. stammt, merkt man dem stimmungsvollen Restaurant seine lange Geschichte an. Gemütlich sitzt man im Barraum und tut sich an üppigen Portionen gütlich. Ab 21 Uhr schließt die Küche, dann werden die Teller beiseitegeräumt und es gibt Livemusik. €

The Porterhouse
16–18 Parliament St., Dublin 2
✆ (01) 679 88 47
www.theporterhouse.ie
Mo–Do 10.30–23.30, Fr/Sa 10.30–0.30, So 12–23 Uhr
Bier, irisches Essen, Pub-Atmosphäre und jeden Abend Livemusik. Das Porterhouse ist eine der ganz wenigen Kneipen Dublins, die kein Guinness ausschenkt. Zu Recht, denn man braut sein eigenes Bier – und das schon recht lange und beileibe nicht schlechter als die Leute von Guinness. Experimentierfreudige können sich am *Oyster Stout* mit Austerngeschmack versuchen. Ansonsten wartet auf Trinkfeste hier noch eine Riesenauswahl an Flaschenbieren aus aller Welt. €

Temple Bar Food Market
12 East Essex St., Temple Bar Dublin 1
www.templebar.ie
Sa 10–16.30 Uhr

SHOPPING

Dublin ist eine sehr gute Stadt zum Einkaufen – allerdings keine billige. In der **Fußgängerzone Grafton Street** reiht sich ein Kaufhaus ans andere. Obwohl hier viele Touristen unterwegs sind, geht meist Höherklassiges über den Ladentisch. Souvenirläden mit Dutzendware findet man nur vereinzelt. Wer nicht muss, sollte hier nicht gerade samstags einkaufen – dann fühlt es sich an wie bei Sardinen in der Dose. Die **Henry und Mary Street** sind bei ähnlichem Angebot die billigere Alternative zur Grafton Street. Von der Henry Street zweigt die **Moore Street** ab – auf dem Markt und in den umliegenden Geschäften kauft man Obst, aber auch Exotisches wie Trockenfisch, Malzbier oder afrikanische Gewürze. Auch in der **O'Connell Street** gehen die Dubliner gern einkaufen. Läden der unterschiedlichsten Bekleidungsketten dominieren hier die Szene. Die **Earl Street** ist die Schnäppchenstraße Dublins. Qualität wird hier nicht immer groß geschrieben, doch wer möglichst viel für einen Euro will, ist hier richtig. Etwas außerhalb der Stadt an der N3, nördlich des Stadtrings M50, liegt mit dem **The Blanchardstown Centre** (www.blanchardstowncentre.ie) das größte Einkaufszentrum des Landes. Wer auf der Suche nach Antiquitäten oder Trödel ist, sollte durch die **Francis Street** schlendern, dort reiht sich ein Geschäft ans andere.

Straßenkünstler auf der Grafton Street

An den Ständen des am Wochenende stattfindenden Markts gibt es Kleinigkeiten für den Hunger zwischendurch. €

O'Donoghue's
15 Merrion Row
Dublin 2
✆ (01) 660 71 94
www.odonoghues.ie
Mo–Do 10–24, Fr/Sa 10–1, So 11–24 Uhr
Schon 1789 wurde in diesem Pub Bier getrunken. In den 1930er Jahren hat dann die Familie O'Donoghue die Kneipe übernommen und in den nächsten Jahrzehnten zum Ruhm geführt. Denn hier haben seitdem viele bekannte Gruppen ihren irischen Folk zum Besten gegeben – natürlich auch die Dubliners. An den Wänden hängen noch die vergilbten Fotos der Helden.

Auch heute kommen fast täglich noch Musiker vorbei und spielen wie eh und je Irish Folk. Kein Wunder, dass die wenigen Sitzplätze bald vergeben sind und es im Laufe des Abends immer voller wird. Wer richtig abfeiern möchte, bestellt rechtzeitig ein Zimmer im kleinen Hotel.

The Button Factory
Curved St., Temple Bar
Dublin 2
✆ (01) 670 92 02
www.buttonfactory.ie
Hier finden von Mittwoch bis Sonntag fast jeden Abend Konzerte statt: von Indie bis Hip-Hop. Etwas später legen auch DJs Techno auf.

Zum Club gehört die **Crowbar** (tägl. ab 17 Uhr). Eine gute Chance, vielversprechende Musiktalente und Bands kostenlos auf der Bühne zu erleben, bietet der Crowclub jeden Do ab 21 Uhr.

Club M
Cope St., Dublin 2
✆ (01) 671 5622
www.clubm.ie
Fr/Sa 23–3 Uhr
Einer der ältesten Nightclubs der Stadt, der vor allem junges Publikum anzieht. Unterschiedlichste Stilrichtungen werden gespielt. Hier geht es meist sehr ausgelassen zu – ein Hauch von Ballermann in Dublin.

Fitzsimons
Temple Bar, Dublin 2
✆ (01) 677 93 15
www.fitzsimonshotel.com
Bar und Nachtclub je nach Veranstaltung geöffnet (meist Do/Fr abends), Restaurant 10.30–22.30 Uhr
Wer in Temple Bar feiern will, hat hier die Auswahl – Fitzsimons ist Bar, Nachtclub und Kneipe in einem. Vier Tanzflächen und vier Bars, darunter eine auf dem Dach unter freiem Himmel, warten auf die Vergnügungssüchtigen.

Barry Doyle
30 Georges St. Arcade
Dublin 2
✆ (01) 671 28 38
www.barrydoyledesign.com
Tägl. außer So 10–18 Uhr
Barry Doyle fertigt in seinem Studio ausgefallenen Gold- und Silberschmuck. Außergewöhnlich ist seine Kollektion an keltischen Hochzeitsringen.

Blackrock Market
19 Main St.
Blackrock
DART bis Blackrock
✆ (01) 283 35 22
www.blackrockmarket.com
Sa/So 11–17.30 Uhr
Ein Flohmarkt, auf dem Schnäppchenjäger nahezu alles finden können, was das Herz begehrt – angefangen bei Kleidern bis zu Haushaltswaren, Büchern und Kunst. Und selbst wenn man nichts findet, es macht Spaß dem Markttreiben zuzusehen.

Das Zentrum des Nachtlebens ist ohne Zweifel Temple Bar. Hier reiht sich eine Kneipe an die andere. Besonders an lauen Sommerabenden tobt in diesem Viertel das Leben. Kneipengänger sollten beachten, das in Irland die Pubs generell früher schließen, als wir das aus Deutschland gewohnt sind. Um zwölf, spätestens halb eins lassen die meisten die Rollläden herunter. Das gilt natürlich nicht für Diskotheken und Nachtclubs, in denen es erst gegen 23 Uhr so richtig losgeht.

Claddagh Ring

Bühne der Straßenmusikanten, der »Buskers«, sind …

… die Straßen im Zentrum von Dublin

Brown Thomas
88–95 Grafton St.
Dublin 2
✆ (01) 605 66 66
www.brownthomas.com
Mo und Mi 9.30–20, Di 10–20, Do/Fr 9.30–21, Sa 9–20, So 11–19 Uhr
Schon der Türsteher in klassischer Livree vermittelt einem das Gefühl, ins vornehmste Kaufhaus Dublins zu gehen. Der Eindruck bestätigt sich im Inneren; das ehrwürdige Brown Thomas – 1849 eröffnet – kann es durchaus mit dem Londoner Harrod's oder dem Berliner KaDeWe aufnehmen. Hier warten viele in- und ausländische Designerlabels auf zahlungskräftige Käufer.

Carroll's
33 Lower O'Connell St.
Dublin 1
✆ (01) 874 67 41
www.carrollsirishgifts.com
Mo–Sa 9–21, So 10–20 Uhr
Hier bekommt man wirklich alle Souvenirs, die man sich nur vorstellen kann. Zwar findet sich in dem riesigen Laden viel Kitsch und Krempel, doch auch relativ hochwertige Kleidungsstücke in den Nationalfarben sind im Angebot. Weitere Filialen von Carroll's Irish Gift Stores: 57–58 Upper O'Connell St., Stephen's Green, Suffolk St., Henry St. und Talbot St.

Celtic Whiskey Shop
27–28 Dawson St.
Dublin 2
✆ (01) 675 97 44
www.celticwhiskeyshop.com
Mo–Sa 10.30–20, Do bis 21, So 12.30–19 Uhr
Dieses Geschäft wird jeden Whiskey-Liebhaber in Entzücken versetzen. Neben den bekannten Marken, die man auch bei uns im Supermarkt bekommt, hat der Celtic Whiskey Shop viele edle Tropfen kleiner irischer Brennereien im Angebot. Einige schottische Marken und auch Bourbon lagern obendrein noch in den Regalen. Eine kleine Auswahl an Whiskeys steht immer zur Verkostung bereit.

Duke Street Gallery
17 Duke Street, Dublin 2
✆ (01) 613 90 05
www.dukestreetgallery.ie
Mo–Sa 10.30–18, So 11–18 Uhr
Die Galerie in einem der ältesten Dubliner Häuser aus der ersten Hälfte des 18. Jh. zeigt vor allem Werke irischer Künstler. Durch die guten weltweiten Beziehungen und den Onlineshop erhalten die Künstler eine breite Plattform.

The House of Ireland
38 Nassau St., Dublin 2
✆ (01) 671 11 11
www.houseofireland.com
Mo–Sa 9–18, Do bis 20, So 12.30–17.30 Uhr
Souvenirs ohne Ende – Sweater, T-Shirts, Tassen. In diesem Geschäft ist Grün die vorherrschende Farbe.

Kevin & Howlin
31 Nassau St., Dublin 2
✆ (01) 633 45 76
www.kevinandhowlin.com
Tägl. außer So 9.30–17.30 Uhr
Seit mehr als 70 Jahren wird hier original handgewebter irischer Tweed verkauft – Mäntel, Jacken, Hüte, Schals …

Unter Glas:
St. Stephen's Green Shopping Centre

Kilkenny Shop
6 Nassau St., Dublin 2
✆ (01) 677 70 66
www.kilkennyshop.com
Di–Sa 8.30–18.30, Do bis 20, So/Mo 10–18.30 Uhr
Souvenirjäger, die bereit sind etwas mehr auszugeben, finden hier eine reiche Auswahl an Strickwaren, Porzellan, Schmuck und vielen anderen Kleinigkeiten.

Louise Kennedy
56 Merrion Sq.
Dublin 2
✆ (01) 662 00 56
www.louisekennedy.com
Mo–Fr 9–18, Sa 10–17 Uhr
In einem alten Stadtpalais liegt dieser Laden einer irischen Designerin. Edel und teuer.

Powerscourt Townhouse Centre
59 William St. South
Dublin 2
www.powerscourtcentre.com
Mo–Fr 10–18, Do bis 20, Sa 9–18, So 12–18 Uhr
Das im 18. Jh. für Lord Powerscourt errichtete Gebäude zählt zu den architektonischen Schmuckstücken der Stadt. Um den überdachten Innenhof, den mehrere Restaurants nutzen, verteilen sich auf verschiedenen Stockwerken zum Großteil eher hochpreisige Läden mit Antiquitäten, Schmuck, Mode und Designerware.

St. Stephen's Green Shopping Centre
St. Stephen's Green/Grafton St.
Dublin 2
✆ (01) 478 08 88
www.stephensgreen.com
Mo–Sa 9–19, Do bis 21, So 11–18 Uhr
Rund 100 verschiedene Läden, die überwiegend Preisgünstiges anbieten, versammeln sich unter dem Dach des 1889 eröffneten Shopping Centre. Bemerkenswert von außen und innen ist die viktorianische Konstruktion aus Glas und unzähligen weiß gestrichenen Eisenstreben.

Trinity Sweaters
30 Nassau St.
Dublin 2
✆ (01) 671 22 92
www.sweatershop.com
Mo–Sa 9.30–18, So 11.30–17.30 Uhr
Hier bekommt man die berühmten Wollpullover von den Aran-Inseln.

FESTE IN DUBLIN UND UMGEBUNG

Januar

Temple Bar TradFest: Das Kulturviertel lädt in der letzten Januarwoche zu mehr als 200 Musik-Sessions und Open-Air-Darbietungen ein (http://tradfest.ie).

Januar/Februar

Irish Champion Hurdles: Eines der wichtigsten Pferderennen in Leopardstown, Ende Januar/Anfang Februar. Für die pferde- und wettverrückten Iren so wichtig wie ein Nationalfeiertag. (www.leopardstown.com).

Februar/März

Six-Nations-Rugbyturnier: Wer die Spiele zwischen Irland, England, Schottland, Wales, Frankreich und Italien nicht im Stadion anschaut, ist auf jeden Fall im Pub dabei (www.rbs6nations.com).

Dublin International Film Festival: Das Filmfestival bietet eine wichtige Gelegenheit, um den irischen Film zu feiern. Von Mitte bis Ende Februar/Anfang März (www.diff.ie).

»Bloomsday«, die Hauptfigur von James Joyce' »Ulysses«: weltweit der einzige Feiertag, der einem Roman gewidmet ist

März

St. Patrick's Day: Am 17. März gibt es Umzüge und Feierlichkeiten in der ganzen Stadt.

April

Colours Boat Race: Ruderrennen auf der Liffey wischen University College Dublin und Trinity College am erstes Aprilwochenende – vergleichbar mit dem Rennen zwischen Cambridge und Oxford.

Mai

May Day Parade: Am ersten Montag im Mai wird gefeiert und getrunken und die Politiker halten Reden, denen keiner zuhört.

Docklands Maritime Festival: Maritime Aktivitäten auf der Liffey und Straßenfest an den Ufern, z. B. mit Wakeboarding oder Kajakfahren zum Ausprobieren (www.docklandssummerfestival.com).

Juni

Music in the Park: Den ganzen Juni über ertönen Freiluftkonzerte in Dublins Parks.

Maracycle: Radrennen Dublin–Belfast–Dublin Mitte Juni.

Bloomsday: Am 16. Juni gedenkt man Leopold Bloom, der Hauptfigur aus »Ulysses« von James Joyce. Für viele Dubliner besteht der Tag aus einem

Kneipenbummel auf den Spuren des Dichters (www.bloomsdayfestival.ie).

August

Dublin Horse Show: Internationales Springreitturnier im RDS Ballsbridge (www.dublinhorseshow.com).

August/September

Liffey Swim: Schwimmwettbewerb zwischen Watling Street Bridge und Custom House an einem Samstag Ende August/Anfang September. Wird seit 1920 abgehalten (www.leinsteropensea.ie/liffey-swim).

September

Dublin Fringe Theater Festival: Über 500 Events aus den Bereichen Theater, Musik, Tanz, Performance. Zweite und dritte Septemberwoche (www.fringefest.com).

All-Ireland Hurling Final am zweiten Sonntag und **All-Ireland Football Final** am vierten Sonntag des Monats im Croke Park. Hurling und Gälischer Fußball sind die beiden uririschen Sportarten. Die Finals sind das wichtigste Sportereignis des Jahres (www.gaa.ie).

Oktober

Dublin Theater Festival: Ende September bis Mitte Oktober gibt es viel Theater (www.dublintheatrefestival.com).

Dublin City Marathon: Großer Lauf, letzter Montag im Oktober (http://sseairtricitydublinmarathon.ie).

St. Patrick's Day vor der St. Patrick's Cathedral

Halloween (31. Oktober): Eigentlich in Irland erfunden, ist »All Hallow's Eve« inzwischen auch im deutschsprachigen Raum populär.

Open House Dublin: Mitte Oktober sind mehr als 100 Häuser der Öffentlichkeit zugänglich (https://openhousedublin.com).

Dezember

St. Stephen's Day: Am 26. Dezember ziehen die »Wren Boys«, als Schornsteinfeger verkleidete Sänger, von Haus zu Haus.

Leopardstown Races: Das größte Pferderennen Irlands findet vom 26. bis 29. Dezember statt (www.leopardstown.com).

In der Nacht von Halloween geht's in den Geisterbus, auch bekannt als »Hellfire Express«

OSTIRLAND

BURGEN UND KLÖSTER, SANDSTRÄNDE UND RIVIERA-FEELING

Burgen spielen im Osten Irlands eine große Rolle. Wegen der Nähe zu England setzten sich die Eroberer hier zuerst und mit Nachdruck fest – und bauten zum Schutz vor den aufständischen Iren eine Burg nach der anderen. Besonders imposant ist die von Kilkenny, wobei auch weniger bedeutende Städte ihre Burg haben. Auch die Überreste frühchristlicher Klöster findet man in dieser Gegend häufig, das eindrucksvollste Beispiel ist Glendalough. Doch die heutigen Besucher erfreuen sich nicht nur an historischen Gebäuden, sie genießen auch das für irische Verhältnisse warme Klima und die langen Sandstrände. Gäbe

Region 2
Ostirland

In der Region Ostirland sind die aufgeführten Orte geografisch von Nord nach Süd sortiert.

es nicht deutlich zu viele Regenschauer für diesen Vergleich, wäre man versucht, die Küste des Südostens als irische Riviera zu bezeichnen.

Strandgut: angespülter Tang

1 CARLINGFORD

Malerisch liegt das Fischerörtchen Carlingford am Fuße der **Cooley Mountains** und am Ufer des **Carlingford Lough**. Durch die abgeschiedene Lage am Ende der Cooley-Halbinsel hat sich das Städtchen seinen ursprünglichen Charme bewahrt. Viele der kleinen Häuser aus dem 18. und 19. Jahrhundert sind bunt angestrichen und liebevoll gepflegt. Als würde das nicht genügen, überragt den Ort eine Burg, das **King John's Castle**. Stöbert man hier herum, fühlt man sich ein wenig wie ins Mittelalter zurückversetzt; von innen ist das Castle allerdings nicht zu besichtigen. Sehenswert ist das **Carlingford Heritage Centre**, das die Geschichte der Stadt darstellt. Nicht nur die Ausstellung verdient Beachtung, auch das Gebäude, in dem sie untergebracht ist: eine mittelalterliche Kirche. Ein Ausflug in den nur drei Kilometer entfernten **Slieve Forest Park** wird mit herrlichen Ausblicken über die Hügel der Umgebung und das Meer belohnt.

Isoliert auf einem kleinen Felsen: Haulbowline Lighthouse im Carlingford Lough an der Grenze zu Nordirland

SERVICE & TIPPS

Tourist Information
Gegenüber dem Hafen
Carlingford
Co. (County) Louth
(042) 937 30 33
www.carlingford.ie

Carlingford Heritage Centre
Churchyard Rd.
Carlingford, Co. Louth
(042) 937 34 54
www.carlingfordheritage centre.com
Mo–Fr 10–12.30 und 14–16.30 Uhr, Eintritt € 3/1,50
Sehenswerte Ausstellung in einer Kirche.

Carlingford Marina Bar & Restaurant
North Commans
Carlingford, Co. Louth
(042) 937 30 72
www.carlingfordmarina.ie
Mit Blick übers Wasser genießt man hier vor allem frische Fischspezialitäten.

Ein Höhepunkt im Festkalender der Stadt ist das alljährliche **Austernfestival** an einem verlängerten Wochenende Mitte August.

2 DROGHEDA

Die gut 30 000 Einwohner zählende Stadt Drogheda erstreckt sich zu beiden Seiten des Flusses Boyne. Von den Wikingern gegründet war Drogheda lange eine recht unansehnliche Industriestadt, hat sich in letzter Zeit jedoch zur attraktiven Einkaufsstadt gemausert. Auch die verwinkelten Straßen aus dem Mittelalter laden zu einem Bummel durch den Stadtkern ein; von der Stadtmauer existiert allerdings nur noch das **St. Lawrence Gate** aus dem 13. Jahrhundert. In der **St. Peter's Church** ist der einbalsamierte Kopf von Oliver Plunkett zu sehen, Irlands einzigem Märtyrer, der 1681 enthauptet und 1979 von Papst Johannes Paul II. anlässlich seines Irlandbesuchs seliggesprochen wurde.

Ausflugsziele:

Zehn Kilometer nordwestlich der Stadt kommt man zu den **Ruinen des Klosters Monasterboice**. Das Kloster wurde im 5. Jahrhundert vom heiligen Buite, einem Schüler des heiligen Patrick, gegründet. Die Ruinen bestehen im Wesentlichen aus zwei Kirchenresten und einem Rundturm und liegen inmitten eines Friedhofs. Auf ihm ist vor allem das reich verzierte, fünfeinhalb Meter hohe **Muiredach Hochkreuz** zu beachten, das zu den schönsten Irlands zählt. Das Hochkreuz aus dem 10. Jahrhundert zeigt Szenen aus der Bibel wie den Sündenfall von Adam und Eva und den Kampf Davids gegen Goliath. Der Friedhof ist jederzeit zugänglich.

Biblische Szenen aus dem 10. Jahrhundert: Muiredach Hochkreuz

Südlich von Drogheda liegt **Ardgillan Castle** ein gutes Stück über dem Meer zwischen Balbriggan und Skerries. Der weit-

Drachen steigen lassen im Park von Ardgillan Castle

läufige Park besteht aus Weiden, Wäldern und Gärten und bietet schöne Ausblicke auf die Bucht von Drogheda sowie ein sehenswertes Gewächshaus aus viktorianischer Zeit. Das 1738 errichtete Castle ist im viktorianischen Stil eingerichtet und beherbergt eine Sammlung alter Landkarten. Das Obergeschoss wird für wechselnde Ausstellungen genutzt.

SERVICE & TIPPS

Tourist Information
West St., Drogheda,
Co. Louth, A92 CF29
✆ (041) 987 28 43
www.drogheda.ie

Scholars Townhouse Restaurant
King St., Drogheda, Co. Louth
✆ (041) 983 54 10
www.scholarshotel.com
Hochgelobtes Edelrestaurant mit beeindruckenden Steaks. Beim Essen gibt es gleich noch eine Geschichtslektion, denn die Fresken an der Decke und den Wänden schildern die »Battle of the Boyne« im Jahr 1690. €€€

West Street und **Laurence Street** sind die beiden Haupteinkaufsstraßen im Herzen der Stadt. Die großen Kaufhäuser **Laurence Town Centre** (Peter St.) und **Scotch Hall Shopping Centre** (Marsh Rd.) liegen ebenfalls noch recht zentral. In der Nähe der Autobahn befinden sich der **M1 Retail Park** und der **Drogheda Retail Park**.

Ausflugsziel:

Ardgillan Castle
Balbriggan, Co. Dublin
✆ (01) 849 22 12
www.ardgillancastle.ie
Führungen tägl. 11, 13 und 15, im Sommer auch 16 Uhr und nach Vereinbarung, Eintritt € 6,50/5, Familienticket € 13
1738 errichtetes Castle mit weitläufigem Park. Neben einer Sammlung alter Landkarten sind wechselnde Ausstellungen zu sehen.

❸ BOYNE VALLEY MIT NEWGRANGE, KNOWTH UND DOWTH

Die Gegend um das Boyne-Tal besitzt in der irischen Geschichte eine große Bedeutung, denn hier fand 1690 die »Battle of the Boyne« zwischen König James II., der die katholischen Iren unterstützte, und dem protestantischen König Wilhelm von Oranien statt. Damals mussten sich James und die Iren dem zahlenmäßig überlegenen Heer Wilhelms geschlagen geben, der durch seinen Sieg die englische Vorherrschaft über Irland zementierte. Man kann über das Schlachtfeld am Fluss spazieren und versuchen sich das damalige Geschehen vorzustellen, erhellender ist allerdings ein Besuch im alten Herrenhaus des **Oldbridge Estate**, in dem eine Ausstellung die Hintergründe der Schlacht vermittelt.

Die Dreifachspirale von Newgrange

Auch wer sich für das Nachstellen historischer Schlachten nicht besonders interessiert, sollte für das Boyne-Tal genügend Zeit reservieren, denn hier befinden sich die eindrucksvollen Megalithanlagen von Newgrange, Knowth und Dowth, die seit 1993 zum Weltkulturerbe zählen.

Das 2 **Ganggrab von Newgrange** zählt zu den bedeutendsten Steinzeitmonumenten in Europa und wurde komplett restauriert. Der riesige Grabhügel ist wahrscheinlich rund 5000 Jahre alt, hat einen Durchmesser von ca. 90 Metern und ist fast 14 Meter hoch. Die Wände, die das Grab umschließen, wurden aus insgesamt 200 000 Tonnen Steinen errichtet –

So begrub man in der Jungsteinzeit: das Ganggrab von Newgrange im Boyne Valley

Begraste Hügel, Steine und viele Mythen: auf dem Hill of Tara

Steine, die teilweise von sehr weit hergeholt wurden. Da die Menschen damals das Rad noch nicht kannten, müssen die damit verbundenen Anstrengungen unermesslich gewesen sein.

Bis 1962 war der Grabhügel mit Gras bedeckt; nach der Freilegung wurden in den 1970er Jahren umfangreiche Restaurierungsmaßnahmen durchgeführt und er wurde weitgehend in seiner originalen Form wiederhergestellt. Bemerkenswert ist, dass zur Wintersonnenwende für einige Minuten Sonnenstrahlen in die Grabkammer einfallen und sie erhellen.

Auch wenn der Hügel hervorragend restauriert ist und die Erklärungen während der Führung schlüssig klingen, wissen die Wissenschaftler doch herzlich wenig über die Megalithkultur, denn außer Steinen ist kaum etwas von ihr übrig geblieben. Schon die Altersbestimmung ist mit großen Unsicherheiten behaftet, da nur sehr wenige organische Artefakte gefunden wurden.

Ganz in der Nähe liegen die Grabhügel von **Knowth** und **Dowth**. Der Hügel von Knowth ist möglicherweise noch älter und sogar noch größer als das Ganggrab von Newgrange. Da hier die Ausgrabungen noch andauern, kann er jedoch nur eingeschränkt besichtigt werden. Dowth wurde noch nicht restauriert und lässt sich nur mit ein wenig Fantasie als Grabhügel identifizieren.

Ausflugsziele:

Südwestlich von Newgrange liegt der **Hill of Tara**. Schon in prähistorischer Zeit war die Gegend besiedelt – man hat ein Ganggrab aus der Jungsteinzeit ähnlich dem von Newgrange gefunden – und später war der markante Hügel dann politisches und spirituelles Zentrum des keltischen Irland und Sitz der irischen Hochkönige. Fachleute erkennen heute noch das Fort der Synoden, das Fort der Könige, das Fort des Königs Laoghaire und den Bankettsaal, doch viele Besucher sind ein wenig enttäuscht, denn außer einigen grünen Hügeln und Wällen ist kaum etwas zu sehen. Erst im Besucherzentrum, das in einer Kirche untergebracht ist, bekommt man durch die Multimediaschau einen besseren Eindruck von dem weitläufigen Gelände. Eine besondere Erfahrung: Am Tag der Sommersonnenwende, dem 21. Juni, treffen sich auf dem Hügel von Tara selbsternannte Druiden zu einem bunten Fest.

Westlich vom Hill of Tara hat ein normannischer Adeliger im 12. Jahrhundert das **Trim Castle** errichten lassen. Nach ausgiebigen Renovierungsarbeiten sieht es von außen fast wieder wie neu aus. Die malerische Lage in den Flussauen des Boyne ist ohnehin unschlagbar. Also: Wenn man einen Ritterfilm drehen will, dann hier! Das dachten sich unter anderem auch die Macher von »Braveheart«, die einen großen Teil der Handlung hierher verlegten.

SERVICE & TIPPS

Oldbridge Estate
Battle of the Boyne Visitor Centre
Oldbridge, Drogheda
Co. Meath
✆ (041) 980 99 50
http://battleoftheboyne.ie
Tägl. Mai–Sept. 9–17, Okt–April 9–16 Uhr
Eintritt € 5/3, Familienticket € 13
Das Museum zeigt teils mithilfe moderner Technik den Schlachtverlauf und liefert auch die politischen Hintergründe.

Brú na Bóinne Visitor Centre
Donore, Co. Meath, A92 EH5C
✆ (041) 988 03 00
www.heritageireland.ie
Tägl. Feb.–April und Okt. 9.30–17.30, Mai und Mitte–Ende Sept. 9–18.30, Juni–Mitte Sept. 9–19, Nov.–Jan. 9–17 Uhr, 24.–27. Dez. geschl., Knowth nur Ostern–28. Okt. zu besichtigen
Letzter Einlass zum Visitor Centre 45 Minuten vor Schließung, letzte Tour zu den Grabhügeln 1 Stunde 45 Minuten vor Schließung
Eintritt Visitor Centre € 4/3, Familienticket € 10
Eintritt Visitor Centre und Newgrange € 7/4, Familienticket € 16
Eintritt Visitor Centre und Knowth € 6/4, Familienticket € 14
Eintritt Visitor Centre, Newgrange und Knowth € 13/8, Familienticket € 30
Im Visitor Centre informiert eine Ausstellung über die Grabhügel, mit audiovisuellen Vorführungen (auch auf Deutsch). Ein Restaurant ist angeschlossen.

Die Besichtigung von 2 **Newgrange** und **Knowth** ist nur mit Führung möglich. Die Besucher werden mit dem Shuttlebus vom Visitor Center zu den Grabhügeln gefahren. Im Sommer ist mit langen Wartezeiten zu rechnen, Reservierungen sind nicht möglich, frühes Kommen wird empfohlen, da sonst schon alle Touren für den Tag ausgebucht sein können.

Ausflugsziele:

Hill of Tara Visitor Centre
Navan, Co. Meath, C15 P44W
✆ (046) 902 59 03
www.heritageireland.ie
Mitte Mai–Mitte Sept. tägl. 10–18 Uhr
Eintritt Hill of Tara und Visitor Centre € 5/3, Familienticket € 13
Das Besucherzentrum in der St. Patrick's Church gibt Einblicke in die Geschichte des Hill of Tara.

Trim Castle
Trim, Co. Meath
✆ (046) 943 86 19
www.heritageireland.ie
Mitte März–Sept. tägl. 10–17, Mitte Feb.– Mitte März und Okt. tägl. 9.30–16.30, Nov.–Mitte Feb. Sa/So 9–16 Uhr, letzte Tour 1 Stunde vor Schließung, Eintritt € 5/3, Familienticket € 13
Das im 12. Jh. erbaute und gut erhaltene Castle liegt malerisch in den Flussauen des Boyne.

Region 2
Ostirland

Wer den Sonnenstrahl am Tag der Wintersonnenwende in der Grabkammer miterleben möchte, muss an der Verlosung teilnehmen, die jeweils Ende September stattfindet. Bewerbungsformulare gibt es im Visitor Centre. Die Chancen stehen allerdings nicht besonders gut, denn es bewerben sich jedes Jahr rund 30 000 Menschen um die wenigen Plätze. Zählt man zu den Glücklichen und an dem Tag scheint auch noch die Sonne, steht dem einmaligen Erlebnis nichts mehr im Wege. Wer Lospech hatte, kann sich den Sonnenaufgang in den Tagen der Wintersonnenwende auf dem Gelände anschauen. Oder online: 2017 wurde die Wintersonnenwende in Newgrange erstmals per Livestream übertragen.

In der St. Patrick's Church wird Besuchern die Geschichte des Hill of Tara nähergebracht

Das »Book of Kells« wurde vom 11. bis Mitte des 17. Jahrhunderts in Kells aufbewahrt, bevor es in den Besitz des Trinity College in Dublin gelangte

4 KELLS

Kells war schon früh ein Ort des Glaubens. Bereits im 6. Jahrhundert gründete der heilige Columban ein Kloster. Später wurde hier das um 800 entstandene, reich bebilderte **Book of Kells** aufbewahrt, das man heute im Trinity College in Dublin besichtigen kann. Von der Klosteranlage sind ein Rundturm und vier Hochkreuze erhalten. Vier davon befinden sich auf dem Friedhof der **St. Columba's Church**. Das fünfte und schönste Kreuz stand bis vor nicht allzu langer Zeit in der Mitte einer viel befahrenen Kreuzung und wurde dort von einem Schulbus umgefahren. Um es vor weiteren Beschädigungen zu bewahren, wurde es versetzt. Heute steht es vor Wind und Wetter geschützt am Visitor Centre des **Kells Heritage Centre**.

SERVICE & TIPPS

Kells Tourist Information im Heritage Centre
Headford Place, Kells
Co. Meath
✆ (046) 924 88 56
Mo–Fr 9–17 Uhr

Kells Heritage Centre
Headford Place, Kells
Co. Meath
✆ (046) 924 78 40
Mai–Sept. Mo–Sa 10–18, So 13.30–18, Okt.–April Mo–Sa 10–17 Uhr (letzter Einlass 1 Stunde vor Schließung)
Eintritt € 4/3, Familienticket € 10
In einem alten Gerichtshaus gibt die Ausstellung »Splendour of Ireland« einen Einblick in die Geschichte des Klosterlebens in Irland.

St. Columba's Church
Im Sommer Mo–Fr 10–17, So 10–13 Uhr
Das Gotteshaus steht an dem Ort, an dem sich einst das Kloster und später im Mittelalter eine Kirche befand.
Die heutige Kirche wurde 1778 erbaut und 1811 sowie 1858 umgebaut. Bemerkenswert sind die bunten Glasfenster. Ein Faksimile des »Book of Kells« ist in der Taufkapelle ausgestellt.

Märchenschloss am Atlantik: Malahide Castle nordöstlich von Dublin

5 MALAHIDE

Malahide ist ein nettes Städtchen am Meer, das sich auch für einen Tagesausflug von Dublin aus anbietet. Das **Malahide Castle** zeigt sich in einem bunten Stilmix und wurde fast 800 Jahre lang von der Familie Talbot bewohnt. Erst als der letzte Talbot starb, wurde die Tradition unterbrochen. Das Schloss besitzt im Eichensaal sehenswerte Täfelungen aus dem 16. Jahrhundert und in der Großen Halle eine Porträtsammlung der Familie Talbot.

»Low Tide«: Sonnenaufgang bei Malahide

SERVICE & TIPPS

Malahide Castle
Malahide, Co. Dublin
Ab Dublin Bus 42 oder DART bis Malahide
✆ (01) 816 95 38
www.malahidecastleandgardens.ie
Tägl. ab 9.30 Uhr
Eintritt € 12,50/6,50, Familienticket ab € 30
Schloss in architektonischem Stilmix.

Newbridge House & Farm
Donabate, Co. Dublin
✆ (01) 843 65 34
www.newbridgehouseandfarm.com
April–Sept. tägl. 10–17 (letzte Führung 16), Okt.–März tägl. außer Mo 11–15.30 (letzte Führung 15) Uhr, Eintritt € 7/4, Familienticket € 20
Rund 10 km nördlich von Malahide lohnt das georgianische Herrenhaus Newbridge House & Farm aus dem 18. Jh. einen Besuch. Die Inneneinrichtung ist rund 150 Jahre alt und besteht aus stilreinen Antiquitäten. Das Haus wurde ursprünglich im Jahr 1740 von James Gibb für den Erzbischof von Dublin erbaut. Familien mit Kindern kommen auf der angeschlossenen traditionellen Farm mit Streichelzoo und vielen anderen Tieren auf ihre Kosten.

Wenn die Fischer im Hafenbecken von Howth ihre Kutter entladen, lassen sich …

❻ HOWTH

Der Vorortzug DART benötigt vom Dubliner Zentrum rund eine halbe Stunde bis zur nördlich gelegenen Halbinsel Howth. Hierher kommen viele Ausflügler, sei es, um nur für ein oder zwei Stunden die Hafenatmosphäre zu genießen oder bei einem Tagesausflug entlang der Cliffs fast um die ganze Halbinsel zu wandern.

Wendet man sich am Bahnhof von Howth nach rechts, kommt nach einigen Hundert Metern die Abzweigung nach Deer Park. Gleich links liegt die **St. Mary's Church**, voraus sieht man das Eingangstor zum weitläufigen Schlosspark mit dem **Howth Castle**. Das Castle, erbaut 1564, wurde bis Anfang des 20. Jahrhunderts noch vom örtlichen Earl bewohnt und ist auch heute in Privatbesitz und kann deshalb nicht besichtigt werden. Doch auch von außen hat das mit Türmchen und Zinnen verzierte Schloss seinen Reiz, wobei allerdings durchaus noch Sanierungsbedarf besteht. Die Besichtigung des Gartens lohnt besonders im Mai und Juni, dann erwartet den Besucher eine wahre Blütenpracht.

Das benachbarte **National Transport Museum** muss man nicht unbedingt besichtigen. Lohnender ist es, noch ein Stück weiter durch den Schlosspark bis zum **Hotel Deer Park** zu gehen, von dem aus man einen schönen Blick über Howth genießt.

Kehrt man nun zum Bahnhof zurück und wendet sich nach links, ist man in wenigen Minuten mitten im Zentrum von Howth. Der Hafen wird von West Pier und East Pier geschützt, auf letzterem steht ein kleiner Leuchtturm aus Natursteinen. Die Fischhallen und die im Hafen liegenden Boote lassen keinen Zweifel daran, dass der Ort auch heute noch hauptsächlich vom Fischfang lebt. Wer Glück hat, kann im Hafenbecken Seehunde beobachten, die immer wieder mit ihren Köpfen aus dem Wasser auftauchen und auf über Bord geworfene Fischabfälle warten.

Entlang der Häuserzeile, die einige Pubs, Geschäfte und Restaurants beherbergt, erreicht man in der Nähe des East

… frei lebende Seehunde beobachten, die auf einen Leckerbissen hoffen

Piers das edle Fischrestaurant **King Sitric**, von dem man einen schönen Meerblick genießt. Hier ist auch der Einstieg in den äußerst lohnenden **Cliff Walk**: Auf der Balscadden Road, die ansteigend der Küstenlinie folgt, passiert man einige traumhaft schön gelegene Häuser. Der Blick schweift über den Hafen und die vorgelagerte Insel Ireland's Eye mit ihren vom Guano weißen Vogelfelsen. Nach den letzten Häusern steigt man noch ein Stück weiter die Cliffs hinauf und geht dann – in etwa auf einer Höhe – in rund einer Stunde zum Baily Lighthouse. Der Weg ist einfach zu begehen, verläuft allerdings direkt an der Steilküste entlang – und bietet so spektakuläre Ausblicke. Tief unten ziehen Möwen, Tölpel und Kormorane ihre Kreise über dem Wasser und wenn der Ginster blüht, riecht die Luft intensiv nach Kokos. Schon aus der Ferne ist der 1814 erbaute **Leuchtturm von Baily** auf einer grünen Landzunge zu erkennen, dahinter die Bucht von Dublin und das Häusermeer der Hauptstadt. Nach einem Aufstieg von einigen wenigen Höhenmetern erreicht man den *Summit*.

Hier muss man sich entscheiden: Die drei möglichen Rückwege dauern unterschiedlich lang. Am schnellsten ist man in Howth, wenn man sich am *Summit* halb rechts hält, die Baily Green Road bis zum Pub **Summit Inn** hinuntergeht und dort auf den nächsten Bus (Nr. 31) wartet, der über Howth bis zum Dubliner Zentrum fährt. Vom Summit Inn hinunter zum Bahnhof von Howth kann man aber auch problemlos laufen. Anfangs führt die Straße durch Einfamilienhaussiedlungen, dann durch den Ortskern. Unterwegs kommt man an zwei Kirchen vorbei, der **Church of Assumption** und der Ruine von **St. Abbey's Church**. Auf der Hauptstraße unterhalb der Kirchenruine lohnt die urgemütliche **Abbey Tavern** einen Besuch. Wer abends kommt, wird mit einem mehrgängigen Menü zu Livemusik verwöhnt.

Je nach Tempo und Pausen ist man drei bis vier Stunden unterwegs, wenn man am *Summit* dem Cliff Path weiter folgt und so fast die gesamte Halbinsel umrundet. Durch den Park vom Howth Castle gelangt man am Ende zum Bahnhof.

Baily Lighthouse auf der Halbinsel Howth

Das Bay Prawn Festival in Howth ist mehr als ein Fest der Krustentiere

SERVICE & TIPPS

King Sitric
East Pier, Howth, Dublin 13
✆ (01) 832 52 35
www.kingsitric.ie
Mi–Sa ab 18.30, So 13–17 Uhr
Auf der Speisekarte sind alle Köstlichkeiten des Meeres von Hummer bis zu Austern versammelt. Nicht gerade billig, aber exzellent. Im dazugehörigen East Café (tägl. ab 10.30 Uhr bis spätabends, €€) wird zum Dinner auch viel Seafood serviert, es ist aber preiswerter. €€€

Abbey Tavern
28 Abbey St., Howth, Dublin 13
✆ (01) 839 03 07
www.abbeytavern.ie
Tägl. ab 12.30 Uhr
In der Nähe des Hafens von Howth steht diese uralte Taverne, deren Ursprung bis ins 16. Jh. zurückgeht. Jeden Abend wird ein 5-Gang-Menü serviert, anschließend gibt es eine Vorstellung mit traditioneller irischer Musik und Tanz. Anmeldung erforderlich. €€

Summit Inn
Howth, Co. Dublin
✆ (01) 832 46 15
www.thesummitinn.ie
Tägl. ab 12 Uhr
Am besten man sitzt draußen und genießt die Aussicht auf Ireland's Eye und die Mourne Mountains. Einfache Mahlzeiten. €

Mitte März findet in Howth jedes Jahr das **Bay Prawn Festival**, ein großes Volksfest für die ganze Familie, statt (dublinbayprawnfestival.com).

7 DUN LAOGHAIRE, SANDYCOVE UND DALKEY

Dun Laoghaire: Von hier legen die Fähren in Richtung Holyhead vor der walisischen Küste ab

Wenn man Dublin auf der Beach Road Richtung Süden verlässt, erreicht man nach knapp einer halben Stunde den Fährhafen Dun Laoghaire (sprich: Dan Liri). Von hier legen mehrmals täglich die Fähren in Richtung Holyhead ab.

Noch in Sichtweite des Hafens, aber schon in der Nachbargemeinde Sandycove Point, liegt der **Forty Foot Bathing Place**. Hierher kommt man eigentlich nicht wegen des Badens,

sondern wegen der Menschen, die an dieser Stelle ins Wasser steigen: Abgehärtete Originale – meist Männer in fortgeschrittenem Alter – nehmen hier rund ums Jahr ihr Bad. Dass das Wasser im Winter nur noch fünf Grad »warm« ist und im Sommer die Temperatur kaum über die Zwölf-Grad-Marke steigt, stört dabei niemanden. Damen dürfen hier übrigens erst seit knapp 30 Jahren baden, ursprünglich war Forty Foot nämlich ein »Gentlemen Bathing Place«.

In den Küstengewässern vor Dalkey Island: Delfine unterwegs

Oberhalb der Badestelle liegt der **Martello Tower**. Er wurde 1804 erbaut, um für den Fall eines französischen Invasionsversuchs durch Napoleon gerüstet zu sein. Heute ist im Tower das **James Joyce Museum** untergebracht. Joyce hat im Jahr 1904 einige Tage im Martello Tower gewohnt – allerdings unter sehr ungewöhnlichen Umständen. Er war damals bei einem Schriftstellerkollegen zu Gast. Außer den beiden wohnte noch ein Freund des Gastgebers mit in dem Turm. Bald schon traten zwischen den drei Männern Spannungen auf. Es kam zum Streit. In der sechsten Nacht schreckte der Freund des Gastgebers aus dem Bett hoch: Er hatte einen Albtraum, in dem er sich gegen einen Panther verteidigen musste. Noch im Halbschlaf griff er zum Gewehr und schoss verwirrt ins Feuer. Der Gastgeber entriss ihm die Waffe, sagte »Lass ihn mir« und zielte auf die Kochpfannen im Regal über dem Bett von Joyce. Der verstand den Wink mit dem Zaunpfahl und verließ noch in derselben Nacht das ungastliche Haus. Doch der Martello Tower hatte sich auf diese Weise unauslöschlich in sein Gedächtnis eingebrannt: Als Joyce viele Jahre später den Roman »Ulysses« schrieb, legte er die Eröffnungsszene des Romans in den Turm. Anhand der Romanbeschreibung wurde der Raum im ersten Stock des Turms eingerichtet. Im Erdgeschoss ist der Rest des kleinen Museums untergebracht. Bemerkenswert ist dort vor allem die Totenmaske des Schriftstellers.

Einen Abstecher lohnt auch das Hafenstädtchen **Dalkey**, in das sich viele wohlhabende Dubliner eingekauft haben. Im Mittelalter war Dalkey der Hafen von Dublin. Um die strategisch wichtige Stadt vor Angriffen schützen zu können, wurden damals sieben Verteidigungstürme errichtet. Einer davon – **Dalkey Castle** – ist noch erhalten. Hier erfährt man heute etwas über die Geschichte des Ortes. Für Joyce-Fans wichtig: Dalkey Castle spielt im zweiten Kapitel von »Ulysses« eine Rolle.

Wiederum nur wenige Hundert Meter weiter, dieses Mal allerdings bergauf, erreicht man den Aussichtspunkt am **Dalkey Hill**. Von hier hat man einen schönen Blick hinab nach Dun Laoghaire und bis nach Dublin.

SERVICE & TIPPS

James Joyce Museum
Martello Tower
Sandycove, Co. Dublin
Bus 59 von Dun Laoghaire oder DART von Dublin bis Sandycove
✆ (085) 198 22 18
http://jamesjoycetower.com
Tägl. im Sommer 10–18, im Winter 10–16 Uhr, Eintritt frei
Kleines Museum in einem alten Befestigungsturm mit einer Totenmaske des Schriftstellers. Im ersten Stock kann man den Raum besichtigen, in dem Joyce selbst einmal sechs Tage zubrachte – und der im Eröffnungskapitel seines Romans »Ulysses« beschrieben wird.

Dalkey Castle & Heritage Center
Castle St., Dalkey, Co. Dublin
DART von Dublin bis Dalkey
✆ (01) 285 83 66
www.dalkeycastle.com
Mo–Fr 10–17, Sa/So 11–17 Uhr, nur geführte Besichtigungen, letzte Tour 50 Minuten vor Schließung
Eintritt ab € 9,50/7,50 (je nach gewähltem Rundgang)
Maßstabsgetreue Modelle verdeutlichen, wie Dalkey im Mittelalter ausgesehen hat. Neben dem stadtgeschichtlichen Museum sind die regelmäßigen Vorführungen der **Living History Theatre Company** sehenswert.

8 BRAY

Bray ist eines der ältesten irischen Seebäder. Es hat allerdings in den vergangenen Jahren viel von seinem Charme eingebüßt und sich zu einer Schlafstadt vor den Toren Dublins entwickelt. Die meisten Menschen, die hier leben, arbeiten in Dublin. Entsprechend dicht ist der Autoverkehr. Wer als Tourist mit dem Auto unterwegs ist, sollte die Zeiten der Rushhour meiden. Zwischen Bray und Dublin verkehrt die Vorstadtbahn DART.

Abgesehen von dem großen **Aquarium** sind vor allem die Sehenswürdigkeiten in der näheren Umgebung lohnenswert. Sandycove und Dalkey sind von Bray aus mit dem Zug zu

Gartenparadies im Osten der Grünen Insel: Powerscourt Gardens

erreichen. Und nur etwa acht Kilometer von Bray entfernt befindet sich mit den **Powerscourt Gardens** ein wunderbarer Park. Noch mal sechs Kilometer weiter lässt es sich am gleichnamigen Wasserfall hervorragend picknicken.

SERVICE & TIPPS

National Sealife Centre
Strand Rd., Bray, Co. Wicklow
✆ (01) 286 69 39
www.visitsealife.com
März–Okt. tägl. 10–18, Nov.–Feb. Mo–Fr 10–17, Sa/So 10–18 Uhr, Eintritt € 12,50/9,50 (bei Onlinebuchung € 10/7,50)
Irlands größtes Aquarium mit einer Vielzahl an einheimischen und exotischen Wassertieren. Schöne Lage direkt am Meer.

Von Bray nach Greystones
Ein lohnender Wanderweg führt von Bray an den Klippen entlang bis nach Greystones (ca. 8 km), wo es einen schönen Sandstrand gibt. Rückfahrt mit dem Zug nach Bray.

Avoca Handweavers
Kilmacanogue, Bray, Co. Wicklow
✆ (01) 274 69 39
www.avoca.com
Laden Mo–Fr 9–18, Sa 9.30–18, im Sommer auch So 9.30–19 Uhr, Cafe Mo–Fr 9.30–17, Sa/So 10–17 Uhr, Restaurant tägl. 9.30–16.30 Uhr, Do–Sa auch Dinner
Die Tweed-Weberei wurde 1723 gegründet und ist damit einer der ältesten Betriebe des Landes. Neben dem gut sortierten Ladengeschäft mit Keramik, Büchern, Haushaltswaren und vielem mehr gibt es noch das Sugar Tree Cafe sowie das ausgezeichnete Fern House Restaurant. €€

Ausflugsziele:

Powerscourt Gardens
Enniskerry, Co. Wicklow
✆ (01) 204 60 00
www.powerscourt.ie

Park-Ambiente: Powerscourt Gardens

Tägl. 9.30–17.30, im Winter bis Sonnenuntergang
Eintritt € 10/5, Familienticket € 25, Nov.–März € 7,50/3,50, Familienticket € 18
Biegt man bei Bray von der Küstenstraße ins Landesinnere ab, erreicht man nach wenigen Kilometern einen der größten und schönsten Parks Irlands. Besonders sehenswert sind der italienische und japanische Garten sowie der Delphinteich mit seinen Seerosen. Auch das Herrenhaus aus dem Jahr 1731 kann besichtigt werden.

Powerscourt Waterfall
Nahe Powerscourt Gardens
Co. Wicklow
Tägl. März/April, Sept./Okt. 10.30–17.30, Mai–Aug. 9.30–19, Nov.–Feb. 10.30–16 Uhr, Eintritt € 6/3,50, Familienticket € 16
Um Enttäuschungen zu vermeiden: Von freiem Fall kann keine Rede sein, auch wenn der Wasserfall 121 m hoch und Irlands größter ist. Wer den Eintritt nur für die Besichtigung des Wasserfalls bezahlt, wird enttäuscht sein. Wer aber seinen Picknickkorb mitbringt, der hat sein Geld gut angelegt. Am Fuße des Wasserfalls stehen Tische und Bänke bereit, es gibt sogar einige Grillstellen.

Berauschend: Powerscourt Waterfall, der höchste Wasserfall Irlands

Vom heiligen Kevin gegründet: Glendalough in den Wicklow Mountains

9 3 WICKLOW MOUNTAINS

Ein Ausflug in die Wicklow Mountains ist ein Muss. Das sehen auch die Hauptstädter so – deswegen ist die Hügelkette im Süden Dublins an Wochenenden eines ihrer beliebtesten Ziele. Die bekanntesten Orte sind im Sommer überlaufen, doch auf den Wanderpfaden innerhalb und außerhalb des **Wicklow-Mountains-Nationalparks** findet man selbst dann noch Ruhe. Die wichtigste Sehenswürdigkeit in den Wicklow Mountains sind die frühchristlichen Klosterruinen von **Glendalough**.

In Glendalough finden sich die Überreste der im 6. Jahrhundert vom heiligen Kevin gegründeten Klostersiedlung. Der Name stammt aus der irischen Sprache und bedeutet »Tal zwischen zwei Seen«. Damals war Glendalough ein wichtiges spirituelles Zentrum – mehrere Hundert Mönche und Klosterschüler lebten hier gleichzeitig.

Die meisten Gebäude, die man heute noch sehen kann, stammen aus der Zeit zwischen dem 9. und 13. Jahrhundert, so auch die Kathedrale. Das größte Gebäude des Klosters ist heute allerdings eine Ruine. Nur wenige Schritte entfernt findet man das St. Kevin's Cross.

Viel fotografiert ist der über 30 Meter hohe, schmale Rundturm. Er war einst in sechs durch Holzfußböden voneinander getrennte Stockwerke unterteilt und diente den Mönchen als Glockenturm und Vorratsraum – sowie im Falle von Angriffen als Wehrturm. Damit die Feinde ihn nicht einfach stürmen konnten, wurde der Eingang mehr als drei Meter über dem Boden angelegt. Klein, doch nicht minder beeindruckend ist St. Kevin's Church, die mehr als tausend Jahre alt ist.

Glendalough ist nicht nur wegen der Überreste des alten Klosters sehenswert. Auch die Natur besitzt hier einen ganz besonderen Reiz. Die Ruinen liegen eingebettet zwischen

Das bronzene Glendalough Cross

Bäumen in einem Tal, ganz in der Nähe vom Glendassen River. Ein Spazierweg verbindet die Klosterruinen mit zwei Seen, dem Upper und dem Lower Lake – bis zum weiter entfernten Upper Lake ist man rund 25 Minuten unterwegs. Dort sind einige wenige Ruinen zu sehen, unter anderem die der Reefert Church aus dem 11. Jahrhundert. Auch an einem Wasserfall führt der Weg vorbei.

SERVICE & TIPPS

Wicklow Tourist Information
Wicklow Enterprise Park, The Murrough, Wicklow, Co. Wicklow
✆ (04 04) 200 70
www.visitwicklow.ie

Glendalough Visitor Centre
Glendalough
Co. Wicklow, A98 HC80
✆ (04 04) 453 52, 453 25
www.glendalough.ie
www.heritageireland.ie
Tägl. Mitte März–Mitte Okt. 9.30–18, Mitte Okt.–Mitte März 9.30–17 Uhr
Eintritt € 5/3, Familienticket € 13
Informationen zum Kloster gibt es im Visitor Centre. Hier kann man auch Broschüren kaufen oder eine Führung buchen.

Wicklow Mountains National Park
Upper Lake
Glendalough, Co. Wicklow
✆ (04 04) 454 25
www.wicklowmountains nationalpark.ie
Information Office Mai–Sept. tägl. 10–17.30, Okt.–April nur Sa/So 10–16/17.30 Uhr, Park frei zugänglich
Im Information Office kann man sich über Flora und Fauna des Nationalparks informieren. Hier beginnen außerdem ausgeschilderte Wanderrouten.

Vartry House
Roundwood
Co. Wicklow
✆ (04 04) 818 105
In Roundwood, ca. 10 km nordöstlich von Glendalough, wartet das höchstgelegene Pub Irlands auf Gäste – Hochgebirgsstimmung kommt trotzdem nicht auf, denn Vartry House liegt gerade mal 238 m über dem Meeresspiegel.

Glendalough – ein kompletter Rundturm und bemooste Grabmäler

Ein einsames Vergnügen: Hiking im Wicklow Mountains National Park nahe Glendalough

⑩ KILDARE

Wer in Kildare auf die Welt kommt, dem haftet der Geruch von Pferdestall an, denn in dem kleinen Ort mit gerade mal 5000 Einwohnern liegt das Zentrum des irischen Pferderennsports. In Kildare selbst ist die **St. Brigid's Cathedral** aus dem 18. Jahrhundert sehenswert. Davor steht ein Rundturm aus dem 12. Jahrhundert, der sogar bestiegen werden kann. Die Kathedrale ist nach der heiligen Brigid benannt, die im Jahr 480 an dieser Stelle ein Kloster für Mönche und Nonnen gegründet haben soll.

Auf der Bahn von **Curragh** östlich von Kildare werden viele wichtige Rennen ausgetragen und die meisten Pferde, die hier laufen, werden in der Umgebung von Kildare gezüchtet. Im Örtchen Tully unmittelbar vor den Stadttoren befindet sich die **National Stud**, ein halbstaatliches Zuchtgestüt. Hier sind Besucher willkommen und man darf sogar beim Training der Vollblüter zusehen. Für etwas theoretischen Hintergrund zum Thema Pferdezucht sorgt das gestütseigene Museum. Auf dem gleichen Anwesen liegt noch eine zweite Sehenswürdigkeit, nämlich der **Japanische Garten**, der 1906 von einem berühmten japanischen Landschaftsgärtner angelegt wurde. Neueste Attraktion: der irische Garten **St. Fiachra's Garden** mit Kreationen aus Steinen und Wasser, die die irische Landschaft symbolisieren sollen.

Parkansichten in Kildare: der Japanische Garten (o.) und der St. Fiachra's Garden (u.). Die steinernen Rundbauten erinnern an die Bienenkorbhütten (Beehive Huts), wie sie als Teil früher klösterlicher Anlagen zahlreich auf Dingle Peninsula zu sehen sind

SERVICE & TIPPS

ℹ Tourist Information
Market Sq., Kildare, Co. Kildare
✆ (045) 53 06 72
www.kildare.ie/tourism

ℹ Tourist Information
Kildare Village Outlet Shopping, Nurney Rd.
Kildare
✆ (045) 52 05 01

◉ St. Brigid's Cathedral
Market Sq., Kildare
http://kildareheritage.com
Mai–Sept. Mo–Sa 10–13 und 14–17, So 14–17 Uhr
Die Kathedale soll an der Stelle erbaut worden sein, an der die heilige Brigid im Jahr 480 ein Kloster gegründet hat – immerhin ist Brigid nach Patrick die wichtigste Heiligenfigur Irlands. Um das Leben der Heiligen ranken sich unzählige Mythen, allerdings sind sich die Historiker nicht einmal sicher, ob es sie wirklich gegeben hat.

National Stud und Japanischer Garten
Tully, Co. Kildare
✆ (045) 52 16 17
www.irishnationalstud.ie
Tägl. 9–18, letzter Einlass 17 Uhr
Eintritt € 12,50/7, Familienticket € 29,50 (online jeweils rund € 1 billiger)
Zuchtgestüt mit kleinem Museum. Japanischer Garten und St. Fiachra's Garden, irisch und dem Schutzheiligen der Gärtner geweiht.

Chapter 16
The Square, Kildare
✆ (045) 52 22 32
www.silkenthomas.com
Tägl. ab 18, Sa/So auch ab 12 Uhr
Mit Blick auf den Marktplatz international speisen: Ente, Lamm, Huhn, Lachs, Kabeljau, Pasta und sogar Thai Curry stehen zur Auswahl. €€

Kildare Village Outlet Centre
Nurney Rd., Kildare
✆(045) 52 05 01
www.kildarevillage.com
Mo–Mi 10–19, Do/Fr und So 10–20, Sa 9–20 Uhr
An der Ausfahrt Nr. 13 des M 7 wurde ein ganzes Outlet-Dorf erbaut. Rund 60 Edelmarken verführen zum Geldausgeben.

11 CARLOW

Die bis jetzt vom Tourismus wenig berührte Stadt (20 000 Einwohner) am Fluss Barrow lohnt wegen ihrer ursprünglichen Gassen einen Spaziergang. Vom **Carlow Castle** aus der Normannenzeit sind nur noch zwei Türme und eine einzelne Mauer geblieben. Die **Cathedral of the Assumption** wurde 1833 im Regency-Stil erbaut. Jenseits des Flusses gibt es ein modernes **Hochkreuz**, das über einem Massengrab errichtet wurde. Ungewöhnlich, weil viel zu groß und prächtig für eine Stadt wie Carlow, ist das **Courthouse**. Der klassizistische Bau von 1830 ist dem Parthenon nachempfunden und sollte

Der Dolmen von Browneshill etwa drei Kilometer östlich von Carlow besitzt den größten Deckstein aller Megalithanlagen auf den Britischen Inseln

Irische Sommerfarben: blaue und rosafarbene Hortensien

eigentlich in der Stadt Cork stehen – doch irgendjemand hat die Baupläne verwechselt.

Die größten Sehenswürdigkeiten von Carlow liegen ein Stück außerhalb der Stadt. Im Osten an der R 726 findet man den **Dolmen von Browneshill**. Bei der rund 5000 Jahre alten Megalithanlage beeindruckt vor allem der Deckstein aus Granit mit einem geschätzten Gewicht von hundert Tonnen. Bis heute weiß niemand, wie die Menschen in der Steinzeit diese hundert Tonnen ohne Maschinen oder Flaschenzug in Position gebracht haben.

Südöstlich von Carlow kann man durch die **Altamont Gardens** schlendern.

SERVICE & TIPPS

Tourist Information
College St., Carlow
Co. Carlow, R93 X6A0
✆ (059) 913 04 11
www.carlowtourism.com

Altamont Gardens
Tullow, Co. Carlow
✆ (059) 915 94 44
www.heritageireland.ie
Tägl. ab 9, Ostern–Sept. bis 18.30, Okt. bis 17, Nov., Feb. bis 16.30, Dez./Jan. bis 16 Uhr
Eintritt frei (Parken € 2)
Traditionsreiche Gartenanlage mit Rhododendren, Blumenbeeten, Teichen und sehenswertem Arboretum.

12 KILKENNY

Malerisch am Nore River gelegen, gehört Kilkenny zu den schönsten Städten Irlands. Die größte Sehenswürdigkeit der gut 20 000 Einwohner zählenden Stadt ist zweifelsohne das 1190 erbaute **Kilkenny Castle**. Im Laufe der Jahrhunderte wurde die Burg zwar mehrfach umgebaut, bewahrte aber trotzdem ihr mittelalterliches Aussehen. Im Inneren ist neben der Bibliothek und dem holzvertäfelten Speisesaal vor allem die *Long Gallery* sehenswert, deren opulente Deckenbemalung durch Motive aus dem Book of Kells inspiriert wurde. Im ehemaligen Stall der Burg kann man heute im **Kilkenny Design Centre** Künstlern bei der Arbeit zusehen.

St. Canice Cathedral, im 13. Jahrhundert erbaut und 1650 von Cromwells Truppen geplündert, ist vor allem wegen ihrer Grabmäler sehenswert. Im **Rothe House**, einem hervorragend erhaltenen Kaufmannshaus vom Ende des 16. Jahrhunderts, ist heute ein kleines Museum untergebracht.

Eyecatcher: Fensterdekoration in Kilkenny

SERVICE & TIPPS

Tourist Information
Shee Alms House, Rose Inn St.
Kilkenny, Co. Kilkenny, R95 XF53
✆ (056) 775 15 00
www.visitkilkenny.ie
Mo–Sa 9–18, So 10.30–16 Uhr

Rothe House
Parliament St., Kilkenny
✆ (056) 772 28 93
www.rothehouse.com
April–Okt. Mo–Sa 10.30–17, So 15–17, Nov.–März tägl. außer So 10.30–16.30 Uhr
Eintritt € 7/4, Familienticket € 20
Das Museum in dem schön restaurierten Haus widmet sich der Geschichte der Stadt und des County.

Jerpoint Abbey
Thomastown, Co. Kilkenny
✆ (056) 772 46 23
www.heritageireland.ie
Tägl. März–Sept. 9–17.30, Okt. 9–17, Nov.–Anfang Dez. 9.30–16 Uhr, sonst nur nach Voranmeldung
Eintritt € 5/3, Familienticket € 13
Ruine eines Zisterzienserklosters aus dem 12. Jh. Beachtenswert sind der Kreuzgang mit seinen Skulpturen und die gut erhaltene Kirchenruine.

Kilkenny Castle
Kilkenny
✆ (056) 770 41 06
www.kilkennycastle.ie
Tägl. März 9.30–17, April/Mai, Sept. 9.30–17.30, Juni–Aug. 9–17.30, Okt.–Feb. 9.30–16.30 Uhr, Besuch nur im Rahmen einer Führung
Eintritt € 8/4, Familienticket € 20
Während der Führung erfährt man viel über die Butlers, die rund 600 Jahre in dem Castle wohnten. Einige von ihnen starren als düstere Porträts von den Wänden der *Long Gallery* auf die Besucher.

St. Canice Cathedral
Coach Rd., Kilkenny
✆ (056) 776 49 71
www.stcanicescathedral.com

Hübsche, kleine Häuser mit vielen bunten Pubs: Parliament Street in Kilkenny

April/Mai, Sept. Mo–Sa 10–17, So 14–17, Juni–Aug. Mo–Sa 9–18, So 13–18, Okt.–März Mo–Sa 10–13 und 14–16, So 14–16 Uhr
Eintritt € 4/3, Familienticket € 12, mit Turm € 7/6, Familienticket € 15
Nicht nur im Castle, auch in der Kathedrale sind die Butlers präsent: Sie haben sich die schönsten Grabmäler machen lassen.

Kilkenny Design Centre Foodhall und Restaurant
The Parade, Castle Yard
Kilkenny
✆ (056) 772 21 18
www.kilkennydesign.com
Tägl. 10–19, Foodhall ab 8.30 Uhr
Im Erdgeschoss kann man nach Herzenslust in qualitativ hochwertigem irischen Kunsthandwerk stöbern, im Obergeschoss sich bei Kaffee und Kuchen oder einem vorzüglichen Wexford Lamm stärken. Alle Zutaten stammen aus lokaler Produktion. €–€€

⓭ NEW ROSS

Steil bergan geht es in den Altstadtstraßen von New Ross am Ufer des Flusses Barrow. Obwohl es in der Stadt keine eigentlichen Sehenswürdigkeiten gibt, lohnt sich der Bummel durch die engen Sträßchen mit den vielen Läden. Und unten am Kai gibt es etwas zu sehen: Dort liegt das **Dunbrody Famine Ship** vor Anker. Mit Dreimastern wie diesem verließen während der großen Hungersnot im 19. Jahrhundert viele Iren ihre Heimat. Beliebt bei Freizeitkapitänen sind Fahrten auf den Flüssen Barrow, Nore und Suir mit Zwischenstation in New Ross. Pflanzenfreunde finden ein Paradies im südlich der Stadt gelegenen **JFK Arboretum**. Kennedy-Fans können in Dunganstown die **Kennedy Homestead** besuchen, in der die Vorfahren des ersten Präsidenten der USA mit irischen Wurzeln gelebt haben.

Mit Dreimastern wie der »Dunbrody« verließen während der großen Hungersnot im 19. Jahrhundert viele Iren ihre Heimat

SERVICE & TIPPS

Tourist Information
John F Kennedy Trust
South Quay
New Ross, Co. Wexford
✆ (051) 42 52 39

Dunbrody Famine Ship
The Quay
New Ross, Co. Wexford
✆ (051) 42 52 39
www.dunbrody.com
Tägl. April–Sept. 9–18, Okt.–März 9–17 Uhr, letzte Führung 1 Stunde vor Schließung, Eintritt € 10/6, Familienticket ab € 22
Schauspieler in historischen Kostümen stellen bei der Führung auf dem Schiff Szenen aus der Zeit der großen Hungersnot nach.

Kennedy Homestead
Dunganstown
New Ross, Co. Wexford
www.kennedyhomestead.com
✆ (051) 38 82 64
Tägl. 9.30–17.30 Uhr
Eintritt € 7,50/6, Familienticket € 22
Neues Visitor Centre mit Ausstellung und Souvenirshop.

JFK Arboretum
New Ross, Co. Wexford
✆ (051) 38 81 71
www.heritageireland.ie
Tägl. Mai–Aug. 10–20, April, Sept. 10–18.30, Okt.–März 10–17 Uhr
Eintritt € 5/3, Familienticket € 13
12 km südlich der Stadt wachsen hier 4500 Baum- und Straucharten. Das Arboretum wurde 1968 in Erinnerung an den ermordeten US-Präsidenten John F. Kennedy angelegt.

Wexford am River Slaney

14 WEXFORD UND ROSSLARE

Für Ornithologen steht Wexford ganz oben auf der Liste der Orte, die sie in Irland besuchen müssen. Das **Wildfowl Reserve** an der Küste östlich der Stadt ist dafür bekannt, dass hier seltene arktische Vogelarten überwintern, unter anderem auch die grönländische Weißbrustgans.

Im Stadtzentrum lohnen die Ruinen eines Augustinerklosters aus dem 12. Jahrhundert, **Selskar Abbey**, und die **Markthalle** aus dem 18. Jahrhundert einen Blick. Mehr Highlights gibt es nicht, doch die hat die Stadt auch nicht nötig – überzeugt sie doch durch ein schönes Stadtbild, gemütliche Pubs und eine lebhafte Kunstszene.

Das nahe **Rosslare** ist als Fährhafen in Richtung Frankreich und Wales bekannt. Der Hafen liegt allerdings zehn Kilometer von der Stadt entfernt – die wiederum ist der sonnigste Fleck Irlands, verfügt über einen langen Sandstrand und ist so einer der beliebtesten Sommerurlaubsorte der Iren.

SERVICE & TIPPS

Tourist Information
Crescent Quay, Wexford
Co. Wexford, Y35 YV25
✆ (053) 912 31 11
www.visitwexford.ie

Wexford Wildfowl Reserve
North Slob, Wexford
✆ (053) 761 00 26 60
www.wexfordwildfowlreserve.ie
Tägl. 9–17 Uhr
Die beste Zeit für einen Besuch ist im Winter, denn dann überwintern hier Tausende Grönlandgänse.

Green Acres
Selskar
Wexford
✆ (053) 912 29 75
www.greenacres.ie
Tägl. 9–22 Uhr
Gourmettempel in einem schönen historischen Gebäude mit neuem Anbau. Im Ladengeschäft gibt es kulinarische Köstlichkeiten, darunter viele Käsespezialitäten, im Restau-

Lachmöwe beim Sonnenbad

rant leckere Speisen. Im Haus befindet sich zudem noch eine der größten privaten Galerien des Landes. €€

Sky & The Ground
112–113 South Main St.
Wexford
✆ (053) 121 73

Stilechtes, traditionelles Pub, am Wochenende Livemusik.

Wexford ist für sein **Opera Festival** Ende Oktober bekannt, bei dem auch selten gespielte Opern aufgeführt werden. Karten rechtzeitig unter www.wexfordopera.com bestellen.

Das weltberühmte mundgeblasene und handgeschliffene Kristall aus Waterford

15 WATERFORD

Um 900 von den Wikingern gegründet, ist Waterford heute eine geschäftige Industriestadt, die vor allem von ihrem Hafen lebt – und von der Glasindustrie. Weltberühmt ist das mundgeblasene und handgeschliffene Kristall aus Waterford, bei dessen Herstellung man bei **Waterford Crystal** zusehen kann. Erläuterungen gibt es bei einer Führung durch die Fabrik. Möchte man dann eine original Waterforder Vase mit nach Hause nehmen – kein Problem! Beim Fabrikverkauf wird man mit ziemlicher Sicherheit fündig. Ebenfalls sehenswert in der 35 000 Einwohner zählenden Stadt sind der **Reginald's Tower** aus dem 13. Jahrhundert, das prunkvolle **Rathaus** von 1788 sowie das preisgekrönte **Waterford Museum of Treasures**.

SERVICE & TIPPS

Tourist Information
The Granary, 41 The Quay
Waterford, Co. Waterford
✆ (051) 87 58 23
www.visitwaterford.com

Mundarbeit: Glasbläser bei Waterford Crystal

Waterford Museum of Treasures
The Mall
Waterford
✆ (051) 30 45 00
www.waterfordtreasures.com
Reginald's Tower Ende März–Mitte Dez. tägl. 9.30–17.30, MItte Dez.–Ende März. Mi–So 9.30–17 Uhr
Medieval Museum und Bishop's Palace Mo–Fr 9.15–18, Sa 9.30–18, So 11–18 Uhr
Eintritt Reginald's Tower € 5/3, Familienticket € 13, Medieval Museum und Bishop's Palace jeweils € 10/9, bis 14 J. frei
Drei Museen unter einem Dach:
Das 2012 eröffnete **Medieval Museum** gibt einen guten

Einblick in die Stadt zur Zeit des Mittelalters.

Im **Reginald's Tower**, einst zur Bewachung des Hafens errichtet, werden zahlreiche Ausstellungsstücke aus der Wikingerzeit präsentiert.

Im **Bishop's Palace**, dem ehemaligen Bischofspalast, wird die Zeit von 1700 bis zur Gegenwart beleuchtet. Ausstellung von Silbergegenständen und kunstvollem Glas.

Waterford Crystal
Kilbarry, Waterford
✆ (051) 31 70 00
www.waterfordvisitorcentre.com
Fabrikführungen: April–Okt. Mo–Sa 9–16.15, So 9.30–16.15 Uhr, im Winter bis 15.15 Uhr
Verkauf bis 18, im Winter bis 17 Uhr
Eintritt € 13/6, online günstiger, Familienticket € 35
Bei den Fabrikführungen werden alle Arbeitsschritte, die zur Vollendung der kunstvollen Glaswaren nötig sind, gezeigt.

Bodega Restaurant & Wine Bar
54 John's St., Waterford
✆ (051) 84 41 77
www.bodegawaterford.com
Tägl. außer So 12–22 Uhr
Eher Bistro als Bodega. Lohnend sind vor allem die reichhaltigen und günstigen Menüs zur Lunchzeit. €€–€€€

Im April treffen sich die Gourmets für einige Tage zum **Waterford Festival of Food**. Neben vielen Schauveranstaltungen bieten die Restaurants Besonderes.

Teil der Befestigungsanlage der Wikinger: der Reginald's Tower in Waterford

Ein irisches Arkadien: Landschaft im County Waterford

Region 3
Cork und Kerry

CORK UND KERRY

IDYLLISCHE HALBINSELN MIT FELSKÜSTE

Die beiden Grafschaften Cork und Kerry zählen schon seit viktorianischer Zeit zu den beliebtesten Urlaubsregionen Irlands. Cork, die zweitgrößte Stadt des Landes, besitzt zwar weder herausragende Sehenswürdigkeiten noch architektonische Glanzlichter, doch das Zentrum zwischen zwei Armen des River Lee lohnt wegen seines kleinstädtischen Charmes sowie der vielen Pubs durchaus einen

Besuch. Ebenso die Sehenswürdigkeiten in der näheren Umgebung wie Blarney Castle, die Whiskey-Brennerei Old Midleton Distillery, die Hafenstadt Cobh und das Bilderbuchstädtchen Kinsale. Doch die meisten Urlauber zieht es auf die Halbinseln der Westküste, die wie Finger weit ins Meer ragen.

Auf teils winzigen und stets kurvigen Straßen kann man von Killarney Rundfahrten über die Halbinseln Dingle, Iveragh, Beara, Sheep's Head und Mizen unternehmen, wobei der rund 180 Kilometer lange »Ring of Kerry« auf Iveragh die meisten Besucher anzieht und im Sommer meist überlaufen ist. Allen Halbinseln gemeinsam ist der ständige Wechsel zwischen idyllischen Fischerdörfern, lieblicher Weidelandschaft mit verstreuten Häusern, üppig blühenden Gärten und karger, schroffer Felsküste.

In der Region Cork und Kerry sind die aufgeführten Orte geografisch von Ost nach West sortiert.

❶ LISMORE

Lismore blickt zwar auf eine lange Geschichte zurück – im 7. Jahrhundert stand hier eines der wichtigsten Klöster des Landes –, heute aber hat die Stadt mit dem **Lismore Castle** nur noch eine wirkliche Sehenswürdigkeit zu bieten. Als Fotomotiv eignet sich die am Ufer des Blackwater River gelegene Burg hervorragend. Wer bei dem Anblick neugierig wird und mehr sehen will, wird allerdings enttäuscht – die Burg, deren älteste Teile bis ins 12. Jahrhundert zurückdatieren, ist in Privatbesitz und kann nicht besichtigt werden.

SERVICE & TIPPS

Lismore Tourist Information Office (Lismore Heritage Centre)
Lismore
Co. Waterford, P51 TP26
✆ (0761) 10 21 57
www.discoverlismore.com
Mo–Fr 9–17.30, April–Okt. auch Sa 10–17 und So 12–17 Uhr
Hier können verschiedene Touren gebucht werden.

Lismore Castle
Lismore, Co. Waterford
✆ (058) 542 88
www.lismorecastle.com
Die 1185 erbaute Burg war einst u.a. im Besitz von Sir Walter Raleigh, dem berühmten Seefahrer und Günstling von Königin Elizabeth I. Das Schloss kann heute für Familienfeste gemietet werden. Dafür braucht man allerdings das nötige Kleingeld.

Eine Sinnestäuschung? Ein Herbstsonnenuntergang über Lismore Castle am Blackwater River

Dem heiligen Colman geweiht: die Kathedrale von Cobh an der irischen Südküste

2 COBH

Cobh ist der Hafenort von Cork und zählt heute knapp 7000 Einwohner. Früher war die Stadt wichtiger Handelshafen, Marinestützpunkt, Anlaufstelle für Luxusliner und Auswandererhafen; ab Mitte des 19. Jahrhunderts entwickelte sich Cobh immer mehr zum Badeort. Die Seepromenade ist von bunten viktorianischen Häusern eingerahmt, die sich terrassenförmig den Hang hinaufziehen. Hoch oben am Hang erhebt sich die imposante neogotische **St. Colman's Cathedral**. Cobh war 1912 der letzte Hafen, den die »Titanic« vor ihrem Untergang anlief. Ein Gedenkstein an der Hafenpromenade erinnert an die 1915 in der Nähe von Cobh von einem deutschen U-Boot torpedierte »Lusitania«. Geschichtsinteressierten sei der Besuch des **Cobh Heritage Centre** empfohlen.

SERVICE & TIPPS

Tourist Information
The Old Yacht Club
Cobh, Co. Cork, P24 F209
✆ (021) 481 33 01
www.cobhharbourchamber.ie

Cobh Heritage Centre – The Queenstown Story
The Old Railway Station
Cobh, Co. Cork
✆ (021) 481 35 91
www.cobhheritage.com
Tägl. 9.30–18, im Winter bis 17 Uhr, letzter Einlass 1 Stunde vor Schließung, Eintritt € 10/5, Familienticket € 25
Die Ausstellung in einem liebevoll restaurierten viktorianischen Bahnhof erzählt die Geschichte der rund 3 Millionen Auswanderer, die Irland wegen Armut und Hunger verlassen haben. Außerdem wird an die Zeit erinnert, als die großen Luxusliner noch in Cobh anlegten.

Bunte viktorianische Hausfassaden rahmen die Seepromenade in Cobh

Nach dem Untergang der »Lusitania« 1915 wurden viele der Opfer in Cobh (damals Queenstown) beigesetzt

Cobh Museum
High Rd., Cobh, Co. Cork
✆ (021) 481 42 40
www.cobhmuseum.com
April Okt. Mo–Sa 11–13 und 14–17.30, So 14.30–17.30 Uhr, im Winter geschl.
Eintritt € 4/2, Familienticket € 10
Kleines Lokalmuseum in der alten Scots Presbyterian Church.

Lusitania Peace Memorial
Casement Sq., Cobh, Co. Cork
Das Denkmal erinnert an die mehr als 1000 Menschen, die ums Leben kamen, als das Kreuzfahrtschiff »Lusitania« sank, nachdem es am 7. Mai 1915 von einem deutschen U-Boot beschossen worden war.

St. Colman's Cathedral
Cobh, Co. Cork
✆ (021) 481 32 22
www.cobhcathedral.ie
Die im neugotischen Stil zwischen 1868 und 1915 erbaute Kathedrale von Cobh ist das zweitgrößte Gotteshaus in der Republik Irland, der Kirchturm mit einer Höhe von 91,4 m der zweithöchste im Land.

The Titanic Trail Tour
www.titanic.ie
Touren um 11 und 14 Uhr (Okt.–März besser vorher buchen, nicht jede Tour findet statt)
Ticket € 12,50/6,25
Ein einstündiger Rundgang auf den Spuren der »Titanic« durch Cobh: Man begibt sich auf eine Zeitreise zurück zum 11. April 1912, als die »Titanic« hier zum letzten Mal vor ihrer schicksalhaften Reise vor Anker ging.

The Roaring Donkey
Orelia Terrace, Cobh, Co. Cork
✆ (021) 481 17 39
www.theroaringdonkey.com
Irish Pub at its best. Wer hierher kommt, bleibt nicht lange allein. Gute Stimmung und freundlicher Service sind garantiert. Fast nur *locals*.

Die bei Cork beschriebenen Ausflugsziele sind auch von Cobh nur wenige Kilometer entfernt.

3 4 CORK

Cork strahlt eine entspannte und freundliche Atmosphäre aus. Auffällig ist die selbst für irische Verhältnisse hohe Pub-Dichte im Stadtzentrum. Grund dafür ist nicht zuletzt, dass ein Großteil der 126 000 Einwohner Studenten sind. Stolz betrachten die Einheimischen ihre Stadt als die eigentliche Hauptstadt des Landes.

Cork war zu Beginn des 19. Jahrhunderts der wichtigste Auswanderungshafen Irlands. Man geht davon aus, dass etwa drei Millionen Menschen über den Hafen von Cork das Land verließen. Mitte des 19. Jahrhunderts setzte dann ein wirtschaftlicher Aufschwung ein und es ließen sich vor allem Brauereien, Destillerien und Schiffsbaubetriebe in der Stadt nieder. Der Anschluss an das Eisenbahnnetz im Jahr 1849 trug zu dieser Entwicklung bei. Im selben Jahr eröffnete auch die Universität.

Im Laufe der Geschichte haben sich die Einwohner oft gegen die Herrschenden aufgelehnt. So auch 1920/21, als die Stadt als Hochburg der Republikaner im Freiheitskampf gegen

Klein, aber vital: Cork am River Lee

die Briten stark zerstört wurde. Heute lebt die Hafenstadt an der Mündung des River Lee vor allem von der Schifffahrt sowie von der Stahl- und pharmazeutischen Industrie. 2005 war Cork europäische Kulturhauptstadt.

Besuchern hat die Stadt auch außer den zahlreichen Pubs einiges zu bieten. Im **Cork Public Museum** erfährt man viel über die Regionalgeschichte, die **Crawford Art Gallery** zeigt irische Künstler und im **City Gaol**, einem ehemaligen Gefängnis, kann man sich ein Bild vom Strafvollzug im 19. und frühen 20. Jahrhundert machen.

Die Haupteinkaufsstraßen von Cork sind die **Patrick**, **Princes**, **Oliver Plunkett** und **North Main Street**. In der **MacCurtain Street** findet man einige spannende Antiquitätenläden und Geschäfte für Musikinstrumente. Die **French Church Street** bietet Boutiquen sowie kleine, anheimelnde Läden, die alles Mögliche – von Schuhen über Kunsthandwerk bis zu Schokolade – verkaufen, und punktet außerdem mit ihren vielen Cafés, in denen man sich vom Einkaufstrubel erholen kann. Rund um die **Opera Lane** ist in den letzten Jahren ein neues Einkaufsviertel entstanden mit Filialisten wie H&M, Gap, River Island, Kuyichi und Tommy Hilfiger. Delikatessen kann man hervorragend auf dem **English Market** kaufen.

Whiskey-Liebhaber kommen in der **Old Midleton Distillery** im Nachbarort Midleton auf ihre Kosten. Gleich drei weitere interessante Ziele in der östlichen Umgebung von Cork gehören zu der 5000 Einwohner zählenden Stadt **Carrigtwohill**, in der sich Betriebe der Biotechnologie und Pharmazie angesiedelt haben und die zu den am schnellsten wachsenden Orten Irlands zählt. Im **Fota House** sieht der Besucher eine Sammlung irischer Maler. Umgeben ist die Villa von einem schönen Park mit Arboretum. Im **Fota Wildlife Park** kann man Tiere auf großen Freiflächen beobachten.

Irischen Whiskey verkosten: Old Midleton Distillery in Midleton

Fangfrisches im English Market, Cork

SERVICE & TIPPS

Cork International Airport
www.corkairport.com
Vom Internationalen Flughafen von Cork bestehen Verbindungen in viele Städte auf der britischen Insel und dem europäischen Kontinent. Einzige Verbindung nach Deutschland: Aer Lingus fliegt von Cork nach München.

Tourist Information
35 Grand Parade
Cork, Co. Cork, T12 Y7R9
✆ (021) 425 51 00
www.discoverireland.ie

Cork Public Museum
Fitzgerald Park
Cork
✆ (021) 427 06 79
Di–Sa 11–16, Mai–Sept. auch So 14–16 Uhr
Eintritt frei
Das Museum zur Regionalgeschichte ist in einem zweigeschossigen Bau im georgianischen Stil untergebracht. Auch ohne die Ausstellung zu besuchen, kann man in dem weitläufigen Park spazieren gehen oder im ausgezeichneten Museumscafé mit Blick über den River Lee eine Pause einlegen.

Eine Institution: die Markthalle des English Market in Cork

Crawford Art Gallery
Emmet Place, Cork
✆ (021) 480 50 42
www.crawfordartgallery.ie
Mo–Sa 10–17, Do bis 20 Uhr
Eintritt frei
Größtes Kunstmuseum der Stadt mit einer guten Sammlung irischer Künstler des 19. und 20. Jh. In den Ende des 19. Jh. entstandenen Bau hat der Architekt damals gekonnt die Fassade des ehemaligen Zollhauses von 1724 integriert. Ausgezeichnetes Museumscafé.

Blackrock Castle Observatory
Castle Rd., Blackrock, Co. Cork
✆ (021) 432 61 20
www.bco.ie
Tägl. 10–17, letzter Einlass 16 Uhr, Eintritt € 6,50/4,50, Familienticket € 18
Einerseits kann man in der Burg von 1582 etwas über Corks Vergangenheit, über Piraten und Schmuggler, die hier ihr Unwesen trieben, lernen. Andererseits befasst sich eine Ausstellung im Schloss mit dem Weltall. Man erfährt viel über das Universum und darüber, wie die Erde entstanden ist. Außerdem kann man eine E-Mail ins All senden. Das Planetarium zeigt den Nachthimmel.

City Gaol
Covent Ave., Cork
✆ (021) 430 50 22
www.corkcitygaol.com
Tägl. April–Sept. 9.30–17, Okt.–März 10–16 Uhr
Eintritt € 8/5, Familienticket €25, Audioguide €2
Beim Rundgang durch das ehemalige Gefängnis erhält man einen Einblick in die harten Bedingungen, unter denen die Gefangenen im 19. und frühen 20. Jh. hier untergebracht waren. Eine Ausstellung

Cork Riverside: St. Patrick's Quay, im Hintergrund der Glockenturm der St. Ann's Shandon Church

vertieft den Eindruck. Auf dem Gelände liegt auch das **Radiomuseum**.

English Market
Zwischen Grand Parade, Princess St. und Patrick St., Cork
www.englishmarket.ie
Tägl. außer So 8–18 Uhr
Ein überdachter Markt, in dem Leckermäuler Delikatessen aus der Region und Feines aus fernen Ländern finden. Der Markt wurde 1610 von König James I. eingerichtet; das heutige Gebäude stammt aus dem Jahr 1786.

St. Ann's Shandon Church
Church St., Cork
✆ (021) 450 59 06
www.shandonbells.ie
März–Okt. Mo–Sa 10–16, So 11.30–15.30, Juni–Sept. jeweils 1 Stunde länger, Nov.–Feb. tägl. 11–15 Uhr, Eintritt € 5/2,50, Familienticket € 12
St. Annes, im 18. Jh. erbaut, ist weniger unter architektonischen Gesichtspunkten als vielmehr wegen des Kirchturms besuchenswert. Man kann ihn besteigen und über die Stadt schauen – und hier darf man selbstständig die Glocken läuten. Die acht Glocken von Shandon wiegen über sechs Tonnen und sind im ganzen Land bekannt, denn das berühmte Lied »The Bells of Shandon«, in dem es genau um diese Glocken geht, kann in Irland jeder singen.

Ganz in der Nähe der Kirche liegt das **Buttermuseum** (http://thebuttermuseum.com) – einst gab es in Cork die größte Butterbörse der Welt.

St. Finn Barre's Cathedral
Dean St., Cork
✆ (021) 496 33 87, www.cathedral.cork.anglican.org
April–Okt. tägl. außer So 9.30–17.30, April–Nov. auch So 13–14.30 und 16.30–17.30 Uhr
Eintritt € 6/3
Neugotische Kathedrale vom Ende des 19. Jh. Vor allem die bunte Deckenbemalung und die farbigen Fenster sind bekannt – letztere werden aber auch häufig kritisiert. Manche Kunstkritiker bezeichneten sie schlichtweg als kitschig.

Ivory Tower
35 Princess St., Cork
✆ (021) 427 46 65
www.ivorytower.ie
Do–Sa 19 Uhr bis der letzte Gast geht
Vom »Observer« als eines der besten Restaurants der britischen Inseln gelobt. Man wählt hier aus einer Karte, die exklusive Fisch- und Wildgerich-

Pub-Straßen
In der Studentenstadt Cork gibt es Pubs ohne Ende. Die meisten liegen in der Plunkett Street, der Washington Street und im Bereich um die Corn Market Street.

te bietet, doch auch Vegetarier werden zufrieden sein. Ein 7-Gänge-Tasting-Menü ist für € 60 zu haben. €€€

The Model Farm Bar
Eden Hall, Model Farm Rd., Cork
✆ (021) 434 67 55
www.themodelfarm.ie
Mo–Fr ab 9.30, Sa/So ab 12 Uhr
Frühstück, Mittag, Abendessen: Im The Model Farm kann man zu jeder Tageszeit einkehren und bekommt frische, selbst gekochte Speisen serviert. Abends ist es durchaus etwas schicker. Aber immer sehr gemütlich, auch sehr gut für Familien geeignet. €€

Bodega
Cornmarket St., Cork
✆ (021) 427 37 56
www.oldtownwhiskeybar.com
Nachtbar, Restaurant und Ort für Liveauftritte. Momentan ist das Bodega einer der populärsten Nightspots in Cork. In dem umgebauten Kaufhaus, das von seiner lässigen Atmosphäre und dem stilvollen Design lebt, fühlt sich vor allem junges Publikum wohl. €€

Der Bergfried von Blarney Castle im County Cork

Rhino Rooms
34 Grand Parade, Cork
Stilvolle, kleine Bar für trendige Leute.

Castle Inn
99 South Main St., Cork
✆ (021) 427 74 85
Anheimelndes Ambiente und extrem freundlicher Service zeichnen das Castle Inn aus. €

Shandon Craft Centre
John Redmond St.
Shandon, Cork
✆ (021) 450 39 36
Im ehemaligen Buttermarkt ist heute ein sehenswertes Kunsthandwerkszentrum untergebracht, in dem man u. a. Schmuck, Designmode, dekorierte Fliesen, Kristallwaren und Musikinstrumente kaufen kann.

Triskel Christchurch
Tobin Street, Cork
✆ (021) 427 20 22
www.triskelartscentre.ie
Mo 17–23, Di–Sa 10–23, So 14–23 Uhr
Einen Kinofilm in einer ehemaligen Kirche schauen und dabei auf einer Kirchenbank sitzen – das erlebt man nicht jeden Tag. Im Triskel Arts Centre ist es möglich. In dem Zentrum für moderne Kunst finden auch klassische Konzerte, Lesungen und viele weitere Kulturveranstaltungen statt.

In Cork wird gern gefeiert. Im Juni macht das **Cork Harbour Festival** Appetit auf den Sommer, Ende Oktober steht dann Jazzmusik im Mittelpunkt – beim **Guinness Cork Jazz Festival**, dem größten Jazzfestival im Land, sind Jahr für Jahr weltberühmte Künstler zu Gast. Eher die einheimischen Größen werden beim

Cork Film Festival im November zelebriert – hier steht der irische Film im Mittelpunkt des Interesses.

Ausflugsziele:

Blarney Castle
Blarney, Co. Cork
✆ (021) 438 52 52
www.blarneycastle.ie
Tägl ab 9, im Winter bis 17, sonst bis 18/18.30 bzw. 19 Uhr
Eintritt € 18/8, Familienticket € 45 (online € 16/7/40)
Einige Kilometer nordwestlich von Cork liegt in dem kleinen Örtchen Blarney die gleichnamige Burg. Von dem im 15. Jh. erbauten Castle steht heute nur noch der Bergfried. Wer die mehr als 120 Stufen erklimmt, kann – nicht ohne einige Verrenkungen vollführt zu haben – den Blarney Stone küssen, was angeblich zu besserer Eloquenz führen soll. Lohnend ist auch ein ausgiebiger Spaziergang durch den weitläufigen Park, der die Burg umgibt.

Fota House & Gardens
Carrigtwohill, Co. Cork
✆ (021) 481 55 43
www.fotahouse.com
März–Sept. tägl. 10–17 Uhr
Eintritt Haus € 8/3, Familienticket € 19, Haus und Gärten € 11/4, Familienticket € 29
10 km östlich von Cork erreicht man Fota House, die Villa, in der ab 1627 die Earls of Barrymore wohnten. Das Haus diente ursprünglich nur als Jagdhaus und wurde erst in den 1820er Jahren aus- und umgebaut. Nachdem die letzten Barrymores in den 1970er Jahren ausgezogen waren, verfiel das Haus allmählich. Aus EU-Mitteln wurde es 2002 renoviert und der Öffentlichkeit wieder zugänglich gemacht. In der Villa ist heute eine der besten Sammlungen irischer Maler ausgestellt.

Die Villa ist von einem großen Park umgeben, der vor allem für sein Arboretum und den Rosengarten bekannt ist.

Bakestone Café im Fota House
Carrigtwohill, Co. Cork
✆ (021) 481 55 43
Frühjahr und Sommer Mo–Sa 10–17, So 11–17 Uhr
In der *Long Gallery* und dem *Billiard Room* im Erdgeschoss ist ein Café untergebracht. Wenn es sonnig ist, kann man auch draußen sitzen und den Blick auf den Park genießen. €

Fota Wildlife Park
Carrigtwohill, Co. Cork
✆ (021) 481 26 78
www.fotawildlife.ie
Tägl. 10–18, letzter Einlass 16.30 Uhr
Eintritt € 16,50/11, Familienticket ab € 48
15 km östlich von Cork leben 70 Tierarten auf großen Freiflächen. Außerdem werden im Park seltene Tiere wie Seeadler oder Geparden gezüchtet. Wer Glück hat, dem hüpft vielleicht ein Känguru über den Weg und lässt sich streicheln.

The Jameson Experience
Midleton, Co. Cork
✆ (021) 461 35 94
www.jamesonwhiskey.com
Führungen tägl. April–Okt. 10–16.30, Nov.–März 11, 13, 14.45, 16.15 Uhr, Eintritt € 20/10
Die Geschichte von Irlands größter Whiskey-Brennerei geht bis ins 18. Jh. zurück. Auf einer geführten Tour erfährt man alles über die Geschichte des irischen Whiskeys und besichtigt Mälzerei, Kornspeicher und Destillieranlagen, darunter auch die weltweit größte Brennblase mit 32 000 Gallonen Inhalt. Nach der Besichtigung gibt es eine ausführliche Verkostung.

Zu den Ursprüngen des irischen Whiskeys: Old Midleton Distillery in der Grafschaft Cork

Gälisch und Englisch: Zweisprachigkeit gilt auch für die Hinweisschilder auf den Straßen

4 KINSALE

Das kleine Hafenstädtchen mit seinen bunten Häusern erfüllt das idyllische Idealbild, das Irlandbesucher von ihrem Reiseland haben. Der Ort ist für seine Gourmetrestaurants bekannt und deswegen im Sommer für viele Iren ein beliebtes Ausflugsziel. Beeindruckend ist die sternförmige Festung **Charles Fort**.

SERVICE & TIPPS

Tourist Information
Emmet Place
Kinsale, Co. Cork, P17 C973
✆ (021) 477 22 34
www.kinsale.ie

Charles Fort
Summer Cove
Kinsale, Co. Cork
✆ (021) 477 22 63
www.heritageireland.ie
Tägl. Mitte März–Okt. 10–18, Nov.–Mitte März 10–17 Uhr, Einlass bis jeweils 1 Stunde vor Schließung
Eintritt € 4/2, Familienticket € 10
Charles Fort ist eine der größten und besterhaltenen sternförmigen Festungen Europas. Erbaut in den 1970er Jahren des 17. Jh., diente es zur Sicherung der Hafeneinfahrt.

Desmond Castle & The International Museum of Wine
Cork St., Kinsale, Co. Cork
✆ (021) 477 48 55
www.heritageireland.ie
Ende März–Mitte Sept. tägl. 10–18 Uhr, letzter Einlass eine Stunde vor Schließung
Eintritt € 4/2, Familienticket € 10
Desmond Castle wurde um 1500 vom Grafen von Desmond erbaut, in späteren Jahren diente es u. a. als Zollhaus und Gefängnis. Heute beherbergt es ein Weinmuseum. Wein bringt man normalerweise nicht mit Irland in Verbindung, doch Kinsale war schon ab 1412 Einfuhrhafen für französischen Wein und hat sich so schnell den Ruf als »Weinhauptstadt« Irlands erworben. Im Museum wird die Geschichte des Weinbaus aufgearbeitet und es werden die Handelsbeziehungen beleuchtet,

Eine sternförmige Festung an der Kinsale Bay: Charles Fort

die irische Weinhändler in alle Regionen der Welt pflegten.

The Fish Market Restaurant im Blue Haven Hotel
3 Pearse St., Kinsale, Co. Cork
✆ (021) 477 22 09
www.bluehavenkinsale.com
Tägl. 18–22 Uhr
Viel gerühmtes Fischrestaurant im Zentrum von Kinsale. €€

Mother Hubbard
1 Market St., Kinsale, Co. Cork
✆ (021) 477 24 40
Tägl. ab 8.30 Uhr
Kleines, gemütliches Café. €

Im September dreht sich bei den **Shark Awards,** dem Kinsale Arts Festival, mehrere Tage lang alles um die Kunst, den Begriff fasst man dabei sehr weit: Musik, Theater, Literatur, aber auch gutes Essen fallen darunter. Ausdrücklich nur ums Essen geht es dann Mitte Oktober beim **Kinsale Gourmet Festival**.

Region 3
Cork und Kerry

In Clonakilty liegt ein Pub am anderen, da fällt es nicht schwer den richtigen zu finden.

5 CLONAKILTY

Clonakilty (4200 Einwohner) ist in Irland als Geburtsort des Unabhängigkeitskämpfers und Politikers Michael Collins (1890–1922) bekannt. Musikfreunde schätzen den Ort, weil eine lebendige Musikszene existiert und in den örtlichen Pubs qualitativ hochwertige Livemusik gespielt wird.

SERVICE & TIPPS

Lisselan Gardens
Lisselan Estate
Clonakilty, Co. Cork
✆ (023) 883 32 49
www.lisselan.com
Das Anwesen wurde im Februar 2018 verkauft, die Zukunft ist noch unklar
Bereits in den 1850er Jahren an einem Fluss angelegt, ist die Anlage bekannt für die Azaleen, den Stein- sowie den Wasser- und Rhododendrongarten.

An Teach Beag
Pearse St., Clonakilty, Co. Cork
✆ (023) 883 32 50
www.odonovanshotel.com
An Teach Beag ist nur ein kleines Haus – und genau das bedeutet das gälische Wort auch. Ursprünglich ein Lagerhaus des O'Donovan's Hotels, wird dort heute hervorragende irische Musik gespielt – in der Wintersaison immer Sa von 21.30 Uhr bis Mitternacht und immer bei freiem Eintritt. €

De Barras
55 Pearse St.
Clonakilty, Co. Cork
✆ (023) 883 33 81
www.debarra.ie
Eine Institution, wenn es um traditionelle irische Folkmusik geht. Fast täglich Livemusik. €

Scannell's Bar
5 Connolly St.
Clonakilty, Co. Cork
✆ (023) 883 41 16
www.scannellsbar.com
Gutes und deftiges Essen, reichlich Bier und regelmäßig Livemusik, das sind die Markenzeichen von Scannell's Bar. €

Jede Woche findet Do 10–14 Uhr hinter dem O'Donovan's Hotel ein lokaler **Bauernmarkt** statt.

Michael Collins, Führer des irischen Unabhängigkeitskampfes, kam in Clonakilty zur Welt

Drombeg Stone Circle im County Cork – der Altar der Druiden im magischen Zwielicht

❻ MIZEN-HALBINSEL

Die Fahrt über die Mizen Peninsula von Ballydehob nach Mizen Head, zur Südwestspitze Irlands, führt durch eine der schönsten Regionen des Landes. Man passiert Sandstrände und fährt an Steilküsten entlang, bevor man zu dem 1909 erbauten Leuchtturm an der Landspitze kommt. Wobei die Bezeichnung »Turm« in diesem Fall etwas in die Irre führt, ist doch die Lichtanlage einfach auf dem flachen Dach eines Gebäudes installiert. Besonders beliebt bei Sonnenanbetern und Strandspaziergängern ist der Barley Cove Beach zwischen Crookhaven und Mizen Head.

Das kleine, charmante Dorf **Ballydehob** liegt inmitten einer unberührten Hügellandschaft. In den 1960er Jahren siedelten sich viele Künstler in dem Örtchen an – vielleicht stammt aus dieser Zeit noch die Vorliebe fürs Feiern. Obwohl weit weniger als 1000 Menschen in Ballydehob leben, gönnt man sich gleich vier größere Feste: im April das **Féile Átha Dá Chab**, ein Festival für traditionelle irische Volksmusik und Tänze, im Mai das **Ballydehob International Jazz Festival**, an dem auch international bekannte Künstler teilnehmen, im Sommer das **Ballydehob Festival**, ein Fest für die ganze Familie, und schließlich das **Old Time Threshing and Vintage Weekend**, eine Art Erntedankfest, im Oktober.

»Ireland's most Southwesterly Point«: Mizen Head Signal Station von 1909

Das kleine Örtchen **Skibbereen** (2500 Einwohner) hat gleich ein paar Sehenswürdigkeiten zu bieten: Das **Skibbereen Heritage Center** beschäftigt sich vor allem mit der großen Hungersnot von 1840 und der darauf folgenden Auswanderungswelle. Nahe der Straße nach Castletownshend liegen die **Three Fingers**, eine Steinreihe bestehend aus drei etwa 4 Meter 20 hoch aufragenden, schlanken Steinpfeilern. Weiterhin sehenswert in der Umgebung sind das **Knockdrum Fort**, eine beeindruckende Befestigungsanlage aus der Bronzezeit, und der **Steinkreis von Drombeg**, eine Art kleines Stonehenge.

SERVICE & TIPPS

Mizen Head Visitor Center
Mizen Head, Co. Cork, P81 NY52
✆ (028) 351 15
www.mizenhead.net
Feb.–Mitte März tägl. 11–16, Mitte März–Mai, Sept./Okt. tägl. 10.30–17, Juni–Aug. tägl. 10–19, Nov.–Feb. Sa/So 11–16 Uhr
Eintritt Visitor Center und Leuchtturm € 7,50/4,50, Familienticket € 25

Skibbereen Heritage Center
Old Gas Works, Upper Bridge St.
Skibbereen, Co. Cork
✆ (028) 409 00
http://skibbheritage.com
Mitte März–Ende Okt. Di–Sa 10–18, Mai–Mitte Sept. auch Mo, Eintritt € 6/3, Familienticket € 14
Das Center informiert über die Hungersnot von 1840 und die anschließenden Auswanderungswellen.

Stilvoll dinieren im Bantry House

7 BANTRY

Das Städtchen Bantry (knapp 3500 Einwohner) liegt zwischen Mizen und Beara und bietet sich daher als Standort für Ausflüge zu beiden Halbinseln an. Neben dem Tourismus spielt vor allem die Muschelzucht eine wichtige Rolle. Jedes Jahr im Mai findet ein Muschelfest statt. Die Hauptsehenswürdigkeit von Bantry ist das alte Herrschaftshaus **Bantry House**.

SERVICE & TIPPS

Tourist Information
Old Courthouse
The Square
Bantry, Co. Cork
✆ (027) 502 29
www.discoverireland.ie

Bantry House
Bantry, Co. Cork
✆ (027) 500 47
www.bantryhouse.com
April–Okt. Di–So 10–17 Uhr, Juni–Aug. auch Mo, Eintritt € 11/3, Familienticket € 26, geführte Tour tägl. 14 Uhr inkl.

Bantry House – prunkvoll mit Aussicht auf die Bantry Bay

In herrlicher Lage am Stadtrand von Bantry liegt Bantry House, der ehemalige Wohnsitz des Earl of Bantry. Es wurde um 1690 erbaut und im Laufe des folgenden Jahrhunderts immer wieder erweitert. Sehenswert ist vor allem der Rosa Salon mit seinen Tapisserien, die um 1770 für die Hochzeit von Marie Antoinette gefertigt wurden.

Der große Park ist ganzjährig zugänglich. Hinter dem Italienischen Garten erreicht man über 107 Stufen einen Aussichtspunkt, von dem man auf das Herrschaftshaus und die Bantry Bay sowie hinüber zur Halbinsel Beara blickt. Auch wenn es anstrengend ist – bei gutem Wetter sollte man auf den Aufstieg keinesfalls verzichten!

Blairscove House
Durrus bei Bantry, Co. Cork
✆ (027) 611 27
www.blairscove.ie
Restaurant Mitte März–Okt. tägl.
Wunderschön am Ufer der Dunmanus Bay gelegen, ist das Blairscove House wegen seines Vorspeisenbuffets bekannt und mehrfach unter die besten Restaurants des Landes gewählt worden. In dem Landhaus im georgianischen Stil mit riesigem Garten kann man auch übernachten. €€€

In geraden Jahren dreht sich im Juli bei der **Atlantic Challenge** eine Woche lang alles um Wassersport – dann werden die Besten im Rudern, Segeln und anderen Disziplinen gesucht.

8 BEARA-HALBINSEL

Am südlichsten Zipfel der Beara-Halbinsel kann man im Sommer mit Irlands einziger Kabelbahn nach Dursey Island übersetzen

Ein guter Ausgangspunkt für eine Rundfahrt über die Beara-Halbinsel ist das Städtchen Glengarriff. Von der landschaftlichen Schönheit her kann es der **Ring of Beara** mit dem bekannteren »Ring of Kerry« allemal aufnehmen, zudem spricht für ihn, dass er auch im Sommer lange nicht so überlaufen ist.

Auf der R572 fährt man von **Glengarriff** in südwestlicher Richtung entlang der recht rauen Küste bis zur Streusiedlung Adrigole. Hier zweigt die R 574 zum **Healy Pass** ab. 330 Meter schraubt sich die Straße in vielen Kurven durch eine immer karger werdende Landschaft bis zur Passhöhe empor. Danach geht es mit schöner Aussicht auf den **Glanmore See** hinunter nach Lauragh. Der nun folgende Abschnitt entlang der Nordküste zählt zum spektakulärsten Teil des »Ring of Beara«. Eng und kurvenreich führt die Straße ständig bergauf und bergab über Ardgroom nach **Eyeries** mit seinen bunt bemalten Häusern. Immer wieder die zerfurchte Küste im Blick, erreicht man schließlich Allihies und fährt auf einer Stichstraße weiter nach **Garinish Point**, dem südlichsten Punkt der Halbinsel. Hier wartet eine Kabelbahn – die einzige Irlands – um Besucher nach **Dursey Island** zu bringen. Auf der Insel gibt es zwar nicht viel zu sehen, doch die schwankende Seilbahnfahrt in luftiger Höhe ist durchaus ein Erlebnis. Auf der Südseite der Halbinsel

Das bunte Dörfchen Eyeries

lohnt auf der Rückfahrt noch **Castletownbere**, der Hauptort von Beara, einen Stopp. Der Ort besitzt einen wichtigen Fischerhafen sowie zahlreiche nette Pubs und Restaurants. Von Castletownbere legen auch die Fähren zur **Bere Island** (www.bereisland.net) ab. Die elf mal fünf Kilometer große Insel ist ein Paradies für Wanderer und Taucher finden vor der Insel eines der besten Reviere Irlands.

Ein paar Kilometer außerhalb von Castletownbere liegen die Ruinen von **Dunboy Castle**, dem Sitz von O'Sullivan Beare, der mit einigen anderen irischen Adeligen und unterstützt von den Spaniern eine Rebellion gegen die englische Krone anzettelte. Gut bekommen ist ihm das nicht. 1602 wurde seine Burg von den Truppen von Königin Elizabeth I. zerstört.

In unmittelbarer Nähe steht eine weitere dem irischen Unabhängigkeitskampf geschuldete Ruine: **Puxley Mansion**. Mitte des 19. Jahrhunderts von einem walisischen Landlord und Kupferbaron errichtet, wurde es 1921 von der IRA gesprengt. Pläne, das prächtige gotisch-viktorianische Schloss als Nobelhotel wieder auferstehen zu lassen, mussten angesichts der Wirtschaftskrise auf Eis gelegt werden.

Am Schnittpunkt des »Ring of Beara« und des »Ring of Kerry« liegt der kleine Ort **Kenmare** – entsprechend groß ist die Rolle, die der Tourismus hier spielt. Im Ort findet man mehrere Restaurants und zahlreiche Unterkünfte. Einen kurzen Besuch lohnt das **Kenmare Heritage Center** im Haus der Tourist Information (Eintritt frei).

Die Ruinen von Dunboy Castle, nahe Castletownbere, das 1602 nach einer Belagerung zerstört wurde

Ein subtropischer Paradiesgarten: Garinish Island

SERVICE & TIPPS

Glengarriff Tourist Information
Fáilte Ireland South West
Glengarriff, Co. Cork
✆ (027) 630 84
www.discoverireland.ie

Glengarriff Bamboo Park
Glengarriff, Co. Cork
✆ (027) 630 07
www.bamboo-park.com
Tägl. 9–19 Uhr
Eintritt € 6, Kinder frei
Im üppig grünen Park wachsen 30 verschiedene Bambus- und Palmenarten. Schöner Blick auf die Bay von Glengarriff.

Garinish Island
Glengarriff, Co. Cork
✆ (027) 630 40
www.garnishisland.com
April–Okt. Kernzeit tägl. 10–17.30 Uhr, letzte Fähre zur Insel 1 Stunde vor Schließung
Eintritt € 4/2, Familienticket € 10
Anfang des 20. Jh. wurde die kleine Insel in der Bay von Glengariff für einen Belfaster Geschäftsmann in einen subtropischen Paradiesgarten verwandelt. Zu bestaunen sind neoklassizistische Zierbauten, üppige Beete, ein japanischer Steingarten und Bonsai-Bäume.

Call of the Sea Visitor Center
Castletownbere, Co. Cork
✆ (027) 708 35
Mai–Sept. Mo–Fr 10–17, Sa/So 13–17 Uhr
Eintritt € 4/2
Anschauliche Präsentation der Geschichte von Beara.

MacCarthy's Bar
The Square, Castletownbere
Co. Cork
✆ (027) 700 14
Mo–Do 9.30–22.30, Fr/Sa 9.30–0.30, So 12.30–22.30 Uhr
Das leuchtend rot bemalte Pub an der Hauptstraße kann man nicht übersehen. Und das ist auch gut so, denn drinnen gibt es das obligatorische Guinness erfreulich preisgünstig und in gemütlicher Atmosphäre. Zudem kann man im Kramladen neben der Theke auch noch einen kleinen Einkauf tätigen.

D'Arcy's Kenmare
Main St., Kenmare, Co. Kerry
✆ (064) 664 15 89
Ausgezeichnetes Speiserestaurant im Zentrum von Kenmare. €€€

Le Cascade Restaurant
Kenmare, Co. Kerry
✆ (064) 664 16 00
www.sheenfallslodge.ie
Hervorragendes Restaurant mit Ausblick über den Sheen Waterfall. In der Sheen Falls Lodge, zu der das Restaurant gehört, kann man luxuriös – und teuer – übernachten. €€€

Qual der Wahl in Castletownbere auf der Beara-Halbinsel

9 KILLARNEY

Killarney (14 500 Einwohner) ist nach Dublin das größte touristische Zentrum der Insel. Grund dafür ist die malerische Hügellandschaft, die die Stadt umgibt, mit dem **Killarney Nationalpark** in ihrem Zentrum. Heute ist Killarney zumindest im Sommer völlig überfüllt. Die meisten Gäste der unzähligen Hotels und B&Bs kommen hierher, um den **Ring of Kerry** zu befahren oder Touren im Nationalpark zu unternehmen. In der Stadt selbst ist vor allem die imposante neogotische **St. Mary's Cathedral** sehenswert.

Ausflug zum Killarney-Nationalpark:

Unmittelbar südlich von Killarney erstreckt sich Irlands erster Nationalpark, eine grüne, hügelige Landschaft, in die drei Seen – Lough Leane, Muckross Lake und Upper Lake – eingebettet sind. Einige der meistbesuchten Ziele liegen entlang der N 71 nach Kenmare. Hier kommt man zunächst zu den gut erhaltenen Ruinen von **Muckross Abbey**, malerisch am Ufer des Lough Leane in einem parkähnlichen Gelände inmitten eines Friedhofs gelegen. Die 1440 von den Franziskanern gegründete Abtei wurde Mitte des 17. Jahrhunderts von den Truppen Cromwells zerstört; die Bewohner wurden vertrie-

Leichte Wanderung auch für Untrainierte: der Rundwanderweg über Holzbohlen zum Torc Mountain im Killarney-Nationalpark

Ross Castle auf einer Halbinsel am Ostufer des Lough Leane

ben. Der Zugang zu den Ruinen ist jederzeit möglich. Rund einen Kilometer weiter liegt **Muckross House and Gardens**, ein stattlicher Herrensitz aus dem 19. Jahrhundert inmitten eines weitläufigen Parks. Ein kleiner Parkplatz linker Hand ist Ausgangspunkt für den kurzen Spaziergang zum **Torc-Wasserfall**, der in Stufen den Hang hinunterplätschert.

Nicht minder beliebt ist ein Ausflug in das **Gap of Dunloe** südwestlich der Stadt. Die rund 13 Kilometer – von Kate Kearney's Cottage bis Lord Brendan's Cottage – durch diese wildromantische Schlucht kann man zu Fuß, mit dem Fahrrad oder im Sattel bewältigen. Am bequemsten ist jedoch die Fahrt mit den sogenannten *Jaunting Cars*, den typischen Pferdekutschen, die überall auf Kundschaft warten.

SERVICE & TIPPS

ℹ Tourist Information
Beech Rd.
Killarney, Co. Kerry
✆ (064) 663 16 33
www.discoverireland.ie

Ross Castle
Killarney, Co. Kerry
✆ (064) 663 58 51
www.heritageireland.ie
Mitte März–Okt. tägl. 9.30–17.45 Uhr, Eintritt € 5/3, Familienticket € 13
Mittelalterliches Tower House in schöner Lage am Lough Leane. Von hier starten Boote zur Insel Innisfallen, auf der sich die Ruine einer Abtei befindet.

St. Mary's Cathedral
Cathedral New St.
Killarney, Co. Kerry
✆ (064) 310 14
www.killarneyparish.com
Eintritt frei
Im Sommer 1842 wurde der Grundstein für den Kirchenbau gelegt. Wegen der großen Hungersnot gegen Ende der 1840er Jahre ging das Geld aus und das Gotteshaus blieb lange als Rohbau stehen. Erst 1855 wurde St. Mary's, die drittgrößte Kathedrale Irlands, fertiggestellt. Der Turm ist 86,8 m hoch.

The Laurels Pub & Restaurant
Main St., Killarney
Co. Kerry
✆ (064) 663 11 49
www.thelaurelspub.com
Mo–Sa 10.30–23.30, Fr/Sa bis 0.30, So 12.30–23 Uhr
Traditionelles Pub, das sich seit 100 Jahren in Familienbesitz befindet. Einfache, preisgünstige Lunchgerichte; zum Dinner gibt es Landestypisches wie Irish Stew oder Kerry Lamm sowie Pizza. €€

Murphys Bar and Guesthouse
18 College St.
Killarney, Co. Kerry
✆ (064) 663 12 94
www.murphysofkillarney.com
Pub mit regelmäßiger Livemusik. Im selben Haus gibt es auch Übernachtungsmöglichkeiten.

The Blue Pool Studio & Gallery
Muckross Rd., Killarney, Co. Kerry
✆ (064) 662 90 49
www.maryneesonceramics.com
Mary Neeson, schon mehrfach ausgezeichnet, töpfert moderne Keramik von schlichter Eleganz.

Muckross House and Gardens
Killarney National Park
Co. Kerry
✆ (064) 667 01 44
www.muckross-house.ie
Tägl. 9–17.30, Juli/Aug. bis 19 Uhr, Eintritt € 9/6, Familienticket € 28
Mitte des 19. Jh. erbautes Herrenhaus mit elegantem Interieur inmitten eines weitläufigen Parks.

Dem Klima sei Dank: Vegetation am Ring of Kerry

Muckross House and Gardens, der stattliche Herrensitz im Killarney National Park

⑩ 5 IVERAGH-HALBINSEL MIT DEM »RING OF KERRY«

Die Rundfahrt über die Iveragh Peninsula – auch als »Ring of Kerry« bekannt – gehört für viele Urlauber zu den *must sees* einer Irlandreise. Sie führt durch karges Hügelland und bietet immer wieder schöne Ausblicke – mal hinab aufs Meer, mal über ein weites Tal. Im Sommer sind hier viele Ausflugsbusse unterwegs, was auf den engen irischen Straßen den Gegenverkehr oft zum Ausweichen oder Halten zwingt. Die Tour sollte man in Killarney beginnen und von dort in Richtung Killorglin fahren. So ist man nämlich in derselben Richtung wie die Busse unterwegs und erspart sich so manches Ausweichmanöver. Doch auch wer in die »richtige« Richtung fährt, muss im Sommer mit sehr dichtem Verkehr rechnen.

Die Straße N 70 führt hinter Killorglin zunächst durch **Glenbeigh**. Dort ist das Museumsdorf **Kerry Bog Village** einen kurzen Zwischenstopp wert. Weiter geht es nach **Cahersiveen**. In dem 1300-Seelen-Örtchen liegt das Geburtshaus von Daniel O'Connell (1775–1847), einem der wichtigsten Politiker der irischen Freiheitsbewegung.

Die nächste Sehenswürdigkeit ist das **Skellig Experience Centre** auf der mit dem Festland durch eine Brücke verbundenen **Valentia Island**. Dieses befasst sich mit der Natur und der Besiedlungsgeschichte der nur wenige Kilometer vor der Küste liegenden Skellig Islands, die von der UNESCO zum Weltkulturerbe erklärt worden sind. Auf den steilen und

Festlandschau: Blick vom höchsten Punkt der Insel Valentia auf Irland

menschenleeren Eilanden lebten vom 6. bis 12. Jahrhundert Mönche, die dort die Einsamkeit suchten. Heute sind die Inseln ein Paradies für Seevögel. Bei gutem Wetter kann man in der Zeit von März bis Oktober mit Ausflugsbooten nach Skellig fahren, in der übrigen Jahreszeit sollte man zumindest die sehr gut gemachte Ausstellung besuchen.

Traditionelles Cottage bei Portmagee auf der Iveragh Peninsula

Ab Valentia Island führt die Straße über Portmagee und den **Coomakesta Pass** mit guter Aussicht zu dem zwei Kilometer vor Caherdaniel gelegenen **Derrynane House**. Hier kann man nochmals auf den Spuren des Freiheitskämpfers Daniel O'Connell wandeln, der in diesem Herrensitz 20 Jahre lang lebte.

Vorbei am **Staigue Fort**, einer etwas abseits der Straße gelegenen Ringfestung aus der Eisenzeit, geht es weiter in die Ortschaft **Sneem** mit ihren bunten Häuserfassaden. Bei Touristen beliebt ist der Ort zudem wegen seiner vielen Souvenirläden; gern werden hier auch Wollpullover gekauft. Bei **Moll's Gap** und später **Lady's View** genießt man nochmals herrliche Ausblicke – hier auf eine weite Moorlandschaft, da über die Seen von Killarney –, bevor man wieder am Ausgangspunkt der Rundfahrt anlangt. Ebenfalls auf Iveragh befindet sich der **Carrantuohill**, der höchste Berg Irlands, der es auf stolze 1041 Meter bringt und auf unterschiedlichen Pfaden bestiegen werden kann. Besondere bergsteigerische Fähigkeiten sind für die meisten Touren nicht erforderlich. Trotzdem sollte der Aufstieg wegen des häufig wechselnden Wetters nicht unterschätzt werden. So sind Trittsicherheit und gute Bergstiefel absolut unverzichtbar – es hat hier schon Todesfälle gegeben! Durchschnittlich trainierte Wanderer schaffen die Besteigung und den Rückweg im Rahmen einer Tageswanderung. Der Berg wird meist von Norden entlang Hag's Glen und über die steile Devil's Ladder bestiegen.

Nicht weniger attraktiv, jedoch weniger überlaufen als der »Ring of Kerry«: Dingle Peninsula im Sonnenuntergangslicht

Ein Paradies für Seevögel: die Skellig Islands

Hölzerne Artgenossen: Die frei lebenden »Bottlenose Dolphins« in der Dingle Harbour Area sind eine Attraktion

SERVICE & TIPPS

Killarney Tourist Information
Vgl. Killarney, S. 115

Cahersiveen Tourist Information
The Old Barracks, Marina Office
Cahersiveen
Co. Kerry, V23 VR62
(066) 947 27 77
www.cahersiveen.com

Brendans Sheep Farm
Infos über: Caitins Bar and Hostel, Kells, Cahersiveen
Co. Kerry
(066) 947 76 14
www.caitins.com/index.php/sheep-dog-trials/
Mai–Sept. tägl. 9.30–11.30 Uhr
In der Nähe von Kells an der Nordküste der Halbinsel Iveragh finden im Sommer täglich Vorführungen mit Hütehunden statt. Schafe bildeten lange Zeit die Lebensgrundlage für die Menschen der Region. Der Bauer Brendan lässt die Besucher hinter die Kulissen blicken und bringt ihnen das Leben auf einer Farm näher. Beeindruckend ist es, der Arbeit der Hunde zuzusehen. Die Bordercollies haben »ihre Schafe« völlig im Griff und treiben sie auf Brendans Befehl zielsicher an Hindernissen vorbei bis in den Pferch.

The Skellig Experience
Valentia Island, Co. Kerry
(066) 947 63 06
www.skelligexperience.com
März/April und Okt./Nov. Mo–Fr 10–16.30, Mai–Sept. tägl. 10–18, Juli/Aug. bis 19 Uhr
Eintritt € 5/3, Familienticket € 14
Wem der Weg hinaus zu den Skellig Islands zu beschwerlich ist, erhält in dieser Multimediashow immerhin den zweitbesten Eindruck.

Derrynane House
Caherdaniel, Co. Kerry
(066) 947 51 13
http://derrynanehouse.ie
Mitte März–Sept tägl. 10.30–17.15, Okt. Mi–So 10–17, Nov. Sa/So 10–16 Uhr
Eintritt € 5/3, Familienticket € 13
Wohnort des irischen Freiheitskämpfers Daniel O'Connell.

11 DINGLE-HALBINSEL

Die Dingle-Halbinsel zählt wegen der grandiosen Ausblicke aufs Meer, der archäologischen Stätten und der charmanten Dörfer zu den schönsten Gegenden Irlands. Vor einigen Jahren wurde die Halbinsel in der Zeitschrift »National Geographic« sogar als der »schönste Ort der Welt« bezeichnet.

Von Tralee erreicht man auf der N 86 relativ schnell den Hauptort **Dingle** (1200 Einwohner), in dem noch heute überwiegend Gälisch gesprochen wird. Wer etwas Zeit hat, sollte auf dem Weg noch einen Abstecher zum Dorf **Inch** und dem südlich gelegenen Sandstrand machen.

Dingle besitzt einen lebhaften Hafen und eine gute touristische Infrastruktur. Hier beginnt die ungefähr 40 Kilometer lange Rundtour zur Spitze der Halbinsel. Bei **Ventry** wartet ein weiterer schöner Strand, bevor man etwa sieben Kilometer weiter südwestlich zum **Dunbeg Fort (Dun Beag)** kommt, das aus der Eisenzeit stammt. Allerdings wurde es bei einem Sturm Anfang 2018 so stark beschädigt, dass noch unklar ist, ob und wann die Anlage wieder betreten werden kann. Die nun folgende Steilküste und der Aussichtspunkt **Slea Head** sind an Dramatik kaum zu überbieten. Vom westlichsten Punkt des Festlands bei Dunmore Head blickt man direkt auf die Blasket Islands. In **Ballyferriter** informiert das Heimatmuseum über die Geschichte des Ortes und zeigt prähistorische Funde. Östlich von Ballyferriter kommt man zum **Gallarus-Oratorium**, einer winzigen frühchristlichen Kirche.

Ein schöner Abstecher führt von Dingle über den 457 Meter hohen **Connor Pass** (perfekte Aussicht!) zur Nordseite der Halbinsel und weiter zur **Brandon Bay**, auf deren östlicher Landspitze sich über fast 20 Kilometer Irlands längster Sandstrand erstreckt.

Wachstums-regulation der saftigen Gräser auf der Dingle Peninsula

SERVICE & TIPPS

Tourist Information
The Quay, Dingle
Co. Kerry
✆ (066) 915 11 88
www.discoverireland.ie

Lord Baker's Restaurant
Main St., Dingle, Co. Kerry
✆ (066) 915 12 77
http://lordbakers.ie
Ab 18 Uhr, Do geschl.
Der gemütliche Pub soll der älteste in Dingle sein, hier kehren auch die Einheimischen gern auf ein Pint ein und gut gekocht wird hier auch. Probieren Sie die Fischsuppe. €€€

Ashe's Bar
Main St., Dingle, Co. Kerry

Weit und einsam: Inch Beach auf der Dingle-Halbinsel

Fischkutter im ▷ kleinen Hafen von Dingle

✆ (066) 915 09 89
www.ashesbar.ie
Ashe's Bar ist der Favorit der Einheimischen, wenn sie sich einen schönen Abend gönnen wollen. Die üppigen Fleischportionen, aber auch die Speisen mit Meeresfrüchten können sich sehen lassen. Zwischen 17.30 und 18.30 Uhr sind die Preise beim *Early Bird Menue* günstiger. An der gemütlichen Bar kann man den Abend ausklingen lassen. Übernachtung ist ebenfalls möglich. €€

Greenlane Gallery
Holy Ground, Dingle
Co. Kerry
✆ (066) 915 20 18
www.greenlanegallery.com
Zeitgenössische Bilder und Skulpturen irischer Künstler.

The Stone House Cafe & Restaurant
Slea Head Drive, Ventry (Fahan), Dingle Peninsula
Co. Kerry
✆ (066) 915 99 70
www.stonehouseventry.com
Tägl. geöffnet, in der Vor- und Nachsaison Voranmeldung unabdingbar
Nahe der prähistorischen Ausgrabungen von Dunbeg wartet in spektakulärer Lage mit weitem Blick über den Atlantik und hinüber zu den Skellig Islands das Stone House auf seine Gäste. Das Restaurant trägt seinen Namen zu Recht, denn alles – einschließlich Dach – ist aus Stein. Die Küche bietet vor allem irische Gerichte. Der Blick auf die Speisekarte verrät, dass man Wert auf lokale Zutaten legt: Muscheln aus der Dingle Bay, Ziegenkäsesalat, geräucherter Lachs, Krabbensalat etc. €€

The Dunbeg Fort Visitor Centre
Ventry, Dingle, Co. Kerry
Derzeit geschl., weil große Teile des 2500 Jahre alten Forts beim Sturm im Januar 2018 ins Meer gestürzt sind.

Ionad an Bhlascaoid Mhóir – The Blasket Centre
Dún Chaoin, Dunquin
Co. Kerry
✆ (066) 915 64 44
April–Okt. 10–18 Uhr, Eintritt € 5/3, Familienticket € 13
Museum und Informationszentrum über die Bewohner der Blasket Inseln, die 1953 auf das Festland umgesiedelt wurden, weil die Inseln keine Lebensgrundlage mehr boten.

Ballyferriter Museum
Ballyferriter (Baile an Fheirtéaraigh), Co. Kerry
✆ (066) 915 63 33
www.westkerrymuseum.com
Osterwoche und Juni–Anfang Sept. tägl. 10–17 Uhr
Regionalausstellung im 1875 erbauten alten Schulhaus von Ballyferriter. Der Schwerpunkt liegt auf der gälischen Kultur und Sprache. Deswegen findet man auch nirgends den Namen Ballyferriter, sondern überall ist von Baile an Fheirtéaraigh die Rede. Das ist zwar politisch korrekt, für manche Besucher aber etwas verwirrend.

Die Gallarus-Gebetskapelle in der Nähe von Kilmalkedar aus dem 7. Jahrhundert ist eine der ältesten Kirchen Irlands

LIMERICK, CLARE UND TIPPERARY

REICHLICH KULTUR UND NATUR AM UNTERLAUF DES SHANNON

Drei Grafschaften – Clare, Limerick und Tipperary – bilden diese Region am Unterlauf des Shannon. Das Landschaftsbild reicht vom hügeligen Grasland in Tipperary, einem der wichtigsten Zentren der Milchwirtschaft, bis zum kargen Kalksteinplateau des Burren nahe der Küste. Entlang des Shannon, Irlands längstem Fluss, haben die Menschen schon früh gesiedelt, und so findet man hier viele Spuren

O'Brien's Tower – Aussichtsplattform am höchsten Punkt der Moher-Klippen

menschlichen Schaffens von bedeutenden Steinzeitstätten bis zu mittelalterlichen Burgen. Limerick, die größte Stadt der Region und drittgrößte Stadt Irlands, direkt am Shannon gelegen, bildet den Ausgangspunkt für zahlreiche Unternehmungen. Die meisten Besucher verzeichnen der Rock of Cashel, einst eine befestigte Abtei, erbaut auf einem Kalksteinhügel und jahrhundertelang Sitz der Könige von Munster, sowie das mittelalterliche Bunratty Castle und die bis zu 200 Meter hohen Cliffs of Moher.

In der Region Limerick, Clare und Tipperary sind die aufgeführten Orte geografisch von West nach Ost sortiert.

1 KILRUSH

Die kleine Stadt Kilrush mit 2700 Einwohnern liegt an der hier noch breiten Shannon-Mündung und bezaubert durch die vielen schmucken Häuser aus dem 18. Jahrhundert. Auch der

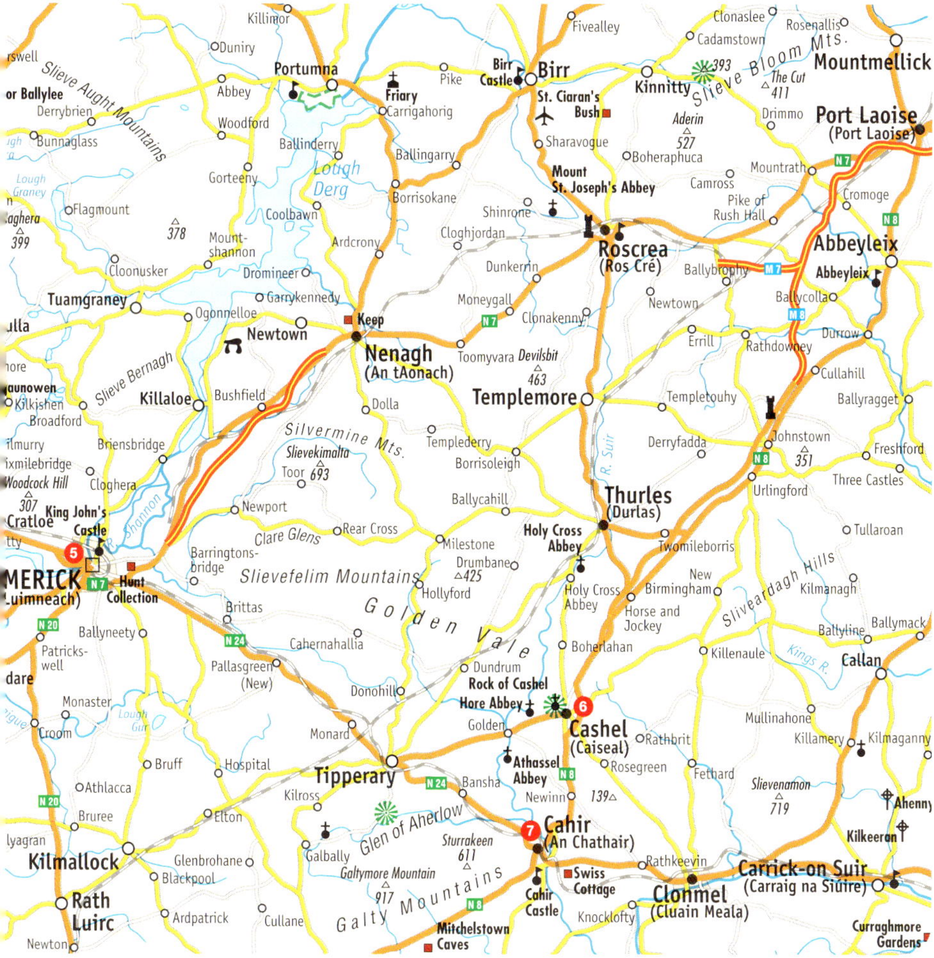

gepflegte **Vandeleur Walled Garden** lohnt einen Besuch. Die neue Marina ist einer der größten Yachthäfen des Landes, von hier starten die Ausflüge zur **Delfinbeobachtung** und zu den Inseln in der Shannon-Mündung. Der Ort bietet sich auch als Standquartier zur Erkundung der spektakulären Küste zwischen den Cliffs of Moher und Loop Head an.

Im nahen Moyasta gibt es mit zwei Kilometern Länge wohl eine der kürzesten Bahnstrecken der Welt. Eisenbahnfans können sich das kleine Museum der **West Clare Railway** anschauen, in einem historischen Waggon Kaffee trinken und mit der kleinen Dampflok **The Slieve Callan** fahren.

SERVICE & TIPPS

ℹ Tourist Information
Frances St., Kilrush
Co. Clare
✆ (065) 905 15 77
www.clare.ie

Vandeleur Walled Garden
Vandeleur Demesne
Killimer Rd., Kilrush
Co. Clare
✆ (065) 905 17 60
www.vandeleurwalledgarden.ie
April–Sept. Mo–Fr 10–17, Sa/So 12–17, Okt.–März Di–Sa 10–17 Uhr, Eintritt frei

Im 19. Jh. besaß die Familie Vandeleur ein Schloss und einen mit einer Mauer eingefassten Park in Kilrush. Wegen ihres rüden Umgangs mit den Pächtern waren die Großgrundbesitzer im Ort gefürchtet, und so waren wohl auch nur wenige traurig, als ihr Schloss 1897 durch einen Brand zerstört und nie wieder aufgebaut wurde. Auch der Park verfiel und wurde erst ab 1997 wieder instand gesetzt und im Jahr 2000 neu eröffnet. Seitdem ist er wieder ein Schmuckstück – mit gepflegten Beeten, Wasserspie-

»Atlantic View«: Loop Head Lighthouse

Schloss mit Wohnturm aus dem 16. Jahrhundert: Craggaunowen

len und einem Gewächshaus. Durch die geschützte Lage innerhalb der Mauern wachsen hier auch exotische Pflanzen wie Bananen.

Dolphin Discovery
✆ (065) 905 13 27
www.discoverdolphins.ie
Startpunkt: Marina von Kilrush
Tour € 26/14 pro Person
In der Shannon-Mündung lebt eine kleine Gruppe Delfine. Wer Glück hat, sieht einige auf den zweistündigen Touren.

Ausflugsziele:

Loop Head Peninsula Drive
www.loophead.ie
Eine schöne Tour mit dem Auto führt von Kilrush über Moyasta, Kilkee, Cross und Feeard zum Leuchtturm von Loop Head. Danach geht es zurück über Kilbaha, Carrigaholt und Querrin nach Kilrush. Die Felsenküste um Kilkee ist kaum weniger spektakulär als die Cliffs of Moher, doch lange nicht so überlaufen. Unterwegs ergeben sich immer wieder Möglichkeiten, Seehunde, Delfine und Wale sowie zahlreiche Seevögel zu beobachten.

West Clare Railway
Moyasta, Co. Clare
✆ (065) 905 12 84
www.westclarerailway.ie
Mai–Sept. tägl. 13–16 Uhr,
So/Mo Fahrt mit Dampfbetrieb
Eintritt € 8/4
Restauriertes Stationsgebäude mit einem kleinen Museum und eine Eisenbahnfahrt von 2 km.

The Strand Restaurant & Guesthouse
Strand Line, Kilkee
Co. Clare
✆ (065) 905 61 77
www.thestrandkilkee.com
Gute Fischgerichte mit Meerblick. Wem es gefällt, der kann hier auch gleich übernachten.
€€

2 6 CLIFFS OF MOHER

Die bis zu 200 Meter hohen, senkrechten Cliffs of Moher zählen zu den beeindruckendsten Küstenabschnitten Irlands und ziehen dementsprechend viele Besucher an. Am bequemsten erlebt man die Klippen vom rund fünf Kilometer nördlich von Liscannor gelegenen Besucherzentrum. Von hier spaziert man auf gepflasterten Wegen in wenigen Minuten bis zur Abbruchkante und dem 1835 errichteten **O'Brien Tower**. Gut zu sehen ist der schichtweise Aufbau aus Schiefer und Sandstein; auf Vorsprüngen nisten Tausende von Seevögeln wie Dreizehenmöwen, Papageitaucher und Trottellummen. Das neue Besucherzentrum wurde komplett unterirdisch erbaut und informiert mit der Ausstellung »Atlantic Edge« über die Geschichte der Cliffs of Moher. Man kann auch von Liscannor bis Doolin (vgl. The Burren) entlang der Klippen wandern und so dem Andrang der Massen am Besucherzentrum entkommen.

Genügsames Dasein am Abgrund der Cliffs of Moher

SERVICE & TIPPS

Visitor Centre
Cliffs of Moher, Co. Clare
✆ (065) 708 61 41
www.cliffsofmoher.ie

Tägl. März–Okt. 8–19, Mai–Aug. bis 21, Nov.–Feb. 9–17 Uhr, letzter Einlass 30 Minuten vor Schließung, Eintritt € 6, bis 16 J. frei; hier gilt der 7-Tage-Pass (vgl. The Burren Centre, S. 132)

200 Meter über dem Meer: die Cliffs of Moher

❸ THE BURREN

Seit 5000 Jahren auf dem Kalksteinplateau »The Burren«: Poulnabrone Dolmen

Über das weitläufige Kalksteinplateau im Nordwesten der Grafschaft Clare soll einst ein Cromwellscher General geäußert haben, dass es nicht genug Wasser besitze, um einen Mann zu ertränken, noch einen Baum, um ihn zu erhängen, oder genug Erde, ihn zu begraben. Diese Einschätzung trifft zwar durchaus zu, doch biologisch interessant ist das Gebiet von The Burren trotzdem, denn in den Ritzen und Spalten des Kalksteins wachsen sowohl mediterrane als auch alpine Pflanzen in ungewöhnlicher Vielfalt. Mehr als drei Viertel der 1400 in Irland vorkommenden Pflanzenarten sind hier zu finden, darunter auch zahlreiche Orchideen.

Spärlich: die Vegetation in der Karstlandschaft des Burren

Entstanden ist diese einmalige Landschaft während mehrerer Eiszeiten. Gletscher haben den Kalkstein abgeschliffen und beim Abtauen unzählige Findlinge hinterlassen. Schon in prähistorischer Zeit haben in dieser heute äußerst kargen Landschaft Menschen gelebt, die allerdings noch eine fruchtbare Bodenschicht vorfanden. Rodungen und Weidewirtschaft führten schließlich zu starker Erosion und den heute überall zutage tretenden nackten Felsen. Am schönsten lässt sich das Burren-Gebiet im Frühjahr auf dem rund 23 Kilometer langen, markierten Wanderweg von Ballyvaughan nach Ballynalackan erleben.

Spuren langer menschlicher Besiedlung sind im Gebiet des Burren allgegenwärtig, mehr als 50 Megalithgräber und gar

»Traditional Music Capital of Ireland«: Livemusik im O'Connor's in Doolin

rund 500 Ringanlagen aus der Stein- und Eisenzeit hat man bis heute gefunden. Eine besonders imposante, 4000 bis 5000 Jahre alte Grabstätte ist der **Poulnabrone Dolmen** direkt an der R 480. Inmitten einer fast vegetationslosen Karstlandschaft ist der Dolmen aus mehreren senkrecht stehenden Steinen und einer großen Deckplatte nicht zu verfehlen. Bei Ausgrabungen hat man in der Nähe die Skelettreste von mehr als zwei Dutzend Menschen gefunden. Nur rund einen Kilometer südlich des Dolmen sind die Reste des **Caherconnel Stone Fort** zu besichtigen.

Ganz am Westrand des Burren findet sich bei Doolin die beeindruckende Tropfsteinhöhle **Doolin Cave**. **Doolin**, einst ein ruhiger Hafenort, gilt als eines der Zentren irischer Volksmusik und ist deshalb leider ziemlich überlaufen. Doch die Pubs sind wegen ihrer allabendlichen Livemusik immer noch legendär.

SERVICE & TIPPS

The Burren Centre
Kilfenora, Co. Clare
✆ (065) 708 80 30
www.theburrencentre.ie
Tägl. März–Mai, Sept./Okt. 10–17, Juni–Aug. 9.30–17.30 Uhr
7-Tage-Pass für Burren Centre, Aillwee Cave, Birds of Prey Centre und Cliffs of Moher Visitor Centre online ab € 22

Aillwee Cave
Ballyvaughan, Co. Clare
✆ (065) 707 70 36
www.aillweecave.ie
Tägl. 10–17.30, Juli/Aug. bis 18.30 Uhr, Eintritt € 12/5,50, Familienticket ab € 29, mit Birds of Prey € 18/10, Familienticket € 44; hier gilt der 7-Tage-Pass (vgl. The Burren Centre)
Die touristisch gut erschlossene Tropfsteinhöhle kann im Rahmen von rund 30-minütigen Führungen besichtigt werden. Die unterirdische Wanderung führt teilweise durch künstliche Stollen, aber auch an einem Wasserfall vorbei.

Im **Burren Birds of Prey Centre** sind Greifvögel zu bewundern.

Caherconnel Stone Fort
Caherconnel Carron, Co. Clare
✆ (065) 708 99 99
www.caherconnell.com

Tägl. Mitte März–April, Okt. 10.30–17, Mai/Juni, Sept. 10–17.30, Juli/Aug. 10–18.30 Uhr
Eintritt € 7/4, mit Hütehundvorführung (online) € 9,60/5,60
Ruinen 1 km südlich des Poulnabrone Dolmen. Am Fort werden auch Shows mit Hütehunden gezeigt.

Doolin Cave
Doolin, Co. Clare
✆ (065) 707 57 61
www.doolincave.ie
Tägl. 10–17 Uhr, nur mit Führung (stündlich, Dauer: 45 Minuten)
Eintritt € 15/8, Familienticket € 50, Rabatt bei Online-Buchung
Die Tropfsteinhöhle rühmt sich den mit 7,3 m längsten Stalaktiten der nördlichen Hemisphäre zu besitzen. An den Touren können jeweils nur 20 Personen teilnehmen; daher ist es ratsam, online im Voraus zu buchen. Ein Minibus fährt die Besucher vom Restaurant Bruach na h Aille in Doolin zum Eingang der Höhle.

Cullinans Restaurant & Guesthouse
Doolin, Co. Clare
✆ (065) 707 41 83
www.cullinansdoolin.com
Ostern–Okt. Mo/Di, Do–Sa 18–21 Uhr
James Cullinan ist Koch und Besitzer in Personalunion und wurde schon mehrfach ausgezeichnet. Sein Hauptaugenmerk liegt auf fangfrischem Fisch, doch auch sein Angus-Steak ist hervorragend. Sparfüchse wählen das *Early Bird Special Meal* um 18 Uhr. €€€

Mc Dermott's Pub
Roadford, Doolin, Co. Clare
✆ (065) 707 43 28
www.mcdermottspub.com
Tägl. ab 10 Uhr
Barfood und Livemusik.

O'Connor's
Fisher St., Doolin, Co. Clare
✆ (065) 707 41 68
www.gusoconnorsdoolin.com
Tägl. 9–23, Fr/Sa bis 0.30 Uhr
Das berühmteste Pub in Doolin, seit 150 Jahren in Familienbesitz, fast täglich Livemusik, einfaches Pub-Essen und ein integrierter Lebensmittelladen.

Fanore
Der weite Strand von Fanore südlich von Black Head zählt wegen seines feinen, hellen Sandes und der Dünen zu den schönsten Irlands. Wer surfen möchte, findet mit der Aloha Surf School den richtigen Partner (www.surfschool.ie).

Vom Festland zu den Inseln: Gedränge am Doolin Pier beim »Day Trip« zu den Aran Islands

4 ENNIS

Das im 11. Jahrhundert am Fluss Fergus gegründete Städtchen Ennis (20 000 Einwohner) ist heute der Hauptort der Grafschaft Clare. Enge Gassen, bunt bemalte Laden- und Pub-Fronten sowie georgianische Stadthäuser laden zu einem Stadtbummel ein.

In Ennis wurde der Nationalheld Irlands, Daniel O'Connell, 1828 ins Parlament gewählt, nach ihm ist die Hauptstraße des Orts benannt, außerdem erinnert ein Denkmal an ihn. Sehenswert sind vor allem die aus dem 15. und 16. Jahrhundert stammenden Skulpturen und die mit Reliefs verzierten Gräber in den Ruinen des Franziskanerklosters **Ennis Friary**.

Ein steinernes Skelett: die Ruinen des ehemaligen Franziskanerklosters Ennis Friary in Ennis

Das Freilichtmuseum Craggaunowen erzählt vom Leben im Irland der Keltenzeit

SERVICE & TIPPS

Tourist Information
Arthur's Row, Ennis, Co. Clare
✆ (065) 682 83 66
www.visitennis.com

Clare Museum
Arthur's Row, Ennis, Co. Clare
✆ (065) 682 33 82
www.clarelibrary.ie
Tägl. außer So 9.30–13 und 14–17.30 Uhr, Okt.–Mai Mo geschl., Eintritt frei
Zeigt die 6000-jährge Geschichte der Region mit Artefakten, Kunstwerken und multimedial.

Ennis Gourmet Store
1 Barrack St., Ennis, Co. Clare
✆ (065) 684 33 14
www.ennisgourmet.com
Café, Shop und Bistro. Kleine Gerichte und erlesene Delikatessen.

Custys Music Shop
Cookes Lane, Ennis
Co. Clare
✆ (065) 682 17 27
www.custysmusic.com
Liebhaber irischer Musik finden hier ein Paradies.

Glór
Causeway Link, Ennis, Co. Clare
✆ (065) 684 31 03, www.glor.ie
Kulturzentrum für alles Irische: Theater, Tanz, Fotografie, Film und natürlich jede Menge Musik stehen auf dem Programm.

Irlands größtes Folkfestival **An Fleadh Nua** findet alljährlich Ende Mai/Anfang Juni in Ennis statt (www.fleadhnua.com).

Ausflugsziele:

Craggaunowen
Kilmurry, Co. Clare
✆ (061) 36 07 88
www.shannonheritage.com/Craggaunowen
Ostern–Anfang Sept. tägl. 10–17 Uhr, letzter Einlass 1 Stunde vor Schließung, Eintritt (online) € 8,50/4,75, Familienticket ab € 30,50

Schloss Craggaunowen wurde um 1550 vom McNamara Clan erbaut, sein Wohnturm ist noch erhalten. In der Nähe des Schlosses wurde in den 1960er Jahren mit dem Museumsprojekt »The Living Past« begonnen, in dessen Verlauf prähistorische Wohnformen rekonstruiert wurden. Auf einer künstlichen Insel ist ein befestigtes Rundhüttendorf entstanden, das sehr anschaulich die Lebensbedingungen in der Eisenzeit zeigt. Zudem ist der Nachbau des Bootes zu sehen, mit dem der heilige Brendan im 6. Jh. den Atlantik überquert haben soll.

Knappogue Castle
Quin, Co. Clare
✆ (061) 36 07 88
www.shannonheritage.com
Das Schloss ist nicht mehr zu besichtigen, zahlungskräftigen Gästen bietet man aber ein feudales Gemach zur Übernachtung an und im Sommer finden mittelalterliche Bankette statt. Von der Mitte des 15. Jh. bis 1815 war das Castle im Besitz des mächtigen McNamara Clans. Das Turmhaus ist noch original erhalten, der Rest neogotisch. Neben den Räumen ist auch der viktorianische Garten beeindruckend.

Das original erhaltene Turmhaus von Knappogue Castle

5 LIMERICK

Limerick, die drittgrößte Stadt Irlands am Fluss Shannon, wurde im 9. Jahrhundert von den Wikingern gegründet und ist damit eine der ältesten Städte der Grünen Insel. Lange galt die Stadt als ärmlich und wenig sehenswert, doch in den letzten Jahren hat sich in Limerick einiges getan, vor allem die Ansiedlung vieler multinationaler Firmen hat für einen wirtschaftlichen Aufschwung gesorgt.

Einen guten Ausgangspunkt für einen Stadtrundgang bildet das im 13. Jahrhundert errichtete **King John's Castle** im Herzen des mittelalterlichen Stadtkerns auf King's Island. Im Innern der mächtigen Befestigungsanlage erläutern Ausstellungen die Geschichte der Stadt.

Weiter südlich erhebt sich die **St. Mary's Cathedral**. Geht man nun weiter in südlicher Richtung über die Matthew Bridge, erreicht man das **Hunt Museum**, das im georgianischen Custom House untergebracht ist. Es zeigt die Samm-

Im 9. Jahrhundert von den Wikingern gegründet: Limerick am Ufer des Shannon

Eines der für Adare typischen mit Reet gedeckten Cottages an der Main Street, County Limerick

lung des Archäologen John Huntor sowie mehrmals jährlich wechselnde Ausstellungen.

Durch die O'Connell Street, eine der Haupteinkaufsstraßen Limericks, gelangt man zur **Limerick City Gallery of Art**, die eine umfangreiche Sammlung irischer Kunst vom 18. bis zum 20. Jahrhundert ihr Eigen nennt.

Ausflugsziele:

Für manche ist das im 19. Jahrhundert von den Earls of Dunraven angelegte Dorf **Adare** das schönste der Insel. Die strohgedeckten Häuser sind perfekt herausgeputzt, in den Gärten blüht es üppig und die Straßen sind gepflegt und sauber. Trotz all dieser polierten Schönheit hat Adare nur wenig mit all den anderen irischen Dörfern gemeinsam und so ist es für Kritiker das schönste »englische« Dorf. Doch die Touristen kommen in Scharen, schlendern durch das Örtchen, stöbern in den Souvenirläden und schließen hier auch gern den Bund fürs Leben.

Es gibt zwei Castles und zwei Klöster sowie in der Main Street ein Heritage Center (www.adareheritagecentre.ie) mit Mittelaltershow.

Etwa 15 Kilometer nordwestlich von Limerick kann man **Bunratty Castle**, eine gut erhaltene mittelalterliche Burg, besichtigen. Angeschlossen ist ein Freiluftmuseum zum irischen Landleben des 19. Jahrhunderts, der **Bunratty Folk Park**.

Im **Foynes Flying Boat Museum** knapp 40 Kilometer südwestlich von Limerick geht es nicht nur um Flugboote, sondern auch um die Historie des Irish Coffee.

In Bruff, 25 Kilometer südlich von Limerick, erfährt man im Besucherzentrum viel über die lange Geschichte der Region rund um den **Lough Gur**.

SERVICE & TIPPS

Limerick Tourist Office
Arthur's Quay
Limerick
Co. Limerick
✆ (061) 31 75 22
www.discoverireland.ie

The Hunt Museum
The Custom House
Rutland St.
Limerick
✆ (061) 31 28 33
www.huntmuseum.com
Mo–Sa 10–17, So/Fei 14–17 Uhr
Eintritt € 5/2,50, Familienticket € 12
Eine der wichtigsten privaten prähistorischen und mittelalterlichen Sammlungen Irlands. Im Museumscafé isst man gut und günstig und genießt dabei die Aussicht auf den Shannon.

Limerick City Gallery of Art
Carbegie Building, Pery Sq.
Limerick
✆ (061) 31 06 33
www.gallery.limerick.ie
Mo–Sa 10–17.30, Do bis 20, So 12–17.30 Uhr
Eintritt frei
Irische Kunst der letzten 200 Jahre sowie zahlreiche Wechselausstellungen.

King John's Castle
Nicholas St.
Limerick
✆ (061) 36 07 88
www.shannonheritage.com
Tägl. 9.30–17, April–Sept. bis 18 Uhr, letzter Einlass 1 Stunde vor Schließung
Eintritt (online) € 10,50/9,50, Kinder unter 5 J. frei, Familienticket € 23
Wehrhafte Burg, die wahrscheinlich um 1200 von King John erbaut wurde.

St. Mary's Cathedral
Bridge St., Limerick
✆ (061) 31 02 39
www.saintmaryscathedral.ie
Mo–Fr 9–17, Sa 9–16, So 13.30–16 Uhr
Eintritt € 5
Die Kathedrale wurde Ende des 12. Jh. gegründet und im 15. Jh. erheblich erweitert. Das romanische Westportal ist in seinem ursprünglichen Zustand erhalten und das mit schönen Schnitzereien verzierte Chorgestühl aus dem 15. Jh. ist in Irland einmalig. Die Kathedrale feiert 2018 ihr 850-jähriges Bestehen.

The French Table
1 Steamboat Quay, Limerick
✆ (061) 60 92 74
www.frenchtable.ie
Lunch Di–Fr ab 12, Dinner Di–Sa ab 18, So geöffnet 12.30–20 Uhr
Der Chefkoch hat mehr als 15 Jahre in feinen Restaurants in Frankreich und der Schweiz gearbeitet. So ist der Name des Restaurants durchaus Programm. Zum Essen gibt es natürlich den passenden französischen Wein. €€

Nancy Blake's
19 Upper Denmark St., Limerick
✆ (061) 41 64 43
Traditionell eingerichtetes Pub, am Wochenende wird es eng.

Ausflugsziele:

Bunratty Castle & Folk Park
Bunratty, Co. Clare
✆ (061) 36 07 88
www.shannonheritage.com
Castle tägl. 9–16 Uhr
Park tägl. 9–17.30 Uhr
Eintritt (online bis 24 Stunden im Voraus) ab € 11,55/10, Familienticket ab € 30, vor Ort teurer

Spiegelungen im River Maigue: Desmond Castle in Adare

Pferdewagen der Pavee oder Traveller, einer irischen Minderheit, im Bunratty Castle & Folk Park

Wehrhaft: King John's Castle im Herzen des mittelalterlichen Stadtkerns von Limerick

Das 1425 erbaute Bunratty Castle gilt als die am vollständigsten und authentischsten erhaltene bzw. restaurierte mittelalterliche Burg Irlands. Berühmte Burgherren waren die O'Briens, die gleichzeitig Earls of Thomond waren und hier von 1500 bis 1640 residierten. Das Innere ist mit Mobiliar, Gobelins und Kunstwerken aus dieser Zeit eingerichtet. Allabendlich werden um 17.30 und 20.45 Uhr mittelalterliche Bankette im Main Guard veranstaltet, bei denen Besucher den Bunratty Singers lauschen und gutes Essen samt Wein und Honigmet genießen können.

Im angeschlossenen Freiluftmuseum, dem **Bunratty Folk Park**, erhält man einen Einblick in das irische Landleben des 19. Jh. Es gibt eine komplette Dorfstraße, mehrere Bauernhäuser, eine Wassermühle und eine Schmiede sowie eine Ausstellung zeitgenössischer landwirtschaftlicher Geräte.

Blarney Woollen Mills
Bunratty Village
Bunratty, Co. Clare
✆ (061) 36 43 21
www.blarney.com
Mo–Sa 9.30–18, So 10–18 Uhr
Bei Blarney bekommt man die wunderbaren irischen Strickwaren und schönes Kunsthandwerk.

Foynes Flying Boat Museum
Foynes
Co. Limerick
✆ (069) 654 16
www.flyingboatmuseum.com
Tägl. Mitte März–Mitte Nov. 9.30–17, Juni–Aug. bis 18 Uhr
Eintritt € 11/6, Familienticket € 28
Schmuckstück der Ausstellung ist das Langstreckenflugboot B-314 von Boeing aus den 1940er Jahren, einer Zeit, als Fliegen noch kein Massenvergnügen war und die 14 Passagiere sich zum Essen im Speisesaal an Bord trafen. Die B-314 ist leider kein Original – alle

Exemplare wurden zerstört –, sondern nur ein originalgetreuer Nachbau. Das Museum erzählt übrigens auch die Geschichte des Irish Coffee, der hier in Foynes erfunden wurde.

Lough Gur
Bruff, Co. Limerick
✆ (061) 36 07 88
www.shannonheritage.com
www.loughgur.com
Mo–Fr 10–17, Sa/So 12–18 Uhr
Eintritt € 5/3, Familienticket € 15

Im Besucherzentrum 25 km südlich von Limerick wird die 5000-jährige Geschichte des Ortes erzählt. Rund um den See haben schon in frühgeschichtlicher Zeit Menschen gewohnt, die eine Vielzahl von Artefakten hinterlassen haben. Beeindruckendstes Relikt sind die Steinkreise am Westufer des Sees, die auch unter dem Namen Lios bekannt sind. Sie sind rund 4000 Jahre alt und bestehen aus mehr als 100 einzelnen Steinen. Es ist die größte prähistorische Stätte dieser Art in Irland.

Erhaben thront der Rock of Cashel auf einer Anhöhe aus Kalkgestein

6 CASHEL

Cashel ist mit seinen rund 2500 Einwohnern kaum mehr als ein Marktflecken. Doch die Nähe zu einer der faszinierendsten archäologischen Stätten der Insel, dem Rock of Cashel, hat die Entstehung einer guten touristischen Infrastruktur begünstigt. Nur fünf Minuten zu Fuß vom Ort erhebt sich über der Ebene von Tipperary mit ihren grünen Wiesen eindrucksvoll der **Rock of Cashel**.

Vermutlich wurde der markante Felsen schon in prähistorischer Zeit besiedelt. Seit dem 4. Jahrhundert residierten hier die Könige von Munster. Die folgenden 400 Jahre stritten sich dann die Herrscher von Cashel und Tara um die Vormachtstellung in Irland. Ab dem 12. Jahrhundert hatte die Kirche auf dem Felshügel eines ihrer wichtigsten Zentren. Im 18. Jahrhundert verfiel die Kathedrale und wurde schließlich aufgegeben.

Heute besitzt der Rock of Cashel nur noch touristische Bedeutung und zählt zu den wichtigsten Besuchszielen Irlands. Ältestes Bauwerk auf dem Felshügel ist der 28 Meter hohe Rundturm. Die Cormac Chapel im irisch-romanischen Stil stammt vom Beginn des 12. Jahrhunderts und ist damit noch rund hundert Jahre älter als die Ruine der gotischen Kathedrale. Nach einer Legende soll der heilige Patrick um 450 den Rock of Cashel besucht und den König von Munster getauft haben.

Rock of Cashel: Ein Nilpferd aus fernen Ländern ziert das Tympanon der romanischen Kapelle aus dem 12. Jahrhundert

SERVICE & TIPPS

Heritage Centre and Tourist Office
Main St., Cashel
Co. Tipperary
✆ (062) 613 33
www.cashel.ie
Hier kann man sich ein Modell der Stadt von 1640 anschauen.

Brú Ború
Cashel, Co. Tipperary
✆ (062) 611 22
www.bruboru.ie
Eintritt Show € 20/10
Im Geschichts- und Kulturzentrum dreht sich alles um Musik und Tanz. Vor allem im Sommer stehen hier abends oft Shows mit traditionellen irischen Tänzen auf dem Programm.

Folk Village
St. Dominics St.
Cashel
Co. Tipperary
✆ (062) 636 01
www.cashelfolkvillage.ie
Tägl. ab 9.30, Jan.–Mitte März, Mitte Okt.–Mitte Dez. bis 16.30, Mitte März–Mitte Juni, Mitte Sept.–Mitte Okt. bis 17.30, Mitte Juni–Mitte Sept. bis 19.30 Uhr
Eintritt € 7/4, Familienticket € 15
Nostalgisches Freilichtmuseum mit mehreren Ausstellungen: Es gibt keltische Kreuze, einen Tinker-Wagen, in dem früher das fahrende Volk durchs Land gezogen ist, eine Ausstellung über die große Hungersnot und vieles mehr zu sehen.

Rock of Cashel
Cashel, Co. Tipperary
✆ (062) 614 37
www.heritageireland.ie
Tägl. Mitte März–Mitte Okt. 9–17.30, Anfang Juni–Mitte Sept. bis 19, Mitte Okt.–Mitte März 9–16.30 Uhr
Eintritt € 8/4, Familienticket € 20
Cashel ist das englische Wort für *Caiseal*, was im Irischen Festung bedeutet. Der Festungscharakter ist auch heute noch gut zu sehen, denn eine Mauer umschließt einen Hof mit Kloster, Rundturm und romanischer Kapelle aus dem 12. Jh. Beherrschend auf dem Felsen ist die Kathedrale aus dem 13. Jh. im gotischen Stil. Sie birgt mehrere Sarkophage mit kunstvollen Steinmetzarbeiten.

Chez Hans
Moor Lane
Cashel, Co. Tipperary
✆ (062) 611 77
www.chezhans.net

Der heilige Patrick machte den Rock of Cashel im 5. Jahrhundert zum Bischofssitz

Hier stimmen Ambiente und Speisekarte. Im Jahr 1968 kaufte der deutsche Chefkoch Hans Peter Matthiae die ehemalige Kirche und zelebrierte hier seitdem seine Kochkunst, bevor 1998 sein Sohn Jason das Regime übernahm. Chez Hans wird regelmäßig hochgelobt und ist preisgekrönt, deshalb unbedingt rechtzeitig reservieren. €€€–€€€€

Ein paar Schritte weiter liegt das **Café Hans**, das Sohn Stefan betreibt; hier speist man deutlich günstiger. €–€€

7 CAHIR

In dem kleinen Ort Cahir, früher auch Caher geschrieben, leben rund 3500 Menschen. Für viele ist Cahir nur ein Verkehrsknotenpunkt im County Tipperary, der im Schatten des nahen und viel bekannteren Rock of Cashel steht. Doch die Stadt am Fluss Suir lohnt wegen ihres Castles und des Swiss Cottage durchaus einen Besuch. Das gut erhaltene **Cahir Castle** liegt weithin sichtbar auf einer Felseninsel im Fluss und geht auf Conor O'Brien zurück, der mit dem Bau um die Mitte des 12. Jahrhunderts begann. Wegen der exponierten Lage galt die Burg lange als uneinnehmbar, bis der Earl of Essex 1599 das Gegenteil bewies; auch Oliver Cromwell eroberte die Burg gut 50 Jahre später. Noch bis in die 1960er Jahre war sie im Besitz der Familie Butler, seitdem wird sie von Heritage Ireland verwaltet und ist für die Öffentlichkeit zugänglich.

Südlich vom Zentrum, auf einer kleinen Anhöhe, liegt das **Swiss Cottage**, das mit seinem Reetdach so gar nicht irisch wirkt. Der 12. Earl of Cahir, ebenfalls aus der Butler-Familie, ließ es sich 1810 im Stil eines *Cottage orné* erbauen. Damit lag er ganz im Trend seiner Zeit – der Sehnsucht nach dem einfachen, romantischen Landleben. Auf Komfort wollten die Herrschaften dabei natürlich nicht verzichten.

SERVICE & TIPPS

ℹ www.visitcahir.ie

Cahir Castle
Cahir, Co. Tipperary
✆ (052) 744 10 11
www.heritageireland.ie
Tägl. März–Mitte Juni, Sept.–Mitte Okt. 9.30–17.30, Mitte Juni–Aug. 9–18.30, Mitte Okt.–Feb. 9.30–16.30 Uhr
Eintritt € 5/3, Familienticket € 13

Die Burg war einst der Sitz der mächtigen Familie Butler. Der beeindruckende Bergfried, der Turm und ein Großteil der ursprünglichen Verteidigungsanlagen sind erhalten. Nach mehreren Restaurierungen ist die Anlage in einem hervorragenden Zustand und hat mehrfach als Kulisse für Filmaufnahmen gedient. So wurde hier die erste Szene des Films »Excalibur« von John Boorman aus dem Jahr 1981 gedreht.

Swiss Cottage
Cahir
Co. Tipperary
✆ (052) 744 11 44
www.heritageireland.ie
Ende März–Ende Okt. tägl. 10–18 Uhr, Besichtigung nur mit Führung
Eintritt € 5/3, Familienticket € 13
Das Haus besitzt einige architektonische Besonderheiten: Alle Fenster sind unterschiedlich groß, das gestufte Dach ist mit Reet gedeckt und die umlaufende Veranda aus Baumstämmen einem Wald nachempfunden. Das romantische Traumhaus im Stil eines *Cottage orné* wurde 1810 von Richard Butler, dem damaligen Earl of Cahir, in Auftrag gegeben und liegt inmitten eines gepflegten, sehr weitläufigen Parks.

The Craft Granary
Church St.
Cahir, Co. Tipperary
✆ (052) 744 14 73
www.thecraftgranary.ie
Mo–Fr 10–18, Sa 9–17, Juli/Aug., Dez. auch So 13–17 Uhr
Der perfekt sanierte Getreidespeicher in der zentralen Church Street bietet den passenden Rahmen für sehenswertes Kunsthandwerk aus der Region. Im ersten Stock werden Ausstellungen lokaler Künstler gezeigt.

Cahir Castle: Wegen seiner exponierten Lage galt die Burg lange als uneinnehmbar

Region 5
Zentralirland

ZENTRALIRLAND

EINE GESCHICHTSTRÄCHTIGE REGION MIT MOOREN UND WILDEN HÜGELN

In Zentralirland bewegt man sich auf historisch bedeutsamem Boden. Mittelalterliche Burgen weisen darauf hin, wie wichtig die Region bereits zu der Zeit war, und legen Zeugnis ab von dem schon lange währenden Konflikt zwischen Iren und Engländern. Die Mitte Irlands ist aber auch eine Region mit sehr viel Natur: Sumpf, Moor und wilde Hügel bestimmen hier – wie in vielen anderen Gegenden Irlands – das Bild. Und der größte Fluss der Landes, der Shannon, zieht sich wie ein blaues Band durch die Landschaft.

In der Region Zentralirland sind die aufgeführten Orte geografisch von Süd nach Nord sortiert.

1 PORTLAOISE

Die Hauptstadt der Provinz Laois ist auch das Wirtschaftszentrum der Region mit guten Einkaufsmöglichkeiten und vielen Restaurants. Das alte Gefängnis der Stadt wurde zu einem Kunst- und Kulturzentrum umgebaut.

In der Umgebung gibt es einiges zu besichtigen. Rund zehn Kilometer nördlich findet man mit dem **Emo Court** ein Herr-

Markanter zerklüfteter Kalksteinfelsen: der Rock of Dunamaise

Slieve Anierin
586
0
10
20 km
Castlebaldwin
Geevagh
Arigna
Lough Arrow
Lough Allen
Drumshanbo
Ballinamore
Garadice Lough
Doogary
Killykeen Forest Park
Cavan
(An Cabhán)
Cootehill
Bellanacargy
Canningstown
321
Bricklieve Mts.
Corrigeenroe
Ballinafad
Lough Key
Knockvicar
R. Shannon
Leitrim
Killashandra
Lough Oughter
Boyle
Lough Key Forest Park
Carrick-on-Shannon
Garvagh
Carrigallen
Cross Keys
Drumsna
Cloone
Grange
Mohill
Arvagh
R. Erne
Bellananagh
Billis Bridge
Kingsland
Croghan
Rinn Lough
Lough Boderg
Hill Street
Dromod
Aughnacliff
Ballyjamesduff
Frenchpark
Elphin
Lough Bofin
Lough Gowna
Kilcogy
Virginia
Ballyroddy
Kilglass Lough
Roosky
Drumlish
Lough Ramor
Finnea
Lough Sheelin
Sliabh na Cailligha
277
Rathcroghan
Tulsk
Strokestown
Lough Forbes
Ballinalee
Granard
Oldcastle
Lissalway
Cruachan Aí Heritage Centre
Scramoge
Abbeylara
Loughcrew Passage Grave
Castleplunket
Termonbarry
Cloondara
Lisryan
Aghamuck
Longford
(An Longfort)
Mostrim
(Edgeworthstown)
Coole
Ballintober
Four Mile Ho
Tullynally Castle
Castlepollard
Cross Keys
Coolshaghtena
Killashee
Ardagh
Lough Lene
Runnabackan
Lanesborough
200
Rathowen
Lough Derravaragh
Collinstown
Roscommon
Keenagh
Carrickboy
Ballynafid
Crookedwood
Delvin
Newtown Cashel
Lough
Ballynacarrigy
Castlecoote
Castlestrange Stone
Knockcroghery
Ballymahon
Lough Owel
Mullingar
(An Muileann gCearr)
Athleague
Skeagh
The Downs
Ballygar
Rahara
Lough Funshinagh
The Pigeons
Ballymore
Four Roads
Ree
Longhanavally
Newbridge
Curraghboy
Killinure L.
Glassan
Belvedere
Kinnegad
Kiltoom
Mount Temple
L. Ennel
Brideswell
Bally-keeran
Moyvoughly
Milltownpass
Ballynagore
Rochfortbridge
Kilglass
Athlone
(Baile Átha Luain)
Moate
Horseleap
Tyrrellspass
Castlejordan
Carrowreagh
Corraree
Curryroe
Locke's Distillery
Kilbeggan
234
Rhode
Cornafulla
Trust
Clonmacnoise
Ballynahown
Clara
Kiltober
Grand Canal
Ballinasloe
(Béal Átha na Sluaighe)
Ballydangan
Grogan
Tullamore Dew Heritage Centre
Tullamore
(Tulach Mhór)
Daingean
Rathvilla
Cappataggle
Aughrim
Clonfinloughstone
Brackagh
Crossconnell
Ferbane
Charleville Castle
Geashill
Clonfert
Blue Ball
Killeigh
Laurencetown
Cloghan
Port-arlington
Clonygowan
Drumatober
Banagher
Kilcormac
Taylor's Cross
Clonaslee
Killimor
Fivealley
Rosenallis
Mountmellick
Duniry
Cadamstown
Slieve Bloom Mts.
Portumna
Pike
Birr Castle
Birr
Kinnitty
393
The Cut
411
Emo
New Inn
Abbey
Friary
The Great Heath of Marborough
Rock of Dunamaise
Crinkill
Carrigahorig
St. Ciaran's Bush
Aderin
527
Drimmo
Portlaoise
(Port Laoise)
Woodford
Ballinderry
Ballingarry
Sharavogue
Boherapuchа
Stradbally
Gorteeny
Lough Derg
Mount St. Joseph's Abbey
Mountrath
Camross
Borrisokane
Pike of Rush Hall
Cromoge
Shinrone
317
Timahoe
Coolbawn
Cloghjordan
Roscrea
(Ros Cré)
Mount-shannon
Ardcrony
Dromineer
Dunkerrin
Ballybrophy
Abbeyleix
Abbeyleix
Spink
Garrykennedy
Newtown
Ballycolla
Ballinakill
N4
N3
N5
N6
N7
N8
M6
M7
M8

»Dampffestival« im August: die »National Steam Rally« in Stradbally

schaftshaus aus dem 18. Jahrhundert, umgeben von einem schönen Park. Ein weiterer sehenswerter Park, die **Heywood Gardens**, liegt 20 Kilometer südlich der Stadt. In westlicher Richtung befinden sich in herausragender Lage Burgruinen, der **Rock of Dunamaise,** und ein Stück weiter das Steam Museum in Stradbally.

SERVICE & TIPPS

Dunamaise Arts Centre
Church St., Portlaoise, Co. Laois
✆ (057) 866 33 55
www.dunamaise.ie
Mo–Fr 9–17.30, Sa 10–17 Uhr
Kulturzentrum und Theater in einem ehemaligen Gefängnis.

Ausflugsziele:

Rock of Dunamaise
Stradbally Rd., Co. Laois
✆ (057) 866 41 29
www.discoverireland.ie
Überreste einer Befestigungsanlage in spektakulärer Lage auf einem Felsen. An diesem Ort standen schon seit keltischen Zeiten immer wieder Burgen, im 12. Jh. hatte Strongbow hier seine Burg, später war die Befestigungsanlage in normannischer Hand.

Stradbally Steam Museum
Stradbally, Co. Laois
✆ (057) 862 51 54
www.irishsteam.ie
Hier dreht sich alles um Dampf: Dampfmaschinen, Dampfloks und sogar dampfbetriebene Feuerwehrwagen. Männer werden hier schnell wieder zu Kindern und Kindern gefällt das Museum sowieso. Jedes Jahr am ersten Sonntag und Montag im August findet in Stradbally die »National Steam Rally« statt, bei der 30 dampfbetriebene Maschinen in Betrieb genommen werden.

Emo Court & Gardens
Emo, Co. Laois
✆ (057) 862 65 73
www.heritageireland.ie
April–Sept. tägl. 10–18, Okt. Sa/So 10–18 Uhr, Park ganzjährig bei Tageslicht
Eintritt € 5/3, Familienticket € 13, Park Eintritt frei
Das Herrschaftshaus im neoklassizistischen Stil wurde 1790 von James Gandon, dem damals führenden Architekten in Irland, erbaut. Von ihm stammt u.a. auch das Custom House in Dublin. Sehenswert ist der im Stil des 18 Jh. angelegte Garten.

Heywood Gardens
Ballinakill, Co. Laois
✆ (056) 772 14 50
www.heritageireland.ie

Tägl. ab 8.30, Mai–Aug. bis 21, April, Sept. bis 19, Okt.–März bis 17 Uhr, Eintritt frei
Parklandschaft, die von dem berühmten Gartenarchitekten Sir Edwin Lutyens (1869–1944) entworfen wurde.

Donaghmore Museum & Workhouse
Donaghmore
Rathdowney, Co. Laois
✆ (086) 829 66 85 oder
(087) 917 20 08
www.donaghmoremuseum.ie
Mo–Fr 11–17, Sa/So 14–17 Uhr
Eintritt € 5/3, Familienticket € 10
Knapp 40 km südwestlich von Portlaoise wird im Arbeitshausmuseum die Geschichte der armen Bauern erzählt, die während der großen Hungersnot zwischen 1845 und 1849 ihr Hab und Gut verloren, ins Arbeitshaus gesteckt wurden und dort oft verhungerten. Das Ausstellungsgebäude diente früher selbst als Arbeitshaus.

Die Backen aufgeblasen: Dudelsackbläser beim Birr Vintage Week and Art Festival

2 BIRR

Die Stadt Birr (5800 Einwohner) entwickelte sich im Schatten des **Birr Castle** und überrascht mit einem sehr geschlossenen Stadtbild. Neben dem Schloss und seiner preisgekrönten Gartenanlage ist unweit ein beeindruckendes Anwesen, das **Portumna Castle**, zu besichtigen.

SERVICE & TIPPS

Birr Castle & Gardens
Birr, Co. Offaly
✆ (057) 912 03 40
www.birrcastle.com
Tägl. Mitte März–Okt. 9–18, Nov.–Mitte März 10–16 Uhr
Eintritt € 9/5, Familienticket € 25
Die Birr Gardens gewinnen regelmäßig den Preis für die schönste Gartenanlage des Landes. In dem Park finden sich seltene Pflanzen aus aller Welt. Im Castle selbst widmet sich eine interaktive Ausstellung der Frühzeit der Technik – mit den Schwerpunktthemen Foto-

Mitten im Herzen der Grünen Insel: Birr Castle

grafie, Ingenieurwissenschaft und Astronomie. Zudem gibt es ein schönes Café.

Anfang August findet jedes Jahr das **Birr Vintage Week and Art Festival** statt: Straßentheater, Kunstausstellungen und viele Events für Kinder.

Ausflugsziele:

The Thatch
Military Rd., Crinkill, Co. Offaly
✆ (057) 206 82
www.thethatchcrinkill.com
Das Pub in der kleinen Ortschaft Crinkill ist eines der ältesten Wirtshäuser der Region und fällt mit seinem Reetdach bereits von Weitem auf. Gute und preisgünstige Hausmannskost. The Thatch wurde mehrmals unter die besten Pubs Irlands gewählt.

Portumna Castle
Portumna
Co. Galway
✆ (090) 974 16 58
www.heritageireland.ie
April–Mitte Okt. tägl. 9.30–18, Mitte–Ende Okt. Sa/So 9.30–17 Uhr, letzter Einlass 45 Minuten vor Schließung
Eintritt € 5/3, Familienticket € 13
Portumna, der ehemalige Landsitz von dem vierten Earl of Clanricarde Richard Burk, wurde Anfang des 17. Jh. erbaut. Heute ist das Erdgeschoss des Adelsanwesens als Museum für die Öffentlichkeit zugänglich. Vom Turm hat man einen weiten Blick über den Lough Derg. Der Garten ist immer noch in demselben geometrischen Muster angelegt wie einst im 17. Jh. und lohnt einen ausgiebigen Rundgang.

❸ TULLAMORE

Der Name ist im Ausland vor allem wegen des Whiskeys bekannt, denn der berühmte »Tullamore Dew« kommt von hier. Im **Tullamore Dew Heritage Centre** erfährt man mehr über seine Herstellung. Um Whiskey geht es auch elf Kilometer von Tullamore entfernt, in Kilbeggan. Hier kann man

Irish Music Competition (Fleadh Cheoil) in Tullamore

die **Kilbeggan Distillery**, ehemals Locke's Distillery, aus dem 18. Jahrhundert besichtigen, die seit 1998 ein Museum zur Herstellung von Whiskey beherbergt.

Ein paar Kilometer südöstlich von Tullamore liegt **Charleville Castle**. Es gilt unter Experten als eines der schönsten irischen Schlösser aus dem frühen 19. Jahrhundert.

SERVICE & TIPPS

Tullamore Dew Heritage Centre
Bury Quay, Tullamore, Co. Offaly
✆ (057) 932 50 15
www.tullamoredew.com
Mo–Sa 9.30–18, So 11.30–17 Uhr, Führungen ab € 14
Im Besucherzentrum erfährt man, wie Whiskey hergestellt wird, und kann ihn anschließend auch gleich probieren. Bei einer Führung ist die Verkostung inbegriffen.

Castlepalooza
Charleville Demesne
Tullamore, Co. Offaly
www.castlepalooza.com
Tagesticket € 49
Anfang August verwandelt sich das ehrwürdige Charleville Castle aus dem 18. Jh. in ein buntes Venue für moderne Kunst und elektronische Musik.

Ausflugsziel:

Kilbeggan Distillery
(auch Locke's Distillery)
Kilbeggan, Co. Westmeath
✆ (057) 933 21 34
www.kilbeggandistillery.com
Tägl. April–Okt. 9–18, Nov.–März 10–16 Uhr
Führungen ab € 14
Alles zum Thema Whiskey.

4 7 CLONMACNOISE

Am Ostufer des Shannon, in der Nähe des Städtchens Shannonbridge, liegt mit Clonmacnoise einer der wichtigsten Orte frühchristlicher Geschichte in Irland. Die **Überreste des Klosters**, das 584 vom heiligen Kieran gegründet wurde, entwickelte sich schnell zu einem der herausragenden Zentren für Lehre und Glauben in Europa. Viele irische Hochkönige wurden hier beigesetzt, als letzter Rory O'Conor im Jahr 1198.

Fast 1000 Jahre bestand das Kloster – auch von den wiederholten Überfällen sei-

Beste Lage: Rundturm und Hochkreuze der Klostersiedlung Clonmacnoise am Ufer des Shannon

tens der Wikinger und Anglo-Normannen ließen sich die Mönche nicht vertreiben. Im Jahr 1552 jedoch wurde das Kloster von den Engländern ausgeraubt und daraufhin von den Mönchen verlassen.

Clonmacnoise war mehr als nur ein Kloster. Da der Ort am Schnittpunkt der wichtigsten Handelswege lag, entwickelte sich im Schatten des Klosters auch eine Siedlung. Von den Holzhäusern, die die Händler bewohnten, ist jedoch nichts mehr erhalten.

Zu sehen sind heute dagegen noch die eindrucksvollen Überreste mehrerer Kapellen, zweier Rundtürme und der einstigen Kathedrale. Im Nordportal findet man Darstellungen des irischen Nationalheiligen Patrick sowie des heiligen Francis und des heiligen Dominik. Das sogenannte Inschriftenkreuz vor der Kathedrale gilt als das schönste Hochkreuz des Landes. In Clonmacnoise feierte Papst Johannes Paul II. während seines Irlandbesuchs 1979 eine Messe.

Skulpturenschmuck in Clonmacnoise

SERVICE & TIPPS

7 Die Klosterruinen von Clonmacnoise
7 km nördlich von Shannonbridge, Co. Offaly
✆ (090) 967 41 95
www.heritageireland.ie
Tägl. Nov.–Mitte März 10–17.30, Mitte März–Mai, Sept./Okt. 10–18, Juni–Aug. 9–18.30 Uhr
Eintritt € 8/4, Familienticket € 20

Überreste des 584 vom heiligen Kieran gegründeten Klosters. Im modernen Besucherzentrum wird die Geschichte des Klosters ausführlich beleuchtet, vor allem aber befinden sich hier die wertvollen Originale der Steinkreuze – vor Wind und Wetter geschützt –, während draußen auf dem Klostergelände Kopien stehen. Besonders beachtenswert ist das vier Meter hohe »Cross of the Scriptures«, das Inschriftenkreuz.

An einer Furt des Shannon: Athlone

5 ATHLONE

Die günstige Lage an einer Furt des Shannon machte die Stadt schon früh zu einem wichtigen regionalen Zentrum. Zum Schutz der Ansiedlung wurde im 13. Jahrhundert das **Athlone Castle** errichtet, dessen Überreste heute noch zu sehen sind. Im Schatten der mächtigen **St. Peter and St. Paul's Church** aus dem 19. Jahrhundert wirkt die Burg aber fast unscheinbar. Athlone ist keine städtebauliche Schönheit, eignet sich jedoch als Ausgangspunkt für Schiffsrundfahrten nach Clonmacnoise und zum Lough Ree.

Athlone Cross

SERVICE & TIPPS

Athlone Visitor Centre
Church St.
Athlone, Co. Westmeath
✆ (090) 644 21 00
www.athlone.ie

Athlone Castle
Athlone, Co. Westmeath
✆ (090) 644 21 30
www.athlonecastle.ie
April/Mai, Sept./Okt. Di–Sa 10.30–17.30, So 11.30–17.30, Juni–Aug. Mo–Sa 10–18, So 11–18, März Mi–Sa 10.30–17.30, So 11.30–17.30, Dez.–Feb. Mi–Sa 11–17, So 12–17 Uhr, Eintritt € 8/4, Familienticket € 20
Athlone Castle, im 13. Jh. errichtet, im Laufe der Jahrhunderte oft umkämpft und mehrfach zerstört, wurde immer wieder aufgebaut.

Viking Ship Cruise
7 St. Mary's Place
Athlone, Co. Westmeath
✆ (086) 262 11 36
www.vikingtoursireland.ie
Ostern–Okt.
Touren zum Lough Ree € 14/7, Familienticket € 40
Touren nach Clonmacnoise € 18/9, Familienticket € 55
Rundfahrten auf dem Shannon stehen bei den meisten Gästen von Athlone auf dem Programm. In einem – zugegebenermaßen etwas kitschig – nachgebauten Wikingerboot kann man bis zu 4-mal täglich

Schwanentanz auf dem Shannon

den Shannon hinauf zum Lough Ree fahren. Guide Mike erklärt während der 1-stündigen Tour die Sehenswürdigkeiten am Rande des Flusses, weist auf den ein oder anderen Vogel am Ufer hin und erzählt spannende Geschichten aus der Wikingerzeit.

Beans & Leaves
Lloyds Lane
Athlone, Co. Westmeath
✆ (090) 643 35 34
www.facebook.com/beans.leaves
Mischung aus Restaurant und Imbiss. Ausgezeichnete Pfannkuchen und Kuchen, sehr gutes Frühstück, freundliches Personal. €€–€€€

The Castle Inn
Main St., Athlone
Co. Westmeath
✆ (090) 649 40 48
Tägl. 13.30–23.30, Fr/Sa bis 0.30 Uhr
Hinter der roten Fassade verbirgt sich ein gemütliches Pub, das regelmäßig Livemusik bietet und in dem der Fernseher zum *Public Viewing* läuft, wenn Irland bei großen Sportveranstaltungen mit dabei ist. €

Seans Bar
Main St., Athlone
Co. Westmeath
✆ (090) 649 23 58
www.seansbar.ie
Laut dem »Guinnessbuch der Rekorde« das älteste Pub der britischen Inseln. Drinnen gemütlich und kuschelig, im Sommer kann man draußen sitzen. Livemusik.

Karma
Church St.
Athlone, Co. Westmeath
✆ (090) 647 71 52
www.karmaathlone.ie
Do–So ab 22.30 Uhr
Das Karma bezeichnet sich selbst als Nummer-1-Club in den Midlands. Ob einem das, was damit gemeint ist, gefällt, bleibt jedem selbst überlassen. Fest steht jedoch, wer in Athlone bis tief in die Nacht feiern will, muss hierherkommen.

Ausflugsziele:

Glendeer Pet Farm
Curryroe, Athlone
Co. Roscommon
✆ (090) 643 71 47
www.glendeerpetfarm.ie
April–Sept. Mo–Sa 11–18, So 12–18 Uhr
Eintritt € 8, Kinder unter 18 Monate frei
Das perfekte Ausflugsziel für Familien wenige Kilometer südwestlich von Athlone. Glendeer ist eine Mischung aus Mitmachbauernhof und Streichelzoo. Über 50 Tierarten, angefangen bei Hängebauchschweinen über Ziegen und Schafe bis hin zu Kängurus, Lamas, Alpakas und Straußen sind hier zu Hause. Und die meisten von ihnen warten nur darauf, gefüttert und gestreichelt zu werden. Picknick- und Spielplätze sorgen dafür, dass Groß und Klein ihren Spaß haben. Passend fürs regnerische Irland gibt es beides nicht nur draußen, sondern auch drinnen unterm Dach.

Im Dezember öffnet Glendeer erneut und verwandelt sich nun ins »irische Lappland«. Dann kommt nämlich der Weihnachtsmann mit seinen Rentieren auf Besuch.

Abbey Road Artists Studios
Abbey Road, Athlone
Co. Westmeath
✆ (090) 644 21 54
www.athloneartsandtourism.ie
Das Gebäude aus dem frühen 19. Jh. beherbergt seit 2011 viele kleine Künstlerateliers, Besucher können nicht nur Fertiges begutachten, sondern den Kreativen auch bei der Arbeit zuschauen.

Einer der ältesten Pferdemärkte Europas: Ballinasloe Horse Fair

6 BALLINASLOE

Der am River Suck gelegene Ort ist vor allem für Pferdeliebhaber ein Begriff. Der Pferdemarkt **Ballinasloe Horse Fair** (www.ballinasloeoctoberfair.com) ist einer der ältesten in Europa – seine Geschichte reicht bis ins 8. Jahrhundert zurück. Jedes Jahr im Oktober kommen bis zu 100 000 Besucher. Besonders bekannt ist der Markt für die irische Pferderasse Tinker.

SERVICE & TIPPS

Tourist information
Bridge St.
Ballinasloe, Co. Galway
✆ (090) 964 26 04
www.ballinasloe.ie
Mo–Fr 10–13 und 14–17.30 Uhr

---

7 MULLINGAR

Das Verwaltungszentrum des County Westmeath ist vor allem bei Anglern ein beliebtes Reiseziel. In der Umgebung liegen einige ausgezeichnete Fischgewässer, allen voran der Lough Owel, der Lough Derravaragh und der Lough Ennell.

SERVICE & TIPPS

Belvedere House & Gardens
Mullingar, Co.Westmeath
✆ (044) 934 90 60
www.belvedere-house.ie
Tägl. 9.30–mind. 16.30, Mai–Aug. bis 20 Uhr, Eintritt € 8/4, Familienticket € 23
Altes Herrschaftshaus von 1740 mit beeindruckendem Park. Zum Anwesen gehört auch ein Restaurant.

Skulptur eines Pferdehändlers auf dem St. Michael's Square in Ballinasloe

Blütenpracht: Lobelien

8 ROSCOMMON

Roscommon (5800 Einwohner) liegt etwas abseits der großen Straßen – Touristen verirren sich nur selten hierher. Dabei haben die geschichtsträchtige Region und der Ort Besuchern durchaus etwas zu bieten, unter anderem die Ruine des **Roscommon Castle**, ein Museum zur Regionalgeschichte und das **Cruachan Aí Heritage Centre**, in dem man viel über die steinzeitlichen Funde in dieser Region erfährt.

SERVICE & TIPPS

Roscommon Tourist Information Office
Harrison Hall, Roscommon
Co. Roscommon
✆ (090) 662 63 42
visitroscommon.com

Roscommon County Museum
Harrison Hall, Market Sq.
Roscommon
✆ (090) 662 56 13
www.discoverireland.ie
Mai–Sept. Mo–Fr 10–15 Uhr
Eintritt € 2
Museum zur Geschichte der Region in der ehemaligen Presbyterian Church direkt am Marktplatz. Sehenswert ist der »Rahara Sheia na Gig«, ein Fruchtbarkeitsstein.

Roscommon Castle
Roscommon
Jederzeit zugänglich
www.discoverireland.ie
Die Ruine der normannischen Burg aus dem 13. Jh. liegt weit sichtbar am Ortsrand von Roscommon. Ein glückliches Schicksal war dem Bau nie beschieden – das erste Mal wurde er bereits kurz nach seiner Fertigstellung zerstört. In schöner Regelmäßigkeit wiederholte sich dann der Kreislauf aus Aufbau und Zerstörung.

Sacred Heart Catholic Church
Roscommon
✆ (090) 662 62 98, www.sacredheartroscommon.com
Kirche von 1903 mit einem 52 m hohen Turm.

Gleesons Townhouse and Restaurant
Market Sq., Roscommon
✆ (90) 662 69 54
www.gleesonstownhouse.com
In einer gemütlichen Stadtvilla aus dem 19. Jh. residiert dieses kleine familienbetriebene Restaurant und Hotel. Die Karte bietet irische Gerichte mit internationalem Einschlag. Im kleinen Café nebenan trifft man sich zur Tea Time mit Scones. Freundlicher Service. €€

Roscommon Farmers' Market
Market Sq., Roscommon
Bauernmarkt jeden Freitag 10–14 Uhr.

Im März findet das **Roscommon Drama Festival** statt, www.roscommondramafestival.com.

Ausflugsziele:

Tulsk/Cruachan Aí Heritage Centre
Kreuzung der N 5 und N 61, 9 km westlich von Roscommon
www.rathcroghan.ie
Mo–Sa 9–17, Mai–Aug. auch So 12–16 Uhr, geführte Tour Mo–Fr 12 und 14 Uhr, Eintritt € 5/3, mit Führung € 14/6
Die Ausstellung vermittelt einen Eindruck von den Funden

aus der Steinzeit, die man hier im Umkreis von nur 10 km gemacht hat. Vieles ist noch nicht erforscht, doch Experten gehen davon aus, dass Tulsk es an Bedeutung mit dem bekannteren Newgrange aufnehmen kann. Von der UNESCO wurde schon grünes Licht für den Antrag zur Aufnahme in die Liste des Weltkulturerbes gegeben.

Castlecoote House
Castlecoote, Co. Roscommon
✆ (090) 666 37 94
www.castlecootehouse.com
Bestens restauriertes Herrschaftshaus im frühen georgianischen Stil in schöner Lage an einer Biegung des River Suck. Das Haus kann nicht besichtigt werden, allerdings kann man darin wohnen, denn es beherbergt ein Hotel. Wer sich die Übernachtung nicht leisten will, kann den Nachmittagstee edel im ehemaligen Ballsaal einnehmen.

9 LONGFORD

In der Umgebung von Longford (10 600 Einwohner) liegen einige bedeutende historische Sehenswürdigkeiten, so gut 20 Kilometer nordöstlich die Dolmen von Aughnacliff, 30 Kilometer östlich die Klosterruine von Abbeylara und nur etwa zehn Kilometer südöstlich die Ruinen der St. Mel's Cathedral in Ardagh. In Longford selbst gibt es ebenfalls eine dem heiligen Mel geweihte Kathedrale; die Kuppel des Kirchenbaus aus dem 19. Jahrhundert sieht man schon lange bevor man die Stadt erreicht.

Bei Anglern ist Langford wegen der guten Fischgewässer in der Umgebung beliebt. Auch die traditionelle Musik ist in Longford fest verwurzelt – alljährlich findet im September das Johnny Keenan Banjo Festival statt. Keenan, der als bester irischer Banjospieler aller Zeiten gilt, ist im März 2000 in Longford gestorben.

In einem weitläufigen Park: Schloss Tullynally

SERVICE & TIPPS

Tourist Information Office
Market Sq., Longford
Co. Longford, N39 C5F2
✆ (043) 334 25 77
www.longfordtourism.ie

Keoghs Trad Bar
Main St., Longford
✆ (043) 334 20 07
Traditionelles irisches Pub. Mittwochs bis samstags Livemusik.

Ausflugsziel:

Tullynally Castle & Garden
Tullynally
Castlepollard, Co. Westmeath
✆ (044) 966 11 59 oder
(087) 793 54 91 (Café)
www.tullynallycastle.com
Garten und Café April–Sept. Do–So 11–17 Uhr, Eintritt € 7/3, Familienticket € 18
Besichtigung des Schlosses nur nach Voranmeldung für Gruppen ab 20 Personen
Das Schloss Tullynally, das seit dem 17. Jh. von den Earls of Longford bewohnt wird, befindet sich nach wie vor in Privatbesitz und kann nicht besichtigt werden. Der weitläufige Park ist in den Sommermonaten nachmittags für die Öffentlichkeit zugänglich. Dann ist auch das Schlosscafé The Tea Room at Tullynally Castle im ehemaligen Stall des Schlosses geöffnet. Man kann draußen im Schlosshof oder unter einem Schutzdach sitzen und sich drinnen am offenen Kamin wärmen, wenn es kühl wird. Im Sommer finden im Park und im Schloss regelmäßig Musikveranstaltungen statt.

⑩ STROKESTOWN

Der kleine Ort mit weniger als 1000 Einwohnern ist vor allem als Standort des **Famine Museum**, des irischen Hungermuseums, bekannt. Dieses befindet sich in dem großen Landschaftspark Strokestown Gardens, wo auch das Strokestown Park House, das ehemals von der Gutsbesitzerfamilie Mahon bewohnt wurde, zu besichtigen ist.

Das Anwesen zeigt den Lebensstil der irischen Oberschicht im 19. Jahrhundert. Die Machtverhältnisse zwischen Arm und Reich spiegeln sich sogar im Bauplan der Küche wieder: Auf einer Balustrade – ein Stockwerk über der eigentlichen Küche – ging die Hausherrin auf und ab und gab dem Küchenpersonal von oben herab Anweisungen. Ohnehin sollte das Personal damals möglichst unsichtbar sein, weswegen unterirdische Gänge angelegt wurden, auf denen die Bediensteten zu den herrschaftlichen Räumen gelangten. Auch im Park manifestieren sich die Gegensätze: Während die arme Bevölkerung kaum genug zu essen hatte, ließen die Reichen für sich in eigenen Gewächshäusern Pfirsiche anpflanzen.

Im ehemaligen Stall ist heute das Hungermuseum untergebracht, in dem die Lebensverhältnisse der Bauern und Arbeiter während der großen Hungersnot in den 1840er Jahren nachgezeichnet werden. Auch der Brückenschlag zwischen damaliger und heutiger Zeit, in der vielerorts immer noch Menschen an Hunger leiden, wird in diesem Museum hergestellt.

Bootsferien auf dem Shannon, dem längsten Fluss des Landes

SERVICE & TIPPS

Strokestown Park House, Gardens & Famine Museum
Strokestown
Co. Roscommon
✆ (071) 963 30 13
www.strokestownpark.ie
Tägl. 10.30–16, Mitte März–Okt. bis 17.30 Uhr, das Park House ist nur mit Führung zu besichtigen: Mitte März–Okt. 12, 14.30 und 16, Nov.–Mitte März nur 14 Uhr
Eintritt € 13,50/6, Familienticket € 28
Gutsbesitzerhaus und Hungermuseum inmitten eines Landschaftsparks.

⓫ CARRICK-ON-SHANNON

Der lebhafte Ort mit etwa 5000 Einwohnern ist vor allem bei Wassersportlern gefragt. Hier kann man sein eigenes Boot zu Wasser lassen oder man mietet sich ein Hausboot für Touren auf dem Shannon. Die meisten pauschal gebuchten Touren beginnen ebenfalls hier. Doch auch für jene, die Seen und Flüsse nur vom Ufer aus erleben wollen, ist Carrick-on-Shannon der perfekte Urlaubsort – im Umkreis von nur zehn Kilometern um die Stadt liegen 41 (!) fischreiche Seen. Einziger Nachteil der perfekten touristischen Infrastruktur: Die Preise sind hier etwas höher als in den umliegenden Gemeinden.

Spiegelglatt und reflektierend: Shannon-Landschaft am Morgen

Ausflug nach Elphin:

Das Dorf Elphin an der Kreuzung der Straßen R 368 und R 369 rund 15 Kilometer südlich von Carrick-on-Shannon ist stolz darauf, dass der Vater des Schriftstellers Oscar Wilde hier zur Schule gegangen ist. Doch gibt es in dem Dorf selbst wenig zu sehen. Einen Blick lohnt allerdings die Windmühle an der Windmill Road am Ortsrand. Sie wurde im frühen 17. Jahrhundert erbaut und war für etwa 100 Jahre in Betrieb. 1992 wurde das verfallene Gebäude wieder instand gesetzt und dient seitdem als Museum. Wenn es der Wind erlaubt, drehen sich manchmal sogar die Mühlenflügel.

SERVICE & TIPPS

Tourist Information Office
The River
Carrick-on-Shannon, Co. Leitrim
✆ (071) 962 01 70

Informationen zu Bootstouren
www.waterwaysireland.org
www.discoverireland.ie/cruising

12 BOYLE

Die Kleinstadt mit 2500 Einwohnern am Fuße der Curlew Mountains ist wegen ihrer Lage zwischen den Seen Lough Gara und Lough Key unter anderem als Angelparadies bekannt. Doch auch im Ort gibt es etwas zu sehen, so die Ruinen von **Boyle Abbey** und das **King House**, ein Herrschaftshaus im georgianischen Stil, das ein Regionalmuseum beheimatet. Der **Lough Key Forest Park** ist ein gefragtes Ausflugsziel für Familien. Die Großen erholen sich bei ausgedehnten Spaziergängen oder bei einer Kanutour auf dem Lough Key und genießen den Ausblick vom Moylurg Viewing Tower. Die Kleinen toben über den riesigen Spielplatz oder versuchen die Rätsel von Boda Borg, einem Indoor-Labyrinth, zu lösen.

Castle Island ist vermutlich der bekannteste Blick im Lough Key Forest Park

Ausflug nach Carrowkeel:

An der Straße N4 (Sligo–Carrick-on-Shannon) befinden sich unweit von Castlebaldwin 14 Großsteingräber aus der Jungsteinzeit. Mit einem Alter von etwa 5400 Jahren sind sie älter als die Pyramiden von Gizeh.

SERVICE & TIPPS

Boyle Tourism Office
King House, Boyle
Co. Roscommon, F52 WR26
✆ (071) 966 21 45

Boyle Abbey
Boyle, Co. Roscommon
✆ (071) 966 26 04
www.heritageireland.ie
April–Okt. 10–18 Uhr, Eintritt € 5/3, Familienticket € 13
Beeindruckende Ruinen einer Klosteranlage aus dem 12. Jh., erbaut in einem Stilmix aus romanischen und gotischen Elementen. Besonders deutlich wird das im Innenhof, wo auf der einen Seite Rund- und auf der anderen Spitzbögen zu finden sind.

King House
Main St., Boyle
Co. Roscommon
✆ (071) 966 32 42
www.kinghouse.ie
April–Sept. Di–Sa 11–18 (letzter Einlass 17), So 11–16 Uhr
Eintritt € 5/3, Familienticket € 15
Das Herrschaftshaus ließ einer der damals reichsten Männer Irlands im frühen 17. Jh. im georgianischen Stil erbauen. Später diente es dann als Militärkaserne und Lagerhaus. Von der Zerstörung bedroht wurde es Ende der 1980er Jahre vom County Roscommon gekauft und wieder instand gesetzt. Heute ist im King House ein Museum untergebracht, in dem alles ausgestellt ist, was für die Region Boyle von Bedeutung ist. Neben einer regionalhistorischen Ausstellung findet man hier auch die Boyle Civic Collection, eine gute Sammlung zeitgenössischer irischer Maler. Und: Filmfans können auf den Spuren von Maureen O'Sullivan (1911–98) wandeln. Die kennen Sie nicht? Doch bestimmt: O'Sullivan war die Jane an Tarzans – Johnny Weissmullers – Seite. In der Cafeteria kann man nach dem Rundgang seinen Hunger stillen.

Ruinen des Zisterzienserklosters Boyle Abbey

Lough Key Forest & Activity Park
Boyle, Co. Roscommon
✆ (071) 967 31 22
www.loughkey.ie
Besucherzentrum April–Aug. Mo–Fr 10–18, Sa/So 10–19, März, Sept./Okt. Mi–So 10–16, Nov.–Feb. Mi–So 10–17 Uhr, die einzelnen Attraktionen schließen jeweils 30 Minuten früher
Eintritt € 4,50, Kinder unter 17 J. frei, Labyrinth (Boda Borg) 2-Std.-Karte ab € 18, Tageskarte € 25
Beliebt für Spaziergänge und Kanufahrten auf dem See. Mit großem Spielplatz und ebensolchem Indoor-Labyrinth, das erst durchdringt, wer schwierige Fragen und Rätsel löst. Zum Trost für alle, die es nicht gleich schaffen: Die bisher schnellste Crew brauchte sieben Anläufe, um das Labyrinth zu durchqueren. Enttäuschend ist der *Tree Top Walk* – es ist nur ein paar Hundert Meter langer Weg auf Stelzen in 3 oder 4 m Höhe.

Boyle Farmers Market
King House
Boyle, Co. Roscommon
Sa 10–14 Uhr
Vielfalt regionaler Produkte.

WESTIRLAND

TORFSÜMPFE, WOLKENVERHANGENE BERGE, ZERKLÜFTETE KÜSTEN UND VIEL TRADITION

In der Region Westirland sind die aufgeführten Orte geografisch von Süd nach Nord sortiert.

Die Grafschaften Mayo und Galway bilden den nur dünn besiedelten Westen der Insel, der von ausgedehnten Torfsümpfen, unzähligen Steinmauern und wolkenverhangenen Bergen geprägt ist. Zahlreiche prähistorische Funde – vor allem von den Céide Fields und den Aran-Inseln – belegen, dass die zerklüftete Westküste schon seit mehr als 5000 Jahren besiedelt ist. Besonders in der Grafschaft Galway haben viele Traditionen überlebt, und so ist es nicht verwunderlich, dass noch rund die Hälfte der Bevölkerung Gälisch spricht. Damit ist Galway das größte Gaeltachtgebiet. Liebhaber rauer und windgepeitschter Landschaften werden vom Connemara Nationalpark und den Aran-Inseln begeistert sein.

Orientierung leicht gemacht – selbst vor der Westküste Irlands: auf der Aran-Insel Inishmore

1 ARAN-INSELN

In der Bucht von Galway gelegen sind die Inseln – geologisch betrachtet – die Fortsetzung des Burren-Kalksteinplateaus. Sie sind baumlos, äußerst karg und steinig, nur an einigen Stellen kann sich ein wenig Grün halten. Auf den drei bewohnten Inseln – **Inishmore** (»große Insel«), **Inishmaan** (»Mittelinsel«) und **Inisheer** (»Ostinsel«) – leben rund 1500 Menschen; ihre Muttersprache ist Irisch.

Die Hauptinsel Inishmore ist rund 13 Kilometer lang und an keiner Stelle breiter als drei Kilometer. Im Hafenort **Kilronan** kann man für die Inselerkundung zwischen Fahrrädern, Ponywagen und Kleinbussen wählen. Größte Sehenswürdigkeit des Archipels ist die Steinfestung **Dún Aenghus** (auch Dún Aonghasa genannt), die spektakulär am Rand einer 100 Meter hohen Klippe liegt und von drei halbkreisförmigen Steinwällen geschützt wird. Wer diese Festung gebaut hat, ist bis heute unbekannt, vermutlich stammt sie aus der Bronze- oder Eisenzeit. Weitere prähistorische Zeugnisse sind das Rundfort **Dún Eoghanachta**, das Fort **Dún Eochla** aus der Bronzezeit und **Dún Duchathair** (Black Fort) aus der Eisenzeit.

Atlantic Ocean
Mullaghmore Head
Mullaghmore
Inishmurray
Monastic Enclosure
Streedagh Point
Grange
Yeats Grave
Roskeeragh Point
Raghly
Drumcliff
Rosses Point
Sligo (Sligeach)
Sligo Bay
Drumcliff Bay
Aughris Head
Strandhill
Knocknarea
Carrowmore Megalithic Cemetery
Ballysadare
Lenadoon Point
Rathlee
Easky
Templeboy
Dromard
Owenbeg
Knockalongy
543
Coolaney
512
Tobberscanavan
Ropefield
Ballymote
Keagh Caves
Bunnanaddan
Temple-house Lake
Tobercurry
Masshill
Slieve Gamph or the Ox Mts.
416
Corbally
Bunnyconnellan
Mullany's Cross
Corlee
Gorteen
Lough Gara
Charlestown
Callow
Swinford
Ballaghaderreen
Tibohine
Ballyglass
Loughglinn
Clonalis House
Castlerea
Ballinlough
Ballymoe
Williamstown
Cashel
Shanbally
Clonbern
Moylough
Mount Bellew
Castleblakeney
Menlough
Ballymacward
Attymon
Athenry
Kiltullagh
Dunsandle Castle & Woods
Turoe Stone
Bullaun
Craughwell
Loughrea
Lough Rea
Kilchreest
Ardrahan
Peterswell
Thoor Ballylee
Derrybrien
Gort
Lough Cutra
Bunnaglass
Killeen
Flagmount
Tubber
Muckanagh
Benwee Head
Stags of Broad Haven
Portacloy
The Arches
305 Glinsk
Belderg Harbour
Bunatrahir Bay
Céide Fields
Belderrig
Downpatrick Head
Creevagh Head
Ballycastle
Rathlackan
Kilcummin
Killala Bay
Killala
Moyne Abbey
Rosserk Abbey
Ballina (Béal an Átha)
Erris Head
Broad Haven
Knocknalina
Doonamo Fort
Annagh Head
Belmullet
Barnatra
Glenamoy
Benmore 351
Creevagh
Mullet Peninsula
Trawmore Bay
Bunnahowen
Carrowmore Lake
Slieve Fyagh 331
Drumreagh
Belville
Doobehy
Inishkea North
Elly Bay
Bangor
Tristia
Fallmore
Bellacorick
Eskeragh
Crossmolina
Inishkea South
Blacksod Point
Tullaghan Bay
Shranamanragh Br.
Slieve Car 720
Errew Abbey
Blacksod Bay
Doohooma
Nephin Beg 628
Keenagh
Nephin 804
Lough Conn
Ridge Point
Nephin Beg Range
Saddle Head
Slievemore 672
Dugort
Castlehill
Birreencorragh 698
Derreen
Glen Nephin
Croaghaun 667
Dookinelly
628
Pontoon
Lough Cullin
Foxford
Dooagh
Keel
Cashel
Glennamong
Srahmore
Beltra
Cathedral Rocks
Achill
Lough Feeagh
Beltra Lough
Croaghmoyle
Achill Island
Dooega
Curraun Peninsula
382 Mulrany
Rockfleet Castle
Furnace Lough
429
Ross West
Strade
Ashleam Bay
Curraun Hill 521
Newport
Castlebar (Caisleán an Bharraigh)
Turlough
Cloghmore
Burrishoole Abbey
Bolinglanna
Newport Bay
260
Kiltamagh
Bruff Cross Roads
Clew Bay
Knock
Clare Island
Ballytoohy
461
Westport Bay
Westport
Cloonkeen
Balla
Murrisk
Westport House
Kilsallagh
Croagh Patrick 765
Ballintubber Abbey
Plains of Mayo
Ballynastangford
Louisburgh
Knappagh
Killavalley
Claremorris
Ballyhaunis
Roonah Quay
Emlagh Point
Kilgeever Abbey
Lough Carra
Brickeens
Cloonfad
Inishturk
Cregganbaun
Carrowkennedy
Partry
Moore Hall
Ballygarries
Ballindine
Curragh West
Silver Strand
Kinnadoohy
Sheffry Hills
761
Partry Mountains
Tonakeera Point
Mweelrea Mts.
Doo Lough
Tourmakeady
Hollymount
Inishbofin
Delphi
Lough Mask
Ballinrobe
Milltown
Dunmore
Bofin
Rinvyle Castle
Tully Cross
Salrock
Killary Harbour
Aasleagh
Devil's Mother 648
Cashleen
Ballynakill Harbour
Kylemore Abbey & Garden
Leenane
Lough Nafooey
Maumtrasna
Kilmaine
Foxhall
Neale
Cleggan
Letterfrack
Connemara National Park
Maamturk Mountains
Bennacunneen 578
Cong
Clonbur
Ashford Castle
Bunna-follistran
Shrule
Carrowntanlis
Aughrus More
Streamstown
728
Finnis
Maum
Kingstown
Clifden
The Twelve Pins
Leckavrea Mountain
Caggan
Lough Corrib
Ross Abbey
Caherlistrane
Tuam
Barnaderg
Sky Road
Connemara
612
Curraun
Greenfield
Headford
Moneen
Mannin Bay
Sraith Salach (Recess)
Maam Cross
Oughterard
Aughnanure Castle
Knockferry
Knockmoy Abbey
Ballyconneely
Transatlantic Landing Site
Toombeola
Shannawona 346
Ardnasodan
Cashel
Errisbeg 300
Roundstone
Gortmore
Screeb
Rosscahill
Tullokyne
Cloonboo
Ballyconneely Bay
Callow
Derryrush
Turloughmore
Glinsk
Pearse's Cottage
Rosmuck
237
Kinvarra
Moycullen
Claregalway
Mace Head
Carna
Kilkieran Bay
Carnmore
St. McDara's Church
Kilkieran
Bealadangan
Lettermore Island
Costelloe
Casheen Bay
Lettercallow
Carraroe
Inverin
Barna
Galway (Gaillimh)
Oranmore
Coldwood
Clarinbridge
Mweenish Island
Gorumna Island
Ballynahown
Spiddal
Cashla Bay
Carrowmore
Kilcolgan
North Sound
Galway Bay
Aughinish
Dunguaire Castle
Onaght
Oghil Church
Black Head
Cregg
Burren
Corcomroe Abbey
Kinvarra
Dun Aengus Fort, Dun Duchathair
Oghil
Kilronan
Dun Eochla, Fort Dun Eoghanachta
Temple Benen
Fanore
Ballyvaughan
Bealaclugga
Cappagh-more
Slieve Elva 345
Aillwee Caves
Kilmacduagh Monastery
Inishmore
Killeany
Foul Sound
Inisheer
The Burren
Poulnabrone Dolmen
Inishmaan
Aran Islands
Lisdoonvarna
Caherconnel
Burren Display Centre
Leamaneh Castle
Cliffs of Moher Visitor Centre
Kilfenora
0
10
20 km
N 17
N 5
N 4
N 6
M 6
A 4

»Woolen Socks«: Berühmt sind die Aran-Inseln auch für ihre Strickwaren

»Inishmore View«: Klippen und Abgründe auf der größten der Aran-Inseln

SERVICE & TIPPS

Vom **Flughafen Inveran** gehen in der Hauptsaison täglich bis zu insgesamt 25 Flüge zu den drei Inseln. Die Flugzeit beträgt nur etwa 10 Minuten. Informationen und Buchung unter www.aerarannislands.ie.

Ab **Rossaveal**, ca. 40 km westlich von Galway, gibt es tägliche Fährverbindungen. Informationen unter www.ferrylines.com.

Tourist Office
Kilronan (Cill Ronain)
Inishmore (Inis Mór)
Co. Galway
✆ (099) 612 63
www.discoverireland.ie

Dún Aenghus
Aran, Co. Galway
✆ (099) 610 08
www.heritageireland.ie
Tägl. April–Okt. 9.30–18, Nov.–März 9.30–16 Uhr
Eintritt € 5/3, Familienticket € 13
Die Festung liegt ca. 7 km westlich von Kilronan und ist rund 900 m vom Besucherzentrum entfernt, der Weg führt einen Hang hinauf. Die Festung ist die größte prähistorische Fundstelle auf den Aran-Inseln.

Kilmurvey Craft Village
Am Fuß von **Dún Aenghus** liegt das pittoreske Kunsthandwerkerdorf, wo man den Damen beim Stricken zuschauen und sich mit wunderschönen Pullovern und Westen eindecken kann.

Man of Aran Cottage
Kilmurvey Beach
Inishmore, Co. Mayo
✆ (099) 613 01
www.manofarancottage.com
Kleines Cottage von 1934 am Meer. Tagsüber leckere, preisgünstige Kleinigkeiten (€), abends auf Vorbestellung großes Menü (€€€). Mit B&B.

Die Hauptattraktion in Athenry: die Dominikanerklosterkirche mit dem Ostchorfenster

❷ ATHENRY

Die Stadt mit knapp 5000 Einwohnern liegt am Fluss Clareen. Früher grenzten hier drei Königreiche aneinander – daher der Namen Áth an Rí (Furt der Könige). Athenry rühmt sich der besterhaltene mittelalterliche Ort Irlands zu sein. Zu sehen gibt es eine restaurierte normannische Burg, das **Athenry Castle**, die Kirche St. Mary's, in der heute das **Heritage Centre** untergebracht ist, ein Dominikanerkloster sowie ein Marktkreuz. Den Namen Athenry kennt fast jeder Ire vor allem durch das Volkslied »The Fields of Athenry«, das von Pete St. John stammt und die große irische Hungersnot thematisiert.

Gaeltachtgebiete
In Gaeltachtgebieten ist Irisch oder Gälisch die vorherrschende Sprache. Hier leben rund 90 000 Menschen, die jedoch alle neben dem Gälischen auch fließend Englisch sprechen. Die meisten und größten Gaeltachtgebiete liegen im Westen Irlands, in den Grafschaften Cork, Donegal, Galway, Kerry und Mayo. Kleinere Gebiete gibt es auch im Süden von Waterford und im Osten, in Meath.

SERVICE & TIPPS

Athenry Castle
Athenry, Co. Galway
✆ (091) 84 47 97
www.heritageireland.ie
April–Sept. tägl. 9–18, Okt. Mo–Do 9.30–17 Uhr
Eintritt € 5/3, Familienticket € 13
Die um 1250 erbaute, fast fensterlose Burg diente der Überwachung des Flussübergangs. Der älteste Teil der Festung ist der sogenannte Turmsaal, ein großes rechteckiges Gebäude, das ursprünglich nur aus einem Saal im ersten Stock und dunklen Lagerräumen im Erdgeschoss bestand. Der einzige Eingang befand sich im ersten Stock und war – ähnlich wie bei der Rekonstruktion, die man heute sieht – über eine außen liegende Holztreppe zu erreichen. Er führte direkt in den Saal, in dem der Burgherr Gäste empfing und Gericht hielt. Bemerkenswert sind die Steinmetzarbeiten am Eingang und an der Innenseite der Fensteröffnungen.

Athenry Heritage Centre
St. Mary's, The Square
Athenry, Co. Galway
✆ (091) 84 46 61
www.athenryheritagecentre.com
Tägl. 10.30–17 Uhr
Geführte Touren € 7,50/5, Familienticket € 26
In der ehemaligen Kirche St. Mary's am Marktplatz dreht sich alles ums Mittelalter, eine interaktive Ausstellung führt durch die Geschichte der Stadt. Wer möchte, kann sogar in mittelalterliche Kleidung schlüpfen.

Überbleibsel eines eindrucksvollen spätgotischen Tabernakels: das Marktkreuz in Athenry

❸ GALWAY

Die Universitätsstadt Galway zählt knapp 80 000 Einwohner. Hat man sich durch die Staus zum überschaubaren Zentrum vorgearbeitet, erwartet einen eine recht gemütliche Atmosphäre.

Shopping in Galway: Quay Street

Die quadratische Rasenfläche des John F. Kennedy Memorial Garden, der auch als **Eyre Square** bekannt ist, eignet sich als Startpunkt für einen ersten Stadtrundgang. Von hier folgt man der Fußgängerzone durch die William Street, Shop Street, High Street und Quay Street bis zum Wasser und lernt dabei nicht nur das Shopping-Angebot, sondern auch die örtliche Pub-Szene kennen. Mindestens ein halbes Dutzend typisch irische Pubs laden zum Guinness ein, und da Galway für seine Musikszene bekannt ist, wird in fast allen abends Livemusik gespielt. Doch bevor man sich für einen der Pubs entscheidet, sollte man noch dem neuen **City Museum**, der **Kathedrale** und dem Geburtshaus von **Nora Barnacle**, der Ehefrau von James Joyce, einen Besuch abstatten.

Ausflugsziele:

Nordwestlich von Galway erstreckt sich der **Lough Corrib**. Mit einer Fläche von rund 200 Quadratkilometern ist er der größte See der Republik Irland. Angler schwärmen von seinem reichen Fischbestand.

Zwischen dem Lough Corrib und dem Lough Mask liegt **Cong**. Das Dorf mit gerade mal 200 Einwohnern zählt zu den schönsten Irlands – weil hier alles so typisch irisch ist. Dieses

Außenposten im Atlantik: Mutton Island Lighthouse von 1817 in der Galway Bay

Höckerschwäne vor der Silhouette von Galway

Image wird sorgsam gepflegt, denn das wollen die meisten Touristen, speziell die aus Amerika, sehen. Viele von ihnen kommen nach Cong, weil sie sich den Originalschauplatz des in den 1950er Jahren gedrehten Films »The Quiet Man« mit John Wayne und Maureen O'Hara anschauen wollen. Zum Pflichtprogramm gehört dann auch das **Quiet Man Cottage**, ein Nachbau der damaligen Filmkulisse. Wer noch nie etwas von dem Film gehört hat, der kann sich die **Cong Abbey** oder den **Ashford Castle Garden** anschauen.

Südlich von Galway, am Südufer der Galway Bay, trifft man auf das **Dunguaire Castle** und noch ein kleines Stück weiter auf das kleine, viel besuchte Fischerdorf Kinvarra mit angenehmer Hafenatmosphäre.

SERVICE & TIPPS

Tourist Information
Forster St., Galway
Co. Galway, H91 N1FD
✆ (091) 53 77 00
www.galwaytourism.ie
Mo–Sa 9–17.45 Uhr, im Sommer auch So

Galway City Museum
Spanish Parade, Galway
✆ (091) 53 24 60
www.galwaycitymuseum.ie
Di–Sa 10–17 Uhr, im Sommer auch So/Mo, Eintritt frei
Ausstellungen zur Regionalgeschichte im modernen Bau.

Ard Bia at Nimmos
Spanish Arch, Galway
✆ (091) 56 11 14
www.ardbia.com
Café tägl 10–15.30, Lunch 12–15.30, abends 18–21 Uhr
Dieses kleine historische Gebäude am Hafen beherbergt zwei Restaurants. Im Untergeschoss befindet sich die Weinbar mit preisgünstigem Essen, im Restaurant Ard Bia darüber werden exzellente, recht hochpreisige Fischgerichte serviert.
€€–€€€

The King's Head
15 High St.
Galway
✆ (091) 56 66 30
www.thekingshead.ie
Mo/Di 10.30–23.30, Mi–Sa 10.30–2, So 11.30–23 Uhr

Galway-Auster

Literatentreff in der ersten Hälfte des 20. Jahrhunderts: Dunguaire Castle

Pub mit täglicher Livemusik, *lunchtime theater* und Comedy sowie Übertragung von Sportveranstaltungen. Bars auf drei Etagen, die Speisekarte bietet mit Pizza, Irish Stew sowie Fisch und Meeresfrüchten viel Abwechslung. €–€€

Kennys Bookshop and Art Gallery
Liosbaun Retail Park
Galway
✆ (091) 70 93 50
www.kennys.ie
Tägl. außer So 9–17 Uhr
Die Galerie zeigt mehrmals jährlich wechselnde Ausstellungen, im Book Shop findet man jede Menge Lesestoff, auch viel Antiquarisches.

Im Juli ein Muss für Freunde gälischer Musik: das **Galway Arts Festival** (www.giaf.ie).

Ende Sept. findet in Galway das **Oyster-Festival**, ein großes Austernfestival, statt (www.galwayoysterfest.com).

Ausflugsziele:

Quiet Man Cottage Museum
Circular Rd., Cong, Co. Mayo
✆ (094) 954 60 89
www.museumsofmayo.com
April–Okt. tägl. 10–17 Uhr
Versetzt Besucher in die Filmwelt von »The Quiet Man«.

Dunguaire Castle
Kinvara, Co. Galway
✆ (061) 36 07 88
www.shannonheritage.com
April–Sept. tägl. 10–17 Uhr
Eintritt € 6/3, Familienticket ab € 14,65, online etwas günstiger
Die heutige Burg am Südufer der Galway Bay stammt aus dem 16. Jh., ist aber nach dem Guaire of Connaught, einem König, der hier im 7. Jh. herrschte, benannt. Im Sommer finden in der Burg jeden Abend mittelalterliche Bankette statt.

4 8 CONNEMARA

Westlich von Galway erstreckt sich das wilde Bergland von Connemara mit seinen Sümpfen und Mooren. Eine Fahrt durch diese Gegend zählt zu den schönsten Erlebnissen, die

Westirland zu bieten hat. Dabei sollte man auf jeden Fall einige Male die Hauptstraße N 59 verlassen, denn die schönsten Ausblicke bieten sich von den engen Nebenstraßen wie der R 340 bzw. R 341 südlich von Clifden oder der R 344 nordöstlich des Ortes.

Gelbe Ginsterhecken und die allgegenwärtigen Schafe: Connemara im Sommer

Bei Letterfrack befindet sich das Besucherzentrum des **Connemara Nationalparks**. Hier beginnen drei Wander- bzw. Spazierwege, die in unterschiedlichen Höhen am Diamond Hill entlang verlaufen. Nur wenige Kilometer weiter liegt **Kylemore Abbey** mit weitläufigem Garten. Wie eine Abtei sieht Kyle-

Einsames Naturerlebnis im Herzen von Connemara: der Derryclare Lough vor der Hügelkette der Twelve Bens

more nicht aus, eher wie ein verspieltes Herrschaftshaus aus dem 19. Jahrhundert. Und genau das war es auch. Von einem wohlhabenden Landbesitzer, Geschäftsmann und Politiker erbaut, ging es erst 1920 in den Besitz der irischen Benediktinernonnen über. Heute ist dem Kloster eine internationale Internatsschule für Mädchen angegliedert. Nur ein kleiner Teil des Klostergebäudes kann besichtigt werden. Etwa anderthalb Kilometer vom Kloster entfernt liegt der viktorianische Klostergarten.

Profilansicht: falbenfarbiges Connemara Pony

Zwei Kilometer abseits der N 59, etwa 30 Kilometer von Galway entfernt, liegt **Aughnanure Castle**. Erbaut um das Jahr 1500 diente es dem mächtigen Clan der O'Flahertys als Trutzburg gegen Angreifer. Das Castle erwies sich für die irischen Feinde als uneinnehmbar, denn keiner von ihnen verfügte über schwere Geschütze. Anders die Engländer: Als sie 1572 mit ihren Kanonen anrückten, konnte die Burg nicht standhalten.

SERVICE & TIPPS

Ireland West Tourism
vgl. Galway Tourist Information

Connemara Nationalpark Visitor Centre
Letterfrack, Co. Galway
✆ (095) 410 54
www.connemaranationalpark.ie
Tägl. 9–17.30 Uhr
Eintritt frei
Hier gibt es jede Menge Informationen zu Unternehmungen im Nationalpark.

Kylemore Abbey & Victorian Walled Garden
Kylemore
Connemara, Co. Galway
✆ (095) 520 00
www.kylemoreabbeytourism.ie
Tägl. Jan. 11–16.30, Feb. 11–17, März, Okt./Nov. 9–17, April–Sept. 9–18, Dez. 9.30–16.30 Uhr
Eintritt € 13/9, Familienticket € 26, Kinder unter 10 J. frei, bei Onlinebuchung Rabatte
Zu besichtigen ist nur ein kleiner Teil des Gebäudes. Der Klostergarten liegt etwa 1,5 km entfernt (Shuttlebus im Ticketpreis enthalten).

Aughnanure Castle
Oughterad, Co. Galway
✆ (091) 55 22 14
www.heritageireland.ie
März–Ende Okt. tägl. 9.30–18 Uhr
Eintritt € 5/3, Familienticket € 13
Achtung: wegen Restaurierung vorübergehend nur von außen im Rahmen einer geführten Tour zu besichtigen
Die Burg in der Nähe des Lough Corrib, auf einem flachen Felsvorsprung erbaut, hat einen nahezu quadratischen Grundriss und zählt zu den besterhaltenen sogenannten irischen Turmhäusern. Ende des 13. Jh. wurden die O'Flahertys die Herrscher über West-Connacht und nutzten Aughnanure Castle bis zum 16. Jh. als Trutzburg.

Das romantischste Schloss Irlands: Kylemore Abbey ▷

Hütehund an der Steilküste entlang der Sky Road

5 CLIFDEN

Die erst Anfang des 19. Jahrhunderts gegründete Kleinstadt mit gut 2000 Einwohnern liegt an der Mündung des Flusses Owenglin in die Clifden Bay. Wegen seiner sehenswerten Lage auf einer Klippe, den gut erhaltenen viktorianischen Häusern und der schönen Umgebung erfreut sich Clifden im Sommer großer Beliebtheit. Mit ihrer guten touristischen Infrastruktur eignet sich die Stadt hervorragend als Standquartier für Unternehmungen im Connemara Nationalpark. Der rund zwölf Kilometer lange Ausflug auf der **Sky Road**, der Panoramastraße an der zerklüfteten Küste entlang, lohnt mit dem Fahrrad oder dem Auto. Unterwegs kommt man an den Ruinen des **Clifden Castle** vorbei, einst die Residenz des Stadtgründers John d'Arcy.

SERVICE & TIPPS

Connemara Tourism
The Square, Clifden
Connemara, Co. Galway
✆ (095) 226 22
www.connemara.ie

Connemara Heritage & History Centre
Lettershea, Clifden
Connemara, Co. Galway
✆ (095) 218 08
www.connemaraheritage.com
April–Okt. tägl. 10–18 Uhr
Eintritt € 8/4, Familienticket € 20
Die ehemalige Farm von Dan O'Hara, der während der großen Hungersnot nach Amerika ausgewandert ist, dient heute als Freilichtmuseum.

»Sit out & enjoy«: E. J. Kings in Clifden

E. J. Kings
The Square, Clifden
Connemara, Co. Galway
✆ (095) 213 30
www.ejkings.com
10–23 Uhr, Küche 12–21 Uhr
Gemütlicher Pub am Ortsplatz mit üppigen Portionen zu reellen Preisen. Mit Außenbereich. Abends oft Livemusik. €

Ardagh Restaurant
Ballyconneely Rd., Clifden
Connemara, Co. Galway
✆ (095) 213 84
www.ardaghhotel.com
Hotel-Restaurant mit hervorragenden Meeresfrüchten und Fischgerichten. €€€

Seit 1924 findet jedes Jahr am 3. Do im Aug. der **Ponymarkt** mit der weltweit größten Schau von Connemara-Ponys statt.

Cleggan Beach Riding Centre
Cleggan
Connemara, Co. Galway
✆ (095) 447 46
www.clegganridingcentre.com
Die Reitschule bietet auch Ausflüge mit Ponys an.

An den Klippen der Sky Road lassen sie sich beobachten: Papageitaucherpärchen

6 KNOCK

Das Städtchen Knock hat kaum 1000 Einwohner, ist aber jedes Jahr Ziel von rund eineinhalb Millionen Gläubigen, denn der Ort gilt neben Lourdes und Fátima als bedeutendstes Marienheiligtum in Europa. Die Geschichte des Wallfahrtsortes begann am 21. August 1879, als mehr als ein Dutzend Menschen am Südgiebel der örtlichen Kirche die Jungfrau Maria, Josef und den Evangelisten Johannes zu sehen glaubten. Sie berichteten von einem himmlischen Licht, das zwei Stunden angehalten habe. Eine Untersuchungskommission, die von der Kirche eingesetzt wurde, kam nach eingehender Befragung der Augenzeugen zu dem Schluss, dass deren Aussagen glaubwürdig seien, die Erscheinung von der katholischen Kirche also anerkannt werde.

Seitdem strömen die Pilger aus aller Welt in Scharen nach Knock. Auch eine weitere Untersuchung im Jahr 1936 bestätigte, dass 1879 eine Marienerscheinung stattgefunden habe. 1963 wurde eine riesige **Wallfahrtskirche** mit Platz für 10 000 Menschen errichtet. Ebenfalls wegen des großen Andrangs an Pilgern entstand 1986 der einige Kilometer nördlich von Knock gelegene internationale Flughafen Ireland West Airport. Anlässlich des 100. Jahrestages der Marienerscheinung im Jahr 1979 stattete Papst Johannes Paul II., der ein Anhänger der Marienverehrung war, Knock einen Besuch ab; Mutter Teresa kam 1993 ebenfalls nach Knock.

Dem Ort geht es prächtig – die Souvenirgeschäfte quellen über und auch Restaurants und Hotels verdienen gut. Selbst das **Museum of Folk Life** (www.knock-shrine.ie) hat die wundersame Erscheinung zum Thema.

Leprechauns, die in Weißdornbüschen heimischen Kobolde, findet man überall in Irland – wenn auch zumeist nur in Souvenirshops

7 WESTPORT

Die Stadt Westport (6200 Einwohner) an der Mündung des Carrowbeg wurde im 18. Jahrhundert im Auftrag des Earl of Altamont am Reißbrett entworfen, und zwar von dem Stararchitekten James Wyatt. Das Zentrum der Stadt bildet ein achteckiger Platz; ungewöhnlich sind auch die breiten Straßen, die dem Ort eine gewisse Eleganz verleihen. Schön flanieren lässt es sich rund um den Hafen, wo sich viele Pubs und Restaurants befinden.

Ausflugsziele:

Über 95 Prozent der Iren sind Katholiken – entsprechend spielen Pilgerfahrten und -wanderungen eine wichtige Rolle. Ein beliebtes Ziel ist der heilige Berg **Croagh Patrick**. Hier soll im Jahr 441 der Nationalheilige Patrick 40 Tage gebetet und gefastet haben. Um an dieses Ereignis zu erinnern, pilgern am letzten Sonntag im Juli Zehntausende Iren zum Croagh Patrick und besteigen den 762 Meter hohen Berg. Tiefgläubige tun dies oft barfuß. Touristen dürfen Schuhe anziehen und auch an anderen Tagen des Jahres kommen. Die Aussicht ist – schönes Wetter vorausgesetzt – immer lohnend. Dass es in Irland keine Schlangen gibt, dafür hat der heilige Patrick damals auch gesorgt, denn vom Berggipfel aus vertrieb er durch Glockengeläut Schlangen und Drachen aus Irland. Der Einstieg für die Wanderung auf den Croagh Partrick liegt nahe der R 335 zwischen Louisburgh und Westport.

Das südöstlich von Westport gelegene **Ballintubber** (»Die Stadt an der Quelle«) geht ebenfalls auf den heiligen Patrick zurück, der hier an einer Quelle Männer und Frauen getauft haben soll. Die restaurierte Kirche wurde im frühen 13. Jahrhundert im romanischen Stil mit Rundbögen, geometrischen Verzierungen und schmückenden Fabeltieren errichtet. 1542

Irlands heiliger Berg: Croagh Patrick

wurde der letzte Abt vertrieben, doch einige Mönche lebten weiterhin in dem Kloster und hielten Messen, bis Königin Elisabeth I. es zerstören ließ.

Ein ehrwürdiger Landsitz samt Park: Westport House & Gardens

SERVICE & TIPPS

Westport Tourism
Bridge St., Westport, Co. Mayo
✆ (098) 257 11
www.westporttourism.com

Clew Bay Heritage Centre
The Quay, Westport, Co. Mayo
✆ (098) 268 52
www.westportheritage.com
April/Mai, Okt. Mo–Fr 10–14, Juni–Sept. Mo–Fr 10–17, Juli/Aug. auch So 15–17 Uhr
Eintritt € 3, Kinder frei
Kleines Heimatmuseum zur Ortsgeschichte.

Westport House & Gardens
Quay Rd., Westport, Co. Mayo
✆ (098) 982 77 66
www.westporthouse.ie
Juli/Aug. tägl. 10–18, sonst Mo–Fr 10–16 Uhr, Eintritt Herrenhaus € 13/6,50, Kombiticket mit Vergnügungspark € 21/16,50, Familienticket € 60, online günstiger
Um die Mitte des 18. Jh. vom Earl of Altamont erbaut, ist der etwas außerhalb gelegene Landsitz samt Park und prächtiger Inneneinrichtung durchaus sehenswert, wird aber durch den auf dem Gelände liegenden Vergnügungspark zum Disneyland.

The Towers
The Quay, Westport Harbour
Co. Mayo
✆ (098) 248 44
www.thetowersbar.com
Tägl. ab 12 bis nach 24 Uhr
Besonders schön: der Biergarten mit Blick auf den Croagh Patrick – hier wird auch gegrillt. €€

Cronin's Shebeen
Rosbeg, Westport, Co. Mayo
✆ (098) 265 28
www.croninssheebeen.com
Traditionelles Pub mit Barfood und viel Livemusik. €

Matt Molloy's Pub
Bridge St., Westport, Co. Mayo
✆ (098) 276 63
www.mattmolloy.com
Matt Molloy ist der Flötenspieler der Chieftains – ihm gehört das Pub schon seit Jahren. Typisch und traditionell sind sowohl Einrichtung als auch Musik, oft ab 21 Uhr Liveauftritte. €

Ausflugsziele:

Croagh Patrick
www.croagh-patrick.com
✆ (098) 641 14
Der Berg galt den Inselbewohnern seit jeher als heilig und ist bis heute ein Pilgerziel. Geführte Touren nach Voranmeldung beim Visitor Centre.

Ballintubber Abbey
Südöstlich von Westport
Co. Mayo
✆ (094) 903 09 34
www.ballintubberabbey.ie
Tägl. 9–24 Uhr, Eintritt frei
Im frühen 13. Jh. im romanischen Stil erbaute Kirche. Nach der Plünderung durch Cromwells Truppen erfolgte die Restaurierung des dachlosen Hauptschiffes erst in der zweiten Hälfte des 18. Jh.

National Museum of Country Life
Turlogh, Co. Mayo
✆ (094) 903 17 55
www.museum.ie
Di–Sa 10–17, So 14–17 Uhr
Eintritt frei
Der moderne Betonklotz nordöstlich von Westport beim Turlogh Park House zeigt Ausstellungen zum harten Leben der Iränder zwischen 1850 und 1950.

8 ACHILL ISLAND

Irlands größte Insel (145 km^2, knapp 1000 Einwohner) ist durch eine Brücke mit der Corraun Halbinsel des County Mayo verbunden. Die raue, fast baumlose Landschaft besteht aus dramatischen Klippen, steilen Bergen, ruhigen Seen und abgelegenen Stränden. Rund zwei Drittel von Achill Island ist mit Torf bedeckt. Die beiden höchsten Erhebungen sind der Slievemore Mountain (672 m) und der Croaghaun Mountain (667 m). Auf der Nordseite des Croaghaun fallen die Klippen bis zu 600 Meter steil zum Meer ab.

Achill Island besitzt einige sehr schöne Sandstrände. Die **Keem Bay** mit weißem Sand liegt im äußersten Westen nahe Achill Head. **Trawmore Strand** ist ein vier Kilometer langer, feinkörniger Sandstrand zwischen den Dörfern Keel und Dookinelly. Beim alten Fischerdorf **Dooega**, auf der Südseite von Achill Island, liegt ein kleiner, nach Süden ausgerichteter Strand. In **Dugort**, im Norden der Insel, gibt es gleich zwei Strände.

Heinrich Böll liebte Achill Island und verbrachte hier in den 1950er und 1960er Jahren häufig seinen Urlaub. 1958 kaufte er sich sogar ein Haus auf der Insel, das heute Stipendiaten zur Verfügung gestellt wird, damit sie in Ruhe arbeiten können. Hier entstand Bölls »Irisches Tagebuch«, in dem er auch das Ruinendorf **Slievemore Deserted Village** an den Ausläufern des Slievemore Mountain beschrieben hat. Es wurde im 19. Jahrhundert infolge der großen Hungersnot in Irland endgültig verlassen. Von den rund 100 Steinhäusern sind heute nur noch Reste der Grundmauern zu sehen. Beim verlassenen Dorf beginnt der relativ einfache Aufstieg zum Gipfel des **Slievemore**. Wer nach mehr Wandermöglichkeiten auf der Insel sucht, wird in der Broschüre »Guide to Walking in Achill« fündig, die im Touristenbüro erhältlich ist (auch online aufgeführt).

Der kleine Hafen von Cloughmore auf Achill Island

SERVICE & TIPPS

Achill Tourism
Davitt Quarter
Achill Sound, Co. Mayo
✆ (098) 204 00
www.achilltourism.com

Achill Island Scuba Dive Centre
Purteen Harbour, Keel
Co. Mayo
✆ (087) 234 98 84
www.achilldivecentre.com
Tauchschule mit Verleih von Ausrüstungen.

Annexe Bar
Keel, Co. Mayo
✆ (098) 432 68
Im Sommer jeden Abend traditionelle irische Livemusik.

The Beehive Craft Shop
Keel, Co. Mayo
✆ (086) 854 20 09
Café mit hausgemachten Kuchen und herzhaften Kleinigkeiten, außerdem gutes Angebot an Kunsthandwerk.

Ende Juli/Anfang August kommen Freunde traditioneller irischer Musik zwei Wochen lang beim **Scoil Acla Festival** auf ihre Kosten. Außerdem Sommerschule mit Kursen in traditioneller irischer Musik, Kunst und Kultur. Informationen unter: www.scoilacla.com.

Typische irische Torfhütte: Torf bedeckt etwa ein Sechstel der Landfläche Irlands

9 BALLINA

Ballina (10 500 Einwohner) liegt tief im Land am Ende der trichterförmigen Killala Bay und an der Mündung des Flusses Moy. Der Ort hat wenig Aufregendes zu bieten; beherrschendes Bauwerk ist die **St. Muredach's Cathedral** aus dem 19. Jahrhundert. Vor allem von Juni bis August kommen viele Angler hierher, denn der **Moy** gilt landesweit als einer der besten Lachsflüsse. Mitte Juli findet in Ballina ein riesiges **Lachs-Festival** statt. Eine Angelausrüstung bekommt man im Ort; die besten Stellen am Fluss wie auch die Modalitäten zum Erwerb eines Angelscheins teilt einem das Touristenbüro mit. Wer lieber nach Forellen fischen möchte, findet im **Lough Conn** südwestlich von Ballina die besten Möglichkeiten.

Ausflugsziele:

Nur mit Glück entdeckt man das Schild **Moyne Friary** auf einer der winzigen Straßen zwischen Killala und Ballina im County Mayo. Und dann auch noch das: »Beware of the Bull« hat der Bauer vorsichtshalber an seinen Zaun geschrieben – und überlässt jedem selbst die Entscheidung, ob man es beim Marsch über seine Wiese mit friedlich grasenden Kühen oder weniger friedlichen Bullen zu tun hat. Wer es wagt, steht dann schließlich vor den Resten des Mitte des 15. Jahrhunderts von MacWilliam de Burgo errichteten Klosters. Obwohl schon 1590 von dem damaligen englischen Gouverneur von

Cannacht, Sir Richard Bingham, niedergebrannt, ist die Anlage bis heute erstaunlich gut erhalten. Es fehlen zwar die Dächer, doch die Kirche, der Kreuzgang, die Sakristei, die Küche und das Refektorium sind noch gut zu erkennen. Über Treppen gelangt man ins Obergeschoss und hat von dort einen weiten Blick über sattgrüne Wiesen und die Mündung des Moy. Nichts stört die Ruhe an diesem mystischen Platz, der Jahrhunderte überdauert hat.

Direkt am Rosserk, einem Nebenfluss des Moy, liegen die Überreste der Franziskanerabtei **Rosserk Abbey** aus dem 15. Jahrhundert. Auf der Straße zwischen Ballina und Killala (R 314) gibt ein Hinweisschild den Weg an.

Der »North Mayo Sculpture Trail« **Tír Sáile** wurde im Jahr 1993 eröffnet. Er besteht aus 14 Installationen, die Künstler aus drei Kontinenten in der Landschaft entlang der Küste von Nord-Mayo platziert haben.

Petri Dank! Der River Moy gilt landesweit als einer der besten Lachsflüsse

SERVICE & TIPPS

Ballina Tourist Office
41 Pearse St., Ballina
Co. Mayo
✆ (096) 728 00
www.northmayo.ie

St. Muredach's Cathedral
Cathedral Colse, Ballina
Co. Mayo
✆ (096) 713 65
In der Kathedrale lohnen die Glasmalereien einen näheren Blick.

Invasion der Landstraße im County Mayo: Heimkehr der Schafe

Dillon's Bar & Restaurant
Dillon Terrace, Ballina, Co. Mayo
✆ (096) 722 30
www.dillonsbarandrestaurant.ie
Bei gutem Wetter sitzt man schön im Innenhof. Umfangreiche Speisekarte, aber auch Barfood. Mittwochs traditionelle irische Musik live, freitags und samstags legt ein DJ auf. €–€€

Jedes Jahr Mitte Juli ist in Ballina die Hölle los, denn während des 8-tägigen **Ballina Salmon Festival** strömen rund 200 000 Besucher in den Ort. Man muss nicht unbedingt Angler sein, um an diesem großen Volksfest seine Freude zu haben. Informationen unter: www.ballinasalmonfestival.ie.

Ausflugsziel:

Tír Sáile
www.mayo-ireland.ie/en/things-to-do/museums/tir-saile.html
Die 15 Installationen der »North Mayo Sculpture Trail« an der Küste von Nord-Mayo sind nicht ganz einfach zu finden. Was es wo genau zu sehen gibt, erfährt man auf der Website.

Inmitten der weitläufigen Moorlandschaft der Céide Fields: das pyramidale Besucherzentrum

⑩ CÉIDE FIELDS

Die gläserne Pyramide des preisgekrönten **Céide Fields Visitor Centre** überragt weithin sichtbar die karge Moorlandschaft. Auf den ersten Blick gibt es sonst außer einigen niedrigen Steinmauern nicht viel zu sehen. Und doch befindet man sich hier an einer der wichtigsten archäologischen Stätten Irlands.

Angefangen hat alles mit einem Zufall: Ein Einheimischer entdeckte in den 1930er Jahren beim Torfstechen überraschend viele Steine. Doch erst sein Sohn, der Archäologie studierte, erkannte rund 40 Jahre später die Bedeutung dieser Steine. Sie gehören zu einer mehr als 5000 Jahre alten steinzeitlichen Siedlung. Nach und nach fand man immer mehr Steine, die einst als Feldumrandungen aufgeschichtet wurden. Damals muss an dieser Stelle ein großes Dorf existiert haben, denn die Steinmauern verteilen sich auf einer Fläche von rund 1500 Hektar. Außer Steinmauern hat man auch Reste von Häusern und Megalith-Gräber gefunden, die unter dem Hochmoor die Jahrtausende überdauert haben.

Die steinzeitlichen Bewohner lebten anscheinend auf Einzelgehöften, die durch Mauern voneinander getrennt waren. Vermutlich bildeten sie eine gut organisierte Gemeinschaft von Ackerbauern und Viehhaltern, die das Land in Felder aufteilten und große Waldflächen rodeten.

Auch wenn noch lange nicht alles freigelegt wurde, ist Céide Fields schon jetzt das weltweit größte steinzeitliche Relikt. Wer vom Visitor Centre den Hang hinaufgeht, braucht allerdings schon viel Fantasie, um sich die Felder und die Siedlung vorzustellen; sehr hilfreich bei der Interpretation der Funde sind die guten Führungen, die vom Visitor Centre angeboten werden.

Nur wenige Schritte entfernt gibt es einen schönen Aussichtspunkt, von dem man große Teile der Steilküste überblickt.

SERVICE & TIPPS

Céide Fields Visitor Centre
Ballycastle, Co. Mayo
✆ (096) 433 25
www.museumsofmayo.com
Tägl. Ostern–Okt. 10–18, sonst 10–17 Uhr
Eintritt € 4/2, Familienticket € 10

NORDWESTIRLAND

WILDROMANTISCHE LANDSCHAFTEN UND SPUREN LÄNGST VERGANGENER ZEITEN

In der Region Nordwestirland sind die aufgeführten Orte geografisch von Süd nach Nord sortiert.

Die Küsten Donegals zählen zu den wildesten und schönsten Landschaften Irlands. Kilometerlange Steilküsten, deren Höhepunkt die 600 Meter hohen Slieve League Klippen bilden, und als Kontrastprogramm ausgedehnte Sandstrände sorgen für einen abwechslungsreichen Urlaub. Die größten Städte Sligo, Donegal und Letterkenny lohnen zwar durchaus einen Besuch, doch wer den Nordwesten Irlands richtig kennenlernen möchte, muss sich die Zeit nehmen und an der teils stark zerklüfteten Küste entlangfahren. Dabei stößt man immer wieder auf vielfältige historische Spuren – Gräber aus der Stein- und Eisenzeit, Dolmen und frühchristliche Kreuze, Klöster und Forts erzählen von der langen Geschichte dieser Region.

1 SLIGO

Zwischen Lough Gill und der Sligo Bay gelegen, ist Sligo vor allem als Geburtsort des Dichters William Butler Yeats bekannt. Yeats verbrachte hier einen Teil seiner Jugend und kehrte auch

»Road and Stone Walls«: Es ist eng auf den Straßen im County Donegal

0
10
20 km
Atlantic Ocean
Inishtrahull Sound
Malin Head
Ballyhillin
Urbalreagh
Glengad Head
Culdaff Bay
Dunmore Head
Malin
Pollan Bay
Dunaff Head
Ballyliffin
Carndonagh Cross
Clonmany
Carndonagh
Gleneely
Castle Carry
Greencastle
Moville
Glasmullan
Magherabane
Slieve Snaght
615
Dunree Head
Inishowen
Illies
White Castle
Lough Foyle
Buncrana
Scalp Mountain
483
Burnfoot
Muff
Ballykelly
Eglinton
LONDONDERRY
(Derry)
Ardmore
Ness Wood
New Buildings
Claudy
Mountcastle
Park
Dunnamanagh
Carnanreagh
Sperrin Mountains
Tory Island
West Town
Tory Sound
Horn Head
Sheep Haven
Fanad Head
Rinmore Point
Melmore Head
Atlantic Drive
Rock Tunnel
Portsalon
Downies
Fanad
Knockalla Mt.
364
Lough Swilly
Carrigart
Cranford
Doe Castle
Glen Lough
Rathmullan
Millford
Lough Fern
Inch Island
Speenoge
Grianan of Aileach
Inishbofin
Dunfanaghy
Portnablagh
Ards Forest Park
Falcarragh
Muckish Mountain
670
Creeslough
Bloody Foreland Head
Meenlaragh
Brinlack
Gortahork
Altan Lough
Gola Island
Gweedore
Termon
Kilmacrenan
Rathmelton
Owey Island
Bunbeg
Errigal Mountain
752
Glenveagh National Park
Glenveagh Castle and Gardens
Church Hill
Torneady Point
Rosses Bay
Crolly
The Rosses
Loughanure
Slieve Snaght
683
Ellistrin
River Swilly
Arranmore Island
Ballintra
Burtonport
Derryveagh Mts.
Glendowan
Glendowan Mts.
Letterkenny
(Leitir Ceanainn)
Manorcunningham
Dungloe
Commeen
Breenagh
St. Johnstown
Maghery
Crohy Head
Gweebarra Bay
Rashedoge
Doocharry
Kingarrow
Cark Mountain
366
Raphoe
Convoy
Rossgeir
R. Foyle
Strabane
Owenreagh Hill
409
Fintown
Bellanamore
L. Finn
Finn
Drumnacross
Letter-macaward
Dunmore Head
Aghla Mountain
596
Kilross
Portnoo
Naran
Dawros Head
Maas
Commeen
Welchtown
Castlefinn
Glenties
Tangaveane
Lavagh More
Ballybofey
Cross Roads
Sion Mills
Plumbridge
Scotch Town
Loughros Point
Slievetooey
443
Ardara
Carnaween
521
672
Blue Stack Mountains
Croaghnageer
547
Lough Eske
Ardstraw
Newtown-stewart
Gortin
Green-castle
St. Columbkille
Glengesh Pass
Castlederg
Mullaghcarn
542
Glen Head
Glen Bay
Rossan Pt
Glencolumb-kille
Meentullynagarn
Letterbarra
Killeter
Killen
Drumlegagh
Ulster-American Folk Park
Malin Beg
Slieve League
One Man's Pass
Bunglass Point
Carrick
Croagh
Inver
Donegal
Lough Derg
Gortin Glen Forest Park
Kilcar
Killybegs
Dunkineely
Donegal Castle
St. Patrick's Purgatory
Teelin
Donegal Tweed
Mac Swyne's Bay
Fintragh Bay
Muckross Head
Loughfad Hill
280
Tievemore
Tappaghan Mt.
336
Omagh
Doorin Point
Kildoney Point
Rossnowlagh
Drumlins & Pullans
St. John's Point
Pettigoe
Lack
Sixmilecross
Donegal Bay
Kesh
Dromore
Gortaclare
Slievemore
314
Ballyshannon
R. Erne
Belleek
Lower Lough Erne
White Island
Fintona
Garvaghy
Bundoran
Cliffs of Magho
Castle Archdale
Irvinestown
Kilskeery
Brougher Mt.
316
Augher
Mullaghmore Head
Mullaghmore
Lakeland of Ulster
Killadeas
Clogher
Inishmurray
Monastic Enclosure
Creevykeel Court Cairn
Kinlough
Lough Melvin
Garrison
Streedagh Point
Monea
Devenish Island
Tempo
Grange
Benbulben
526
Dartry Mts.
375
Monastic Ruins
Slieve Beagh
371
Lissadell House
Lough Gill
Ballyconnell
Roskeeragh Point
Glencar Waterfall
Leckanarainey
Enniskillen
Raghly
Drumcliff
Yeats Grave
Castle Coole
Sligo Bay
Rosses Point
Glencar L.
Manorhamilton
Lough Macnean Upper
Belcoo
Lough Macnean
Maguiresbridge
Scotstown
Sligo
(Sligeach)
Parke's Castle
Benbo
416
Glenfarne
Lower
Drumcliff Bay
Aughris Head
Strandhill
Marble Arch Caves
Florence Court
Florence Court Forest Park
Lisnaskea
Derrynawilt
Knocknarea
Carrowmore Megalithic Cemetery
Innisfree
Dromahair
449
Tiltinbane
592
Drumcard
Upper Lough Erne
Smithborough
Templeboy
Dromard
Cuilcagh
665
Knockalongy
543
Ballysadare
Dowra
Glangevlin
Derrylin
Newtownbutler
Clones
Coolaney
Ballintogher
Drumkeeran
543
Derrynacreeve
Slieve Rushen
405
Teemore
Wattle Bridge
Toberscanavan
Ballinagleragh
Source of the Shannon
Lough Allen
Scotshouse
457
Geevagh
Slieve Anierin
586
Masshill
Ballymote
Castlebaldwin
Arigna
Ballinamore
Cootehill
N 13
N 14
N 15
N 16
N 17
N 3
N 4
A 2
A 4
A 5
A 6
A 32
A 505
A 509
1
2
3
4
5
6

später immer wieder gern hierher zurück. Sein Grab befindet sich nördlich der Stadt am Berg Benbulben in **Drumcliff**.

In und um Sligo finden vor allem Yeats-Freunde viel Sehenswertes. Im **Yeats Memorial Building** treffen sich alljährlich Literaturwissenschaftler zur Summer School, außerdem werden in der Art Gallery wechselnde Ausstellungen in- und ausländischer Künstler gezeigt. Ganz in der Nähe steht eine Statue des Dichters. Auch im kleinen **County Museum** zeigt man Erinnerungsstücke von Yeats.

Im Kunstzentrum **The Model** werden Ausstellungen mit dem Schwerpunkt Moderne Kunst veranstaltet. Vom ältesten Gebäude der Stadt, der 1253 gegründeten Dominikanerabtei **Sligo Abbey**, sind nur noch Ruinen vorhanden.

Westlich von Sligo erhebt sich der **Knocknarea**, ein etwa 300 Meter hoher, markanter Kalksteinberg, der schon aus der Ferne durch seine abgerundete Form ins Auge fällt. In dem Grabhügel auf dem Gipfel soll die sagenhafte Königin Maeve von Connacht begraben liegen. Ob es stimmt, weiß man nicht, denn bis heute wurde der Grabhügel nicht geöffnet.

SERVICE & TIPPS

Sligo Tourist Office
Bank Building, O'Connell St.
Sligo, Co. Sligo
✆ (071) 916 12 01
www.sligotourism.ie

The Model
The Mall, Sligo
✆ (071) 914 14 05
www.themodel.ie
Di–Sa 10–17, So 10.30–15.30 Uhr, Eintritt € 4
Kunst- und Kulturzentrum in Sligo mit Ausstellungen zu moderner Kunst. Das Kunstmuseum der Stadt ist ebenfalls einbezogen, wie auch die Niland Collection, die ihren Schwerpunkt auf Künstler aus dem Nordwesten des Landes legt. U. a. sind Bilder von Jack Butler Yeats, Patrick Collins, Sean Mc Sweeney, Patrick Hall und Nick Miller ausgestellt. Außerdem Musikveranstaltungen, Kino und ein Kursprogramm.

Yeats Memorial Building
Hyde Bridge, Sligo
✆ (071) 914 26 93
www.yeatssociety.com
Tägl. außer So 10–17 Uhr
Eintritt € 2
Sitz der Yeats-Gesellschaft, mit Yeats Foto- und Kunstausstellung. Café.

Sligo Abbey
Abbey St., Sligo
✆ (071) 914 64 06
www.heritageireland.ie
April–Okt. tägl. 10–18, letzter

Megalithanlage bei Carrowmore westlich von Sligo

Einlass 17.15 Uhr, Eintritt € 5/3, Familienticket € 13
Ruinen einer Dominikanerabtei.

Carrowmore Megalithic Cemetery
Carrowmore, Co. Sligo
✆ (071) 916 15 34
www.heritageireland.ie
April–Okt. tägl. 10–18, letzter Einlass 17 Uhr
Eintritt € 5/3, Familienticket € 13
Größte Grabanlage aus der Steinzeit, auf einer Fläche von mehreren Quadratkilometern. Bisher haben Archäologen mehr als 60 Gräber gefunden, von denen einige sogar rund 700 Jahre älter als Newgrange sind.

Furey's Bar
Bridge St., Sligo
✆ (087) 943 47 44, http://fureysbarsligo.business.site
Traditionelles Pub im Herzen der Stadt. Regelmäßig Livemusik.

The Strand Bar
Strandhill, Co. Sligo
✆ (071) 916 81 40
www.thestrandbar.ie
8 km von Sligo entfernt liegt Strandhill, der Ort, in dem sich Irlands Surfer wohlfühlen. Auch die Besitzer der Bar sind Surffreaks und so treffen sich hier die Wellenreiter gern nach ihren Ausritten. Doch auch jeder andere Gast fühlt sich in der gemütlichen Kneipe wohl. Wenn es das Wetter hergibt, sitzt man draußen auf stabilen Bänken in der Sonne. €

Hauptsächlich Makrelen, Heringe und Thunfische werden in der Donegal Bay gefangen

2 DONEGAL

Der Name Donegal bedeutet »Burg der Fremden« und geht auf die Wikinger zurück, die an der Bucht ein Fort errichteten. Die größte Sehenswürdigkeit des kleinen Ortes ist die **Ruine des Schlosses** aus dem 15. Jahrhundert mitten im Zentrum. Auch vom ehemaligen Franziskanerkloster **Donegal Abbey** an der Mündung des Flusses Eske existieren nur noch Ruinen. Im Kloster wurden um 1630 die »Annals of the four Masters«, eine umfassende Geschichte des irischen Volkes, verfasst. Auf dem dreieckigen Marktplatz von Donegal, dem Diamond, erinnert ein Obelisk an die Franziskanermönche, die das Geschichtswerk geschrieben haben.

Ausflugsziele:

Donegal eignet sich hervorragend für Ausflüge in die Umgebung; spektakulär ist die Fahrt entlang der Nordküste der **Donegal Bay** bis nach Slieve League.

Rund 20 Kilometer südlich lohnt einer der schönsten Sandstrände Irlands beim Ferienort **Rossnowlagh** einen Abstecher.

Lough Derg im Landesinnern ist ein bekannter Wallfahrtsort, denn der Heilige Patrick soll im Jahr 445 auf einer der Inseln im See gebetet haben. Heute ist Station Island mit seiner Basilika im Sommer ein bekanntes Pilgerzentrum. Auf Holy Island sind die Ruinen eines Klosters und eines Rundturms aus dem 7. Jahrhundert erhalten.

Sandstrukturen: Ebbebäumchen

SERVICE & TIPPS

Tourist Office
Quay St., Donegal
Co. Donegal
✆ (074) 972 11 48
www.discoverireland.ie

Donegal Castle
Donegal
✆ (074) 972 24 05
www.heritageireland.ie
Ostern–Mitte Sept. tägl. 10–18, sonst Do–Mo 9.30–16.30 Uhr
Eintritt € 5/3, Familienticket € 13
Die mächtige Burg aus dem 15. Jh. steht mitten im Ort. Im Innern sehenswert sind die schweren französischen Wandteppiche.

Donegal Craft Village
Donegal
✆ (074) 972 22 25
www.donegalcraftvillage.com
Tägl. außer So 9–17 Uhr
Zusammenschluss von mehreren Kunsthandwerkern rund 2 km außerhalb von Donegal in ländlicher Atmosphäre an der Straße nach Ballyshannon und Sligo. Außerdem gibt es das Café Aroma und Möglichkeiten zum Picknicken.

3 GLENCOLUMBKILLE

Das kleine Dorf Glencolumbkille liegt in der Grafschaft Donegal am Ausgang eines lieblichen Tals, in dem die Zeit stehen geblieben zu sein scheint. Historisch interessant ist das Tal vor allem wegen seiner vorzeitlichen Monumente und frühchristlichen Spuren. Glencolumbkille bedeutet »Tal des heiligen Columba«. Der heilige Columba, im Jahr 561 in Donegal geboren, zählt zu den Nationalheiligen Irlands und soll dieses Tal geliebt haben. Ihm zu Ehren findet alljährlich am 9. Juni eine nächtliche Prozession statt, die sogenannte *Turas*.

Sie führt an 15 Stationen vorbei – darunter auch vorchristliche Ausgrabungsstätten – und endet um 3 Uhr nachts an der St. Columba Kirche. Manche Gläubige sind barfuß unterwegs.

Sehenswert in Glencolumbkille ist das **Folk Village Museum**, das in den 1950er Jahren von dem Priester James McDyer gegründet wurde und in dem das ländliche Leben Donegals dokumentiert wird. McDyer versuchte damals, den Menschen eine Alternative zur Abwanderung zu bieten und ermutigte sie, Kunsthandwerk herzustellen und sich in Kooperativen zu organisieren. Im Museumsshop kann man schöne Arbeiten örtlicher Künstler erwerben.

Der 13 Kilometer lange Glencolumbkille-Rundweg bringt Wanderer zu schönen Aussichtspunkten an Klippen und Stränden und führt an historischen Denkmälern vorbei. Südöstlich von Glencolumbkille finden sich die berühmten Klippen von **Slieve League**, die zu den höchsten Felsklippen Europas zählen.

SERVICE & TIPPS

Father McDyer's Folk Village Museum
Glencolumbkille, Co. Donegal
✆ (074) 973 00 17
www.glenfolkvillage.com
Ostern–Ende Sept. Mo–Sa 10–18, So 12–18 Uhr
Eintritt € 6/3, Familienticket € 15

Das Folk Village ist wie ein richtiges Dorf angelegt. Die Gebäude sind originalgetreue Nachbauten von Häusern aus der Region, ausgestattet mit Möbeln aus der entsprechenden Periode. Das Museum wird ständig erweitert.

Slieve League
Ausgangspunkt für einen Be-

Slieve League – Europas höchste Felsklippen

such der 600 Meter senkrecht ins Meer abfallenden Klippen ist der kleine Ort Carrick südöstlich von Glencolumbkille. Beim McGinley's Pub im Ort muss man der Straße in Richtung Bungas und Slieve League folgen. Nachdem man das Dorf Teelin passiert hat, fährt man auf einer schmalen Straße – vorbei am Carrigan Head – bis zum Bunglass Point, von dem man einen beeindruckenden Blick auf Slieve League genießt. Wer die Klippen lieber vom Wasser aus sehen möchte, kann in Teelin oder Killybegs eine Bootstour buchen.

Morgendämmerung in Letterkenny

4 LETTERKENNY

Mit rund 15000 Einwohnern ist Letterkenny, am Fluss Swilly gelegen, die größte Stadt der Grafschaft Donegal. Überragt wird der Ort von der Ende des 19. Jahrhunderts im neogotischen Stil erbauten **St. Eunan's Cathedral**. Letterkenny ist bekannt für das alljährlich im August stattfindende Musikfestival.

Rund fünf Kilometer außerhalb, an der Straße nach Churchill, befinden sich die etwa 400 Jahre alten Gebäude einer **Flachs- und Getreidemühle.** Die Ausstellungen im Innern der Mühle geben einen guten Einblick in die industrielle Entwicklung der Region. Eines der größten Wasserräder des Landes ist noch heute in Betrieb.

SERVICE & TIPPS

Letterkenny Tourist Office
Neill T. Blaney Rd.
Letterkenny
Co. Donegal, F92 E796
✆ (074) 912 11 60
www.govisitletterkenny.ie

County Museum of Donegal/Músaem Condae Dhún na nGall
High Rd.
Letterkenny, Co. Donegal
✆ (074) 912 46 13
Mo–Fr 10–12.30 und 13–16.30, Sa 13–16.30 Uhr, Eintritt frei
Das Provinzmuseum von Donegal liegt in einem Gebäude von 1843, das früher der Aufseher eines Arbeitshauses bewohnte. Die Ausstellung im Obergeschoss befasst sich mit der Regionalgeschichte von der Steinzeit bis in die heutigen Tage, im Erdgeschoss finden wechselnde Ausstellungen statt.

Newmills Corn and Flax Mills
Churchill Rd.
Letterkenny, Co. Donegal
✆ (074) 912 51 15
www.heritageireland.ie
Mai–Sept. tägl. 10–18 Uhr
Eintritt frei
Flachs- und Getreidemühle mit Ausstellung.

Der 752 Meter hohe Mount Errigal im Glenveagh-Nationalpark ▷

5 GLENVEAGH NATIONAL PARK

Im 1986 eingerichteten Glenveagh-Nationalpark lebt die größte Rotwildherde der Grafschaft Donegal. Naturliebhaber kommen vor allem wegen der rauen Berglandschaft, der schönen Seen, Täler und Wälder. Im Park liegen mit dem Errigal (752 m) und dem Slieve Snaght (683 m) die beiden höchsten Berge Donegals. Am Südufer des Lough Veagh befindet sich in einmalig schöner Lage das 1870 von John George Adair erbaute **Glenveagh Castle** mit vierstöckigem Bergfried und Rundturm. In den liebevoll gepflegten Gärten rund um die Burg wachsen viele exotische Pflanzen.

SERVICE & TIPPS

Glenveagh Castle Gardens
Sean O Gaoithin
Glenveagh National Park
Churchill, Co. Donegal
✆ (074) 913 70 90
www.glenveaghnationalpark.ie
Tägl. 9.15–17.30, Nov.–Feb. bis 16.45 Uhr, Park Eintritt frei, geführte Tour Herrenhaus € 7/5, Familienticket € 15
Der Nationalpark liegt 24 km nordwestlich von Letterkenny und ist über die Dörfer Kilmacrennan oder Churchill zu erreichen. Vom Besucherzentrum (mit Cafeteria) läuft man eine halbe Stunde zum Glenveagh Castle – oder man lässt sich mit dem Nationalparkbus fahren (Hin- und Rückfahrt € 3/2). Das Castle wurde im 19. Jh. erbaut und ist eigentlich gar kein richtiges Schloss. Vielmehr ist es ein Herrenhaus, das mit ein paar Türmchen versehen wurde, um den viktorianischen Vorstellungen von einem romantischen Haus samt Garten in den Bergen zu entsprechen. Aus diesem Grund hat der Bauherr auch den Stil des Tower House aus früheren Jahrhunderten imitiert. Im Innern bot Glenveagh Castle jeden Komfort der damaligen Zeit.

Leo's Tavern
Meenaleek
Crolly, Co. Donegal
✆ (074) 954 81 43
www.leostavern.com
Mo–Fr 16–23.30, Sa 12–0.30, So 12–24 Uhr, Küche 17–20.45/13–20.30 Uhr
Westlich vom Glenveagh National Park und nicht weit von der N 56 findet man dieses berühmte Pub. Hier gibt es oft Livemusik.

Enyas Welt: Weder von außen noch von innen macht Leo's Tavern viel her und doch ist es eines der berühmtesten Pubs von ganz Donegal. Denn von hier stammt die Brennan-Familie, die jeder Fan irischer Musik unter dem Namen Clannad kennt. Mit ihren typisch irischen, teils mystischen Klängen sind sie seit ihrem ersten Album, das im Jahr 1973 herauskam, ein fester Teil der Musikszene. Noch bekannter ist allerdings Enya, eine Tochter des Brennan-Clans, die auch schon häufiger in Leo's Pub gespielt hat.

6 INISHOWEN-HALBINSEL

Die Inishowen Peninsula ist die größte Halbinsel Irlands und der Malin Head der nördlichste Punkt des Landes. Abseits der Küste findet man dünn besiedeltes Hügelland, die höchste Erhebung ist mit gut 600 Metern der Slieve Snaght. Die Fahrt am Meer entlang gestaltet sich wegen der wildromantischen Klippen und der eingestreuten Strände abwechslungsreich; in einigen kleinen Hafenorten leben viele Menschen noch vom Fischfang. Zahlreiche historische Monumente belegen, dass Inishowen schon immer von großer strategischer Bedeutung war.

Banba's Crown auf der Inishowen-Halbinsel: Schroff, wild und einsam ist die Landschaft am nördlichsten Punkt des irischen Festlands

Am Beginn der Halbinsel liegt mit dem **Grianán of Aileach** eine der Hauptsehenswürdigkeiten. Das Ringfort auf einem Hügel lässt sich bis in die Eisenzeit zurückverfolgen und soll einst der Sitz der Könige von Aileach gewesen sein. Heute besteht es aus konzentrischen Wällen mit rund 23 Meter Durchmesser, die im 19. Jahrhundert rekonstruiert worden sind.

Umrundet man die Halbinsel ausgehend vom Ringfort im Uhrzeigersinn, kommt man als Erstes nach **Buncrana**, das wegen des langen Sandstrandes und zweier Burgen einen Stopp lohnt. Bei **Dunree Head** bewacht ein Fort aus dem späten 18. Jahrhundert die Küste des Lough Swilly. Bevor man den lohnenden Abstecher zum nördlichsten Punkt macht, sollte

man noch einen Blick auf das **Carndonagh Kreuz** aus dem 7. Jahrhundert werfen. Im Nordosten der Halbinsel, an der schmalsten Stelle zwischen Lough Foyle und dem Atlantik, befindet sich der Fischer- und Ferienort **Greencastle**.

SERVICE & TIPPS

Grianán of Aileach
Inishowen
Co. Donegal
✆ (074) 936 26 00
www.discoverireland.ie
Eindrucksvolles Ringfort 10 km westlich von Derry. Das Fort wurde im 5. Jh. v. Chr. (vermutlich) als Tempel errichtet und liegt auf einer 244 m hohen Anhöhe.

Die Steinmauern sind 5 m hoch und 4 m dick, die kreisrunde Anlage hat einen Durchmesser von etwa 23 m. Nachdem das Fort im 12. Jh. von den Normannen zerstört worden war, geriet es in Vergessenheit; erst 1833 wurde die Anlage wiederentdeckt und 1878 in der Ursprungsform wiederaufgebaut.

Greencastle Maritime Museum & Planetarium
Old Coast Guard Station
Greencastle, Co. Donegal
✆ (074) 938 13 63
www.inishowenmaritime.com
Ostern–Sept. Mo–Sa 9.30–17.30, So 12–17.30, sonst Mo–Fr 9.15–17.30 Uhr
Eintritt Museum € 5/3, Museum und Planetarium € 10/6
Große Ausstellungen zu maritimen Themen.

Kealys Seafood Bar
The Harbour
Greencastle, Co. Donegal
✆ (074) 938 10 10
www.kealysseafoodbar.ie
Do–So 12.30–23.30 Uhr
Sehr gutes Fischrestaurant, in dem irische Küche mit internationalem Einschlag geboten wird. €€

Zutraulich: Esel auf der Halbinsel Inishowen

Der ideale Platz für ein Picknick: Sandstrand auf Inishowen Peninsula

Region 8
Nordirland

NORDIRLAND

IMPOSANTE STEILKÜSTEN, WEITE STRÄNDE, GLASKLARE SEEN UND AUFBRUCHSTIMMUNG

Bis zur Jahrtausendwende mieden viele Touristen Nordirland – und das aus gutem Grund: Die bürgerkriegsähnlichen Unruhen machten es zu einem gefährlichen Reiseziel. Das hat sich inzwischen geändert und das ganze Land kann gefahrlos besucht werden. Seit 1998 das Karfreitagsabkommen zwischen den irischen Streitparteien sowie Großbritannien und Irland geschlossen wurde, hat sich die Lage merklich entspannt.

Auch Belfast hat zum normalen Leben zurückgefunden und lockt Besucher mit Kneipen und Einkaufsmöglichkeiten. Noch merkt man der Stadt ein wenig die Jahrzehnte des Stillstands an, doch der Aufschwung ist greifbar und auch das Nachtleben hat Fahrt aufgenom-

Die Antrim Coast wie hier an der Whitepark Bay westlich von Ballintoy zählt zu den Natursehenswürdigkeiten Nordirlands

Eine der größten mittelalterlichen Burgruinen Irlands: Dunluce Castle an der Causeway Coastal Road

men – das Feiern hatten die Nordiren ohnehin auch in Krisenzeiten nie verlernt. Und: Selbst während der Unruhen blieb die nordirische Gastfreundschaft legendär.

Vor allem ist es aber die Natur, die Reisende ins Land lockt – die Causeway Coastal Road führt zu den größten Natursehenswürdigkeiten: weite Sandstrände, wilde Steilküsten und die Basaltfelsen des Giant's Causeway. Die sind etwas so Besonderes, dass sie von der UNESCO zum Weltnaturerbe erklärt wurden. Im Landesinnern locken kleinere und größere Seen – Angler sollten ihre Ausrüstung bei einer Fahrt in den Norden Irlands nicht vergessen!

Zudem ist Nordirland auch eine geschichtsträchtige Region. Die neuere, leidvolle Vergangenheit lässt sich auf den *Wall Murals*, den Wandgemälden, in Westbelfast oder in Derry nacherleben. Einblicke in die ältere Geschichte erhält man durch Herrenhäuser wie Castle Coole bei Enniskillen oder Burgen wie Carrickfergus Castle. Nicht alle Burgen sind so gut erhalten wie die Letztgenannte, doch sie sind deswegen nicht minder einen Besuch wert – so zählen die malerisch an der Steilküste gelegenen Ruinen von Dunluce Castle sicher zu den romantischsten Orten des Landes.

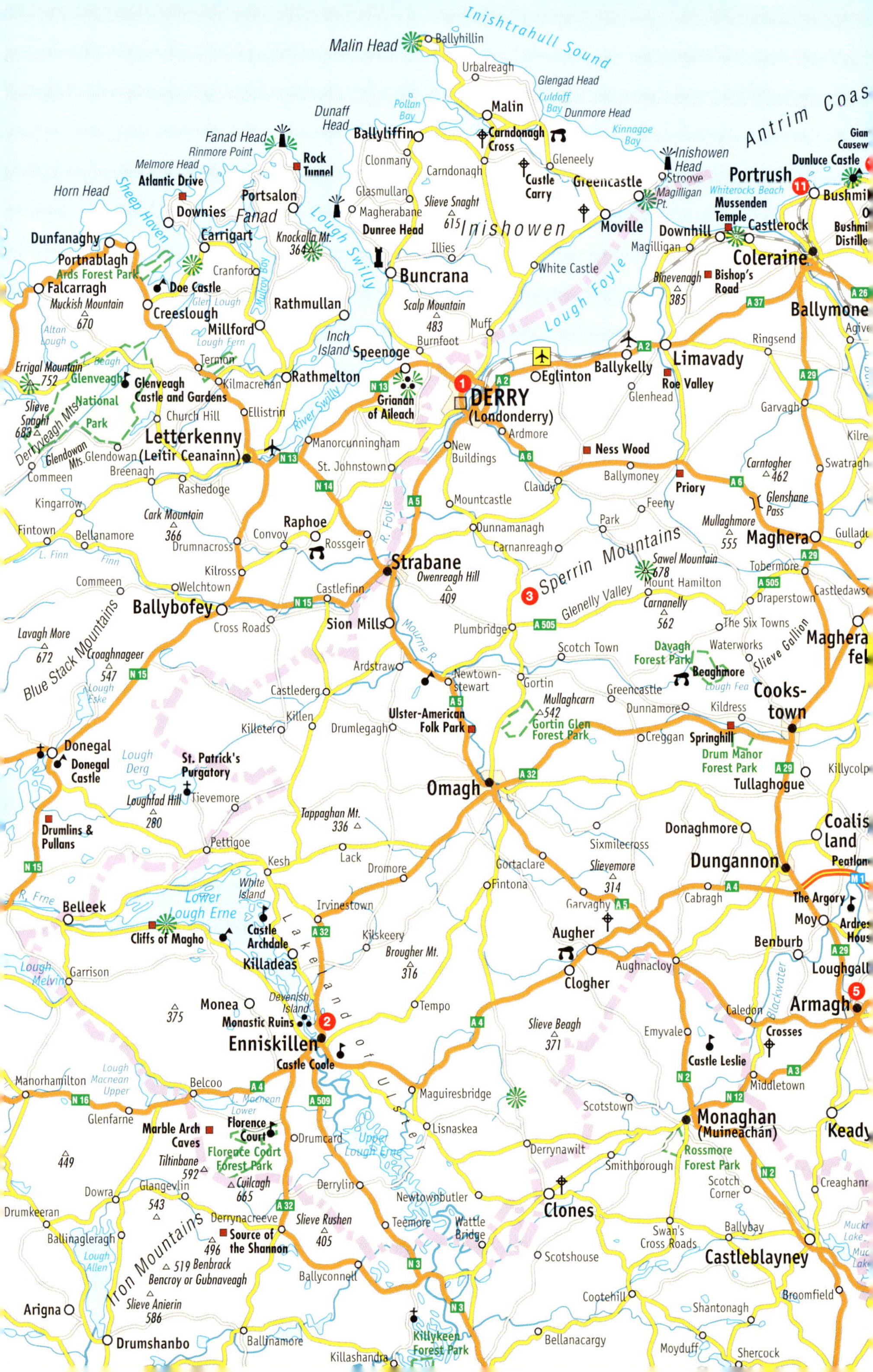

Inishtrahull Sound
Malin Head
Ballyhillin
Urbalreagh
Glengad Head
Culdaff Bay
Dunmore Head
Antrim Coast
Malin
Pollan Bay
Dunaff Head
Fanad Head
Ballyliffin
Carndonagh Cross
Kinnagoe Bay
Rinmore Point
Rock Tunnel
Clonmany
Carndonagh
Gleneely
Inishowen Head
Melmore Head
Atlantic Drive
Glasmullan
Castle Carry
Greencastle
Stroove
Portrush
Dunluce Castle
Horn Head
Sheep Haven
Portsalon
Magherabane
Slieve Snaght 615
Magilligan Pt.
Whiterocks Beach
Mussenden Temple
Bushmills
Downies
Fanad
Dunree Head
Inishowen
Moville
Downhill
Castlerock
Dunfanaghy
Carrigart
Knockalla Mt. 364
Lough Swilly
Illies
Magilligan
Coleraine
Portnablagh
Ards Forest Park
Cranford
Mulroy Bay
Buncrana
White Castle
Lough Foyle
Binevenagh 385
Bishop's Road
Falcarragh
Doe Castle
Glen Lough
Muckish Mountain 670
Creeslough
Rathmullan
Scalp Mountain 483
A 37
Ballymoney
A 26
Altan Lough
Millford
Lough Fern
Inch Island
Muff
Burnfoot
Ringsend
Speenoge
A 2
Limavady
Termon
Errigal Mountain 752
L. Beagh
Glenveagh
Glenveagh Castle and Gardens
Kilmacrenan
Rathmelton
N 13
Grianan of Aileach
DERRY (Londonderry)
Eglinton
Ballykelly
Roe Valley
A 29
Glenhead
Slieve Snaght 683
Derryveagh Mts.
National Park
Church Hill
Ellistrin
River Swilly
Ardmore
Garvagh
Letterkenny (Leitir Ceanainn)
Glendowan Mts.
Glendowan
Manorcunningham
N 13
New Buildings
A 6
Ness Wood
Kilrea
Commeen
Breenagh
St. Johnstown
Ballymoney
Carntogher 462
Swatragh
Rashedoge
N 14
A 5
Claudy
Priory
A 6
Kingarrow
Mountcastle
Feeny
Glenshane Pass
Cark Mountain 366
Raphoe
R. Foyle
Park
Mullaghmore 555
Maghera
Gulladuff
Fintown
Bellanamore
Convoy
Rossgeir
Dunnamanagh
Carnanreagh
Sperrin Mountains
L. Finn
Finn
Drumnacross
A 29
Sawel Mountain 678
Tobermore
Kilross
Strabane
Owenreagh Hill 409
Mount Hamilton
Commeen
Welchtown
Castlefinn
Glenelly Valley
A 505
Castledawson
Ballybofey
N 15
Carnanelly 562
Draperstown
Cross Roads
Sion Mills
Mourne R.
Plumbridge
A 505
The Six Towns
Blue Stack Mountains
Lavagh More 672
Croaghnageer 547
Scotch Town
Waterworks
Magherafelt
Slieve Gallion
N 15
Lough Eske
Ardstraw
Newtownstewart
Davagh Forest Park
Beaghmore
Castlederg
Gortin
Greencastle
Lough Fea
Cookstown
A 5
Mullaghcarn 542
Dunnamore
Kildress
Killen
Ulster-American Folk Park
Killeter
Drumlegagh
Gortin Glen Forest Park
Creggan
Springhill
Donegal
Donegal Castle
Lough Derg
St. Patrick's Purgatory
Drum Manor Forest Park
A 32
A 29
Killycolpy
Omagh
Tullaghogue
Tievemore
Loughfad Hill 280
Drumlins & Pullans
Tappaghan Mt. 336
Donaghmore
Coalisland
Pettigoe
Sixmilecross
Kesh
Lack
Dungannon
Peatlands
Dromore
Gortaclare
Slievemore 314
N 15
White Island
Fintona
A 4
M 1
R. Erne
Lower Lough Erne
Irvinestown
Garvaghy
A 5
Cabragh
The Argory
Belleek
Moy
Ardress House
Cliffs of Magho
Castle Archdale
A 32
Kilskeery
Augher
Benburb
Lakeland of Ulster
Brougher Mt. 316
Killadeas
Aughnacloy
A 29
Lough Melvin
Garrison
Clogher
Loughgall
Blackwater
Monea
Devenish Island
Tempo
Caledon
Armagh
375
Monastic Ruins
A 4
Slieve Beagh 371
Emyvale
Crosses
Enniskillen
Castle Coole
Castle Leslie
Lough Macnean Upper
A 3
Manorhamilton
Belcoo
A 4
N 2
Middletown
N 16
L. Macnean Lower
A 509
Maguiresbridge
Scotstown
N 12
Glenfarne
Florence Court
Monaghan (Muineachán)
Keady
Marble Arch Caves
Drumcard
Upper Lough Erne
Lisnaskea
Rossmore Forest Park
Florence Court Forest Park
Derrynawilt
449
Tiltinbane 592
Smithborough
N 2
Cuilcagh 665
Scotch Corner
Creaghanroe
Dowra
Glangevlin
Derrylin
Newtownbutler
543
A 32
Clones
Drumkeeran
Derrynacreeve
Slieve Rushen 405
Teemore
Wattle Bridge
Swan's Cross Roads
Ballybay
Muckno Lake
Ballinagleragh
Source of the Shannon
496
Iron Mountains
519 Benbrack
Castleblayney
Lough Allen
Bencroy or Gubnaveagh
Ballyconnell
N 3
Scotshouse
Slieve Anierin 586
Cootehill
Broomfield
Shantonagh
Arigna
N 3
Drumshanbo
Ballinamore
Killykeen Forest Park
Bellanacargy
Moyduff
Shercock
Killashandra

In Nordirland sind die aufgeführten Orte kreisförmig (gegen den Uhrzeigersinn) vom Nordwesten bis zum Nordosten sortiert.

Blick von der Stadtmauer zur St. Columb's Cathedral von Derry

❶ DERRY

»Derry« oder »Londonderry«, wie die Stadt am Fluss Foyle auch heißt, ist heute mit gut 100 000 Einwohnern die zweitgrößte Stadt Nordirlands. Sie geht auf eine Klostergründung im 6. Jahrhundert zurück. Zur Zeit der Gründung hieß der Ort noch Doire, was im Irischen »Eichenhain« bedeutet, später wurde der Name zu »Derry« anglisiert. Im 17. Jahrhundert haben protestantische Siedler dann den Stadtnamen in »Londonderry« geändert, doch viele fanden dies unlogisch und blieben bei Derry.

Während des Nordirlandkonflikts geriet der Stadtname zum Politikum, denn die englandtreuen Unionisten, meist Protestanten, bestanden darauf, die Stadt »Londonderry« zu nennen, für die nationalistischen, irischstämmigen, meist katholischen Bewohner musste es »Derry« heißen. 2003 beschloss der Stadtrat schließlich die Umbenennung in »Derry«, doch bis heute hat die britische Queen diese Änderung nicht bestätigt.

In Gedenken an Che Guevara: »Murals« …

Die größte Sehenswürdigkeit von Derry und einzigartig in Irland ist die **Stadtmauer** von 1618, die noch vollständig erhalten ist und die gesamte Altstadt umschließt. Ein rund eineinhalb Kilometer langer Spaziergang auf der Mauer führt um die gesamte Altstadt herum und verdeutlicht dem Besucher die ursprüngliche Stadtanlage im Stil der Renaissance.

Innerhalb der Mauern befindet sich die protestantische **St. Columb's Cathedral**, die im 17. Jahrhundert erbaut und im 19. Jahrhundert viktorianisch-neugotisch umgestaltet wurde. Sie ist das älteste Gebäude der Stadt und die erste Kathedrale, die auf den britischen Inseln nach der Reformation erbaut wurde.

Ebenfalls innerhalb der Stadtmauern befindet sich das 2006 eröffnete und mehrfach ausgezeichnete **Tower Museum**, das die Stadtgeschichte dokumentiert und im Obergeschoss eine Ausstellung über die spanische Armada zeigt sowie ein vor der Küste gesunkenes Schiff derselben ausstellt.

SERVICE & TIPPS

City of Derry Airport
✆ (028) 71 81 07 84
www.cityofderryairport.com
Regionalflughafen mit Verbindungen nach Birmingham, Glasgow, Prestwick, Liverpool und London. Auch Ferienflieger nach Spanien und Portugal starten hier.

Tourist Information Centre
44 Foyle St.
Derry, Co. Derry, BT48 6AT
✆ (028) 71 26 72 84
www.visitderry.com
Mai–Sept. Mo–Sa 9–18/19, So 10–17, April, Okt. Mo–Fr 9–17.30, Sa/So 10–17, Nov.–März Mo–Fr 9.30–17, Sa/So 10–16 Uhr

Museum of Free Derry
55 Glenfada Park, Derry
✆ (028) 71 36 08 80
www.museumoffreederry.org
Mo–Fr 9.30–16.30, April–Sept. auch Sa 13–16, Juli–Sept. auch So 13–16 Uhr
Eintritt £ 4/3
Aus Sicht der Katholiken zeigt das Museum die »Zeit der Unruhen«, wie der bis 1998 schwelende Konflikt zwischen Republikanern und Unionisten im Land genannt wird. Hauptaugenmerk liegt auf dem »Blutigen Sonntag« von 1972, an dem 14 Menschen von der britischen Armee getötet wurden. Ein Anbau wird die Ausstellung in den nächsten Jahren erweitern.

Tower Museum
Union Hall Place, Derry
✆ (028) 71 37 24 11
www.derrystrabane.com/towermuseum
Tägl. 10–17.30, letzter Einlass 16 Uhr, Eintritt £ 4/2
Das Museum zeigt zwei Dauerausstellungen: »The Story of Derry« ist der Stadtgeschichte gewidmet, »An Armada Shipwreck – La Trinidad Valencera« erzählt die Geschichte eines der größten Schiffe der Spanischen Armada, das 1588 vor der Küste Donegals gesunken ist. Vom Dachgeschoss eröffnet sich ein schöner Blick über die Stadt.

St. Columb's Cathedral
London St., Derry
✆ (028) 71 26 73 13
www.stcolumbscathedral.org
Tägl. außer So 9–17 Uhr
Eintritt frei, Spende erbeten
Die 1633 fertiggestellte und dem heiligen Columba geweihte Kathedrale birgt viele Zeugnisse der Stadtgeschichte wie z. B. Steinmetzarbeiten, Marmordenkmäler und Buntglasfenster.

... in Derry Bogside

Die Preiskategorien bei den Restaurants beziehen sich jeweils auf ein Hauptgericht ohne Getränke:
£ – bis 15 Euro
££ – 15 bis 20 Euro
£££ – 20 bis 28 Euro
££££ – über 28 Euro

The Guildhall
Guildhall St., Derry
✆ (028) 71 37 65 10
www.derrystrabane.com
Tägl. 10 17.30 Uhr, Eintritt frei, geführte Touren £ 2/1.50
Die 1887 im neugotischen Stil aus rotem Sandstein erbaute Gildehalle befindet sich zwischen Altstadt und Fluss. Neben der schönen Fassade sind im Innern die Buntglasfenster mit Motiven der Stadtgeschichte sehenswert. 1972 wurde das Gebäude durch Bomben schwer beschädigt, bis 1978 jedoch wieder instand gesetzt.

The People's Gallery
Die meisten der sogenannten *Murals* findet man im überwiegend katholischen Stadtteil Bogside – vor allem in der Gegend um die Bond Street und die Rossville Street. Die »Wandgemälde« thematisieren vor allem den »Bloody Sunday« von 1972, die Bürgerrechtsbewegung und Ereignisse aus der Zeit der »Troubles«.

Führungen nach Vereinbarung bietet z. B.: City Walking Tours, ✆ (077 12) 93 79 97, www.derrycitytours.com, Preis pro Teilnehmer £ 4.

»In the Heart of the City«: die neugotische Guildhall in Derry

Browns Restaurant
1 Bond's Hill, Waterside, Derry
✆ (028) 714 51 80
www.brownsrestaurant.com
Mo geschl.
Hier stimmt alles. Optimaler Service und ein Essen, wie man es sonst in Nordirland kaum findet. Etwas außerhalb des Zentrums gelegen, doch der Umweg lohnt. Tipp: Das dreigängige *Early Bird Meal* kostet zwischen 18 und 19.30 Uhr (Sa nur bis 19 Uhr) nur £ 24.95. £££

The Grill
Prehen Rd., Derry
✆ (028) 71 32 10 66
www.hastingshotels.com
Tägl. 12.30–15 und 18.30–21, So 12.30–15 Uhr
Das Restaurant befindet sich im 4-Sterne-Hotel Everglades. Im eleganten Speisesaal wird eines der besten kulinarischen Erlebnisse serviert, die Derry zu bieten hat. ££

Primrose On the Quay
2 Atlantic Quay, Derry
✆ (028) 71 36 55 11
www.primrose-ni.com
Mo–Sa 8–18, So 10–18 Uhr
Das erste Primrose Bistro (53/55 Strand Rd.) war so erfolgreich, dass Ciaran und Melanie vor wenigen Jahren einen zweiten Standort eröffneten. Er kommt aus einer Familie von Fleischern, sie ist passionierte Bäckerin. Serviert wird frisch gekochte Hausmannskost zu erschwinglichen Preisen. Überzeugend sind auch die einzigartigen Torten und Küchlein. £

Derry-Impression

Peadar O'Donnell`s Bar/ The Gweedore Bar
59–63 Waterloo St., Derry
✆ (028) 71 26 72 95
www.peadars.com
Mo–Sa 11.30–1.30, So 12–0.30 Uhr
Zwei typisch irische Kneipen, die nebeneinander liegen. Abends Livemusik.

Sandinos Café Bar
Water St., Derry
✆ (028) 71 30 92 97
www.sandinoscafebar.com
Mo–Sa 11.30–1, So 13–24 Uhr
Kneipe der Studenten, Künstler und Intellektuellen. Häufig Livemusik.

City of Derry Crystal
22 The Craft Village
Shipquay St., Derry
✆ (028) 71 37 00 42
www.derrycrystal.glass-engraver.co.uk
Tägl. außer So 10–17.30 Uhr
Traditionelle Glaskunst aus Derry und der Region.

The Cowley Gallery
2–4 London St., Derry
✆ (028) 71 36 00 46
www.cowleygallery.com
Di–Sa 10.30–17 Uhr
Die Galerie stellt Gemälde zeitgenössischer Künstler vor allem aus Großbritannien und Irland aus.

The Irish Shop
12 Magazine St., The Craft Village, Shipquay St.
Derry
✆ (028) 71 26 90 33
Tägl. außer So 9.30–17.30 Uhr
Innerhalb der Stadtmauern und des Craft Village gelegen verkauft dieses Geschäft von Keramik bis hin zu Pullovern jede Menge Souvenirs.

Anfang Mai spielt die Musik in Derry, beim **City of Derry Jazz & Big Band Festival**. Mit dem Musikstil sieht man es dabei nicht ganz so eng: Es treten national bekannte Künstler fast aller Musikrichtungen auf. Eröffnet wird das Festival in der Regel mit dem Konzert eines Weltstars (www.cityofderryjazzfestival.com).

Das **Maiden City Festival** bietet Schauspiel, Musik und Tanz. Beim Stadtfest im August wird eine Woche gefeiert (www.maidencityfestival.com).

Das **Foyle Film Festival** ist ein internationales Filmfestival Ende Nov./Anfang Dez. (www.foylefilmfestival.org).

2 ENNISKILLEN

Am Ortseingang begrüßt das fast 600 Jahre alte **Enniskillen Castle** Besucher der Stadt am River Erne. Einst bewachte die Burg die Grenze von Ulster, später beherbergte sie einen englischen Militärstützpunkt und heute sind hier zwei Museen untergebracht. Zum einen das **Inniskillings Museum**, das sich hauptsächlich mit der Geschichte des Regiments der »Royal Inniskilling Fusiliers« auseinandersetzt und dementsprechend vor allem Uniformen, Orden, Waffen und Ähnliches zeigt, und zum anderen das **Provinzmuseum von Fermanagh**, das der Geschichte, Archäologie und Natur der Provinz gewidmet ist.

Enniskillen ist eine ansprechende Kleinstadt, die einen kurzen Stopp lohnt, obwohl sie außer der Burg keine größeren Sehenswürdigkeiten aufzuweisen hat. Einige Kilometer außerhalb liegt das **Castle Coole**, erbaut im späten 18. Jahrhundert. Es ist eines der besterhaltenen irischen Herrschaftshäuser. Wer das Haus nicht besichtigen will, sollte sich zumindest einen Rundgang durch den weitläufigen Park gönnen.

Ausflug nach Devenish Island:

Mehrmals täglich fahren Ausflugsboote von Enniskillen nach Devenish Island, der größten der fast 200 Inseln im Lower Lough Erne. Der heilige Molaise gründete hier im 6. Jahrhundert ein Kloster, das in späteren Jahrhunderten immer wieder von Wikingern angegriffen wurde. Trotzdem sind von der **Klosteranlage** viele Überreste erhalten. Besonders beeindruckend ist der Rundturm, dessen fünf Stockwerke über Leitern zugänglich sind. Weiterhin sehenswert sind unter anderem die Reste einer Augustinerabtei, die St. Molaise's Church aus dem 13. Jahrhundert und ein reich verziertes Hochkreuz. Abgesehen von all dem lohnt der Ausflug zur Insel allein schon wegen der schönen Landschaft.

Festung am River Erne: Enniskillen Castle

SERVICE & TIPPS

Fermanagh Visitor Information Centre
Enniskillen Castle, Enniskillen
Co. Fermanagh, BT74 7HL
✆ (028) 66 32 50 00
www.fermanaghlakelands.com
Mo–Fr 9.30–17, Sa 11–17, Juni–Sept. auch So 11–17 Uhr

Castle Coole
Enniskillen, Co. Fermanagh
✆ (028) 66 32 26 90
www.nationaltrust.org.uk
Park tägl. Nov.–Feb. 10–16, März–Okt. 10–19 Uhr; Herrenhaus Mitte März–Mai, Sept. Sa/So 11–17, Osterwoche, Juni–Aug. tägl. 11–17 Uhr, letzter Einlass 1 Stunde vor Schließung
Eintritt Park £ 3.60/1.80, Familienticket £ 9, Park und Haus (inkl. Führung) £ 9/4.50, Familienticket £ 22.50
Herrschaftshaus aus dem späten 18. Jh., umgeben von einem riesigen Park.

Enniskillen Castle Museums
Castle Barracks
Enniskillen, Co. Fermanagh
✆ (028) 66 32 50 00
www.enniskillencastle.co.uk, www.inniskillingsmuseum.com
Mo 14–17, Di–Fr 9.30–17, Sa 11–17, Juni–Sept. auch So 11–17 Uhr
Eintritt £ 5/3.50, Familienticket £ 13.50
In der Burg sind zwei Museen untergebracht – das Provinzmuseum von Fermanagh und das Inniskillings Museum, das sich mit den »Royal Inniskilling Fusiliers« auseinandersetzt. 2016 eröffnete das moderne Besucherzentrum im Castle.

Florence Court
Südwestlich von Enniskillen abseits der Straße A 32
Co. Fermanagh
✆ (028) 66 34 82 49
www.nationaltrust.org.uk

Klostergründung aus dem 6. Jahrhundert: der begehbare »Round Tower« der Devenish Island Abbey

Tägl. Haus 11–17, Park 10–19 Uhr
Eintritt Park £ 5.85/2.93, Familienticket £ 14.63, Park und Führung im Herrenhaus £ 9.90/4.95, Familienticket £ 24.75
Ehemaliges Herrschaftshaus des Earl of Enniskillen aus dem 18. Jh. mit aufwendigen Rokokostuckaturen. Der Park bietet sich für ausgedehnte Spaziergänge an.

Buttermarket Craft & Design Courtyard
Down St.
Enniskillen, Co. Fermanagh
✆ (028) 66 32 31 17
Tägl. außer So 10–17.30 Uhr
Auf dem Gelände des ehemaligen Buttermarktes im Zentrum der Stadt haben sich Galerien und Kunsthandwerker niedergelassen. U. a. werden Töpferwaren, Schmuck, Kleider und Keramik verkauft. Zudem gibt es ein Café und einen Souvenirladen.

Das Fest **Happy Days – Enniskillen International Beckett Festival** findet immer im August statt und ist dem Literaturnobelpreisträger Samuel Beckett gewidmet (www.artsoverborders.com).

Im Park von Florence Court südwestlich von Enniskillen

Der Ulster American Folk Park bei Omagh dokumentiert die irische Emigration in die USA

❸ SPERRIN MOUNTAINS MIT COOKSTOWN, OMAGH UND STRABANE

Die einsame Bergregion der Sperrin Mountains ist ein beliebtes Wandergebiet. Und für all jene, die lieber mit dem Auto unterwegs sind, wurden in der Region vier *Scenic Drives* von je knapp hundert Kilometern Länge angelegt.

Der höchste Punkt der von Mooren und Heidelandschaft geprägten Sperrin Mountains ist der Sawel Mountain (678 m). Mehrere lohnende Wege bieten sich dem Wanderer im gut 1500 Hektar großen **Gortin Glen Forest Park** nördlich von Omagh. Schöne Blicke auf die kargen Berge eröffnen sich auch bei dem etwa einstündigen Spaziergang um den kleinen **Lough Fea** zwischen Cookstown und Draperstown.

Als Ausgangspunkt für eine Erkundung der Sperrin Mountains sind sowohl Strabane als auch Omagh und Cookstown gut geeignet. Im an der nordirischen Grenze gelegenen **Strabane** ist man nicht nur auf die Lage des Ortes, sondern auch auf die Kunstgalerien und die große, moderne Skulptur mit dem Namen »Let The Dance Begin« stolz.

Das 20 000 Einwohner zählende **Omagh** wird von vielen Gästen wegen des nördlich der Stadt liegenden **Ulster American Folk Parks** besucht. Das Freilichtmuseum dokumentiert die Geschichte der irischen Emigration in die USA. Der irische Einfluss auf die amerikanische Geschichte ist kaum zu unterschätzen – unter anderem stammten allein fünf Unterzeichner der amerikanischen Unabhängigkeitserklärung aus Ulster und viele bedeutende amerikanische Politiker, wie z.B. auch John F. Kennedy, hatten irische Wurzeln. Beliebt ist die Region um Omagh auch bei Anglern, die in den Flüssen Drumragh und Camowen vor allem Lachse fangen.

Außer dem Ausblick auf die Sperrin Mountains hat **Cookstown** dem Touristen nur wenig zu bieten, dafür ist die Stadt ein hervorragender Ausgangspunkt, um in der Umgebung die Fundorte aus der frühen irischen Geschichte zu besuchen.

14 Kilometer nordwestlich von Cookstown findet man in einem Moorgebiet am Fuße der Sperrin Mountains die **Steinkreise von Beaghmore**. Auch wenn sie auf den ersten Blick nicht unbedingt imposant aussehen, zählen sie doch zu den wichtigsten archäologischen Funden in Ulster. Die meisten Steine der sieben Kreise sind nicht einmal einen Meter hoch, selbst der größte bringt es nur auf 120 Zentimeter. Äußerst ungewöhnlich ist, dass einer der Kreise im Innern mit mehreren Hundert Steinen, den sogenannten Drachenzähnen, vollständig ausgelegt ist.

Entstanden sind die Monumente zwischen 2000 und 1200 v. Chr., wurden jedoch erst vor rund 50 Jahren von Torfstechern entdeckt. Ihre genaue Bedeutung ist bis heute unbekannt, man hat aber herausgefunden, dass ihre Anordnung

Von Torfstechern entdeckt: die Steinkreise von Beaghmore

mit der Sommersonnenwende sowie dem Lauf des Mondes und der Sonne in Verbindung gebracht werden kann. Ob es sich um einen überdimensionalen Sternenkalender oder doch einen Zeremonienplatz gehandelt hat, wird man womöglich nie mit Sicherheit wissen.

Einen Blick in die jüngere Industriegeschichte ermöglicht ein Besuch der **Wellbrook Beetling Mill** sieben Kilometer westlich von Cookstown. Die Provinz Ulster wurde im 17. und 18. Jahrhundert zu einem Zentrum der Tuchherstellung, nachdem sich französische Hugenotten hier niedergelassen und ihr Wissen mitgebracht hatten. In der letzten noch arbeitenden Wassermühle Nordirlands von 1768 kann man zuschauen, wie früher Leinen hergestellt wurde. Nach dem Besuch der Mühle bieten sich ein erholsamer Spaziergang und ein Picknick rund um den Ballinderry Fluss an.

Pflanzen zum Heizen? Getrockneter Torf dient seit Tausenden von Jahren als Heizmaterial

SERVICE & TIPPS

Sperrins Tourism
30 High St., Moneymore
Co. Derry, BT45 7PD
✆ (028) 86 74 77 00
www.discovernorthernireland.com/sperrins

Tourist Information Centre Strabane
The Alley Arts & Conference Centre
1 A Railway St., Strabane
Co. Tyrone, BT82 8EF
✆ (028) 71 38 44 44
www.alley-theatre.com
Tägl. außer So 10–17 Uhr

Tourist Information Omagh
Strule Arts Centre
Townhall Sq.
Omagh, Co. Tyrone, BT78 1BL
✆ (028) 82 24 78 31
www.struleartscentre.co.uk
www.flavouroftyrone.com
Tägl. außer So 10–17.45 Uhr

Tourist Information Cookstown
Burn Rd., Cookstown
Co. Tyrone, BT80 8DN
✆ (028) 86 76 99 49, www.discovernorthernireland.com
Mo–Sa 9–17, Juli/Aug. auch So 14–16 Uhr

Ulster American Folk Park
2 Mellon Rd.
Castletown, Omagh
Co. Tyrone
✆ (028) 82 24 32 92
www.nmni.com
März–Sept. Di–Fr 10–17, Sa/So 11–17, Okt.–Feb. Di–Fr 10–16, Sa/So 11–16 Uhr, letzter Einlass jeweils 30 Minuten vor Schließung
Eintritt £ 9/5.50 Familienticket £ 25
Freilichtmuseum, in dem die Geschichte der irischen Emigration in die USA dokumentiert wird.

Wellbrook Beetling Mill
20 Wellbrook Rd., Corkill
Cookstown
Co. Tyrone
✆ (028) 86 74 82 10
www.nationaltrust.org.uk
Mitte März–Sept. 13–17 Uhr
Eintritt £ 5, Kinder frei
Besucher bekommen einen guten Eindruck von den Bedingungen, unter denen in der Wassermühle von 1768 früher gearbeitet wurde, z. B. von dem Lärm, denn damit der Stoff einen schönen Glanz bekommt, muss er mit kräftigen Hammerschlägen traktiert werden.

Fischer am Lough Neagh, dem größten Süßwassersee der irischen Insel (County Armagh)

4 LOUGH NEAGH

Mit einer Fläche von mehr als 300 Quadratkilometern ist Lough Neagh (»Nai« ausgesprochen) der größte See der Britischen Inseln. Rund 30 Kilometer lang und 15 Kilometer breit bietet der relativ flache See zahlreichen Arten von Wasservögeln und Fischen einen Lebensraum.

Glaubt man der Legende, dann wurde Lough Neagh von dem irischen Riesen Finn McCool geschaffen. Als ein schottischer Rivale über den Giant's Causeway floh, warf er ihm ein großes Stück Land hinterher. Er verfehlte den Schotten und der riesige Klumpen landete in der Irischen See, wodurch die Isle of Man entstand. Inmitten Nordirlands blieb ein großes Loch zurück, das sich mit Wasser füllte.

Für Ornithologen ganz besonders interessant ist Lough Neagh während der kalten Jahreszeit, wenn hier mehr als 100 000 Wasservögel überwintern. Vor allem die große Population an Singschwänen, die von Island herüberkommt, sorgt für spektakuläre Bilder. Im See lebt auch eine der größten wilden Aalpopulationen Europas, was den Fischern einen jährlichen Fang von rund 650 Tonnen beschert. Die Edelfische aus dem See schwimmen rund 6000 Kilometer bis zur Sargasso See, um dort zu laichen. Die neue Generation der Jungfische macht sich dann mithilfe des Golfstroms auf den Rückweg und gelangt durch den Fluss Bann wieder zum Lough Neagh.

Am Westufer des Sees liegen die spärlichen Überreste eines frühchristlichen Klosters. Sehenswert ist hier nur noch das **Ardboe Cross**, ein Hochkreuz aus dem 10. Jahrhundert, das allerdings zur Seeseite hin recht stark verwittert ist. Deshalb hat man etwas Mühe die 22 Bildtafeln auf dem Kreuz zu identifizieren. Auf der Seite zur Straße sind Szenen aus dem Neuen Testament, auf der Seite zum See Szenen aus dem Alten Testament zu erkennen.

National Nature Reserve an der Südküste von Lough Neagh: Oxford Island

»Birdwatching« am Lough Neagh

Selbst auf den schmalen Seiten des Hochkreuzes sind Darstellungen auszumachen.

Am Nordostufer des Lough Neagh und zugleich am Fluss Sixmilewater liegt die Stadt **Antrim** mit rund 20 000 Einwohnern. Der Hauptort der gleichnamigen Grafschaft hat abgesehen vom Courthouse von 1762, dem Barbican Gate von 1818 und den Resten der alten Burgmauer ein modernes und gesichtsloses Zentrum. Im Steeple Park ist noch ein Rundturm erhalten geblieben. Das Castle von Antrim, 1610 erbaut, ist 1922 durch ein Feuer vollkommen zerstört worden. Zu bewundern sind hingegen noch die Antrim Castle Gardens aus dem 17. Jahrhundert, die immerhin von André Le Nôtre angelegt wurden, der in Versailles zu Höchstform aufgelaufen ist.

Das Naturschutzgebiet **Oxford Island** findet man am Südufer des Sees. Vom Parkplatz sind es nur wenige Schritte zum Discovery Centre in einem Schilfteich, wo man sich mit Informationsmaterial versorgen kann, ehe man das Gebiet auf Wanderwegen, die vor allem über Wildblumenwiesen und entlang der Schilfzone führen, durchstreift.

Nicht weit entfernt von Oxford Island bietet der **Peatlands Park** die Möglichkeit, auf Spaziergängen die ganz spezielle Flora und Fauna eines Moores kennenzulernen. Im Park fährt eine Minibahn und man kann beim Torfstechen zuschauen.

Mit dem **Louhgshore Trail** führt überwiegend auf Nebenstraßen eine 180 Kilometer lange Radwanderroute um den See.

SERVICE & TIPPS

Lough Neagh Partnership
Unit 3, The Marina Centre
135a Shore Rd.
Ballyronan, Magherafelt
Co. Derry, BT45 6JA
✆ (028) 79 41 79 41
www.discoverloughneagh.com

Lough Neagh Discovery Centre
Oxford Island National Nature Reserve
Annaloiste Rd., Craigavon
Co. Armagh, BT66 6NJ
✆ (028) 38 32 22 05
www.oxfordisland.com
Mo–Fr 9–17, Sa 10–17, April–Sept. auch So 10–17 Uhr
Eintritt frei
Informationsmaterial und eine kleine Ausstellung über die verschiedenen Biotope des Sees. Hier beginnen Wanderwege durch das Naturschutzgebiet.

Visitor Centre Peatlands Park
33 Derryhubbert Rd.
Dungannon
Co. Armagh, BT71 6NW
✆ (028) 38 39 91 95, www.discovernorthernireland.com
April/Mai und Okt. Sa/So 13–17, Juni–Sept. tägl. 10–17 Uhr
Eintritt frei
Das Visitor Centre bietet auch eine kleine naturkundliche Ausstellung.

Jedes Jahr am 4. So im Juli werden im Rahmen des **International Bog Day** im Peatlands Park die Meisterschaften im Moorschnorcheln veranstaltet.

Loughshore Trail
www.cycleni.com/75/loughshore-trail
Den Verlauf der Radwanderroute um den Lough Neagh findet man auf der Website.

5 ARMAGH

Armagh gilt als eine der ältesten Städte Irlands. Im Jahr 445 hat der heilige Patrick auf einem Hügel seine erste steinerne Kirche errichten lassen. Heute thronen weithin sichtbar zwei mächtige Kirchen über der Stadt, die gewaltige katholische Kathedrale im neugotischen Stil und die etwas kleinere protestantische Kirche, die noch aus dem Mittelalter stammt.

Das **Armagh County Museum** dokumentiert die örtliche Geschichte und zeichnet das Leben des heiligen Patrick nach. Der **Armagh City Public Art Trail** führt im Stadtzentrum zu verschiedenen Skulpturen. Eine Broschüre, die die Kunstwerke entlang des Spazierwegs beschreibt, ist bei der Touristeninformation erhältlich.

Portal der St. Patrick's Cathedral (Church of Ireland) in Armagh

SERVICE & TIPPS

Tourist Information Centre
40 Upper English St., Armagh
Co. Armagh, BT61 7BA
(028) 37 52 18 00
www.visitarmagh.com

Armagh County Museum
The Mall East, Armagh
(028) 37 52 30 70
www.discovernorthernireland.com
Tägl. außer So 10–17 Uhr, Sa 13–14 Uhr Mittagspause
Eintritt frei
Sammlungen zur Lokalgeschichte.

Navan Centre & Fort
81 Killylea Rd., Armagh
(028) 37 52 96 44
www.heritageisland.com
Tägl. 10–16, April–Sept. bis 17.30, letzter Einlass 15 bzw. 16 Uhr
Eintritt im Sommer £ 6.80/4.55, Familienticket £ 18.55, im Winter £ 5.60/3.40, Familienticket £ 16.40
Freilichtmuseum, in dem man u. a. eine Steinzeitsiedlung besuchen kann.

Armagh Planetarium
College Hill, Armagh
(028) 37 52 36 89
www.armaghplanet.com
Tägl. außer So 10–17 Uhr, Shows 11–16 Uhr jeweils zur vollen Stunde
Eintritt £ 6/5, Familienticket £ 20
Planetarium und Weltraumausstellung.

Armagh Robinson Library
43 Abbey St., Armagh
Mo–Fr 10–13 und 14–16 Uhr
Eintritt frei
Ein Kleinod für jeden Bücherfan: Die Bibliothek von Armagh gehört zu den ältesten des Landes und verfügt über eine beeindruckende Sammlung von historischen Manuskripten und Büchern. Auch der Lesesaal mit seiner gusseisernen Wendeltreppe ist mehr als nur einen Blick wert.

St. Patrick's Cathedral (Catholic)
Cathedral Rd., Armagh
(028) 37 52 20 45
www.armaghparish.net
Eintritt frei
1840 wurde der Grundstein zu der katholischen Kathedrale gelegt, doch erst gut 60 Jahre später konnte der imposante Bau mit den beiden spitzen Türmen fertiggestellt werden.

St. Patrick's Cathedral (Church of Ireland)
Cathedral Close, Armagh

✆ (028) 37 52 31 42
www.stpatricks-cathedral.org
Tägl. April–Okt. 9–17, Nov.–März 9–16 Uhr
Eintritt frei
Die gegenwärtige Kathedrale stammt aus dem 13. Jh., wurde jedoch gleich mehrfach – letztmalig 1834 – umgebaut. Sehenswert sind ein Hochkreuz aus dem 11. Jh. und die Grabstätte des irischen Hochkönigs Brian Boru, der 1014 die Wikinger besiegte.

Uluru Bistro
16–18 Market St., Armagh
✆ (028) 37 51 80 51
www.ulurubarandgrill.com
Einziges australisches Restaurant in Nordirland. Mehrmals wurde es zum besten Restaurant der Stadt gewählt. ££

Shambles Market
Market Sq., Armagh
Di und Fr 8–16 Uhr
Bauernmarkt mit lokalen Produkten.

Jedes Jahr im August finden in der Provinz Armagh die **Meisterschaften im Road Bowling** statt, einer Sportart, die mit dem friesischen Boßeln vergleichbar ist und nur in zwei Provinzen Irlands gespielt wird.

6 DOWNPATRICK

Die Kleinstadt an der südwestlichen Ecke des Strangford Lough ist vor allem deshalb landesweit bekannt, weil auf dem Friedhof der **Down Cathedral** (vermeintlich) der irische Nationalheilige Patrick begraben liegt. An dessen Todestag, dem 17. März, ist die Stadt Ziel zahlreicher Pilger.

Ausflug in die Mourne Mountains:

Das Berggebiet zwischen Newcastle im Norden und Newry und Warrenpoint im Süden ist eines der besten Wandergebiete des Landes. Auch Mountainbiker, Bergsteiger und andere Freiluftfreaks fühlen sich hier wohl. Den **Slieve Donard**, mit 849 Metern der höchste Berg Nordirlands, kann man von Newcastle aus in zwei bis drei Stunden besteigen – um sich nach der Rückkehr am langen Sandstrand des Badeortes zu erholen.

Mourne Mountains – ein Mekka für Naturliebhaber und Outdoor-Enthusiasten

Eine der ursprünglichsten Landschaften Irlands: die Mourne Mountains

SERVICE & TIPPS

Tourist Information im Saint Patrick Centre
53a Market St., Downpatrick
Co. Down, BT30 6LZ
✆ (028) 44 61 90 00
www.saintpatrickcentre.com
Mo–Fr 9–17, Sa 9.30–17, Juli/Aug. auch So 14–17 Uhr

Down County Museum
The Mall, English St.
Downpatrick, Co. Down
✆ (028) 44 61 52 18
www.downcountymuseum.com
Mo–Fr 10–17, Sa/So 12–17 Uhr
Eintritt frei, diverse Thementouren
Das Regionalmuseum ist in einem alten Gefängnis aus dem 18. Jh. untergebracht. Einige Zellen sind im Originalzustand erhalten und zu besichtigen.

Down Cathedral
Cathedral Office, English St.
Downpatrick, Co. Down
✆ (028) 44 61 49 22
www.downcathedral.org
Tägl. außer So 9.30–16 Uhr
Die ältesten Teile der Kirche stammen zwar aus dem 13. Jh., der heutige Bau wurde aber erst Anfang des 19. Jh. errichtet. Auf dem Friedhof liegt angeblich der heilige Patrick begraben, der im Jahr 461 starb. Obwohl das Grab des Nationalheiligen für die Gläubigen eine Art Pilgerstätte ist, sind sich die Wissenschaftler sicher, dass Patrick in Wirklichkeit gar nicht hier begraben ist.

The Saint Patrick Centre
53a Market St., Downpatrick
Co. Down
✆ (028) 44 61 90 00
www.saintpatrickcentre.com
Mo–Sa 9–17, Juli/Aug. auch So 13–17 Uhr
Eintritt £ 5.75/3.30 Familienticket £ 14
Audiovisuelle Führung durch das Leben des heiligen Patrick und die Geschichte des Christentums in Irland.

Ausflugsziele:

Mourne Mountains
Informationen unter:
www.mourne-mountains.com
und www.mournelive.com

Ende Mai lädt die Kleinstadt **Warrenpoint** zu einem internationalen Blues & Jazz Festival ein, dem **International Guinness Blues on the Bay Festival** (www.bluesonthebay.co.uk).

7 LISBURN

Mit gut 72 000 Einwohnern ist das 20 Kilometer südlich von Belfast gelegene Lisburn die drittgrößte Stadt Irlands. Hier liegt auch das Hauptquartier der in Nordirland stationierten britischen Truppen. Bekannt ist die Stadt vor allem wegen ihres **Leinenmuseums**.

SERVICE & TIPPS

Lisburn Tourist Information Centre
15 Lisburn Sq., Lisburn
Co. Antrim, BT28 1AN
✆ (028) 92 44 76 22, www.visitlisburncastlereagh.com

Irish Linen Centre & Lisburn Museum
Market Sq.
Lisburn, Co. Antrim
✆ (028) 92 66 33 77
www.lisburnmuseum.com
Tägl. außer So 9.30–17 Uhr
Eintritt frei
Das irische Leinenmuseum erzählt die Geschichte des berühmten Stoffs und lädt ein im Rahmen eines Workshops, selbst tätig zu werden. In einer Markthalle aus dem 17. Jh.

The Tuesday Bell
4 Lisburn Sq.
Lisburn, Co. Antrim
✆ (028) 92 62 73 90
Traditionelles irisches Pub im Herzen von Lisburn. Viele Marktbesucher kommen hierher zum Mittagessen. £

Auf einer Rennstrecke zwischen Lisburn und Belfast findet im August der **International Ulster Grand Prix** statt – ein Motorradrennen der internationalen Spitzenklasse. Die Besonderheit: Der Rundkurs wird auf öffentlichen Straßen ausgesteckt. In den 1950er Jahren wurden auf der Strecke sogar Formel-1-Rennen ausgetragen (www.ulstergrandprix.net).

Jedes Jahr im September findet in der Gemeinde Hillsborough in der Nähe von Lisburn das **Hillsborough International Oyster Festival** statt. Höhepunkt dieses großen Familienfestes rund um die Auster ist die Weltmeisterschaft im Austernessen (www.hillsboroughoysterfestival.com).

»All you can eat«: In Hillsborough findet alljährlich im September die Weltmeisterschaft im Austernessen statt

8 ARDS-HALBINSEL

Die Ards Peninsula liegt südöstlich von Belfast. Sowohl entlang des Strangford Lough als auch auf der Meerseite bieten sich vielfältige Aktivitäten für Wassersportler. Doch auch Naturliebhaber und Ornithologen kommen hier auf ihre Kosten. Vor allem entlang der Küste des Sees bieten sich zahlreiche Möglichkeiten der Vogelbeobachtung.

Im Norden der Halbinsel steht mit der **Ballycopeland Windmill** die einzige noch intakte Windmühle Irlands. Ein Stück weiter südlich finden sich bei dem Dorf **Greyabbey** die Ruinen einer Zisterzienserabtei aus dem 12. Jahrhundert. Die größte Attraktion ist jedoch der Landsitz **Mount Stewart House** (18./19. Jh.), der von einem wunderschönen Garten umgeben ist. Das milde Klima lässt hier Bäume und Pflanzen üppig wachsen, im Sommer ist der Garten ein buntes Blumenmeer.

Ballycopeland Windmill

SERVICE & TIPPS

Tourist Information Centre
The Stables, Castle St., Portaferry, Co. Down, BT22 1NZ
✆ (028) 42 72 98 82
www.portaferry.info
Ostern–Juni Mo–Sa 10–17, So 13–17, Juli/Aug. Mo–Sa 10–17.30, So 12–17 Uhr, sonst geschl.

Exploris Aquarium
The Ropewalk, Castle St.
Portaferry, Co. Down
✆ (028) 42 72 80 62
www.explorisni.com
Tägl. 10–17 Uhr
Eintritt £ 9.50/8, Familienticket £ 29.50, bei Onlinebuchung: £ 8/7/24.50
In Nordirlands einzigem Aquarium sind einheimische Fischarten, die im kalten Wasser der Irischen See vorkommen, zu sehen, aber auch tropische Fischarten und Reptilien. Die Lieblinge der Besucher sind jedoch die Seehunde in ihrem Freibecken. Ganz in der Nähe lohnt das Herrschaftshaus **Castle Ward** einen kurzen Besuch.

Ballycopeland Windmill
Windmill Rd., Millisle
Co. Down
✆ (028) 91 81 14 91
Juli/Aug. tägl. 10–17 Uhr
Eintritt frei
Nordirlands einzige noch arbeitende Windmühle aus dem späten 18. Jh.

Mount Stewart House and Gardens
Portaferry Rd., Newtownards
Co. Down
✆ (028) 42 78 83 87
www.nationaltrust.org.uk
Tägl. Haus 11–17, Gärten 10–17 Uhr, Eintritt £ 9.54/4.77, Familienticket £ 23.85
Familiensitz von Lord Castlereagh (1769–1822), Außenminister zur Zeit der Napoleonischen Kriege. Neoklassizistisches Haus aus dem 18. und 19. Jh., das von einer der schönsten Gartenanlagen Irlands umgeben ist – mit Pflanzen, die man nur in Südeuropa erwartet.

Ards Crafts
31 Regent St., Newtownards
Co. Down
✆ (028) 91 82 68 46
www.visitardsandnorthdown.com/things-to-do/ards-crafts
Mo–Fr 9.15–17, Sa 9.30–17 Uhr
Breite Auswahl an Kunsthandwerk, Schmuck und Textilien im örtlichen Touristenbüro.

9 CAUSEWAY COASTAL ROAD

Man verlässt Belfast Richtung Norden und wechselt am Ortsrand auf die Causeway Coastal Road (A2). Nach etwa 20 Minuten Fahrzeit erreicht man den kleinen Ort **Carrickfergus** mit der 1178 erbauten Burg. Sie zählt zu den schönsten in Nordirland und ist vor allem für Familien mit Kindern sehenswert. Lebensechte Figuren »bewohnen« das Castle und zeigen Groß und Klein auf unterhaltsame Weise, wie eine Burg »funktioniert«.

Der weitere Weg führt an der Küste entlang über die Industrie- und Hafenstädte Larne und Cushendall an einigen kleineren Burgruinen vorbei.

Ballycastle ist ein kleiner Marktort am Meer mit schönem Sandstrand in der Nähe des Hafens. Am Ortsrand liegen die Ruinen der **Bonarmargy Friary**. Von Ballycastle verkehren mehrmals täglich Fähren nach **Rathlin Island**. Die Insel ist wegen der häufig hier anzutreffenden Dreizehenmöwen und Papageitaucher besonders bei Vogelbeobachtern beliebt.

Nach gut einer Stunde Fahrzeit erreicht man die **Carrick-a-Rede Rope Bridge**: eine Hängebrücke, die über eine 24 Meter

tiefe und 18 Meter breite Felsspalte hinweg auf eine Insel vor der Küste führt. Die Brücke liegt gut einen Kilometer vom Parkplatz entfernt. Vom Wanderweg, der zur Brücke führt, genießt man spektakuläre Ausblicke auf die nordirische Steilküste.

Von nun an reiht sich eine Sehenswürdigkeit an die andere. Zunächst der weite Sandstrand von **Whitepark Bay**, dann die Ruine von **Dunseverick Castle** aus der Mitte des 15. Jahrhunderts, die Basaltsäulen von **Giant's Causeway** und schließlich die **Whiskey-Brennerei** in **Bushmills**. Kurz danach erreicht man, malerisch an der Steilküste gelegen, die Burgruine von **Dunluce Castle** aus dem 16. Jahrhundert und den vor allem bei Surfern beliebten **White Rocks Beach**. Doch auch wer sich nicht in die hohen Wellen stürzen will, ist hier richtig. Ein Spaziergang am Sandstrand entlang führt an vom Meer ausgespülten riesigen Kalksteinfelsen vorbei, deren Namen – »Elefantenfelsen«, »Bogen der Wünsche« und »Kopf des Riesen« – schon Rückschlüsse auf ihre fantastischen Formen zulassen. Den Abschluss einer Fahrt auf der Causeway Coastal Road bildet der Badeort **Portrush**.

Dramatische Klippen und Felsenlandschaften der Causeway Coast, im Vordergrund Dunluce Castle

Korn und Malz: in der Old Bushmills Distillery

SERVICE & TIPPS

Causeway Coast and Glens Tourism
11 Lodge Rd., Coleraine
Co. Derry, BT52 1LU
✆ (028) 70 34 47 23
www.visitcausewaycoastandglens.com

Tourist Information Centre
The Old Courthouse, Market Square, Co. Antrim,
BT38 7DG
✆ (028) 94 42 83 31

Carrickfergus Castle
Marine Highway
Carrickfergus, Co. Antrim
✆ (028) 93 35 12 73, www.midandeastantrim.gov.uk
April–Sept. Mo–Do 8.30–17, Fr/Sa 8.30–20, So 9.30–20 Uhr, sonst kürzer
Eintritt £ 5/3, Familienticket £ 13
Die 1178 erbaute Burg zählt zu den schönsten Nordirlands.

The Central Bar
13–15 High St.
Carrickfergus, Co. Antrim
✆ (028) 93 35 78 40
Tägl. 8–23 Uhr
Noch in Blickweite des Schlosses findet sich hier der perfekte Ort, um nach dem Besuch von Carrickfergus Castle eine geruhsame Pause einzulegen. £

Carrick-a-Rede Rope Bridge
119a White Park Rd.
Ballintoy
Co. Antrim
✆ (028) 20 76 98 39
www.nationaltrust.org.uk
Bei passablem Wetter tägl. 9.30–18 Uhr
Eintritt £ 8/4, Familienticket £ 20
Eine 20 m lange Hängebrücke zu einer Insel vor der Küste, die jährlich von immerhin etwa 250 000 Touristen überquert wird. Nur etwas für Schwindelfreie: 30 m unter der Brücke tobt die Irische See. Schöner Spazierweg vom Parkplatz zur Brücke.

Dunseverick Castle
Burgruine 7 km östlich von Bushmills. Ein Wanderweg entlang der Steilküste führt von der Ruine zum Giant's Causeway.

Old Bushmills Distillery
2 Distillery Rd., Bushmills
Co. Antrim
✆ (028) 20 73 32 18
www.bushmills.com
Mo–Sa 9.15–16.45, Nov.–Feb. erst ab 10, So 12–16.45 Uhr, halbstündlich Führungen, letzte Tour um 16, Nov.–Feb. 15.30 Uhr, Eintritt £ 8/4.50, Familienticket £ 23

Die Whiskey-Destillerie in der kleinen Stadt Bushmills in der Nähe des Giant's Causeway erhielt 1608 das Brennrecht und ist damit eine der ältesten Produktionsstätten des edlen Getränks. Bei einer Führung lernt man alle Schritte der Whiskey-Produktion kennen und kann sich am Ende von der Qualität des hauseigenen Whiskeys überzeugen, der im Gegensatz zu dem vieler anderer Hersteller immer nur aus einer Sorte Korn und Malz hergestellt wird. Im Shop bekommt man neben den üblichen Irland-Souvenirs unterschiedlich lange gereifte Whiskeys.

Dunluce Castle
87 Dunluce Rd., Bushmills
Co. Antrim
✆ (028) 20 73 19 38
www.discovernorthernireland.com
Tägl. 10–17 Uhr, letzter Einlass eine halbe Stunde vor Schließung, Eintritt £ 5/3, Familienticket £ 13
Malerische Burgruine für Romantiker – bereits Ende des 16. Jh. wurde diese Burg direkt an der Steilküste zerstört.

Lost and Found Café
2 Queen St., Coleraine
www.wearelostandfound.com
Mo–Sa 10–17, So 9.30–17 Uhr
Hier wird Frühstück und bis 15.30 Uhr Mittag serviert. Zur Auswahl stehen kleine Gerichte wie Sandwiches oder Suppen zu erschwinglichen Preisen. Der Kaffee schmeckt hervorragend. £

Ausführliche Informationen zu den Sehenswürdigkeiten an der Causeway Coastal Road findet man auf folgender Website: www.causewaycoastalroute.com.

In schwindelerregenden 24 Metern Höhe: die Carrick-a-Rede Rope Bridge bei Ballintoy

⑩ 9 GIANT'S CAUSEWAY

Mit mehr als 800 000 Besuchern jährlich zählt der von der UNESCO zum Weltnaturerbe ernannte Giant's Causeway an der Nordküste der Grafschaft Antrim zu den meistbesuchten Sehenswürdigkeiten Irlands. Um die rund 40 000 Basaltsäulen ranken sich seit Ewigkeiten zahlreiche Mythen. Einer der bekanntesten Legenden nach wollte der Riese Finn McCool einen Damm bis hinüber nach Schottland bauen – wo nämlich ähnliche Basaltsäulen zu finden sind –, damit er trockenen Fußes zu seiner Liebsten gelangen konnte.

Sechseckige Basaltsäulen am Giant's Causeway als UNESCO-Weltnaturerbe

Geologen sehen dies naturgemäß nüchterner; sie schätzen das Alter der Basaltsäulen auf etwa 60 Millionen Jahre und schreiben sie vulkanischer Aktivität und einem natürlichen Abkühlungsprozess des heißen Magmas zu. Die meisten Säulen sind sechseckig und etwa 30 Zentimeter dick, es gibt aber auch welche mit vier, fünf, acht und zehn Seiten.

Vor gut 60 Millionen Jahren trennte sich Nordamerika von Europa. Durch die Aufspaltung der Kontinente brach die Erdkruste nordöstlich von Irland auf, als Folge davon durchdrangen gewaltige Lavaströme das Kalkgestein. Etwa zwei Millionen Jahre dauerte diese Phase, in der das Basaltsteinplateau

der Grafschaft Antrim entstand. In der Folgezeit gab es nur noch kleinere vulkanische Eruptionen. Die Lava sammelte sich dabei in Kratern und Spalten und kühlte dort nur langsam ab, so konnten sich die mehreckigen Basaltsäulen – die immer senkrecht zur Abkühlungsfläche stehen – des Giant's Causeway bilden.

Vom Visitor Centre führt eine Straße hinunter an die Küste, die, steil und erodiert, selbst ohne die Basaltsäulen schon sehenswert wäre. Eine weitere Besichtigungsmöglichkeit bietet der **North Antrim Cliff Path**, der ein Stück am oberen Rand der Steilküste entlangführt, über Treppen gelangt man dann zum Strand und zum Giant's Causeway.

SERVICE & TIPPS

i ☕ 🚻 9 **Giant's Causeway Visitor Experience**
44 Causeway Rd.
Bushmills
Co. Antrim, BT57 8SU
✆ (028) 20 73 15 82
www.nationaltrust.org.uk/giants-causeway
Tägl. 9–18 Uhr
Eintritt £ 11.50/5.75, Familienticket £ 28.75
Das im Sommer 2012 eröffnete Visitor Centre bietet eine sehenswerte Ausstellung sowie eine Cafeteria und einen Souvenirshop. Das Gebäude ist CO_2-neutral und auch architektonisch sehenswert. Auf dem grasbedeckten Dach können die Besucher spazieren gehen.

Von Wellen umtost: Giant's Causeway, die meistbesuchte Sehenswürdigkeit Nordirlands

Warzenähnliche Gebilde im Gezeitengürtel: Seepocken

⓫ PORTRUSH

Der beliebte Badeort mit seinen langen Sandstränden ist idealer Ausgangspunkt für eine Fahrt auf der Causeway Coastal Road oder einen Ausflug zum Giant's Causeway. Für Familien mit Kindern ist der Besuch von **Barry's Amusements**, Irlands größtem Freizeitpark, interessant. Der Nachbarort **Portstewart** ist wegen seines langen Sandstrands ebenfalls ein populärer Badeort.

Bekannt aus der ▷ Fantasyserie »Game of Thrones«: die über 250 Jahre alten »Dark Hedges« genannten Buchen an der Bregagh Road zwischen Ballycastle und Ballymoney

SERVICE & TIPPS

Tourist Information
Portrush Town Hall, 2 Kerr St.
Portrush, Co. Antrim, BT56 8BT
✆ (028) 70 82 33 33, www.visitcausewaycoastandglens.com
März, Okt. Sa/So 12–17, April–Mitte Juni, Sept. Mo–Fr 9–17, Sa/So 12–17, Mitte Juni–Aug. tägl. 9–19 Uhr

Barry's Amusements
16 Eglinton St., Portrush
Co. Antrim
✆ (028) 70 82 23 40
www.barrysamusements.com
Mitte März–Mai Sa/So 12.30–21.30, Juni Mo–Fr 10–18, Sa 12.30–22, So 12.30–21.30, Juli/Aug. tägl. 12.30–22 Uhr
Eintritt frei, Attraktionen kostenpflichtig, £ 10 für 24-mal Helter Skelter.

Fischerboote im Hafen von Portrush

Fifty-Five Degrees North
1 Causeway St.
Portrush, Co. Antrim
✆ (028) 70 82 28 11
www.55-north.com
Mo–Sa 12.30–15 und 17 bis in die Nacht, So 12–15 und 15–19.30 Uhr
Das Restaurant im Herzen von Portrush bietet internationale Küche, vor allem aber spektakuläre Ausblicke über den »East Strand« und die Causeway-Küste. ££

Ausflugsziel:

Downhill Demesne and Hetzlet House
Mussenden Rd., Castlerock
Co. Antrim
✆ (028) 70 84 87 28
www.nationaltrust.org.uk
Herrenhaus April–Aug. tägl. 10–17, Sept., März nur Sa/So 10–17 Uhr, das Anwesen ganzjährig
Eintritt £ 5.60/2.70, Familienticket £ 13.90
Die Ruinen eines alten Herrschaftshauses, der 1785 erbaute kreisrunde Mussenden-Tempel direkt an der Abbruchkante der steilen Kliffküste und die Wanderwege, die an der Abbruchkante entlangführen und herrliche Ausblicke auf weite Sandstrände eröffnen, lohnen den Besuch.

10 BELFAST

EINE AUFBLÜHENDE STADT

Probritisch im nordirischen Belfast

10 Belfast ist die Hauptstadt Nordirlands und nach Dublin die größte Stadt der irischen Insel. Rund 340 000 Menschen leben hier, rechnet man die Randgebiete hinzu, sind es knapp eine halbe Million. Seit dem Mittelalter gibt es an dieser Stelle eine befestigte Ansiedlung; der Name Belfast, auf Irisch Béal Feirste (sandige Furt an der Flussmündung), lässt auf den Grund schließen: Hier bestand die erste Möglichkeit, den Fluss Farset sicher zu überqueren. Dieser mündet am Donegall Quay in den Lagan, verläuft heute allerdings in einem unterirdischen Kanal.

Für mehrere Jahrhunderte blieb die Ansiedlung eher unbedeutend, erst 1609 erhielt das Handelszentrum Stadtrechte. Der Aufschwung kam mit mehreren Einwanderungswellen englischer und schottischer Siedler sowie französischer Hugenotten im Laufe des 17. Jahrhunderts. Neue Industriezweige wie die Textilindustrie und der Schiffs- und Maschinenbau entwickelten sich. Die industrielle Revolution ließ die Bevölkerungszahl explodieren, und es entstanden ganze Viertel mit einfachen Reihenhäusern für die Fabrikarbeiter, die noch heute in weiten Teilen das Stadtbild prägen.

Belfast City Hall mit der Statue Queen Victorias im Vordergrund

Ab 1969 sorgten Bombenanschläge und bürgerkriegsähnliche Auseinandersetzungen zwischen militanten Gruppen von Katholiken und Protestanten immer wieder weltweit für Negativschlagzeilen. In dieser Zeit der »Troubles« war Belfast wahrlich kein Ziel für Touristen. Erst durch das sogenannte Karfreitagsabkommen von 1998 wurden die »Troubles« offiziell für beendet erklärt.

Seitdem blüht die Stadt wieder auf und auch die Besucher – inzwischen mehr als zehn Millionen im Jahr – müssen nicht mehr um ihre Sicherheit fürchten. Doch noch erinnert vieles an die dunklen Jahre der Unruhen: Friedenslinien, Mauern und Stacheldrahtzäune trennen einzelne Stadtviertel, auch wenn die Kontrollpunkte nicht mehr besetzt und die Tore ständig geöffnet sind – anscheinend ist die Zeit noch nicht reif die Symbole der Teilung einfach abzureißen. Auch die zahlreichen *Wall Murals* mit teilweise martialischen Motiven und Sprüchen erinnern daran, dass noch längst nicht alle Wunden verheilt sind.

Das Titanic Memorial vor der City Hall hält die Erinnerung an die Opfer der Schiffskatastrophe von 1912 wach

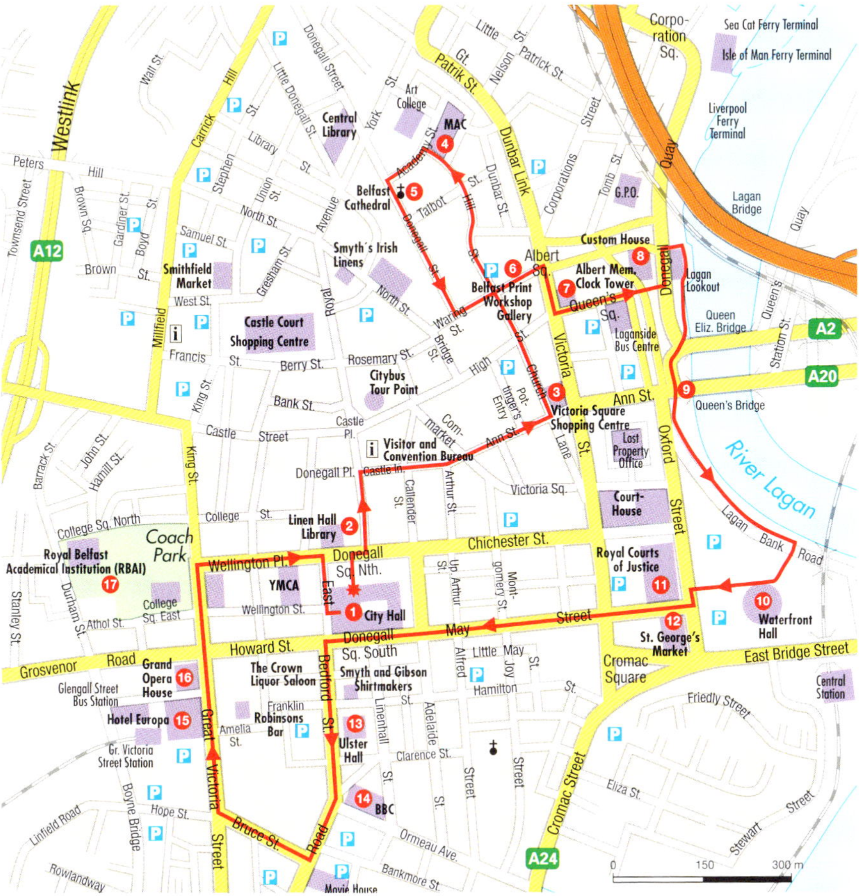

Zum 100. Jahrestag des Untergangs der »Titanic« im Jahr 2012 putzte sich Belfast mächtig heraus; ein hochmodernes Museum erinnert seitdem an den auf der Jungfernreise gesunkenen Luxusdampfer. Man ist stolz auf seine ruhmreiche Geschichte und möchte sich als moderne Stadt mit sehenswerter viktorianischer Architektur, modernen Shoppingmeilen und urigen Pubs präsentieren. 2018 wurde ein 500 Meter langer Titanic Walkway am Victoria Wharf eröffnet, ein Lehrpfad mit Tafeln. Auch ein 130 Jahre altes Leuchtturm-Licht (Great Light) wurde restauriert und am Hafen in Szene gesetzt.

Ein Stadtrundgang durch die nordirische Hauptstadt

Der Stadtrundgang durch Belfast beginnt mitten im Herzen der Stadt an der ❶ **City Hall**, in der die Stadtverwaltung ihren Sitz hat. Das 1906 fertiggestellte Rathaus ist nicht nur ein Wahrzeichen Belfasts, es zählt sogar zu den bedeutendsten Bauwerken Großbritanniens. Sowohl sein viktorianisches Äußeres mit den vier Türmen und der imposanten Kuppel als auch sein Inneres mit der marmornen Eingangshalle und dem repräsentativen Treppenaufgang sind sehenswert.

Das Wahrzeichen der nordirischen Hauptstadt Belfast: Albert Memorial Clock Tower

Rings um die City Hall erinnern Statuen an Personen und Ereignisse, die für die Stadtgeschichte von Bedeutung waren. Vor dem Haupteingang ist Königin Victoria zu sehen, an der Ostseite Sir Edward Harland, der Begründer der Werft Harland and Wolff, in der – neben zahlreichen anderen Luxuslinern – auch die »Titanic« gebaut wurde. Ein Denkmal für die Opfer des »Titanic«-Untergangs befindet sich vor dem Rathaus.

Vom Haupteingang der City Hall blickt man auf den Donegall Square North. Linker Hand befindet sich die ❷ **Linen Hall Library**, ein wichtiges Informationszentrum für alle, die mehr über die Geschichte von Belfast erfahren möchten – nirgendwo sonst gibt es eine umfangreichere Sammlung von Büchern und Zeitungsartikeln über die Zeit der »Troubles«.

In der Straße Donegall Place erreicht man nach wenigen Metern das **Visitor & Convention Bureau**, das nicht nur Material zu Belfast, sondern zu ganz Nordirland bereithält. An der Castle Lane biegt man rechts ab und erreicht via Ann Street das ❸ **Victoria Square Shopping Centre**. Hier lohnt ein Zwischenstopp, und das nicht nur, wenn man einkaufen will, denn von der Aussichtsplattform im Obergeschoss eröffnet sich ein weiter Blick über die Innenstadt.

Über Church Lane und Hill Street geht es in nördlicher Richtung weiter ins **Cathedral Quarter**. In dem Stadtviertel mit seinen vielen Kneipen und Restaurants lohnt es, ein bisschen kreuz und quer zu gehen und die Atmosphäre zu schnuppern. Als Orientierungspunkte bieten sich das neue Kunstzentrum 4 **MAC** (Metropolitan Art Centre) und die nur einige Schritte davon entfernt liegende 5 **Belfast Cathedral** an. Die protestantische, neoromanische Kathedrale besitzt die größte Pfeifenorgel Nordirlands.

John Kindness' Keramikskulptur »Big Fish« am Donegall Quay erinnert an die Rückkehr der Lachse

Man verlässt das Cathedral Quarter über die Donegall Street und wendet sich an ihrem Ende nach links in die Waring Street, wo die 6 **Belfast Print Workshop Gallery** in einem ehemaligen Zolllager Ausstellungen zur Druckgrafik zeigt. Viele der Exponate kann man auch käuflich erwerben und außerdem Künstlern bei der Arbeit zuschauen. Anschließend erreicht man mit dem 7 **Albert Memorial Clock Tower** ein weiteres Wahrzeichen der Stadt. Der Uhrturm am belebten Queens Square wurde Mitte des 19. Jahrhunderts zu Ehren von Prinz Albert, Königin Victorias Gemahl, errichtet.

Vorbei am Laganside Bus Centre gelangt man zum 8 **Custom House**. Die prächtige Fassade ist besonders beeindruckend, wenn sie abends angestrahlt wird. Auf den Stufen steht die Skulptur »The Speaker« von Gareta Knowles, denn ähnlich wie an der Speaker's Corner im Londoner Hyde Park konnte hier jeder seine Meinung öffentlich kundtun.

Belfast Waterfront Hall am Ufer des Lagan

Nun ist es nicht mehr weit bis zum Ufer des Lagan und der Skulptur **Big Fish** von John Kindness, die an die Rückkehr der Lachse erinnert. In den letzten Jahren hat sich die einst schlechte Wasserqualität des Lagan erheblich verbessert, sodass heute wieder Lachse im Fluss schwimmen. Am »Big Fish« gibt es eine Fußgängerbrücke über den Fluss, von der man das **Lagan Weir**, eine Stauanlage mit fünf Stahltoren, ebenso gut sieht wie die Hafenanlagen der Stadt mit den riesigen Kränen der Werft Harland and Wolff.

Die Uferpromenade führt zur 1849 von Königin Victoria eröffneten **9 Queen's Bridge** und der modernen Skulptur **Harmony of Belfast**. Modern präsentiert sich auch die **10 Belfast Waterfront Hall**, ein 1997 von Prinz Charles eröffnetes Konferenz- und Veranstaltungszentrum, das zu einem Symbol für die Erneuerung des Hafenviertels und der gesamten Stadt geworden ist.

Gegenüber befinden sich mit dem **11 Royal Courts of Justice** und dem **12 St. George's Market** zwei historische Gebäude. Die Markthalle wurde Ende des 19. Jahrhunderts im klassizistischen Stil errichtet; ursprünglich nur ein Obstmarkt, beheimatet sie heute freitags und samstags einen Lebensmittel-, Kleidungs- und Haushaltsmarkt. Folgt man nun der May Street, erreicht man bald den Donegall Square South und die City Hall.

Kurz hinter dem Rathaus biegt man links in die Bedford Street ein und sieht nach hundert Metern auf der linken Straßenseite die neu renovierte **13 Ulster Hall**. 1862 als großer Tanzsaal errichtet, ist die Halle einer der wichtigsten Veranstaltungsorte der Stadt und hat schon viele legendäre Konzerte, Sportveranstaltungen und politische Kundgebungen gesehen. Unter Musikliebhabern bekannt ist die Orgel der Ulster Hall – sie gilt als eine der schönsten in Großbritannien.

Vor dem Hotel Europa in Belfast

Das Grand Opera House von 1895

Nach weiteren hundert Metern erreicht man an der Ecke zur Ormeau Avenue das ⓮ **BBC-Gebäude**. Während Fernsehfreaks hier – allerdings nur sofern sie vorbestellt haben – an Studioführungen teilnehmen können, interessieren sich Kinofreunde mehr für das **Movie House**, ein Multiplexkino am Übergang zwischen Bedford und Dublin Street. Man biegt rechts in die Bruce Street ein, folgt ihr bis zur nächsten Kreuzung und wendet sich dann nach rechts in die Great Victoria Street.

Hier steht das ⓯ **Hotel Europa**. In den 1960er und 1970er Jahren erwarb es den zweifelhaften Ruhm, das am häufigsten bombardierte Gebäude Europas zu sein. Damals übernachteten in dem Hotel vor allem Journalisten, die über den Nordirlandkonflikt berichteten. Damit kein Anschlag in der Presse ignoriert wurde, zündeten protestantische wie katholische Terroristen ihre Bomben mit Vorliebe hier. Sind die Journalisten persönlich betroffen – so das Kalkül –, werden sie mit Sicherheit in ihrer Heimat über den Anschlag berichten.

Die damaligen Zeiten waren auch für den **Crown Liquor Saloon** gegenüber dem Hotel nicht leicht. Das populäre Pub war von den Anschlägen gleichermaßen betroffen und bald wagten sich nur noch die Mutigsten auf ein Guinness an die Bar. Heute ist das Crown wieder gut besucht und die mit Abstand bekannteste und schönste Kneipe der Stadt. Schon dem bunt gefliesten Eingang mit seinen Säulen sieht man an, dass sich hinter den Schwingtüren etwas Besonderes verbirgt. Bunte Fliesen, farbenfrohe Fenster, antike Lampen und gemütliche »Separées« schaffen viel Flair. 1826 erbaut war der Crown Liquor Saloon zunächst nur eine einfache Bahnhofsgaststätte der Great Northern Railwaystation. Den Bahnhof gibt

DIE *WALL MURALS* VON BELFAST

»Wall Murals« in der überwiegend von protestantisch eingestellten Iren bewohnten Shankill Road und …

Die *Wall Murals* in den Wohngebieten radikaler Protestanten und Katholiken sind keine Sehenswürdigkeiten im eigentlichen Sinn, sondern politische Zeugnisse aus der Zeit der »Troubles«, wie man in Nordirland die bürgerkriegsähnlichen Unruhen zwischen Mitte der 1960er und Ende der 1990er Jahre nennt. Inzwischen wird zwar kein Blut mehr vergossen, doch bei einem Spaziergang durch die Wohngebiete in Westbelfast ist die Spannung noch heute greifbar. Die protestantischen Wandbilder in der Shankill Road und ihrer Umgebung strotzen vor aggressiven Motiven. Maschinengewehrtragende Kapuzenmänner sind an den Häusergiebeln in Siegerposen abgebildet und verurteilte Terroristen werden in großen Bildern an den Häuserwänden als Helden verherrlicht. Im Vergleich dazu wirken die »Werke« der katholischen Wandmaler in der Fall Road fast schon zurückhaltend, aber auch hier ist das Thema dasselbe: Hass und Aggression gegen die andere Volksgruppe.

Politisch interessierte Besucher sollten unbedingt die protestantischen und katholischen Wohngebiete in Westbelfast besuchen, denn hier kann man die Dramatik des Nordirlandkonflikts, der das Land für viele Jahre in Atem gehalten und mehr als 3500 Menschenleben gekostet hat, am besten verstehen. Auf bedrückende Weise eindrucksvoll ist die »Belfast's Berlin Wall« am Cupar Way, die protestantische und katholische Wohngebiete trennt.

… in der vorwiegend von katholisch-republikanischen Iren besiedelten Belfaster Falls Road

es schon lange nicht mehr, das Pub aber wurde 1885 und 1895 grundlegend renoviert und erhielt damals sein heutiges Aussehen. Sollte es überfüllt sein: Zehn Meter weiter ist es in der **Robinson's Bar** ebenfalls sehr gemütlich.

Das 16 **Grand Opera House** von 1895 ist vom Hotel Europa nur durch die schmale Glengall Street getrennt. Der moderne Anbau sieht für sich genommen zwar gar nicht so schlecht aus, zum viktorianischen Stil der Oper passt er aber wie die sprichwörtliche Faust aufs Auge.

Wiederum nur wenige Schritte entfernt steht an der Ecke zur Howard Street das **Presbyterian Assembly Building**, in dem heute die Spires Shoppingmall untergebracht ist. In den 1970er Jahren wurde auch dieses Gebäude, wie so viele in der Stadt, durch Terroranschläge beschädigt. Etwas weiter erblickt man in der Mitte der Straße die Statue von Henry Cooke (1788–1868), einem presbyterianischen Geistlichen und Führer der protestantischen Bewegung.

Auf der linken Straßenseite liegt die 17 **Royal Belfast Academical Institution**, zwischen 1809 und 1814 nach Plänen von John Soane erbaut. Die Baukosten wurden durch Spenden von Kauf- und Geschäftsleuten aufgebracht. Im Gegenzug durften diese einen Sohn der Familie auf die Schule schicken. Berühmtester Schüler war Thomas Andrews, der die Pläne für die »Titanic« zeichnete und mit ihr und etwa 1500 weiteren Passagieren im April 1912 unterging.

Biegt man an der Schule rechts in die Wellington Place ab, erreicht man nach 200 Metern wieder die City Hall, den Ausgangspunkt des Stadtrundgangs.

***Guided Taxi Tours:** Während der »Troubles« stellten die alten »Black Taxis« oft die einzige Möglichkeit dar, in die problematischen Teile der Stadt zu gelangen, in denen es keinen öffentlichen Nahverkehr mehr gab. Heute werden diese Taxis von Touristen gern für Stadtrundfahrten gebucht, denn die Fahrer kennen die besten »Wall Murals« und können viel über die jüngste Belfaster Geschichte erzählen.*

SERVICE & TIPPS

Belfast International Airport
✆ (028) 94 48 48 48
www.belfastairport.com
Etwa 30 Autominuten nordöstlich der Stadt.

Der Airport Express 300 fährt ins Zentrum, werktags tagsüber alle 15 Minuten, sonst in größeren Abständen. Die einfache Fahrt kostet £ 7.50, hin und zurück zahlt man £ 10.50.

Visitor & Convention Bureau
47 Donegall Place, Belfast
Co. Antrim, BT1 5AD
✆ (028) 90 24 66 09
www.visit-belfast.com
Mo–Sa 9–19, Okt.–Mai nur bis 17.30, So 11–16 Uhr

Belfast Black Taxi Tours
✆ (028) 90 64 22 64
www.belfasttours.com/about.htm

Belfast Taxi Tours
✆ (028) 94 32 12 27
www.belfast-taxitours.com

The Original Black Taxi Tours
✆ (028) 90 31 57 77
www.taxitrax.com

Discovery Centre
2 Queen's Quay, Belfast
Bus 5, 7, 9: Laganside Buscentre
✆ (028) 90 46 77 00
www.w5online.co.uk
Mo–Fr 10–17, Sa 10–18, So 12–18 Uhr

St. Anne's Cathedral, Belfasts protestantische Kathedrale

Eintritt £ 9.80/7.50 Familienticket £ 27.50–48.60 (je nach Personenzahl)
Hier darf nach Herzenslust experimentiert werden. Für alle, die sich für naturwissenschaftliche Phänomene interessieren.

Titanic Belfast
Titanic House, 6 Queens Rd.
Belfast
Metro 26: Belfast Metropolitan
✆ (028) 90 76 63 99
www.titanicbelfast.com
Tägl. April/Mai, Sept. 9–18, Juni/Juli 9–19, Aug. 9–20, Okt.–März 10–17 Uhr, letzter Einlass 1 Stunde 45 Minuten vor Schließung
Eintritt £ 18/8, Kinder bis 5 J. frei, Familienticket £ 44, Außengelände Eintritt frei
Seit 2012 Belfasts größte Attraktion: In dem 117 Mio. Euro teuren, schon für sich sehenswerten Neubau mit den einem Schiffsbug nachempfundenen silbernen Außenmauern präsentiert das hochmoderne Titanic Museum auf vier Etagen eine Multivisionsausstellung. Dabei geht es nicht allein um das Schiff und seine schicksalhafte Jungfernreise. Die Besucher werden mitgenommen auf eine Zeitreise in die ersten Jahrzehnte des 20. Jh. – die Epoche, in der die »Titanic« gebaut wurde. Man erfährt viel über die damalige politische Situation, die Lebens- und Arbeitsbedingungen.

Gelungen ist auch die Idee, dass man in den unterschiedlichen Teilen der Ausstellung immer wieder auf dieselben »Personen« trifft. So kann man z. B. den Lebensweg einiger beim Untergang ums Leben gekommener Passagiere nachverfolgen.

Da das Museum zu den meistbesuchten Sehenswürdigkeiten des Landes gehört, sollte man die Eintrittskarten vorab im Internet buchen. Denn wenn die Höchstbesucherzahl erreicht ist, werden an der Tageskasse keine Tickets mehr verkauft.

Das Museum steht genau an der Stelle, an der die »Titanic« einst gebaut wurde. Auf dem **Außengelände** zeigen Markierungen im Boden, wo das Schiff in der Werft lag und wie groß es war.

Konstruktion der »Titanic« auf der damals weltgrößten Werft Harland & Wolff in Belfast

Flora unter Glas: das Palm House der Royal Belfast Botanic Gardens

Vor der City Hall im Herzen von Belfast

Wenige Schritte vom Museum entfernt liegt die **SS Nomadic** vor Anker. Das Schiff zog die »Titanic« vor ihrer Schicksalsreise als Schlepper aus dem Hafen und dient heute frisch renoviert als Restaurant.

Um das Titanic Museum herum ist ein ganz neues Stadtviertel entstanden – das **Titanic Quarter**. Hier findet man neben einer Sportarena und Filmstudios auch den neuen Campus der technischen Universität sowie einige Hotels. Auch ein Wohnviertel hat man hier errichtet (http://titanic-quarter.com).

Ulster Museum
Botanic Gardens, Belfast
Metro 8: Queen's University
✆ (028) 90 44 00 00
www.nmni.com
Tägl. außer Mo 10–17 Uhr
Eintritt frei
Das nach gründlicher Sanierung neu eröffnete Museum findet man im Botanischen Garten. Die einzelnen Stockwerke gliedern sich in »Art Zone«, »Nature Zone« und »History Zone«. Gezeigt werden gut aufbereitete Ausstellungen über die irische Geschichte von der prähistorischen Zeit bis zu den »Troubles«, zur Natur von der Eiszeit bis zum Leben im Meer und eine Gemäldegalerie. Über alle Stockwerke zieht sich ein Innenhof, das sogenannte »Window of our World«. Hier sind u. a. ein irisches Hochkreuz, ein Dinosaurierskelett, ein Totempfahl aus Nordamerika und Utensilien aus einem japanischen Tempel ausgestellt.

__Cathedral Quarter: Das Viertel im Schatten der Kathedrale ist der Ausgehbezirk der nordirischen Hauptstadt. Ein Spaziergang durch die engen Gassen rund um die Donegall Street lohnt sich jedoch auch für Besucher, die auf der Suche nach schönen Fotomotiven sind.__

5 Belfast Cathedral
Donegall St., Belfast
✆ (028) 90 32 83 32
www.belfastcathedral.org
Mo–Sa 10–16, So nur vor und nach den Gottesdiensten
Eintritt frei
Im Innern der protestantischen **St. Anne's Cathedral**, 1899 begonnen und erst 1981 fertiggestellt, sind die Mosaike und die

bunten Glasfenster sehenswert. Die große Orgel hat vier Manuale und 70 Register.

6 Belfast Print Workshop Gallery
Cotton Court, 30–42 Waring St.
Belfast
✆ (028) 90 23 13 23
www.bpw.org.uk
Mo–Fr 10–16.30, Sa/So 11–16 Uhr
Hier dreht sich alles um Druckgrafik. Man kann Künstlern bei der Arbeit zuschauen, Ausstellungen besuchen und Kunstwerke erwerben.

Botanic Gardens
Botanic Ave., Belfast
Metro 8: Queen's University
✆ (028) 90 31 47 62
www.belfastcity.gov.uk
Garten tägl. 7.30 Uhr bis Einbruch der Dunkelheit, Tropenhaus tägl. April–Sept. 10–17, Okt.–März 10–16 Uhr
Eintritt frei
Nur wenige Meter von der Universität entfernt liegt der Botanische Garten Belfasts. Hauptattraktion ist das Palmenhaus aus dem Jahr 1851, dessen elegante Glas- und Schmiedeisenkonstruktion zu den frühsten Beispielen dieser Bauweise gehört. Unter der hohen Glaskuppel wachsen in tropenwarmer, feuchter Luft Palmen und Bananen. Am Ausgang kann man sich ein Denkmal für den 1824 in Belfast geborenen Physiker Lord Kelvin anschauen – seine größte Entdeckung ist die nach ihm benannte Kelvin-Temperaturskala. Eine weitere Attraktion ist die frisch restaurierte tropische Grotte von 1889.

1 City Hall
Donegall Sq., Belfast
✆ (028) 90 23 02 02
http://www.belfastcity.gov.uk
Führungen Mo–Fr 11, 14, 15, Sa/So 12, 14 und 15 Uhr
Eintritt frei
Das imposante Gebäude aus hellem Stein von der Insel Portland wurde 1906 errichtet. Es war Schauplatz der Unterzeichnung des nordirischen Unabhängigkeitsvertrages im Jahr 1912, außerdem eröffnete König George V. hier das erste nordirische Parlament.

16 Grand Opera House
2–4 Great Victoria St., Belfast
✆ (028) 90 24 19 19
www.goh.co.uk
Führungen nach telefonischer Voranmeldung
Das Grand Opera House wurde 1894/95 im spätviktorianischen Stil errichtet. In den 1960er und 1970er Jahren war es von

Bunte Vielfalt im Botanischen Garten von Belfast

Prestigebau für etwa 117 Millionen Euro: Titanic-Erlebniszentrum in Belfast, davor Rowan Gillespies Gallionsfigur »Titanica«

den Bombenanschlägen auf das benachbarte Hotel Europa betroffen, wurde jedoch 1980 renoviert. Sehenswert sind sowohl die Außenansicht als auch der opulent ausgestattete Saal.

2 Linen Hall Library
17 Donegall Sq. North, Belfast
✆ (028) 90 32 17 07
www.linenhall.com
Mo–Fr 9.30–17.30, Sa 9.30–16 Uhr
Die älteste Bibliothek Belfasts wurde 1788 gegründet und verfügt heute über das umfassendste Archiv zu den politischen Unruhen in Nordirland.

4 MAC – Metropolitan Arts Centre
St. Anne's Sq., Belfast
✆ (028) 90 23 50 53
www.themaclive.com
Tägl. 10–19 Uhr
Das 2012 eröffnete »Kunsthaus« von Belfast beherbergt zwei Theater sowie Galerien. Zugleich ist es Treffpunkt für die Einheimischen, die hier im gemütlichen Café eine kleine Pause einlegen. Perfekt zur Erholung nach dem Besuch des Cathedral Quarter.

Queen's University
University Rd., Belfast
Metro 7: College Park; Metro 8: Queen's University
✆ (028) 90 24 51 33
www.qub.ac.uk
1845 gegründet, gilt die Queen's University heute als eine der besten Universitäten Großbritanniens. Sie hat viele berühmte Absolventen hervorgebracht, beispielsweise die irische Präsidentin Mary McAleese und den Literaturnobelpreisträger Seamus Heaney. Mit seiner von dem Belfaster Architekten Sir Charles Lanyon entworfenen Vorderfront gehört das Gebäude zu den schönsten Bauten Irlands.

Nahe dem Haupteingang liegt die Besucherinfo, in der man mehr über die Universität erfährt und auch Souvenirs kaufen kann.

13 Ulster Hall
34 Bedford St., Belfast
✆ (028) 90 33 44 55 (Tickets)
www.ulsterhall.co.uk

Sie genießt einen hervorragenden akademischen Ruf: Queen's University in Belfast

Die Halle, die 1862 als großer Tanzsaal errichtet wurde, ist einer der wichtigsten Veranstaltungsorte der Stadt. Die Orgel der Ulster Hall gilt als eine der schönsten in Großbritannien.

Shu
Lisburn Rd., Belfast
✆ (028) 90 38 16 55
www.shu-restaurant.com
Wird immer wieder unter die besten Restaurants Nordirlands gewählt. Raffiniert ist das 3-8-3-Lunch: Wochentags zischen 12 und 14.30 Uhr kann man sein Mittagsmenü aus Vorspeise (£ 3), Hauptgericht (£ 8) und Dessert (£ 3) zusammenstellen, also 3 Gänge für nur £ 14 bekommen. ££–£££

Mourne Seafood Bar
34–36 Bank St., Belfast
✆ (028) 90 24 85 44
www.mourneseafood.com
Mo–Do 12–21.30, Fr/Sa 12–15.30 und 17–22, So 13–21 Uhr
Eines der besten Fischrestaurants der Stadt, bekannt u.a. für seine Muschelgerichte. Fleischfans finden auf der Karte ebenfalls ein paar Angebote. Öffnungszeiten beachten: Das Restaurant schließt relativ früh. ££

Apartment
2 Donegall Sq. West, Belfast
✆ (028) 90 50 97 77
www.apartmentbelfast.com
Bar und Restaurant in modernem Design. Von den Plätzen am Fenster hat man einen herrlichen Blick auf die City Hall. £

Berts Jazz Bar & Restaurant
High St., Belfast
✆ (028) 90 26 27 13
www.themerchanthotel.com
Mo–Fr ab 16 (Küche Mo–Do ab 17, Fr ab 18), Sa/So ab 11 Uhr
Wer Fleischgerichte mag, ist hier richtig. Sonntags trifft man sich zum Brunch und allabendlich gibt es ab 21 Uhr Live-Jazz. ££

Bittles Bar
70 Upper Church Lane, Belfast
✆ (028) 90 81 13 33
Die urige Bar in einem roten Ziegelgebäude aus viktorianischer Zeit bietet eine große Auswahl an Fass- und Flaschenbieren. Auch auf den einen oder anderen Cidre schauen die Belfaster hier gern rein. £

The Crown Liquor Saloon
46 Great Victoria St., Belfast
✆ (028) 90 24 31 87
www.nicholsonspubs.co.uk
Mo–Sa 11.30–24, So 12.30–23 Uhr
Ins Crown sollten nicht nur Belfast-Besucher kommen, die auf der Suche nach einem kühlen Bier sind, sondern auch solche, die sich für historische Gebäude interessieren. Das Pub – 1826 erbaut – ist mit seinen bunten Fliesen und farbenfrohen Fenstern eine der Sehenswürdigkeiten der Stadt. Deswegen gehört die Kneipe auch keinem Privatmann, sondern dem National Trust, dessen Aufgabe es ist, die größten Kulturdenkmäler des Landes zu erhalten. £

The Duke of York
Commercial Court/Donegall St. Belfast
✆ (028) 90 24 10 62
www.dukeofyorkbelfast.com
So stellt man sich ein typisches irisches Pub vor. Gemütlich und vollgestopft mit Krimskrams. Das Guinness kommt frisch vom Fass und donnerstags sowie sonntags wird abends Livemusik gespielt. Größte Auswahl an irischen Whiskeys in Nordirland. Meistens sehr voll.

John Hewitt Bar
51 Donegall St., Belfast
✆ (028) 90 23 37 68
www.thejohnhewitt.com
Gemütliche Bar im Cathedral Quarter, in der regelmäßig Livemusik gespielt wird – von

Eine Perle viktorianischer Pub-Kultur in Belfast: The Crown Liquor Saloon

Gefragte Souvenirs: »Titanic«-Memorabilien

irischen Traditionals bis zu Jazz. Mittags kann man hier auch essen. Gemütlich: Wenn es draußen kalt ist, knistert drinnen der offene Kamin. £

Madden's Bar
74 Berry St., Belfast
✆ (028) 90 24 41 14
www.maddensbar.com
Mo–Sa 11.30–1, So 12–24 Uhr
Mo, Fr und Sa wird hier traditionelle irische Musik gespielt. Der Besitzer ist das Dubliner Blues-Talent Richie Uzell.

The Menagerie Bar
130 University St., Belfast
✆ (028) 90 32 59 22
www.menageriebar.com
Do–So ab 20 Uhr
Von außen pfui, innen hui. Nicht von der Fassade abschrecken lassen, drinnen ist eine der beliebtesten Bars der Stadt. Häufig Livemusik.

Revolución de Cuba
25–39 Arthur St., Belfast
✆ (028) 95 90 92 49
www.revoluciondecuba.com/bar/belfast
Havanna mitten in Belfast: kubanische Cocktailbar und Restaurant. Tolle Burritos, Tapas und Weltklasse-Rum. £

Robinsons
38–42 Great Victoria St., Belfast
✆ (028) 90 24 74 47
www.robinsonsbar.co.uk
Typisches irisches Pub gegenüber dem Europa Hotel. Bevor man im Erdgeschoss an der Bar sein Guinness trinkt, kann man sich im Restaurant im ersten Stock stärken. Livemusik. £

Villa Belfast
2–16 Dunbar St., Belfast
✆ (028) 90 31 28 07
www.villa-belfast.com
Mi, Fr/Sa 21.30–3 Uhr
Belfasts neuester Club und einer der exklusivsten. Das »Villa« erstreckt sich über drei Etagen. Unter der Woche finden Studenten-Clubnächte statt, aber am Wochenende geht es hier durchaus schicker zu – hinein kommt man nur mit entsprechender Kleidung.

Castle Court Shopping Centre
Royal Ave., Belfast
✆ (028) 90 23 45 91
www.castlecourt-uk.com
Mo–Sa 9–18, Do bis 21, So 13–18 Uhr
Eines von Nordirlands größten Shopping-Zentren mit rund 80 Läden unter einem Dach.

McKays
26 Queen's Arcade, Belfast
✆ (028) 90 31 71 79
Tägl. außer So 7.30–17.30 Uhr
Ein nostalgisches Lädchen, das Süßmäuler glücklich macht. Drops, Bonbons und Pralinen, alles wird lose verkauft.

Smithfield Market
West St./Winetavern St., Belfast
✆ (028) 90 32 32 48
www.belfastcity.gov.uk/markets
Tägl. außer So 9–17.30 Uhr
Markt in der Nähe des Shoppingcenters Castle Court. Hier bekommt man alles, von Kleidung bis zu Antiquitäten. Außerdem gibt es Bistros und es finden diverse Veranstaltungen wie Ausstellungen, Konzerte oder Modenschauen statt.

Smyth and Gibson Shirtmakers
Bedford House
16–22 Bedford St., Belfast
✆ (028) 90 23 03 88
www.smythandgibson.com
Tägl. außer So 9–18 Uhr
Maßgeschneiderte Hemden in exzellenter Qualität.

Spires Mall
Church House
Wellington St., Belfast
Der Besuch lohnt allein schon wegen des viktorianischen Ge-

FESTE UND FESTIVALS IN BELFAST

Januar

Chinesisches Neujahrsfest

Das chinesische Neujahr feiert man auf dem St. George's Market mit Drachentänzen und Leckereien.

Februar/März

International Festival of Chamber Music

Kammermusik der internationalen Spitzenklasse.

März

Belfast Children's Festival

Eine Woche lang Kultur und Spaß für Kinder bis 14 Jahre.

April/Mai

Festival of Fools

www.foolsfestival.com

Straßenmusikfestival, bei dem Clowns, Jongleure, Feuerschlucker, Einradfahrer, Comedians und Entfesselungskünstler auftreten.

Mai

Cathedral Quarter Arts Festival

www.cqaf.com

Kunst und Musik bilden die Grundlage für diese Party rund um die Uhr. Das Cathedral Quarter, ohnehin schon das Ausgehviertel der Stadt, legt hier noch einen drauf.

Juni

Belfast City Blues Festival

http://belfastcityblues.com

Beim Blues Festival treten Ende Juni sowohl unbekannte Nachwuchsmusiker als auch internationale Stars auf.

Juli/Anfang August

Belfast Pride

www.belfastpride.com

Während der Prideweek geht es um die Probleme von Schwulen und Lesben, doch das Feiern kommt dabei nicht zu kurz.

August

Eastside Arts Festival

www.eastsidearts.net

Junge Talente und echte Stars der internationalen Musikszene geben sich ein Stelldichein; um Tickets für die großen Namen sollte man sich weit im Voraus bemühen.

September

Ulster Covenant Commemoration Parade

Parade anlässlich der Unterzeichnung der »Ulster Covenant«.

Autumn Fair

Herbstfest in den Botanischen Gärten mit Musik, Essen und Aktionen für die ganze Familie.

Oktober

Belfast Fashion Week

Die besten Designer des Landes zeigen ihre Herbst- und Winterkollektion.

November

Down Royal Festival of Racing

Pferderennen spielen in Nordirland das ganze Jahr über eine große Rolle. Bevor das Wetter zu ungemütlich wird, findet Anfang November auf dem Down Royal Racecourse in Belfasts Nachbarstadt Lisburn noch einmal ein großer Renntag statt.

Dezember

St. George's Christmas Market

Weihnachtsmarkt im Herzen der Stadt.

Ulster Covenant Commemoration Parade im September

Die bei Belfast aufgeführten Ausflugsziele sind von Nordwesten nach Südosten sortiert.

bäudes von 1905, dessen Äußeres an ein schottisches Schloss erinnern soll. Die Glocken im Turm waren einst die ersten auf den britischen Inseln, die nicht von einem Glöckner, sondern von einem Elektromotor geläutet wurden.

St. George's Market
Oxford St., Victoria St., St. Mary St., Belfast
✆ (028) 90 43 57 04
www.belfastcity.gov.uk/markets
Das historische Marktgebäude im klassizistischen Stil wurde 1896 fertiggestellt und kürzlich renoviert. Jeden Freitag von 6–14 (Variety Market), Samstag 9–15 (City Food and Garden Market) und Sonntag 10–16 Uhr (Sunday Market) ist Markttag; die rund 350 Stände bieten in erster Linie Lebensmittel, Kleidung und Haushaltswaren an.

Victoria Square Shopping Centre
1 Victoria Sq., Belfast
✆ (028) 90 32 22 77
www.victoriasquare.com
Mo, Sa 9–18, Di 9.30–18, Mi–Fr 9.30–21, So 13–18 Uhr
Das neueste Shoppingcenter der Stadt lockt nicht nur mit den auf vier Stockwerke verteilten Geschäften, dem Restaurant und dem Multiplexkino, sondern auch mit einer Aussichtsplattform auf dem Dach.

Rugby-Fans im Ravenhill Stadium in Belfast

The Wicker Man
River House, 44–46 High St.
Belfast
✆ (028) 90 24 35 50
www.thewickerman.co.uk
Hier verkauft man die Arbeiten von mehr als 150 Künstlern und Kunsthandwerkern aus Irland. Angefangen von Schmuck über Töpferwaren bis zu Uhren und Instrumenten findet man hier alles. Für alle, die ein anspruchsvolleres Mitbringsel suchen.

Ausflugsziele:

Patterson's Spade Mill
751 Antrim Rd., Templepatrick
Co. Antrim
✆ (028) 94 43 36 19
www.nationaltrust.org.uk
Öffnungszeiten differieren stark (im Internet einzusehen), im Winter geschl.
Eintritt £ 5.63, Kinder frei
Sparen Sie sich den nächsten Besuch im Baumarkt und nehmen Sie ein wirklich originelles Andenken mit nach Hause – einen handgefertigten Spaten für die Arbeit im heimischen Garten. Die letzte Schmiede Irlands, die noch Spaten in Handarbeit fertigt, wirkt wie ein Museum. Die Maschinen sind von Wasserkraft angetrieben, das glühende Eisen wird ohne Eile mit dem Hammer zu einem Spaten geformt.

Belfast Zoo
Antrim Rd., Belfast, Co. Antrim
✆ (028) 90 77 62 77
Metro 1 und 2A: Bellevue
www.belfastzoo.co.uk
Tägl. April–Sept. 10–19, Okt.–März 10–16 Uhr
Eintritt £ 13/6.50, Familienticket £ 33

Ein ausgezeichneter Tipp, wenn Sie mit Kindern unterwegs sind: der am Stadtrand gelegene Belfast Zoo

Seit der Sanierung des 1934 eröffneten Zoos haben die 140 hier gehaltenen Tierarten erheblich mehr Platz. Nun gehört der Belfaster Zoo zu den besten Tierparks in Irland und Großbritannien. Zu sehen gibt es u. a. Großkatzen, Elefanten, Bären, Pandas und diverse Affenarten. Pinguine und Seelöwen kann man sogar unter Wasser beobachten. Durch die Hanglage genießt man an vielen Stellen einen schönen Ausblick.

Belfast Castle
Antrim Rd., Belfast, Co. Antrim
✆ (028) 90 77 69 25
Metro 1: Strathmore Park
www.belfastcastle.co.uk
Di–Sa 9–22, So/Mo 9–17.30 Uhr
Eintritt frei
Das Castle wurde 1870 nach Plänen von Sir Charles Lanyon erbaut, dem Architekten, der auch die Queen's University plante. Das Schloss kann besichtigt werden, die Innenräume sind aber wenig spektakulär. Hierher kommt man vor allem, um den herrlichen Blick über die Stadt zu genießen oder einen Spaziergang durch den großen Schlosspark zu machen.

Lagan Valley Regional Park
www.laganvalley.co.uk
Immer am Flussufer des Lagan entlang gelangt man vom Belfaster Zentrum bis nach Lisburn. Der rund 20 km lange Treidelpfad eignet sich zum Wandern und Radfahren. Unterwegs passiert man die bewaldete Flussschleife Lagan Meadows, die sich für ein Picknick anbietet. In der Belfaster Tourist Information gibt es eine Broschüre mit Karte (»Towpath Leaflet«). Das Buch »By the Banks of the Lagan: Belfast to Drum Bridge«, u. a. in der Tourist Information von Lisburn erhältlich, erzählt die Geschichte der Menschen am Lagan.

Parlament für die Provinz Nordirland: das Stormont Parliament Building in Belfast

Parliament Buildings

Upper Newtonards Rd.
Belfast, Co. Down
Metro 4: Stormont
✆ (028) 90 52 07 00, http://parliamentbuildings.org/tours
Park tägl. 7–21 Uhr, Parlamentsgebäude Mo–Fr 9–16 Uhr, sofern keine Versammlung stattfindet; kostenlose Führungen Osterferien, Juli/Aug. tägl. 10–15 Uhr jeweils zur vollen Stunde, sonst Mo–Fr um 11 und 14 Uhr

Das Stormont Estate liegt südöstlich vom Belfaster Zentrum und war ursprünglich der Sitz des nordirischen Parlaments. Das repräsentative Gebäude aus Portland-Stein liegt inmitten eines weitläufigen Parks.

Am Eingang des Geländes erinnert das Carson-Monument an Lord Carson, einen der Begründer Nordirlands. Das Anwesen mit vorzüglichem Blick auf Ost-Belfast wird nicht nur für offizielle Anlässe genutzt, hier fanden auch Popkonzerte und das Staatsbegräbnis für Nordirlands legendären Fußballspieler George Best statt. Idyllisch gelegen ist auch das Stormont Castle, ein Landsitz aus dem 19. Jh.

Ulster Folk & Transport Museum

Cultra, Holywood, Co. Down
Zug: Cultra Halt
✆ (028) 90 42 84 28
www.nmni.com
März–Sept. Di–So 10–17, Okt.–Feb. Di–Fr 10–16, Sa/So 11–16 Uhr
Eintritt jeweils £ 9/5.50, Familienticket £ 25; Kombiticket für beide Museen £ 11/6, Familienticket £ 29

Das Heimat- und das Verkehrsmuseum befinden sich 12 km östlich vom Belfaster Zentrum in der Nähe von Holywood. Auf dem weitläufigen Gelände wurden Gehöfte, Kirchen und Mühlen aus der Provinz Ulster wiederaufgebaut. Zusammen mit der Vorführung traditionellen Handwerks gibt das Heimatmuseum einen guten Einblick in das ländliche Leben im Irland vergangener Zeiten.

Das benachbarte Verkehrsmuseum zeigt unter anderem Dampflokomotiven, Autos und Straßenbahnwaggons. Prachtstück ist das Kultauto zum Kultfilm »Zurück in die Zukunft«: der DeLorean DMC von 1981.

Auf dem Cave Hill über der Stadt erhebt sich Belfast Castle

VISTA POINT ROUTEN DURCH IRLAND

VISTA POINT REISEROUTEN DURCH IRLAND

◁ *Schwindelfrei sein hilft: die Hängebrücke Carrick-a-Rede in der Nähe von Ballintoy ist eine der größten Touristenattraktionen Nordirlands*

Irland ist ein gutes Stück größer als Bayern und es gibt viel zu sehen auf der Grünen Insel. Zudem sind die Straßen abseits der *motorways* meist eng und kurvig und führen durch Dörfer und Städte. Dies macht das Reisen abwechslungsreich, aber auch langsam. Hinzu kommt, dass im Hochsommer oft viel Verkehr herrscht. Man sollte sich also genügend Zeit nehmen. Die beiden im Folgenden beschriebenen Routen mit Tagesetappen unter 200 Kilometern berücksichtigen dies und geben zugleich viele Anregungen für Abstecher, etwa zu den Drehorten bekannter Filme.

Die Route 1 beginnt in Dublin und führt dann im Uhrzeigersinn durch den südlichen Teil Irlands. Vielerorts verläuft sie in der Nähe des Wassers, sodass sich immer wieder fantastische Ausblicke bieten, zählen die Küsten doch zu Irlands spektakulärsten Landschaften. Kork, die zweitgrößte Stadt Irlands, wird ebenso erkundet wie der Ring of Kerry sowie die Beara- und die Dingle-Halbinsel. Nach gut zwei Wochen ist man wieder in Dublin und hat fast alle Sehenswürdigkeiten in der südlichen Inselhälfte gesehen.

Die Route 2 beginnt auch in Dublin und führt gegen den Uhrzeigersinn nach Belfast und weiter zu den Basaltsäulen des Giant's Causeway und nach Derry. In weitem Bogen geht es dann in den wenig besiedelten äußersten Nordwesten der Republik Irland und über Sligo und Longford zurück nach Dublin. Diese Route ist etwas kürzer und man kann sie in knapp zwei Wochen ohne Eile abfahren.

Blick auf Kilkenny – die südostirische Stadt am Fluss Nore ist für das Ale und ihre mittelalterlichen Bauwerke berühmt (rechts Kilkenny Castle)

Atlantischer
IRLAND
GROSS-
Nordsee
BRITANNIEN
NIEDER-
LANDE
Ozean
BELGIEN
FRANK-
REICH
ATLANTISCHER
OZEAN
North Channel
Malin Head
Clonmany
Moville
Downhill
Giant's Causeway
Dunsverick Castle
Portrush
Bush-
mills
Ballycastle
Dunree Head
Inishoven
House
Castlerock
Cushendun
Cushendall
554
Dunfanaghy
Glenveagh NP & Castle
Lough Foyle
Coleraine
Errigal
752
Grianan of Aileach
Bann
Derry/ Londonderry
Ballymena
Dunglow
Letterkenny
Larne
Strabane
Ballybofey
Carrickfergus
M2
Ardara
NORDIRLAND
Bangor
Glencolumbkille
Donegal
Belfast
Omagh
Cookstown
Lough Neagh
Comber
Ards Peninsula
Dungannon
M1
Lisburn
Ballyshannon
Portaferry
Donegal Bay
Portadown
Lurgan
Strangford
Lower Lough Erne
Enniskillen
Armagh
Dowmpatrick
Easky
Belmullet
Céide Fields
Sligo/Sligeach
2
Monaghan
Newcastle
Newry
Castleblayney
Kilkeel
Bangor
Ballina
Collooney
Cartingford
Nephin
807
Carrick-on-Shannon
Dundalk/ Dun Dealgan
Keel
Charlestown
Cavan
Achill Island
Achill
Boyle
Irish
Ardee
M1
Castlebar
Drogheda/ Droichead Átha
Crough Patrick
765
Westport
Ballintuber Abbey
Ballyhaunis
Mainistir Bhuithe
Kells
Mweelrea
819
Ballintober
Edgeworthstown
Newgrange and Boyne Valley
Sea
Longford
Lough Mask
Roscommon
Lough Ree
2
Trim Castle
Hill of Tara
Balbriggan
Letterfrack
Kylemore Abbey
Mullingar
Trim
M3
Newbridge House & Farm
Connemara
Lough Corrib
1
Malahide
Clifden
Tuam
Kinnegad
Maam Cross
Athlone
Kilbeggan
M4
DUBLIN/ BAILE ÁTHA CLIATH
Oughterad
Athenry
Clonmacnoise
Edenderry
Dun Laoghaire
Inveran
M6
Powerscourt Gardens
Galway/ Gaillimh
Tullamore
Kildare
Bray
Naas
Wicklow Mountains
Powerscourt Gardens & Waterfall
Galway Bay
Kinvarra
Loughrea
Grand Channel
M7
Ballyvaughan
Birr
528
Portlaoise
Glendalough
Aran Islands
The Burren
M18
Lough Derg
926
Wicklow
Moon
Cliffs of Moher
Ennistimon
Roscrea
Rathdrum
Durrow
Carlow
Ennis
Craggaunowen
Nenagh
1
M8
M9
Arklow
River Shannon
Bunratty Castle
M7
Thurles
Kilkee
Kilrush
Limerick/ Luimneach
Holycross Abbey
Kilkenny
Gorey
Foynes
Loop Head
Rock of Cashel
Thomastown
Adare
Jerpoint Abbey
Enniscorthy
Cashel
Ballybunnion
Tarbert
1
Listowel
Lough Gur
Tipperary
Wexford/ Loch Garman
New Ross
Castle Cahir
Clonmel
Brandon Bay
Tralee/ Trá Lí
Abbeyfeale
Rosslare Harbour
Waterford/ Port Láirge
Mitchelstown
Carnsore Point
Dingle Bay
Lismore
Dingle
Milltown
Oratory
Mallow
Gallarus
Glenbeigh
Dungarvan
Killarney
St. George's Channel
Killorglin
Dingle Bay
1041
Muckross House
Iveragh
Blarney
Cork/Corcaigh
Macgillycuddy's Reeks
Macroom
Blarney Castle
Ring of Kerry
Kenmare
Cobh
Skellig Michael
Bandon
Kemmare River
Beara
Kinsale
Eyeries
Bantry
1
Castletown-bere
Gairinish
Mizen
Skibbereen
Mizen Head
N
0
40 km

ROUTE 1

RUNDTOUR DURCH DEN SÜDEN IRLANDS

Gesamtlänge: 2190 km (ohne zusätzliche Abstecher)
Reisedauer: 17 Tage

Route: Dublin – Glendalough – Waterford – Cork – Bantry – Kenmare – Killarney – Tralee – Limerick – Rock of Cashel – Limerick – Kilkee – Galway – Westport – Ballina – Roscommon – Dublin

Die felsigen Ufer bei Sandycove an der Irischen See laden zum Sonnenbaden ein

1 2 VON DUBLIN NACH GLENDALOUGH

Route: Dublin – Dun Laoghaire – Bray – Powerscourt Gardens – Glendalough (59 km, 1 Tag für die Drehorte bei Glendalough)

km	Route
0	Dublin
10	Dun Laoghaire
23	Bray
30	Powerscourt Gardens (Abstecher zum Powerscourt Waterfall möglich, 7 km einfache Strecke zusätzlich)
59	Glendalough (1 Tag zusätzlich für den Besuch diverser Drehorte)

Vom Merrion Square im Zentrum von **Dublin** (vgl. S. 24) folgt man der R 118 in südöstlicher Richtung, fährt durch die Vororte der irischen Hauptstadt und erreicht bald die Küste und nach rund einer halben Stunde – wenn nicht gerade mal wieder Stau ist – **Dun Laoghaire** (vgl. S. 82). Vom East Pier kommt man in einem 20-minütigen Spaziergang entlang der Uferpromenade nach Sandycove mit dem **Forty Foot Bathing Place**, rund ums Jahr ein legendärer Badeplatz für Abgehärtete. Oberhalb der Badestelle liegt der Martello Tower, der das **James Joyce Museum** beherbergt.

Über **Dalkey** (vgl. S. 83) geht es nach **Bray** (vgl. S. 84), in eines der ältesten irischen

Die Wicklow Mountains sind ein Paradies für Wanderer

Seebäder, das sich zu einer Schlafstadt vor den Toren Dublins entwickelt hat. In schöner Lage direkt am Meer lohnt in Bray Irlands größtes Aquarium einen Besuch. Wer Bewegung braucht, kann an den Klippen entlang bis zum Sandstrand von Greystones laufen.

Bei Bray biegt man von der Küstenstraße ins Landesinnere ab und erreicht nach wenigen Kilometern **Powerscourt Gardens** (vgl. S. 85), einen der größten und schönsten Parks Irlands. Das 1974 abgebrannte Herrenhaus aus dem Jahr 1731 wurde wiederaufgebaut und kann besichtigt werden. Einer der wenigen Wasserfälle des Landes liegt sechs Kilometer von den Powerscourt Gardens entfernt, ein guter Platz für ein Picknick.

Auf der südwestwärts führenden R 755 erreicht man die **Wicklow Mountains** (vgl. S. 86) und den **Wicklow Mountains National Park** (vgl. S. 87). Die Hügelkette im Süden Dublins ist eines der beliebtesten Ausflugsgebiete der Hauptstädter und deshalb an Wochenenden entsprechend voll.

Wichtigste Sehenswürdigkeit sind die frühchristlichen Klosterruinen von **Glendalough** (vgl. S. 86). Obwohl die Klostersiedlung schon im 6. Jahrhundert vom heiligen Kevin gegründet wurde, stammen die meisten erhaltenen Gebäude aus der Zeit zwischen dem 9. und 13. Jahrhundert. Ein beliebtes Fotomotiv ist der über 30 Meter hohe, schmale Rundturm. Glendalough ist nicht nur wegen der Überreste des alten Klosters sehenswert, denn die Ruinen liegen malerisch eingebettet zwischen Bäumen in einem Tal – ganz in der Nähe des Glendassen River und von zwei Seen, dem Upper und dem Lower Lake.

Erkundungen für Filmfreunde rund um die Wicklow Mountains

Filmfreunde sollten sich nach dem Besuch von Glendalough noch mindestens einen Tag Zeit nehmen, denn in der malerischen Landschaft der Wicklow Mountains und deren Umgebung sind zahlreiche Spielfilme bzw. Szenen gedreht worden.

Ganz am westlichen Rand der Wicklow Mountains, an der N81, stutzt so mancher Durchfahrende beim Ortsschild **Hollywood**. Der Ort ist nicht sonderlich attraktiv (bis auf einen Besuch im Hollywood Inn, in dem zahlreiche Erinnerungen an große Filmdrehs gepflegt werden), aber eine gute Einstimmung ins Filmthema, denn nach »Holy Wood«, das schon 1192 erwähnt wurde und später zu Hollywood wurde, ist tatsächlich die kalifornische Filmmetropole benannt.

Hier beginnt auch der **Braveheart Drive**, eine etwa 80 Kilometer lange Tour entlang einiger Drehorte. Im Hollywood Glen, einem Tal südlich von Hollywood, wurde u.a. eine Szene des Films **»King Arthur«** gedreht. Der Ort Lacken, östlich am Blessington Lake, gab u.a. die Kulisse für den Film **»P.S. Ich liebe dich«** ab. Eine ganze Reihe Drehorte wählten die Location Scouts für Mel

Die Grabsteine auf dem Friedhof der Glendalough Abbey sind jahrhundertealt

Gibsons episches Schlachtendrama **»Braveheart«** in dieser Gegend (auch wenn die Geschichte in Schottland spielt), etwa in Kippure Estate, Manor Kilbride oder Trim Castle (vgl. S. 77). Die Gegend um die Sally Gap Road am südlichen Ende des Wicklow Mountains National Park wurde gleich für mehrere Filme genutzt, u. a. **»Braveheart«**, **»Herrschaft des Feuers«** und **»P.S. Ich liebe dich«**.

Im westlichen Teil der Wicklow Mountains beginnt und endet im Örtchen Roundwood eine weitere, rund 70 Kilometer lange Filmroute: der **Excalibur Drive**. An den kleinen Seen Lough Tay und Lough Dan entstanden Szenen der Filme **»Becoming Jane«**, **»The Tudors«** und **»King Arthur«**. Den Powerscourt Waterfall (vgl. S. 85) bei Enniskerry erkennen Fans des Films **»Excalibur«** von John Boorman sicher wieder: Hier und auf dem Powerscourt Estate wurden einige Schlüsselszenen gedreht. Das berühmte Schwert Excalibur wurde im Film übrigens im Lough Tay versenkt.

Über das malerische Sally Gap kann man die Wicklow Mountains auch motorisiert überqueren. In der Nähe entspringt die Liffey

Und noch eine Filmroute gibt es am östlichen Rand der Wicklow Mountains: Von Wicklow an der Küste (M 11, R 750) führt der etwa 70 Kilometer lange **Michael Collins Drive** u. a. nach Rathdrum, der inoffiziellen Filmhauptstadt Irlands. Hier wurden u. a. Szenen des Unabhängigkeitsdramas **»Michael Collins«** von Neil Jordan mit Julia Roberts und Liam Neeson gedreht.

Der kurze Abstecher von Wexford (vgl. S. 93) an die Küste zum langen **Sandstrand von Curracloe** lohnt nicht nur für Strand-, sondern auch für Filmliebhaber: Steven Spielberg drehte hier die Landungsszene der Alliierten am D-Day für seinen epischen, mit fünf Oscars ausgezeichneten Spielfilm **»Der Soldat James Ryan«** mit Tom Hanks. Auch eine Szene des bittersüßen Auswandererdramas **»Brooklyn – Eine Liebe zwischen zwei Welten«** mit der für die Hauptrolle oscarnominierten Darstellerin Saoirse Ronan wurde an diesem Strand gedreht. Weitere Szenen dieses Films entstanden im Heimatort von Colm Tóibín, dem Autor der Romanvorlage, im Städtchen Enniscorthy 15 Kilometer nördlich von Wexford.

Ein schmucker Rahmenladen in New Ross – die Stadt am Fluss Barrow ist Irlands einziger Inlandhafen

❸ VON GLENDALOUGH NACH WATERFORD

Route: Glendalough – Laragh – Rathdrum – Wexford – New Ross – Waterford (154 km)

km	Route
0	Glendalough
95	Wexford (Abstecher nach Rosslare möglich, 16 km einfache Strecke zusätzlich)
131	New Ross (Abstecher zum JFK Arboretum möglich, 12 km einfache Strecke zusätzlich)
154	Waterford

Ab Glendalough fährt man zunächst auf der R 756 in östlicher Richtung das kurze Stück bis Laragh und biegt hier auf die nach Südosten führende R 755 ab. In Rathdrum trifft die R 755 auf die R 752, hier rechts halten, bis zur Autobahn M 11 fahren und den Schildern nach Wexford folgen, wobei man bei Gorey die M 11 verlässt und der R 741 folgt.

Im Zentrum der hübschen Stadt **Wexford** (vgl. S. 93) mit lebhafter Kunstszene und gemütlichen Pubs findet man die Ruinen des Augustinerklosters Selskar Abbey sowie eine Markthalle aus dem 18. Jahrhundert. Bei gutem Wetter lohnt ein Abstecher an den langen Sandstrand von **Rosslare** (vgl. S. 93, 16 Kilometer in südlicher Richtung).

Über die gut ausgebaute N 25 gelangt man schnell ins westlich am Ufer des Barrow gelegene **New Ross** (vgl.

Abendliche Ansicht von Waterford vom Suir aus

Fota House auf Little Island in der Bucht von Cork – zu dem Landsitz der Familie de Barry gehören die Fota Gardens und sehenswerte Pflanzensammlungen

S. 92). Nach einem Bummel durch die teils engen und steilen Altstadtstraßen lohnt die Besichtigung des Dunbrody Famine Ship. Mit solchen Dreimastern verließen während der großen Hungersnot im 19. Jahrhundert viele Iren ihre Heimat. Pflanzenfreunde werden sicher den Umweg in das zwölf Kilometer südlich gelegene **JFK Arboretum** (vgl. S. 92) machen, in dem insgesamt 4500 Baum- und Straucharten wachsen. Es wurde 1968 in Erinnerung an den ermordeten amerikanischen Präsidenten angelegt.

Die auch weiterhin gut ausgebaute N 25 führt zum nächsten Ziel, zur geschäftigen Industriestadt **Waterford** (vgl. S. 94), die vor allem von ihrem Hafen und der Glasindustrie lebt. Waterford Crystal ist ein Name, den in Irland jeder kennt. Bei Fabrikführungen erfährt man, wie die Waterforder Vasen entstehen.

❹ VON WATERFORD NACH CORK

Route: Waterford – Lismore – Midleton – Carrigtwohill – Cork (129 km)

km	Route
0	Waterford
71	Lismore
113	Carrigtwohill (Abstecher nach Cobh möglich, 10 km einfache Strecke zusätzlich)
129	Cork (Abstecher nach Blarney möglich, 10 km einfache Strecke zusätzlich)

Die heutige Etappe beginnt in **Waterford** (vgl. S. 94) am Ufer des Suir. Von hier führt in südwestlicher Richtung die R 680 (Parnell Street, Manor Street, Cork Road) mitten durch das Zentrum der Stadt. Nach einigen Kilometern – schon außerhalb von Waterford – trifft man auf die N 25, hier links halten. Kurz vor Dungarvan rechts auf die N 72 abbiegen, die zum ersten Tagesziel **Lismore** (vgl. S. 100) führt. Das Lismore Castle ist fotogen, leider jedoch nicht von innen zu besichtigen, da in Privatbesitz.

In Lismore weiter auf der N 72 in Richtung Westen, kurz darauf links auf die R 634 abbiegen und den River Bride überqueren. Nach wenigen Hundert Metern rechts auf die R 627 abbiegen und dieser bis Midleton (vgl. S. 103) folgen, durch den Ort fahren und weiter auf der N 25 bis **Carrigtwohill** (vgl. S. 103). Hier gibt es gleich zwei sehenswerte Ziele: den **Fota Wildlife Park** (vgl. S. 103) mit zahlreichen Tierarten sowie das **Fota House** (vgl. S. 103) mit einer der besten Sammlungen irischer Maler und einem großen Park mit Arboretum und Rosengarten.

Von Carrigtwohill gelangt man schnell über die gut ausgebaute N 25 nach Cork. Unterwegs lohnt sich ein kur-

Ein Hauch von Safari: Auf Little Island befindet sich mit dem Fota Wildlife Park auch Irlands einziger Wildpark mit exotischen Tieren

zer Abstecher nach **Cobh** (vgl. S. 101), dem Hafenort von Cork. Cobh war 1912 der letzte Hafen, den die »Titanic« vor ihrem Untergang anlief. Eine Ausstellung im ehemaligen Bahnhof widmet sich der Auswanderungswelle ab der Mitte des 19. Jahrhunderts und der Zeit, als die großen Luxusliner in Cobh anlegten. Die Seepromenade ist eingerahmt von bunten viktorianischen Häusern. Oben am Hang erhebt sich die imposante St. Colman's Cathedral.

Cork (vgl. S. 102), die europäische Kulturhauptstadt von 2005, wirkt freundlich und lebendig. Zu Beginn des 19. Jahrhunderts war Cork der wichtigste Auswanderungshafen Irlands. Heute lebt die Hafenstadt an der Mündung des River Lee vor allem von der Schifffahrt sowie von der Stahl- und pharmazeutischen Industrie.

In Cork wird gerne gefeiert. Das merkt man schnell, wenn man einen Blick auf den Festivalkalender wirft. Selbst für irische Verhältnisse gibt es hier erstaunlich viele Pubs, die meisten liegen in der Plunkett Street, der Washington Street und im Bereich um die Corn Market Street. Wegen der großen Universität sieht man eine Menge junge Leute auf den Straßen. Auch an hübschen Geschäften ist die Stadt nicht arm. Kulturelles bieten unter anderem das Regionalmuseum und die Crawford Art Gallery.

Wer mag, kann noch einen kleinen Abstecher machen: Einige Kilometer nordwestlich von Cork steht der Bergfried von **Blarney Castle** (vgl. S. 107). Hat man die mehr als 120 Stufen erklommen, kann man den Blarney Stone küssen, was angeblich die Eloquenz verbessert.

Das malerische Cobh an der Südküste von Great Island ist berühmt für seine farbenfrohen Häuser und Boote

Der Fischerort Kinsale heißt Touristen mit seinen bunten Cafés und Geschäften willkommen. Die Stadt gilt als Gründungsort der Transition-Town-Bewegung

5 VON CORK NACH BANTRY

Route: Cork – Kinsale – Clonakilty – Skibbereen – Ballydehob – Mizen Head – Bantry (185 km)

km	Route
0	Cork
27	Kinsale
62	Clonakilty
142	Mizen Head
185	Bantry

Von Cork führt die R 600 in südlicher Richtung bis kurz vor **Kinsale** (vgl. S. 108). Das idyllische Hafenstädtchen ist für seine Gourmetrestaurants bekannt und besonders im Sommer ein beliebtes Ausflugsziel. Das Charles Fort ist eine der besterhaltenen sternförmigen Festungen Europas. Erbaut in den 1670er Jahren diente es zur Sicherung der Hafeneinfahrt. Im Desmond Castle gibt es ein Weinmuseum.

Folgt man der R 600 weiter, die zuletzt ein kleines Stück am Meer entlangführt, kommt man nach **Clonakilty** (vgl. S. 109). In dem kleinen Ort wurde der Unabhängigkeitskämpfer und Politiker Michael Collins (1890–1922) geboren. Musikfreunde schätzen die lebendige Musikszene und Gartenfreunde

Hummerkörbe in Clonakilty – die Leidenschaft vieler Gourmets für Krustentiere hat auch in Irland zu strengen Fangquoten geführt

zieht es in die Lisselan Gardens.

Die N 71 bringt einen über Skibbereen (vgl. S. 110) nach Ballydehob (vgl. S. 110), von wo man die Erkundung der landschaftlich außerordentlich reizvollen **Mizen-Halbinsel** (vgl. S. 110) startet. An Sandstränden und Steilküsten entlang führt die Straße bis zur Landspitze Mizen Head. Kurz davor befindet sich der beliebte Barley Cove Beach. Ab Mizen Head folgt man der Straße Richtung Bantry, wo einen am Stadtrand in herrlicher Lage das um 1690 erbaute **Bantry House** (vgl. S. 111) erwartet. Hinter dem Italienischen Garten erreicht man über mehr als 100 Stufen einen Aussichtspunkt, von wo der Blick über das Herrschaftshaus, die Bantry Bay und hinüber zur Halbinsel Beara schweifen kann.

6 VON BANTRY NACH KENMARE

Route: Bantry – Glengarriff – Adrigole – Castletown – Garinish Point – Allihies – Eyeries – Ardgroom – Kenmare (149 km)

km	Route
0	Bantry
18	Glengarriff
36	Adrigole (Abstecher über den Healy Path bis Lauragh und zurück möglich, 27 km zusätzlich)
52	Castletown
75	Garinish Point
107	Eyeries
115	Ardgroom
149	Kenmare

Von **Bantry** (vgl. S. 111) führt die N 71 relativ dicht am Wasser entlang um die Bantry Bay herum zum Städtchen **Glengarriff**, Ausgangspunkt für die Rundfahrt über die **Beara-Halbinsel** (vgl. S. 112). Der **»Ring of Beara«** ist landschaftlich ebenso reizvoll wie der bekanntere »Ring of Kerry«, aber nicht so überlaufen.

Auf der R 572 fährt man von Glengarriff in südwestlicher Richtung bis zur Streusiedlung Adrigole. Mit schöner Aussicht belohnt wird ein kleiner Abstecher auf der R 574 zum **Healy Pass** (vgl. S. 112) und hinunter nach Lauragh. Wieder zurück auf der Südküstenstraße findet man in **Castletownbere** nette Pubs und Restaurants. Über eine Stichstraße erreicht man schließlich **Garinish Point** (vgl. S. 112), den südlichsten Punkt der Halbinsel. Hier bringt eine Kabelbahn – die einzige Irlands – Besucher nach **Dursey Island**. Nun folgt man der kurvigen Straße über Eyeries und Ardgroom bis **Kenmare** (vgl. S. 113). Hier endet die Rundtour über die Beara-Halbinsel.

Blackrock Castle am River Lee wird heute als Museum genutzt. Die runde weiße Kuppel auf dem großen Turm gehört zu einem Observatorium ▷

Straßenmarkt in Kenmare zwischen den Halbinseln Iveragh und Beara

7 8 VON KENMARE NACH KILLARNEY

Route: Kenmare – Sneem – Valentia Island – Cashersiveen – Glenbeigh – Killorglin – Killarney (168 km, 1 Tag für Skellig Michael)

km	Route
0	Kenmare (Abstecher nach Moll's Gap und Lady's View und zurück möglich, 32 km zusätzlich)
86	Valentia Island (1 Tag zusätzlich für den Besuch von Skellig Michael)
106	Cashersiveen
168	Killarney

Der kleine Ort **Kenmare** (vgl. S. 113) bildet einen logischen Ausgangspunkt für die Rundfahrt über die **Iveragh-Halbinsel** (vgl. S. 118) – auch als **»Ring of Kerry«** bekannt. Die Fahrt auf der N 70 führt durch karges Hügelland, unterwegs sind immer wieder schöne Ausblicke garantiert – mal hinab aufs Meer, mal über ein weites Tal.

Vor dem Einstieg in den »Ring of Kerry« lohnt noch der Abstecher nach **Moll's Gap** und **Lady's View** (vgl. S. 119), vor allem wegen der herrlichen Ausblicke auf eine weite Moorlandschaft und die Seen von Killarney.

Schon auf dem »Ring of Kerry« liegt in der Nähe von Sneem etwas abseits der Straße **Staigue Fort** (vgl. S. 119), eine Ringfestung aus der Eisenzeit.

Valentia Island (vgl. S. 118) erreicht man über die R 565.

Hier lohnt das **Skellig Experience Centre** (vgl. S. 118) einen Besuch. Es befasst sich mit der Natur und der Besiedlungsgeschichte der Skellig Islands, die nur wenige Kilometer vor der Küste liegen. Einst suchten Mönche auf den steilen Eilanden die Einsamkeit, heute tummeln sich hier Seevögel.

Skellig Michael für Filmfans

Filmfans werden es sich nicht nehmen lassen, die **Skellig-Inseln** zu besuchen; von Portmagee werden täglich Ausflugsfahrten organisiert. Das geht allerdings nur bei guten Wetterbedingungen und die Besucherzahl ist limitiert. Mythos und Magie strahlt die größere der beiden Inseln, **Skellig Michael**, für die zahllosen Fans einer der bedeutendsten Filmreihen der Geschichte aus. Wichtige Szenen von gleich zwei Episoden von **»Star Wars«** wurden auf dem Felseneiland gedreht: **»Das Erwachen der Macht«** und **»Die letzten Jedi«**. Besucher erkennen die Kulisse für das Versteck von Luke Skywalker wieder. Wer das Glück hat, die auch zum UNESCO Weltkulturerbe zählende Insel zu erreichen, wird nach dem steilen 600-Stufen-Aufstieg zum mittelalterlichen Kloster St. Fionan mit spektakulären Aussichten belohnt – unter anderem auf die kleinere Nachbarinsel Little Skellig, die als Vogelschutzgebiet nicht betreten werden darf.

Weitere Naturkulissen für Star Wars VIII finden sich übrigens auf der Landzunge Sybil Head auf der malerischen Halbinsel Dingle. Diese war auch Kulisse für David Leans bildgewaltiges, umstrittenes Melodram von 1969 **»Ryans Tochter«** (zwei Oscars), etwa die Landzunge Dunmore Head.

In **Cahersiveen** (vgl. S. 118) liegt das Geburtshaus von Daniel O'Connell (1775–1847), einem der wichtigsten Politiker der irischen Freiheitsbewegung. Über **Glenbeigh** (vgl. S. 118) mit dem **Museumsdorf »Kerry Bog Village«** gelangt man schließlich nach Killorglin und zum Tagesziel **Killarney** (vgl. S. 115).

Im Sommer sind viele Ausflugsbusse unterwegs, was auf den engen Straßen den Gegenverkehr oft zum Ausweichen oder Halten zwingt. Wer in der Hochsaison unterwegs ist, sollte daher überlegen den »Ring of Kerry« womöglich von Killarney über Killorglin, also in umgekehrter Richtung, zu fahren. So ist man in derselben Richtung wie die meisten Busse unterwegs und erspart sich so manches Ausweichmanöver.

Das Wrack des Schoners Sunbeam wurde 2014 bei einer Sturmflut freigelegt, nachdem es seit 1903 bei Glenbeigh im Sand geschlummert hatte. Seitdem ist es der Verwitterung ausgesetzt

Blick von Skellig Michael auf Little Skellig – die abgeschiedene Mönchssiedlung hat sich zuletzt vom Geheimtipp zur Trenddestination entwickelt

9 VON KILLARNEY NACH TRALEE

Route: Killarney – Killorglin – Milltown – Castlemaine – Inch – Dingle – Ventry – Slea Head – Ballyferriter – Dingle – Brandon Bay – Tralee (177 km)

km	Route
0	Killarney (Abstecher in den Killarney Nationalpark und zum Muckross House möglich, 12 km hin und zurück zusätzlich)
74	Dingle
104	Ballyferriter
177	Tralee

In **Killarney** (vgl. S. 115) selbst ist vor allem die St. Mary's Cathedral sehenswert. Hat man den **Killarney Nationalpark** (vgl. S. 115) am Vortag noch nicht erkundet, lohnt nun ein kleiner Abstecher Richtung Süden. Irlands erster Nationalpark besteht aus einer grünen, hügeligen Landschaft mit den drei Seen Lough Leane, Muckross Lake und Upper Lake.

Nimmt man die N 71 in Richtung Kenmare, gelangt man zur Ruine von **Muckross Abbey** (vgl. S. 115), im 15. Jahrhundert von Franziskanermönchen erbaut, und rund einen Kilometer weiter zum **Muckross House and Gardens** (vgl. S. 116), einem Herrensitz mit weitläufigem Park.

Noch ein Stück weiter locken Moll's Gap und Lady's

Der elf Kilometer lange Pass von Dunloe ist eine herrliche Wanderstrecke entlang des Flusses Loe und zahlreicher Seen

Die Häuser in Dingle bezeugen den überwältigenden Sinn der Iren fürs Farbenfrohe

View (vgl. S. 119) mit herrlichen Ausblicken.

Von Killarney ist man über die N 72, N 70 und R 561 schnell auf der **Dingle-Halbinsel** (vgl. S. 122), die die Besucher mit spektakulären Ausblicken auf Meer, Sandstrände, archäologische Stätten und charmante Dörfer verwöhnt. Auf der südlichen Küstenstraße kann man beim Ort **Inch** einen schönen Strand ansteuern.

In **Dingle** (vgl. S. 122), dem Hauptort mit lebhaftem Hafentreiben, beginnt und endet die Rundfahrt über die Spitze der Halbinsel (R 559). Höhepunkte der Strecke sind der schöne Strand bei **Ventry** und vor allem die dann folgende dramatische Steilküste mit dem Aussichtspunkt **Slea Head**. Vom westlichsten Punkt des Festlands bei Dunmore Head sind die Blasket Islands zum Greifen nah. In **Ballyferriter** können Interessierte das Heimatmuseum besuchen.

Wieder in Dingle fährt man über den **Connor Pass** zur **Brandon Bay** (vgl. S. 123) mit ihrem fast 20 Kilometer langen Sandstrand und dann weiter auf der N 86 an Irlands größter Windmühle, der **Blennerville Windmill**, vorbei in die eher nüchterne Stadt **Tralee**.

Die Blennerville Windmill bei Tralee ist mit einer Höhe von gut 21 Metern eine der höchsten Turmwindmühlen Europas. Seit 1990 steht sie Besuchern zur Besichtigung offen

⑩ VON TRALEE NACH LIMERICK

Route: Tralee – Listowel – Tarbert – Foynes – Limerick (102 km)

km	Route
0	Tralee
64	Foynes
102	Limerick

Von **Tralee** führt die N 69 nach Listowel und weiter zum Örtchen Tarbert, das an der weiten Mündung des Shannon liegt. Hier knickt die Straße in Richtung Osten ab und folgt nun ein ganzes Stück dem Ufer des Shannon. In **Foynes** (vgl. S. 136) kommen Flugzeugenthusiasten auf ihre Kosten, denn im **Flying Boat Museum** ist unter anderem ein Nachbau des Langstreckenflugboots B-314 von Boeing aus den 1940er Jahren zu besichtigen.

Von hier sind es nur noch knapp 40 Kilometer bis nach **Limerick** (vgl. S. 135). Irlands drittgrößte Stadt liegt am Fluss Shannon und hat zuletzt einen wirtschaftlichen Aufschwung erlebt. Bei einem Stadtspaziergang besucht man das King John's Castle mit einer Ausstellung zur Geschichte der Stadt, die St. Mary's Cathedral, das Hunt Museum mit seiner archäologischen Sammlung und die Limerick City Gallery of Art mit irischer Kunst vom 18. bis 20. Jahrhundert.

Adare Manor blickt auf eine wechselvolle Geschichte zurück. Das als Kalenderhaus mit 365 Fenstern und 52 Türmen angelegte Herrenhaus ist heute ein Golfhotel

⓫ VON LIMERICK ZUM ROCK OF CASHEL

Route: Limerick – Adare – Patrickswell – Lough Gur – Tipperary – Cahir – Rock of Cashel – Tipperary – Limerick (184 km)

km	Route
0	Limerick
20	Adare
49	Lough Gur
81	Tipperary
103	Cahir
122	Rock of Cashel
143	Tipperary
184	Limerick

In der Umgebung von **Limerick** (vgl. S. 135) kann man problemlos mindestens einen weiteren Tag mit interessanten Entdeckungen verbringen. Einige Kilometer südwestlich an der N 21 liegt **Adare** (vgl. S. 136), mit seinen strohgedeckten Häusern für viele das schönste Dorf Irlands. Hier finden sich ein Heritage Center, zwei Castles und zwei Klöster.

Ebenfalls südlich von Limerick liegt das kleine **Lough Gur** (vgl. S. 139). Rund um den See haben schon in frühgeschichtlicher Zeit Menschen gesiedelt. Das beeindruckendste Relikt sind die rund 4000 Jahre alten Steinkreise am Westufer des Sees.

Von Lough Gur fährt man zur N 24 und nach **Tipperary**. Die kleine Stadt mit gut 4000 Einwohnern ist vor allem bekannt durch das Lied »It's a long way to Tipperary«, das die Sehnsucht des irischen Gastarbeiters Paddy nach sei-

Die weißen Gänse erfüllen Cahir Castle mit Leben und Geschnatter

ner Freundin Molly thematisiert und eines der Lieblingslieder der britischen Soldaten im Ersten Weltkrieg war.

Von Tipperary gelangt man auf der N 24 nach **Cahir** (vgl. S. 142) am Fluss Suir. Weithin sichtbar liegt das gut erhaltene Cahir Castle auf einer Felseninsel im Fluss. Südlich vom Zentrum fällt das im Stil eines *Cottage orné* erbaute, reetgedeckte Swiss Cottage auf einer kleinen Anhöhe ins Auge.

Wenige Kilometer weiter nördlich erhebt sich über der Ebene von Tipperary eindrucksvoll der **Rock of Cashel** (vgl. S. 139). Wahrscheinlich wurde der markante Felsen schon in prähistorischer Zeit besiedelt, ab dem 4. Jahrhundert war die Anlage Sitz der Könige von Munster, im 5. Jahrhundert wurde sie Bischofssitz. Heute ist der Rock of Cashel ein Wahrzeichen Irlands und ein Besuchermagnet.

Nach der Besichtigung des Rock of Cashel fährt man über die N 74 nach Tipperary und von dort auf der N 24 zurück nach **Limerick** (vgl. S. 135).

⓬ VON LIMERICK NACH KILKEE

Route: Limerick – Ennis – Kilrush – Loop Head – Kilkee (150 km)

km	Route
0	Limerick
40	Ennis (Abstecher zum Schloss Craggaunowen möglich, 33 km hin und zurück zusätzlich)
85	Kilrush
124	Loop Head
150	Kilkee

In Ennis am Fergus findet alljährlich im Mai das bedeutende Folkfestival Fleadh Nua statt. Im Hintergrund der Turm der Ennis Friary

Die Küste von Kilkee (rechts im Hintergrund) hat ihre rauen und lieblichen Seiten

An der Straße nach Ennis (N 18/M 18) liegt nur einige Kilometer nordwestlich von Limerick das **Bunratty Castle** (vgl. S. 136). Es ist die am vollständigsten erhaltene bzw. restaurierte mittelalterliche Burg Irlands. Die allabendlich stattfindenden mittelalterlichen Bankette machen Bunratty Castle zu einem vielbesuchten Ziel.

Im hübschen **Ennis** (vgl. S. 134) am Fluss Fergus lohnt ein Stadtbummel durch die engen Gassen mit bunten Ladenfronten und georgianischen Stadthäusern. Hier erinnert viel an den Nationalhelden Irlands, Daniel O'Connell. Sehenswert sind die Ruinen des Franziskanerklosters **Ennis Friary**.

Wer noch etwas Zeit hat, kann sich das **Schloss Craggaunowen** (vgl. S. 134) aus dem 16. Jahrhundert im nahen Kilmurry anschauen. Dort zeigt auch ein rekonstruiertes Rundhüttendorf die Lebensbedingungen in der Eisenzeit.

Von Ennis führt die N 68 direkt nach **Kilrush** (vgl. S. 127). Die kleine Stadt an der breiten Shannon-Mündung erhält ihren Charme durch die vielen schmucken Häuser aus dem 18. Jahrhundert. Ganz in der Nähe befindet sich der schöne **Vandeleur Walled Garden** (vgl. S. 128) mit gepflegten Beeten, Wasserspielen und einem Gewächshaus. Lohnenswert ist auch ein Bootsausflug nach **Scattery Island**, einer heute unbewohnten Insel in der Shannon-Mündung. Eine weitere Empfehlung ist die Rundtour auf der **Loop Head Peninsula** (vgl. S. 128), bei der man nicht nur die spektakuläre Felsküste, sondern mit etwas Glück sogar Seehunde, Delfine oder Wale betrachten kann, bevor der Tag in **Kilkee** (vgl. S. 129) endet.

Fröhlich begrüßt die Fisher Street in Doolin ihre Gäste. Doolins Pubs sind bekannt für ihre Livemusik

⓭ VON KILKEE NACH GALWAY

Route: Kilkee – Doonbeg – Lahinch – Cliffs of Moher – Doolin – Ballyvaughan – Galway (131 km)

km	**Route**
0	Kilkee
53	Cliffs of Moher
131	Galway

Von Kilkee geht es auf der N 67 weiter entlang der Felsküste bis nach Lahinch, dort biegt man auf die R 478 ab und erreicht so die **Cliffs of Moher** (vgl. S. 130). Einen guten Einstieg bietet das rund fünf Kilometer nördlich von Liscannor gelegene Besucherzentrum. Auf gepflasterten Wegen erreicht man in wenigen Minuten die Abbruchkante und den O'Brien Tower. Tausende von Seevögeln nisten auf Vorsprüngen. Wer vom Besucherzentrum ein Stück entlang der Klippen wandert, entkommt schnell dem Andrang der Massen. Über gut acht Kilometer erstrecken sich die Cliffs an der Atlantikküste und ragen senkrecht bis

Atlantikwellen garantiert: Der kleine Ort Lahinch an der Liscannor Bay ist eine von Irlands populärsten Surf Locations

zu 214 Meter hoch aus dem Meer. Ein Wanderweg führt am Rand entlang.

Was die Klippen für Filmfreunde so besonders macht: In **»Harry Potter und der Halbblutprinz«** geht Harry Potter mit dem Direktor der Zaubererschule Hogwarts, Albus Dumbledore, hier auf die Jagd nach einem gefährlichen Horkrux. Wer die wilde Kulisse der unzugänglichen Cliffs betrachtet, versteht, warum die beiden nur mit Zauberkraft zur Höhle mit dem Horkrux gelangen können. Die ungemein erfolgreiche Harry-Potter-Buchreihe von Joanne K. Rowling ist ebenso erfolgreich in mehreren Teilen verfilmt worden, teils in Irland.

Nördlich der Cliffs of Moher beginnt bald **The Burren** (vgl. S. 131), ein weitläufiges Kalksteinplateau, entstanden während mehrerer Eiszeiten. Die Gletscher haben beim Abtauen unzählige Findlinge in einer heute äußerst kargen Landschaft hinterlassen. Spuren jahrtausendealter menschlicher Besiedlung sind im Gebiet des Burren allgegenwärtig, mehr als 50 Megalithgräber und rund 500 Ringanlagen aus der Stein- und Eisenzeit hat man bis heute gefunden. Auch im Untergrund ist es interessant, denn der Kalkstein ist von unzähligen Höhlen durchzogen.

Nur wenige Kilometer hinter den Cliffs of Moher ist bei Doolin die **Doolin Cave** (vgl. S. 132) zu besichtigen. Folgt man nun der R 478 und N 67 trifft man kurz vor Ballyvaughan auf die **Aillwee Cave** (vgl. S. 132), die ebenfalls für Besucher zugänglich ist.

Dann schlängelt sich die Straße am Südufer der Galway Bay entlang bis zum **Dunguaire Castle** (vgl. S. 165), das in seiner heutigen Form aus dem 16. Jahrhundert stammt. Im Sommer werden hier mittelalterliche Bankette veranstaltet. Nun muss man nur noch ein Stück weiter um die Galway Bay herum fahren, um die Universitätsstadt **Galway** (vgl. S. 164) zu erreichen.

Über die Länge des Great Stalactite in der Doolin Cave gibt es unterschiedliche Angaben. Für die Besucher des Burren ist er allemal einen Abstecher wert

⓮ VON GALWAY NACH WESTPORT

Route: Galway – Oughterard – Clifden – Letterfrack – Kylemore – Westport (144 km)

km	Route
0	Galway
77	Clifden
92	Letterfrack
144	Westport

Obwohl **Galway** (vgl. S. 164) fast 80 000 Einwohner hat, kann man ihr sehenswertes Zentrum leicht zu Fuß erkunden. Ein Stadtrundgang könnte am John F. Kennedy Memorial Garden beginnen. Von hier folgt man der Fußgängerzone mit vielen Läden und Pubs durch die William, Shop, High und Quay Street bis zum Wasser. Kulturell interessant sind das City Museum, die Kathedrale und das Haus von Nora Barnacle, der Ehefrau von James Joyce.

Auf der relativ gut ausgebauten N 59 sind es von Galway nach **Clifden** (vgl. S. 170) knapp 80 Kilometer; wer die Küstenstraße nimmt, muss rund 50 Kilometer mehr einkalkulieren und ist wegen der engen, kurvigen Straße erheblich länger unterwegs, genießt dafür aber häufig Meerblick. Die erst Anfang des 19. Jahrhunderts gegründete Kleinstadt Clifden mit vielen viktorianischen Häusern liegt in schöner Umgebung auf einer Klippe.

Beliebt ist die rund zwölf Kilometer lange Rundtour von Clifden auf der Sky Road, einer teils ausgesetzten Panoramastraße entlang der zerklüfteten Küste.

Auf der Etappe von Clifden nach Letterfrack sollte man sich Zeit nehmen, um das wilde Bergland von **Connemara** (vgl. S. 166) mit seinen Sümpfen und Mooren zu erkunden. Eine Fahrt durch diese Gegend ist ein eindrückliches Erlebnis, besonders wenn man ab und zu auf Nebenstraßen ausweicht.

Bei Letterfrack liegt das **Besucherzentrum des Connemara Nationalparks** (vgl. S. 167) und nur wenige Kilometer weiter das im 19. Jahrhundert als Herrschaftshaus erbaute Kloster **Kylemore Abbey** (vgl. S. 167) mit weitläufigem Garten.

Auf der N 59 geht es schließlich zum heutigen Tagesziel **Westport** (vgl. S. 172), wo man rund um den Hafen viele Pubs und Restaurants findet.

◁ *Herbe Romantik: Auf den Aran Islands leben Tier und Mensch auf kargem Raum zusammen*

Austern sind untrennbar mit der Kultur Galways verbunden. Beim traditionsreichen Oyster Festival wird alljährlich im September der Meister im Austernöffnen ermittelt

⓯ VON WESTPORT NACH BALLINA

Route: Westport – Ballintubber – Ballyhean – Castlebar – Foxford – Ballina – Céide Fields – Ballina (141 km)

km	Route
0	Westport
19	Ballintubber
33	Castlebar
106	Céide Fields
141	Ballina

Nur wenig außerhalb von Westport kann man **Westport House & Gardens** (vgl. S. 173) besuchen, ein Herrenhaus mit Vergnügungspark. Wer den Tag sportlich beginnen möchte: An der R 335 zwischen Westport und Louisburgh liegt der Einstieg für die Wanderung auf den heiligen Berg **Croagh Patrick** (vgl. S. 172). Der Ausflug kostet etwas Schweiß, die Aussicht ist aber lohnend.

Die heutige Tour beginnt mit der Fahrt zur **Ballintubber Abbey** (vgl. S. 173) aus dem 13. Jahrhundert. Dazu verlässt man Westport in südöstlicher Richtung auf der R 330, biegt dann links auf die L 1809 ab und folgt den Schildern nach Baile an Tobair/Ballintober.

Von hier fährt man zurück zur N 84, die nach Castlebar führt. Hier die N 5 in Richtung Osten nehmen, später nach links auf der N 58 bis Foxford und der N 26 bis Ballina folgen. Von Ballina führt die R 314 schließlich bis nach **Céide Fields** (vgl. S. 177). Die steinzeitlichen Relikte wirken

Die ehemalige Augustiner-Abtei von Ballintubber wurde seit 1966 mehrmals restauriert und ist heute einer der touristischen Anziehungspunkte im County Mayo

Zahllose kleine und große Schiffe tummeln sich im Mündungstrichter des Moy bei Ballina

zwar eher unscheinbar, sind jedoch von großer Bedeutung – es handelt sich um eine der wichtigsten archäologischen Stätten Irlands. Freigelegt wurden bis heute Häuser- und Mauerreste, die zu einer mehr als 5000 Jahre alten steinzeitlichen Siedlung gehören, und Megalith-Gräber.

Nach der Besichtigung von Céide Fields geht es auf der R 314 zurück zum Tagesziel nach **Ballina** (vgl. S. 175).

⑯ VON BALLINA NACH ROSCOMMON

Route: Ballina – Knock – Ballyhaunis – Castlerea – Tulsk – Strokestown – Tulsk – Roscommon (125 km)

km	Route
0	Ballina
44	Knock
94	Tulsk
105	Strokestown
125	Roscommon

Ballina (vgl. S. 175) im Norden Mayos liegt am Ende der trichterförmigen Killala Bay und an der Mündung des Flusses Moy. Es ist vor allem Anglern ein Begriff, denn der Fluss Moy ist reich an Lachsen. Wer nicht im Angelfieber ist, kann sich in der Umgebung zwei Klosterruinen – Moyne Friary (vgl. S. 175) und Rosserk Abbey (vgl. S. 176) – anschauen.

Südlich von Ballina liegt **Knock** (vgl. S. 171), das man über die N 26, R 321 und R 323 erreicht. Der kleine Ort verzeichnet jährlich rund eineinhalb Millionen Besucher – neben Lourdes und Fátima gilt Knock als bedeutendstes Marienheiligtum Europas.

Von Knock fährt man in östlicher Richtung auf der R 323 nach Ballyhaunis und danach auf der N 60 bis

Geschichte überall: Das Standbild Gaelic Chieftain in Roscommon soll an die Schlacht am Curlew-Pass im Jahre 1599 erinnern, als irische Rebellenverbände das Heer der Engländer in einen Hinterhalt lockten und in die Flucht schlagen konnten

Castlerea. Hier auf der Main Street, der N 60, nach Südosten starten, weiter auf Barrack Street und Ballinlough Road bis zur R 367, hier links halten und bis nach **Tulsk** fahren, das an der Kreuzung der Straßen N 5 und N 61 liegt. Hier erfährt man im **Cruachan Aí Heritage Centre** (vgl. S. 154) viel über die bedeutenden Funde aus der Steinzeit, die im Umkreis von nur zehn Kilometern gemacht wurden.

Nun sind es nur noch wenige Kilometer auf der N 5 bis nach **Strokestown** (vgl. S. 156). In dem kleinen Ort liegen alle Sehenswürdigkeiten im Strokestown Park: das Hungermuseum zur großen Hungersnot in den 1840er Jahren, der große Landschaftspark und das Strokestown House der Gutsbesitzerfamilie Mahon, das die Lebensverhältnisse der irischen Oberschicht im 19. Jahrhundert erkennen lässt.

Um nach **Roscommon** (vgl. S. 154) zu gelangen, fährt man zurück nach Tulsk und dann ein Stück auf der N 61 Richtung Süden. Weithin sichtbar erhebt sich am Ortsrand die Ruine der normannischen Burg aus dem 13. Jahrhundert.

17 VON ROSCOMMON NACH DUBLIN

Route: Roscommon – Athlone – Tullamore – Charleville Castle – Kildare – Dublin (192 km)

km	Route
0	Roscommon
31	Athlone (Abstecher zur Kilbeggan Distillery möglich, 7 km hin und zurück zusätzlich)
71	Tullamore
192	Dublin

Von Roscommon führt die N 61 direkt nach **Athlone** (vgl. S. 151). Von der im 13. Jahrhundert errichteten Burg sind nur noch Reste erhalten. Imposant ist die St. Peter-und-Paul-Kirche aus dem 19. Jahrhundert. Athlone ist ein guter Ausgangspunkt für Schiffsrundfahrten nach Clonmacnoise (vgl. S. 149) und zum Lough Ree (vgl. S. 151) oder kurze Rundfahrten auf dem River Shannon.

Auf der Strecke nach Tullamore sollten Whiskey-Liebhaber unbedingt noch einen kleinen Umweg machen und die **Kilbeggan Distillery** (vgl. S. 149) mit Whiskey-Museum besichtigen.

In **Tullamore** (vgl. S. 148) selbst informiert das Tullamore Dew Heritage Centre über die Herstellung des Tullamore Dew.

Ein paar Kilometer südöstlich von Tullamore erreicht man über die R 421 **Charleville Castle** (vgl. S. 149), das zu den schönsten irischen Schlössern aus dem frühen 19. Jahrhundert zählt.

Nach dem Besuch der Burg fährt man in südöstlicher Richtung weiter, bis man auf die N 52 trifft, dieser folgt man, bis man auf die N 80 trifft. Über N 80, R 422 und M 7 geht es bis **Kildare** (vgl. S. 88), von hier auf der Autobahn M 7 nach **Dublin** (vgl. S. 24).

Im Kildare Village in der Nähe von Dublin kommen Outlet-Enthusiasten auf ihre Kosten

ROUTE 2

RUNDTOUR DURCH DEN NORDEN IRLANDS

Gesamtlänge: 1162 km (ohne zusätzliche Abstecher)
Reisedauer: 9 Tage

Route: Dublin – Armagh – Belfast – Portrush – Derry – Letterkenny – Donegal – Carrick-on-Shannon – Dublin

Die Grabhügel von Knowth: Die Anlage besteht aus einem Haupthügel, der von 17 kleinen Hügeln umgeben wird

❶ VON DUBLIN NACH ARMAGH

Route: Dublin – Malahide – Newbridge – Drogheda – Newgrange – Monasterboice – Dundalk – Newry – Armagh (162 km)

km	Route
0	Dublin
16	Malahide
27	Newbridge
65	Newgrange
82	Monasterboice (Abstecher in die Mourne Mountains möglich)
162	Armagh

Man verlässt **Dublin** (vgl. S. 24) auf der M 1 Richtung Norden und nimmt dann die R 107 Richtung **Malahide** (vgl. S. 79). In dem kleinen Städtchen am Meer lohnt die Besichtigung der Burg mit sehenswerten Täfelungen aus dem 16. Jahrhundert und einer Porträtsammlung.

Über die R 106, R 132 und R 126 erreicht man schon nach wenigen Kilometern das georgianische Herrenhaus **Newbridge House & Farm** (vgl. S. 79) aus dem 18. Jahrhundert. Die Inneneinrichtung besteht aus rund 150 Jahre alten Antiquitäten. Angeschlossen ist eine Farm mit Streichelzoo.

Nun geht es zurück auf die M 1, die man bei Drogheda Richtung **Newgrange** (vgl. S. 75) verlässt. Während die beiden ersten Sehenswürdigkeiten noch als »optional« gelten können, sollte ein Besuch dieses komplett restaurierten, 5000 Jahre alten Ganggrabs bei keiner Rundreise fehlen, zählt es doch zu den bedeutendsten Steinzeitmonumenten in Europa. Der riesige Grabhügel hat einen Durchmesser von etwa 90 Metern und ist fast 14 Meter hoch. Vom **Brú na Bóinne**

Der Friedhof des in Ruinen liegenden Klosters Monasterboice wird noch heute genutzt

Visitor Centre (vgl. S. 77) wird auch die Besichtigung des Grabhügels von **Knowth** (vgl. S. 76) organisiert.

Wer mag, kann im **Boyne Valley** (vgl. S. 75) noch das Schlachtfeld der »Battle of the Boyne« besichtigen, wo sich 1690 die Truppen von König James II., der die katholischen Iren unterstützte, dem Heer des protestantischen Königs Wilhelm von Oranien geschlagen geben mussten.

Über die N 51 und R 132 erreicht man (ausgeschildert) nur wenige Kilometer nördlich von Drogheda schon die nächste historische Stätte: die Ruinen des Klosters **Monasterboice** (vgl. S. 73). Im 5. Jahrhundert vom heiligen Buite, einem Schüler des heiligen Patrick, gegründet besteht die Anlage heute im Wesentlichen aus Kirchenresten, einem Rundturm und einem reich verzierten Hochkreuz.

Nach den vielen Zwischenstopps folgt nun eine etwas längere Fahrtstrecke: Gut 80 Kilometer ist man via Dundalk und Newry – wer noch Zeit in seinem Reiseplan hat, kann von hier aus einen Abstecher in die **Mourne Mountains** unternehmen – unterwegs, bis man **Armagh** (vgl. S. 203) erreicht. Weithin sichtbar überragen zwei Kirchen die Stadt, die zu den ältesten Irlands zählt. Im Jahr 445 hat hier angeblich der heilige Patrick auf einem Hügel seine erste steinerne Kirche errichten lassen.

❷❸ VON ARMAGH NACH BELFAST

Route: Armagh – Portadown – Lisburn – Downpatrick – Strangford – Portaferry – Greyabbey – Bangor – Belfast (151 km)

km	Route
0	Armagh
51	Lisburn
83	Downpatrick
100	Strangford/Portaferry (Fährverbindung)
151	Belfast (1 Tag zusätzlich für die Erkundung der Stadt)

51 Kilometer nördlich von Armagh erreicht man über A 3, M 12 und M 1 **Lisburn** (vgl. S. 206), die drittgrößte Stadt Nordirlands. Lohnend ist ein Stopp für alle, die das ausgezeichnete Leinenmuseum besuchen wollen.

Eilige Reisende fahren von Lisburn direkt nach Belfast und erreichen die nordirische Hauptstadt so in einer halben Stunde. Mehr sieht man auf der im Folgenden beschriebenen Tour, die in einem weiten Bogen via **Ards-Halbinsel** nach Belfast führt.

Von Lisburn geht es zunächst nach **Downpatrick** (vgl. S. 204). Auf dem Friedhof der hiesigen Kathedrale soll der irische Nationalheilige Patrick begraben sein. Mehr zu dessen Leben erfahren Interessierte im Saint Patrick Centre.

17 Kilometer weiter fährt man in **Strangford** auf die Fähre und setzt nach **Portaferry** (vgl. S. 207) über. In der Stadt ist besonders das Aquarium – mit vor allem einheimischen Fischen – sehenswert. Ganz in der Nähe steht das Herrschaftshaus Castle Ward.

Die **Ards Peninsula** (vgl. S. 207) ist der perfekte Ort für Wassersportler, Naturliebhaber sowie Ornithologen, für die besonders die Strangford-Lough-Küste interessant ist. Fährt man diese entlang, kommt man bei **Greyabbey** (vgl. S. 207) zu den Ruinen einer Zisterzienserabtei und anschließend zum **Mount Stewart House** (vgl. S. 207), einem Landsitz aus dem 18. und 19. Jahrhundert mit schönem Garten. Kurz darauf nimmt man die Straße landeinwärts in Richtung Millisle und gelangt zur noch intak-

Uhrturm des Irish Linen Centre: Im Linen Centre und Lisburn Museum erfährt man mehr über die industrielle Geschichte der Region

ten **Ballycopeland Windmill** (vgl. S. 207).

Von hier fährt man an Bangor vorbei und erreicht dann über die A2 **Belfast** (vgl. S. 216, Karte S. 217, Stadtrundgang S. 218, Service & Tipps S. 223). Mit zahlreichen Sehenswürdigkeiten wie der City Hall, dem Custom House, den Wall Murals entlang der Falls Road und dem Titanic Centre, das auf eindrucksvolle Weise das tragische Schicksal des Kreuzfahrtschiffes nachzeichnet, lohnt Nordirlands Hauptstadt einen längeren Aufenthalt. Deshalb sollte man hier einen Zusatztag einplanen.

❹ VON BELFAST NACH PORTRUSH

Route: Belfast – Carrickfergus – Carrick-a-Rede Rope Bridge – Dunseverick Castle – Giant's Causeway – Bushmills – Dunluce Castle – Portrush (141 km)

km	Route
0	Belfast
18	Carrickfergus
111	Carrick-a-Rede Rope Bridge
120	Dunseverick Castle
126	Giant's Causeway
131	Bushmills
135	Dunluce Castle
141	Portrush

Der Giant's Causeway mit seinen etwa 60 Millionen Jahre alten Basaltsäulen ist einer der Besuchermagnete Nordirlands

Der Sandstrand von Whitepark Bay lädt zu einem Spaziergang ein

Man verlässt Belfast auf der Autobahn M 5 Richtung Norden und wechselt am Ortsrand auf die A 2, die Causeway Coastal Road (vgl. S. 208), der man nun den ganzen Tag folgt. Nach etwa 20 Minuten Fahrzeit erreicht man den kleinen Ort **Carrickfergus** (vgl. S. 208) mit seiner schönen Burg. An der Küste entlang geht es über die Industrie- und Hafenstädte Larne und Cushendall an einigen kleineren Burgruinen vorbei. Nach gut einer Stunde Fahrzeit kommt man zur bekannten **Carrick-a-Rede Rope Bridge** (vgl. S. 208), einer Hängebrücke, die über eine Felsspalte hinweg auf eine Insel vor der Küste führt.

Von nun an folgt eine Sehenswürdigkeit auf die andere: der Sandstrand von **Whitepark Bay**, die Ruine von **Dunseverick Castle** (vgl. S. 209) und schließlich die 40 000 Basaltsäulen vom **Giant's Causeway** (vgl. S. 212), von der UNESCO zum Weltnaturerbe ernannt und eine der meistbesuchten Sehenswürdigkeiten Irlands.

Weiter geht es nach **Bushmills** (vgl. S. 209), wo man die bekannte Whiskey-Brennerei besuchen kann, und an den Ruinen von **Dunluce Castle** (vgl. S. 209) vorbei zum **White Rocks Beach** (vgl. S. 209). Kurz darauf ist man in dem beliebten Badeort **Portrush** (vgl. S. 214), wo sich mit **Barry's Amusements** Irlands größter Freizeitpark befindet.

❺ VON PORTRUSH NACH DERRY

Route: Portrush – Coleraine – Castlerock – Derry (67 km)

km	Route
0	Portrush
22	Castlerock
67	Derry

Die kurze Tagestour führt mit einem kleinen Umweg über Castlerock direkt nach Derry, sodass genügend Zeit zur Besichtigung von Nordirlands zweitgrößter Stadt bleibt. Ab Portrush fährt man über Coleraine zum bei **Castlerock** gelegenen **Downhill Demesne and Hetzlet House** (vgl. S. 214) mit den Ruinen eines Herrschaftshauses, dem **Mussenden-Tempel** und herrlichen Wanderwegen für all jene, die noch etwas frische Luft brauchen.

Über die A 2 ist man in einer knappen Stunde in der hübschen Stadt **Derry** (vgl. S. 192), deren größte Sehenswürdigkeit die noch vollständig erhaltene Stadtmauer von 1618 ist. Innerhalb der Mauern findet man unter anderem die protestantische St. Columb's Cathedral sowie das Tower Museum. Weiterhin sehenswert sind die Guildhall, 1887 im neugotischen Stil erbaut, und das Museum of Free Derry, das die »Zeit der Unruhen« dokumentiert. Die berühmten *Murals* findet man vor allem im nördlich der Stadtmauern gelegenen Stadtteil Bogside.

Drehorte von Game of Thrones

Nordirlands zweiter Name ist Westeros. Der fiktive Kontinent, in dem die erfolgreichste Fernsehserie aller Zeiten, der noch nicht ganz abgedrehte HBO-Vielteiler Game of Thrones (GoT), spielt, entlehnt seine traumhaft schönen Landschaften zu großen Teilen der Natur Nordirlands. Liebhaber der bildgewaltigen Saga um die Sieben Königslande und den blutigen Kampf um den Eisernen Thron erkennen an vielen Orten Filmkulissen – meist aus den nördlichen Teilen von Westeros – wieder.

Nordwestlich von Londonderry zweigt am Übergang A 2/A 37 ein Sträßchen in Richtung Norden ab: Hier geht es zum Drachenlandeplatz. Der Berg **Binevenagh** markiert den Ort, an dem Daenerys Sturmtochter nach ihrer Flucht aus Meereen mit ihrem Drachen landet und von den Dothraki gefunden wird.

Ein paar Kilometer weiter nördlich am Downhill Beach steht mit wunderbarer Aussicht der **Mussenden Temple**; hier startet König Stannis Baratheon den düsteren Teil seiner katastrophalen Karriere.

Um von hier nach **Portstewart** zu gelangen, muss man zunächst nach Süden über Coleraine auf die andere Seite des River Bann und dann wieder nach Norden. Am schönen langen Strand und in den Dünen von Portstewart spielt

Der Mussenden Temple: dramatische Lage direkt an der Abbruchkante zur Steilküste

Der Königsweg: Die im 18. Jahrhundert mit über 150 Buchen angelegte Allee führt eigentlich zum Gracehill House

die Szene, in der Jaime Lennister und Bronn vom Schwarzwasser heimlich im Reich Dorne landen, um Jaimes Tochter zurückzuholen.

Gut 15 Kilometer östlich von Coleraine erreicht man Gracehill House und südlich davon die **Dark Hedges**, eine eigentümliche, etwas unheimliche Buchenallee: Arya Starks Fluchtweg, der legendäre Königsweg.

Richtung Norden zurück zur Küste liegt **Ballintoy Harbour**, die Heimat der düsteren Eisenmänner. Beliebtes Ausflugsziel in der Nähe ist die schwindelerregende Hängebrücke hinüber zum Inselchen Carrick-a-Rede (die nicht in Game of Thrones vorkommt).

Weiter über Ballycastle Richtung Osten kann man an der Causeway Coastal Route einen Abstecher zur **Murlough Bay** einlegen: An diesem Strand werden Tyrion Lannister und Jorah Mormont von Sklavenjägern gefangengenommen.

Weiter südlich, bei Cushendun, hat in den rund 400 Millionen Jahre alten **Cushendun Caves** eine der Negativfiguren, die rote Zauberin Melisandre, einen düsteren Auftritt.

Eine weitere schöne Naturkulisse für Szenen aus Game of Thrones bietet das **Glenariff-Tal**. Das malerische **Shillanavogy-Tal** liegt in Irland nur wenige Kilometer weiter südlich; in GoT sind es viele Hundert Meilen und eine Meerenge – bis nach Essos.

Südöstlich von Belfast wartet schließlich einer der Höhepunkte auf der GoT-Tour: **Castle Ward**, das in Teilen deutlich als Winterfell, Sitz der bedeutenden Stark-Familie, die viele der Protagonisten der Saga stellt, zu erkennen ist. Die im Film um weitere Teile ergänzte Burg ist gut auf Filmtouristen eingestellt: So kann man am Filmdrehort Bogenschießen lernen wie Arya Stark.

Bei Downpatrick steht das ehemalige Zisterzienserkloster **Inch Abbey**. Im Film rufen hier die Häuser des Nordens mit ihrem König Robb Stark den Krieg gegen die Westeros-Kapitale Königsmund aus.

Eine der eindrücklichsten und auch unheimlichsten Landschaften aus der Game-of-Thrones-Saga finden Nordirland-Besucher schließlich im **Tollymore Forest Park** bei Newcastle, knapp 20 Kilometer südwestlich von Downpatrick. Düstere, uralte Bäume bilden den Verfluchten Wald, Heimat der Schattenwölfe und vor allem Gebiet der Weißen Wanderer, die überall Angst und Schrecken verbreiten und sich als wahre Feinde aller sterblichen Bewohner von Westeros erweisen.

In Belfast lohnt ein Besuch der **Titanic-Studios**, in dem auch Teile von Game of Thrones entstanden sind.

Im Zweiten Weltkrieg diente Malin Head als Aussichtsposten zur Beobachtung von Kriegsereignissen. Erst kürzlich wurde es für einen Auftritt in »Star Wars: Die letzten Jedi« auserkoren

6 VON DERRY ÜBER DIE INISHOWEN-HALBINSEL NACH LETTERKENNY

Route: Derry – Moville – Malin Head –Carndonagh – Clonmany – Dunree Head – Buncrana – Grianán of Aileach – Letterkenny (156 km)

km	Route
0	Derry
32	Moville
62	Malin Head
88	Clonmany
100	Dunree Head
111	Buncrana
129	Grianán of Aileach
156	Letterkenny

Die Fahrt entlang der Küste der **Inishowen Peninsula** (vgl. S. 186) zählt wegen der wildromantischen Klippen und der langen Strände zu den schönsten Strecken des Landes. Von Derry aus folgt man der Küstenstraße bis zu dem 1500-Seelen-Dörfchen Moville und von dort der R 238 Richtung **Malin Head**. Der Abstecher zum nördlichsten Punkt des Landes lohnt sich wegen der beeindruckenden Landschaft.

Ein Stück fährt man denselben Weg zurück, orientiert sich dann aber Richtung Clonmany und passiert dabei **Carndonagh** (vgl. S. 187), wo ein Hochkreuz aus dem 7. Jahrhundert steht. Fährt man weiter an der Küste entlang, kommt man zum **Dunree Head** (vgl. S. 186) mit einem Fort aus dem späten 18. Jahrhundert. **Buncrana** (vgl. S. 186) ist vor allem für seinen langen Sandstrand bekannt.

Am südlichen Ende der Halbinsel liegt mit dem Ringfort **Grianán of Aileach** (vgl. S. 186) die Hauptsehenswürdigkeit der heutigen Tour. Die Anlage soll einst der Sitz der Könige von Aileach gewesen sein und besteht heute aus im 19. Jahrhundert rekonstruierten konzentrischen Wällen.

Von hier sind es noch 25 Kilometer, bis man auf der N 13 **Letterkenny** (vgl. S. 184) erreicht. Die Stadt am Fluss Swilly wird überragt von der im neogotischen Stil erbauten St. Eunan's Cathedral.

7 VON LETTERKENNY NACH DONEGAL

Route: Letterkenny – Glenveagh Castle – Glencolumbkille – Carrick – Teelin – Bunglass Point/Slieve League – Donegal (186 km)

km	Route
0	Letterkenny
24	Glenveagh Castle
122	Glencolumbkille
136	Bunglass Point/Slieve League
186	Donegal

Auch bei der heutigen Etappe kann man sich entscheiden: schnell oder schön? Wer es eilig hat, fährt von Letterkenny auf der N 13 und N 15 direkt nach Donegal (49 Kilometer). Reisende mit mehr Muße erreichen die Stadt nach einer Rundfahrt durch die Provinz Donegal.

Dazu verlässt man Letterkenny auf der R 250 in Rich-

Besichtigungen von Glenveagh Castle sind nur mit Führung möglich

Glenveagh National Park ist der größte von sechs Nationalparks in Irland

tung Westen und nimmt dann die R 251. Erstes Ziel ist der **Glenveagh Nationalpark** (vgl. S. 185). Naturfreunde könnten hier schon am Ende ihrer Tagestour angekommen sein, ihre Wanderschuhe schnüren und zu einer Wanderung durch die Bergwelt des Nationalparks aufbrechen. Alle anderen werden sich mit einem Ausflug zum **Glenveagh Castle** (vgl. S. 185) begnügen, das in malerischer Lage an einem See liegt.

Nun fährt man die R 251 Richtung Westen, folgt dann der N 56 und R 261 und erreicht auf der R 230 schließlich **Glencolumbkille** (vgl. S. 182). In dem kleinen Dorf ist das Folk Village Museum sehenswert. Zu empfehlen ist auch der 13 Kilometer lange Glencolumbkille-Rundweg, der an schönen Aussichtspunkten und historischen Denkmälern vorbeiführt.

Weiter geht es zum Nachbarort Carrick, wo man beim McGinley's Pub der Straße in Richtung Bungas und Slieve League folgt. Hinter dem Dorf Teelin fährt man auf einer schmalen Straße vorbei am Carrigan Head bis zum **Bunglass Point**. Von hier genießt man einen beeindruckenden Blick auf **Slieve League** (vgl. S. 183), Klippen von 600 Metern Höhe.

Wieder zurück auf der Hauptstraße erreicht man, immer an der Küste entlang, nach weiteren 50 Kilometern **Donegal** (vgl. S. 181). Mitten in dem kleinen Ort befindet sich eine Schlossruine. Die Ruinen vom ehemaligen Franziskanerkloster Donegal Abbey hingegen liegen an der Mündung des Eske-Flusses.

Der Rundweg von Glencolumbkille führt am Strand entlang und lädt zum Verweilen ein

Der Garavogue River fließt durch Sligo und mündet im Atlantischen Ozean

8 VON DONEGAL NACH CARRICK-ON-SHANNON

Route: Donegal – Sligo – Boyle – Carrick-on-Shannon (122 km)

km	Route
0	Donegal
65	Sligo
106	Boyle
122	Carrick-on-Shannon (Rundfahrt über Elphin, Tulsk, Strokestown möglich, 60 km zusätzlich)

Über die N 15 erreicht man Sligo in weniger als einer Stunde. Kurz vor der Stadt befindet sich am Berg Benbulben in **Drumcliff** das Grab des Dichters William Butler Yeats, der in Sligo geboren wurde. In **Sligo** (vgl. S. 178) kann man die Ruinen der Dominikanerabtei Sligo Abbey und eine Ausstellung im Kunstzentrum The Model besuchen.

Auf der Weiterfahrt nach Boyle liegt gut 10 Kilometer südlich der Stadt etwas abseits der Hauptstraße der **Carrowmore Megalithic Cemetery** (vgl. S. 181), eine riesige Grabanlage aus der Steinzeit.

Über die N 4 erreicht man die Kleinstadt **Boyle** (vgl. S. 158) am Fuße der Curlew Mountains. Die Hauptsehenswürdigkeiten sind King House, Boyle Abbey und etwas außerhalb der Lough Key Forest Park.

Knapp 20 Kilometer von Boyle entfernt liegt **Carrick-on-Shannon** (vgl. S. 157), die Stadt, von der die meisten Hausboottouren auf Irlands längstem Fluss, dem Shannon, beginnen. Für alle, die noch unternehmungslustig sind: Von Carrick-on-Shannon lohnen Ausflüge zur Mühle von Elphin (vgl. S. 158), den Steinzeitgräbern von Tulsk (vgl. S. 154) und nach Strokestown (vgl. S. 156) mit seinem Hungermuseum.

Belvedere House diente im 18. Jahrhundert dem ersten Earl of Belvedere als Rückzugsort zum Jagen

9 VON CARRICK-ON-SHANNON NACH DUBLIN

Route: Carrick-on-Shannon – Longford – Castlepollard – Mullingar – Dublin (177 km)

km	Route
0	Carrick-on-Shannon
37	Longford
76	Castlepollard
97	Mullingar
177	Dublin

Über die N 4 gelangt man schnell von Carrick-on-Shannon nach **Longford** (vgl. S. 155). Im Ort steht eine dem heiligen Mel geweihte Kathedrale, deren Kuppel man schon lange sieht, bevor man die Stadt erreicht.

Auch hier lohnt es sich, wenn man Zeit hat, die Umgebung zu erforschen. Zur Wahl stehen gleich mehrere Sehenswürdigkeiten: die Dolmen in Aughnacliff, die Klosterruine in Abbeylara und die Ruinen der St. Mel's Cathedral in Ardagh.

Auf der Weiterfahrt Richtung Mullingar verlässt man bei Edgeworthstown die N 4 und biegt auf die R 395 Richtung **Castlepollard** ein. Fünf Kilometer vor dem Ort liegt **Tullynally Castle & Garden** (vgl. S. 156). Das Schloss ist in Privatbesitz und kann nicht besichtigt werden, doch der Park ist im Sommer von Donnerstag bis Sonntag geöffnet.

Gut 20 Kilometer später durchfährt man **Mullingar** (vgl. S. 153), wo Freunde gepflegter Parklandschaften im **Belvedere House & Gardens** einen Stopp einlegen sollten, bevor man zügig auf der N 4 und später der M 4 nach weiteren 80 Kilometern **Dublin** (vgl. S. 24) erreicht.

UNTERKÜNFTE

HOTELS, GUEST HOUSES, FARM HOUSES, COUNTRY HOUSES, B&BS, COTTAGES UND HOSTELS

Die angegebenen Preiskategorien gelten pro Person für eine Übernachtung im Doppelzimmer inklusive Frühstück. In vielen Häusern variieren die Tarife stark – je nach Wochentag, Saison oder Zimmerkategorie.

€ – unter 50 Euro
€€ – 50 bis 100 Euro
€€€ – über 100 Euro

Aran-Inseln

Man of Aran Cottages
Kilmurvey, Inishmore
Co. Galway, H91 T627
✆ (099) 613 01, www.aranislands.ie/the-man-of-aran-cottages-bed-and-breakfast
Die Idylle der windumtosten Cottages von Joe und Maura Wolfe ist nicht zu übertreffen. B&B und Restaurant. €€

Armagh

Dundrum House
Dundrum Rd.
Tassagh, Co. Armagh
BT60 2NG
✆ (028) 37 53 12 57
www.dundrumhouse.com
Mögen Sie Schafe? 10 km von Armagh City entfernt steht dieses Haus aus dem 18. Jh. mitten in unberührter Natur. Das Einzige, was Geräuschempfindliche stören könnte: das »Määäh« einer große Schafherde! €

Fairylands Country House
25 Navan Fort Rd.
Armagh, Co. Armagh, BT60 4PM
✆ (028) 37 51 03 15
www.fairylands.net
Nette Zimmer mit viel Rot, nicht plüschig, sondern schlicht. Schöner Aufenthaltsraum mit Kamin. €

Athlone

Benown House
Glasson, Athlone
Co. Westmeath, N37 V566
✆ (090) 648 54 06, www.glasson.com
Bei Pat und Teresa gibt es für einen kleinen Preis schlichten Komfort und viele Informationen über Athlone auf der Website. €

Ballycastle

Glenmore House
94 White Park Rd.
Ballycastle, Co. Antrim, BT54 6LR
✆ (028) 20 76 35 84
www.glenmore.biz
Haben Sie Interesse an traditioneller irischer Musik? Hier wird sie rundum in allen Pubs gespielt. Country House mit Gästezimmern und Restaurant. €

Ballyvaughan

Ballyvaughan Lodge
Ballyvaughan, Co. Clare
✆ (065) 707 72 92
www.ballyvaughanlodge.com

Die elf großen Gästezimmer sind individuell gestaltet und nur eine Autostunde von Galway und dem Shannon Airport entfernt. Das Frühstück mit selbst gemachtem Brot und frischen Säften ist ein Genuss. €

Bantry

Bantry House
Bantry, Co. Cork
✆ (027) 500 47, www.bantryhouse.com
Schlafen im verwunschenen Schloss: als B&B oder Selbstversorger in der Gatelodge. Very pretty, indeed! €€

Belfast

Radisson Blu Hotel
The Gasworks, 3 Cromac Place, Ormeau Rd.
Belfast, Co. Antrim, BT7 2JB
✆ (028) 90 43 40 65
www.radissonblu.co.uk/hotel-belfast
Der Luxus vieler Sterne am Rande der Innenstadt. Für Autofahrer ideal wegen des hoteleigenen Parkplatzes. €€–€€€

Crescent Townhouse Hotel
13 Lower Crescent
Belfast, Co. Antrim, BT7 1NR
✆ (028) 90 32 33 49
www.crescenttownhouse.com
Townhouse-Feeling 15 Gehminuten von der Belfast City Hall entfernt. Mit Restaurant und kleiner Bar für den letzten Absacker. Spezielle Angebote. €€

La Mon Hotel and Country Club
41 Gransha Rd., Castlereagh
Belfast, Co. Antrim, BT23 5RF
✆ (028) 90 44 86 31, www.lamon.co.uk
Wenn die Kids genug von der Großstadt haben, ist das La Mon Hotel in 15 citynahen Autominuten eine attraktive Anlaufstelle. Tennis und Wellness für die Großen, Pool, großer Garten sowie ein reichhaltiges Spieleangebot für die Kleinen. Mehrtägige Familienangebote. €€

Ravenhill Guest House
690 Ravenhill Rd.
Belfast, Co. Antrim, BT6 OBZ

Schlafen im verwunschenen Schloss: Bantry House

✆ (028) 90 20 74 44
www.ravenhillhouse.com
Ein bisschen Vorstadtidylle gefällig? Zehn Autominuten vom Stadtzentrum liegt das kleine viktorianische Haus der Nicholsons. €€

The Arc
Apartment 914 The Arc, 2 Queens Rd.
Belfast, Co. Antrim, BT3 9FL
✆ (077) 90 31 49 03
www.belfastselfcatering.com
Nicht jeder muss morgens in seinen Kaffee fallen, damit er den Tag erlebt. Wer bereit ist, gleich morgens Belfast – sprich ein Frühstückscafé – zu entdecken, versucht es mal mit *self-catering*. Wohnung mit zwei Schlafzimmern und zwei Bädern. €–€€

Evelyn's B&B
17 Wellington Park Terrace, Wellington Park, Belfast, Co Antrim, BT9 6DR
✆ (028) 90 66 52 09
www.evelynsbandb.co.uk
Tipp: Schon allein diese eine spezielle Badewanne ist es wert. Alles ist klein, aber so fein. €

Failte B&B
11 Finaghy Park North
Belfast, Co. Antrim, BT10 0JA
✆ (028) 90 61 96 10, www.failtebelfast.com
Manche denken, dass hier nichts los ist. Andere denken: Schön, dass die Vögel zwitschern, und das für richtig kleines Übernachtungsgeld. Abends Party, dann ist noch das Taxi drin und für den morgendlichen Kater – Ruhe, außer eben der Vögel! So kann City-Life dann auch aussehen. €

Blarney

Blarney Castle Hotel
Village Green, Blarney, Co. Cork, T23 TCF6
✆ (021) 438 51 16
www.blarneycastlehotel.com
Das Hotel, nur zehn Autominuten von Cork City entfernt, befindet sich seit 1837 in Familienbesitz. Nahe beim Cork Golf Club. €€

Bunratty

Bunratty Castle Hotel
Bunratty, Co. Clare, V95 DW9N
✆ (061) 47 87 00
www.bunrattycastlehotel.com
Wellnesshotel vom Feinsten mit unschlagbar freundlichem Serviceteam. €€–€€€

Carrickfergus

Beechgrove Farm
412 Upper Rd., Trooperslane
Carrickfergus, Co. Antrim, BT38 8PW
✆ (028) 93 36 33 04
www.beechgrovefarm.co.uk
Wundervoll einfaches Landleben mit allem, was Kinder gern streicheln. Für Eltern, die beim Wandern auf maulende Kinder verzichten wollen, gibt es einen Babysitter. €

Clifden

Abbeyglen Castle Hotel
Sky Rd., Clifden, Connemara
Co. Galway, H71 NX28
✆ (095) 212 01, www.abbeyglen.ie
Sehr luxuriös, aber nicht abgehoben. Im Restaurant steht neben Hummer auch das heimische Connemara-Lamm auf der Karte. Jeden Dienstag irische Nacht. €€–€€€

Cobh

Bella Vista Hotel
Cobh, Co. Cork
✆ (021) 481 24 50, www.bellavistahotel.ie
Hier ist der Name Programm. Hotel mit prima Aussicht über Cobh und hinab aufs Meer. Mit Restaurant und Bar. €–€€

Coleraine

The Bushtown Hotel
283 Drumcroone Rd.
Coleraine, Co. Derry, BT51 3QT
✆ (028) 70 35 83 67
www.bushtownhotel.com
Kleines Freizeithotel mit einigen Sportmöglichkeiten. €–€€

Cork

Radisson SAS Hotel & Spa Cork
Ditchley House, Little Island, Cork, Co. Cork
✆ (021) 429 70 00
www.radissonblu.de
Das Hotel besitzt eine Spa-Abteilung mit diversen Behandlungsmöglichkeiten, Saunen und großem Pool. €€

Achill Guest House
Western Rd., Cork, Co. Cork, B93 0NR
✆ (021) 427 94 47
Kleines, gemütliches Bed & Breakfast. €–€€

Derry/Londonderry

Maghera
8 Gorteade Rd.
Upperlands, Co. Derry, BT46 5SA
✆ (028) 79 64 44 90, www.ardtara.com
Die Auszeichnungen, die dieses Landhotel erhalten hat, sind endlos. Die Automobile Association beispielsweise hat es zum romantischsten Hotel der britischen Inseln gewählt. Von den neun Zimmern gleicht keins dem anderen. €€–€€€

Beech Hill Country House
32 Ardmore Rd., Derry
Co. Derry, BT47 3QP
✆ (028) 71 34 92 79, www.beech-hill.com
Alles an diesem Hotel ist schlichtweg elegant. Der Ardmore Golf Club und ein Reitstall befinden sich in der Nähe. €€

The Best Western White Horse Hotel
68 Clooney Rd., Derry, Co. Derry, BT47 3PA
✆ (028) 71 86 06 06
www.whitehorsehotel.biz
Nur 1 km vom Flughafen und 6 km vom Stadtzentrum entfernt. Großer Pool. Am Wochenende Spa-Angebote. €–€€

Roe Park Resort
Limavady, Co. Derry, BT49 9LB
✆ (028) 77 72 22 22
www.roeparkresort.com
So weit das Auge reicht: grün, grün, grün. Ein Teil davon gehört zum 18-Loch-Golfplatz. Fitnessraum, Pool und ein umfangreiches Spa-Programm runden das Sportangebot ab. €–€€

Doolin – ein kleiner Fischerort im County Clare

Dingle

Alpine Guesthouse
Dingle, Co. Kerry
✆ (066) 915 12 50
www.alpineguesthouse.com
Stimmungsvoller Wohnkomfort für vergleichsweise kleines Geld. €–€€

Donegal

Harvey's Point Hotel
Lough Eske, Donegal
Co. Donegal, F94 E771
✆ (074) 972 22 08, www.harveyspoint.com
Schloss plus Lough in Stadtnähe: Das kostet. Sehr schön. Für diejenigen, die sich mal richtig etwas gönnen wollen. €€€

Ard na Breatha, Drumrooske Nahen
Donegal, Co. Donegal
✆ (074) 972 22 88
www.ardnabreatha.com
Unterkunft mit allem, was man braucht: schnuckelige Zimmer, gutes Restaurant für den Hunger, Bar für hinterher. €€

Atlantic Guesthouse
Main St., Donegal, Co. Donegal
✆ (074) 972 11 87
www.atlanticguesthouse.ie
Mittendrin in der City, rundum Pubs und Restaurants, aus denen man gern in die netten Zimmer des Atlantic Guesthouse zurückkehrt. €

Doolin

Atlantic Sunset House
Cliffs of Moher Rd., Co. Clare
✆ (065) 707 40 80
www.atlanticsunsetdoolin.com
Nette Unterkunft zu einem netten Preis. €€

Cullinans Restaurant & Guesthouse
Doolin, Co. Clare
✆ (065) 707 41 83, www.cullinansdoolin.com
Hier sollte man schon allein wegen des Frühstücks übernachten: Buttermilch-Pfannkuchen mit Limone und Honig, Lachs mit Ziegenkäse – und abends geht der kulinarische Genuss mit frischen Meeresfrüchten weiter. Übrigens: Die Zimmer sind auch sehr schön. €

Dublin

Buswells Hotel
23–27 Molesworth St., Dublin 2, D02 CT80
✆ (01) 614 65 00
www.buswells.ie
Bereits 1882 eröffnet und damit eines der ältesten Hotels Dublins, 2005 komplett saniert, ohne jedoch den Charme des Hauses zu zerstören. Das Hotel verteilt sich auf fünf typische Stadthäuser. Nur wenige Schritte bis zum Trinity College und zur Grafton Street. €€€

The Clarence
6–8 Wellington Quay, Dublin 2
✆ (01) 407 08 00
www.theclarence.ie
Zentral gelegenes Jugendstil-Hotel aus dem Jahr 1852, von dem man einen schönen Blick auf den Fluss genießt. Besitzer der gediegenen Eleganz, die eine gelungene Mischung aus Nostalgie und Moderne bietet, ist Bono von U2. Auch das Restaurant The Tea Room genießt bei den Dublinern einen hervorragenden Ruf. €€€

Jury's Inn Parnell Street
Moore St. Plaza, Parnell St., Dublin 1
✆ (01) 878 49 00
www.jurysinns.com
Solider 3-Sterne-Komfort in zentraler Lage. €€€

The Leeson Inn
24 Lower Leeson St., Dublin 2
✆ (01) 662 20 02
www.leesoninndowntown.com
Das Hotel liegt in einem alten georgianischen Gebäude von 1810. Sehr zuvorkommender Service. Zu Fuß sind es etwa zehn Minuten bis ins Zentrum. €€€

Number 31
31 Leeson Close, Dublin 2, D02 CP70
✆ (01) 676 50 11
www.number31.ie
Dem bekannten Architekten Sam Stephenson ist es perfekt gelungen, einen klassisch-georgianischen Stil mit modernen Elemen-

ten zu kombinieren. Absolut sehenswert ist die Lounge mit den eingelassenen Sitzmöglichkeiten. Das Frühstück gilt als eines der besten in ganz Dublin. €€€

The Schoolhouse Hotel
2–8 Northumberland Rd.
Dublin 4
✆ (01) 667 50 14
www.schoolhousehotel.com
Das kleine, luxuriöse Hotel mit nur 31 Zimmern ist in einem alten Schulgebäude von 1861 untergebracht. Das hoteleigene Restaurant überzeugt mit ausgewählten Speisen. €€€

The Westbury
Balfe St., Dublin 2, D04 HP48
✆ (01) 679 11 22
www.doylecollection.com
Eine Legende unter den Hotels der irischen Hauptstadt. 5-Sterne-Luxus mit Tradition. Die zum Hotel gehörige Terrace Lounge ist der ideale Ort für den Fünf-Uhr-Tee. Von hier aus hat man einen herrlichen Blick auf das geschäftige Treiben der Innenstadt. €€€

Dergvale Hotel
4 Gardiner Palace, Dublin 1
✆ (01) 874 47 53
www.dergvalehotel.com
Kleines Hotel mit nur 20 Zimmern in zentraler Lage. Die Zimmer machen einen etwas plüschigen Eindruck, bieten aber ein gutes Preis-Leistungs-Verhältnis. €€–€€€

Radisson Blu St. Helen's Hotel
Stilorgan Rd., Dublin 4
✆ (01) 218 60 00
www.radissonblu.ie/sthelenshotel-dublin
Zehn Minuten vom Stadtzentrum entfernt liegt dieses 5-Sterne-Luxushotel inmitten eines riesigen Parks. Teile des Hotels befinden sich in einem alten Herrenhaus aus dem 18. Jh. €€–€€€

Phoenix Park House
38–39 Parkgate St., Kingsbridge
Dublin 8
✆ (01) 677 28 70
www.phoenixparkhotel.ie
Noch relativ zentral gelegen und vom Preis sehr überzeugend. Gemütliche Zimmer ohne viel Luxus, die überwiegend mit Kiefernmöbeln eingerichtet sind. Das reichhaltige irische Frühstück wird im viktorianischen Ambiente serviert. Auch der Aufenthaltsraum strahlt nostalgische Gemütlichkeit aus. €–€€€

Restaurant The Tea Room im Clarence Hotel, Dublin

King Sitric
East Pier, Howth, Co. Dublin
✆ (01) 832 52 35
www.kingsitric.ie
Die acht Zimmer sind jeweils nach Leuchttürmen benannt und alle haben Meerblick. Bei den Zimmern in den oberen Stockwerken ist die Aussicht noch schöner. Aufwachen und einschlafen also mit dem Rauschen der Wellen. €€

Mespil Hotel
50–60 Mespil Rd., Dublin 4, D04 E7N2
✆ (01) 488 46 00
www.mespilhotel.com
Solides Businesshotel am Rande des Zentrums nur wenige Schritte vom Grand Canal entfernt. €€

Mercantile Hotel
28 Dame St., Dublin 2
✆ (01) 670 71 00
www.mercantilehotel.ie
Kleines, zentral gelegenes Hotel mit überzeugendem Service. Nach Spezialpreisen fragen. €–€€

Avalon House
55 Aungler St., Dublin 2
✆ (01) 475 00 01, www.avalon-house.ie
Das Hostel wurde von Backpackern unter die zehn besten Billigunterkünfte Europas gewählt. Je nach Geldbeutel kann man hier entweder im Einzel- oder Doppelzimmer, aber auch im Schlafsaal übernachten. Zentrale Lage nahe St. Stephen's Green. €

The Oliver St. John Gogarty Restaurant
58–59 Fleet St., Temple Bar, Dublin 2
✆ (01) 671 18 22, www.gogartys.ie
Hostel, Hotel, Apartments und B& B im selben Haus wie eines der bekanntesten Restaurants in Temple Bar. Alles da, um rundum abfeiern zu können! €

Ennis

Old Ground Hotel
Ennis, Co. Clare
✆ (065) 682 8127, www.flynnhotels.com
Traditionshotel im Zentrum von Ennis. Kinder übernachten im Zimmer der Eltern kostenlos. €€€

Enniskillen

Belle Isle Castle
Lisbellaw, Co. Fermanagh, BT94 5HG
✆ (028) 66 38 72 31
www.belle-isle.com
Das Landhaus auf einer durch eine Brücke mit dem Festland verbundenen Insel im Upper Lough Erne (nahe Enniskillen) ist der perfekte Urlaubsort für Romantiker. Regelmäßig werden Kochkurse angeboten. Auch im Schloss können zahlende Gäste logieren – allerdings zum fürstlichen Preis. €€–€€€

Glendarragh Valley Inn
9 Castlederg Rd.
Ederney, Co. Fermanagh, BT93 0AL
✆ (028) 68 62 27 77
www.glendarraghvalleyinn.com
Es hat ein wenig etwas von quadratisch, praktisch, gut. Aufgeräumt und sauber. €€

The Killyhevlin Hotel
Killyhevlin
Enniskillen, Co. Fermanagh, BT74 6RW
✆ (028) 66 32 34 81
www.killyhevlin.com
70 weiträumige Zimmer und ein umfangreiches Spa-Programm. €€

Manor House Country Hotel
Killadeas
Enniskillen, Co. Fermanagh, BT94 1NY
✆ (028) 68 62 22 00
www.manorhousecountryhotel.com
Anwesen aus dem 19. Jh. mit Blick auf Lough Erne. Als Konferenzhotel ausgerichtet, können Watergate- und Kellerbar voll werden. €€

Galway

Anam-Sámh Landhaus
Am Lough Corrib, Co. Galway
www.airbnb.de/rooms/3942971
Wer im Lough Corrib nach Forellen, Lachsen oder Flussbarschen angeln möchte, wohnt in diesem 170 m² großen, luxuriös

ausgestatteten Ferienhaus mit direktem Seezugang ideal. Fünf Schlafzimmer mit insgesamt sieben Betten und drei Badezimmer. € 500–750/Woche

The House Hotel
Spanish Parade, Galway, Co. Galway
✆ (091) 53 89 00
www.thehousehotel.ie
Cocktailclub und Cocktailbar für Erwachsene schließen kinderfreundliche Veranstaltungen nicht aus, etwa die »Sundays Kiddies Kitchen«. Das Hotel ist sehr geschmackvoll eingerichtet. Ein Wohlfühlhotel. €€–€€€

Inishmore House
109 Fr. Griffin Rd., Galway
Co. Galway, H91 FC67
✆ (091) 58 26 39
www.inishmorehouse.com
Nach dem Sightseeing, das die Gastgeber gern mit Insidertipps bereichern, kann man sich hier ausruhen – fast wie zu Hause. €€

The Twelve
Barna Coast Rd., Galway, Co. Goalway
✆ (091) 59 70 00
www.thetwelvehotel.ie
Schickes Boutique-Hotel. €€

Atlantic View Guesthouse
4 Ocean Wave, Dr. Colohan Rd.
Galway, Co. Galway
✆ (091) 58 21 09
www.atlanticviewgalway.com
Tara Treacy ist eine reizende Gastgeberin und der Blick auf das Meer vis-à-vis des Hotels wunderbar. Tolle Sportmöglichkeiten: sämtliche Wassersportarten, Reiten, Tennis, Golf. €–€€

Corribh Haven Guest House
107 Upper Newcastle
Galway, Co. Galway
✆ (091) 52 41 71
www.corribhaven.net
Zwischen Efeu, Clematis und Palmen! Angela und Tom Hillary sprechen beide fließend Deutsch. Neun Zimmer. €–€€

Glengarriff

Casey's Hotel
Glengarriff, Co. West Cork, P75 E925
✆ (027) 630 10
www.caseyshotelglengarriff.ie
Traditionshotel in Familienbesitz. Ideale Lage für Ausflüge auf dem Ring of Beara. €€–€€€

Kells

Headfort Arms Hotel
Headfort Place, Kells, Co. Meath
✆ (046) 924 00 63, www.headfortarms.ie
45 nobel eingerichtete Zimmer im Herzen des Boyne Valleys, wo das Book of Kells geschrieben wurde. €€

Kildare

The K Club
Straffan, Co. Kildare
✆ (01) 601 72 00
www.kclub.ie
Das einem französischen Château nachempfundene Herrschaftshaus vom Ende des 19. Jh. beherbergt ein spektakuläres 5-Sterne-Luxushotel. Es wurde u. a. 2014 mit dem World Golf Award ausgezeichnet und zum besten irischen Golfhotel gewählt. Eigene Kunstsammlung mit Werken von Irlands berühmtesten Maler Jack B. Yeats. €€€

Kilkenny

Butler House
16 Patrick St., Kilkenny, Co. Kilkenny
✆ (056) 772 28 28, www.butler.ie
Das Butler House hat direkten Zugang zum Kilkenny Schloss. Das dicht mit Efeu bewachsene Gebäude aus dem 18. Jh. zeigt innen wie außen sehr viel Charme. €€€

Langton House Hotel
67 John St., Kilkenny
Co. Kilkenny, R95 XN44
✆ (056) 776 51 33, www.langtons.ie
Nicht nur die 34 Zimmer des Langton sind extreme stylish, auch seine Bars – Edward Langton Bar, The 67 Bar, Harry's Bar, Middle Bar, Garden Bar & Patio, Living Room,

Marble City Bar & Tea Rooms. Jede einzelne ist mehrfach preisgekrönt und einen Besuch wert. €€–€€€

The Club House Hotel
Patrick St., Kilkenny, Co. Kilkenny
✆ (056) 772 19 94
www.clubhousehotel.com
Das Haus ist im georgianischen Stil gebaut – mit wunderschönen Stuck, der sich besonders gut im Speisesaal macht. €€

The Kilford Arms Hotel
John St., Kilkenny, Co. Kilkenny
✆ (056) 776 10 18
www.kilfordarms.ie
Ausgehen erübrigt sich: Das Kilford Arms Hotel beherbergt das Super-Pub schlechthin. Das O'Faoláin's erstreckt sich über drei Ebenen und ist architektonisch in die Ruinen einer Kirche aus dem 16. Jh. integriert. Lifemusik, Karaoke, DJ-Nächte – wie für Vergnügungssüchtige gemacht! €€

Glendine Inn
Castlecomer Rd., Kilkenny, Co. Kilkenny
✆ (056) 772 10 69
www.glendineinn.com
Mit 250 Jahren ist das Pub des Glendine Inn das älteste der Stadt. Was zählen da schon 15 Gehminuten ins Stadtzentrum, wenn man abends nach ein paar Bierchen dafür gleich ins Bett fallen kann. €–€€

Bridgecourthouse
Greensbridge, Kilkenny, Co. Kilkenny
✆ (056) 776 29 98
www.kilkennybridgecourt.com
Familengeführtes B & B, in dem Don und Niamh Egan es ihren Gästen *very cosy* machen. €

Rosquil House
Castlecomer Rd.
Kilkenny, Co. Kilkenny
✆ (056) 772 14 19
www.rosquilhouse.com
Nicht alles, was gut ist, muss teuer sein. Phil & Rhoda Nolan kümmern sich spürbar gern um das Wohl ihrer Gäste. B & B und *self-catering*. €

Killarnay

Arbutus Hotel
College St., Killarney, Co. Kerry, V93 AYP9
✆ (064) 663 10 37
www.arbutuskillarney.com
Der Gründer des Hotels, Tim Buckley, setzte alles daran, sich seinen Traum vom eigenen Hotel zu erfüllen und erarbeitete sich das notwendige Geld in den USA. Viele Möbel- und keltischen Designerstücke des heutigen 4-Sterne-Hotels haben Geschichte. €€€

Eine feine Adresse: Butler House in Kilkenny

The Ross
Town Centre, Killarney, Co. Kerry
✆ (064) 663 18 55
www.theross.ie
Pretty in Pink! Selbst diejenigen, die kein Faible für Pink haben, werden es lieben! Ein Blick auf die Internetseite sagt alles. €–€€€

Ashville House
Rock Rd., Killarney, Co. Kerry, V93 VK07
✆ (064) 663 64 05
www.ashvillekillarney.com
Sonniges, kleines Gästehaus: kein Wunder, denn hier dominiert die Farbe Gelb und das freundliche Lächeln der Gastgeber Declan und Elma Walsh. €€

Brook Lodge Hotel
High St., Killarney, Co. Kerry
✆ (064) 663 18 00
www.brooklodgekillarney.com
Sehr angenehmes 4-Sterne-Hotel im Stadtzentrum. €€

The Heights Hotel
Cork Rd., Killarney, Co. Kerry, V93 XKR4
✆ (064) 663 11 58
www.killarneyheights.ie
Natursteinhotel vor den Stadttoren Killarneys auf der Anhöhe mit Blick auf die Heights gelegen. Äußerst dekorativ: Der Naturstein verschönert auch das Restaurant. €€

The Lake Hotel
Lake Shore, Muckross Rd.
Killarney, Co. Kerry
✆ (064) 663 10 35
www.lakehotelkillarney.com
Direkt am Seeufer gelegen mit einem fantastischen Blick auf die Berge, nur 1 km von der Stadt entfernt. Es gibt eine Vielzahl von Freizeitaktivitäten, auch Golf. €€

Torc Hotel
Mallow Rd., Killarney
Co. Kerry
✆ (064) 663 41 68
www.torchotel.ie
Angenehmes Hotel wenige Autominuten von Killarney entfernt. Zum Haus gehören ein Restaurant und ein Pub, in dem am Wochenende traditionelle irische Musik gemacht wird. €€

Victoria House Hotel
Muckross Rd., Killarney, Co. Kerry
✆ (064) 663 54 30
www.victoriahousehotel.com
Nette Zimmer – netter Service. €–€€

Kilmallock

Deebert House Hotel
Kilmallock, Co. Limerick
✆ (063) 312 00
www.deeberthousehotel.com
Das Gästebuch ist voll des Lobes ob der Gastfreundschaft in dem familienbetriebenen Hotel. Gibt es etwas zu organisieren, z. B. eine Wanderung in den Ballyhoura Bergen, dann wird das umgehend und gern erledigt. €€

Kinnitty

Kinnitty Castle Hotel
Kinnitty Castle, Co. Offaly
✆ (057) 913 73 18
www.kinnittycastlehotel.com
Nicht nur für Könige und Fürsten – Urlaub im Schloss. Von den 37 Zimmern gleicht keines dem anderen. Der offene Kamin in der Bar sorgt für authentisches Schlossgefühl. Ziemlich romantisch und bei einem Preis ab 100 Euro pro Doppelzimmer nicht einmal unerschwinglich teuer. €€€

Kinsale

Blue Haven Hotel
3–4 Pearse St., Kinsale, Co. Cork, P17 NA72
✆ (021) 477 22 09
www.bluehavenkinsale.com
3-Sterne-Hotel mit sehr gutem Seefood-Restaurant. €€–€€€

Friars Lodge
Friar St., Kinsale, Co. Cork
✆ (021) 477 73 84, www.friars-lodge.com
Große, helle Zimmer und überaus freundliches Personal. €€

The White House
Pearse St., Kinsale, Co. Cork
✆ (021) 477 21 25
www.whitehouse-kinsale.ie
Ein Haus wie seine Fassade: viel Weiß, aber nicht durchgängig. Nur durchgängig schön. €€

Jim Edwards
Market Quay, Kinsale, Co. Cork
✆ (021) 477 25 41
www.jimedwardskinsale.com
Superstimmung bei Jim. Wer dort nicht wohnt, sollte zumindest nicht das leckere Seafood in seinem Restaurant und Pub verpassen. €

Tierney's Guesthouse
70 Main St., Kinsale, Co. Cork
✆ (021) 477 22 05
www.tierneys-kinsale.com
Geht doch: gut und günstig mit zwei Sternen in 9 frisch renovierten Zimmern. €

Kinvarra

Merriman Inn
Kinvarra, Co. Galway
✆ (091) 63 82 22
www.merrimanhotel.com
Guter Service, feine Unterkunft mit 32 Zimmern. €€

Leixlip

Court Yard Hotel
Main St., Leixlip, Co. Kildare, W23 E9TI
✆ (01) 629 51 00
www.courtyard.ie
Wenn es so etwas wie gediegene Gemütlichkeit gibt, dann in diesem Steinhaus, das 25 km vom Stadtzentrum Dublins entfernt liegt. €€

Letterfrack

Rosleague Manor Hotel
Letterfrack, Connemara, Co. Galway
✆ (095) 411 01
www.rosleague.com
Herrliches Anwesen mit einem riesigen Wintergarten inklusive Bar. Chillen auf hohem Niveau! €€–€€€

Letterkenny

Silver Tassie 4 Star Hotel and Spa
Letterkenny, Co. Donegal, F92 NFP9
✆ (074) 912 56 19
www.silvertassiehotel.com
Für alle, die sich von oben bis unten verwöhnen lassen wollen: viele Wellness-Möglichkeiten, interessante Spa-Pakete inklusive Übernachtung. €€

Castle Grove Country Hotel and Restaurant
Ballymaleel, off Ramelton Rd.
Letterkenny, Co. Donegal
✆ (074) 915 11 18, www.castlegrove.com
Die Zimmer muten in der Tat etwas königlich an und fürstlich speisen lässt es sich dort auch. €–€€

Limerick

Absolute Hotel & Spa
Sir Harry's Mall, Limerick
Co. Limerick, V94 WP52
✆ (061) 46 36 00
www.absolutehotel.com
Absolut modern und schick. Schön ist nicht nur der Wellnessbereich, sondern auch der Blick aus dem Restaurant auf den Shannon. €€

Liscannor

Moher Lodge Farmhouse
Cliffs of Moher, Liscannor, Co. Clare
✆ (065) 708 12 69
www.cliffsofmoher-ireland.com
Wegen Renovierung bis Juni 2019 geschl. Mary Considine verspricht: »You might come as a stranger, but you'll leave as a friend …«. Wie wahr! €

Lismore

Pery's Hotel
Glentworth St., Limerick, Co. Limerick

✆ (061) 41 38 22
www.perys.ie
Verkehrsgünstig gelegenes Boutique-Hotel: Zu Fuß ist man in fünf Minuten an Limericks Bus- und Bahnstation. €–€€

Lismore House Hotel
Main St., Lismore
Co. Waterford, P51 A30C
✆ (058) 729 66
www.lismorehousehotel.com
Schönes, ruhiges Hotel in einem schönen, ruhigen Städtchen. €

Navan

Newgrange Hotel
Bridge St., Navan
Co. Meath, C15 A6WV
✆ (046) 907 41 00
www.newgrangehotel.ie
Konferenzhotel mit 62 Zimmern, nur eine halbe Stunde außerhalb von Dublin gelegen und nahe am Hill of Tara. €–€€

Portaferry

Portaferry Hotel
The Strand
Portaferry, Co. Down, BT22 1PE
✆ (028) 42 72 82 31
www.portaferryhotel.com
Kleines Hotel nur wenige Schritte vom Fähranleger entfernt, einige Zimmer mit Blick aufs Wasser. Ausgezeichnetes Hotelrestaurant. €€

Portrush

Portrush Atlantic Hotel
73 Main St.
Portrush, Co. Antrim, BT56 8BN
✆ (028) 70 82 61 00
www.portrushatlantic.com
Unbedingt Zimmer mit Blick auf den Atlantischen Ozean bestellen. Die Aussicht ist fantastisch. €€–€€€

Albany Lodge
2 Eglinton St.
Portrush, Co. Antrim, BT56 8DX
✆ (028) 70 82 34 92
Im Herzen von Portrush mit Blick auf den Atlantik, den White-Rocks-Strand und die Skerries, 20 Minuten vom Giant's Causeway und ca. 10 km von der Bushmill Destillery entfernt. €–€€

Rosslare

Clifford House B&B
Rosslare Harbour
Co. Wexford
✆ (053) 913 32 26
www.cliffordhouse.ie
Mit schönem Garten und Blick aufs Meer. €

Hotel Rosslare
Rosslare Harbour
Co. Wexford
✆ (053) 913 31 10
www.hotelrosslare.ie
Kleines 3-Sterne-Boutique-Hotel für Gäste, die es ab und zu mal gern weniger *traditional* haben. Direkt am Hafen. €

Sligo

Sligo Park Hotel & Leisure Club
Pearse Rd., Sligo, Co. Sligo, F91 Y762
✆ (071) 919 04 00
www.sligoparkhotel.com
Modernes Hotel mit 136 Zimmern. Mit Restaurant, Pool und Fitnessraum. €€

Stradbrook
Pearse Rd., Sligo, Co. Sligo
✆ (071) 916 96 74
www.stradbrook.com
Die günstigere B & B-Variante in derselben Straße wie das Sligo Park Hotel. Etwas altmodisch, aber auch ganz nett. €

Trim

Trim Castle Hotel
Castle St., Trim, Co. Meath
✆ (046) 948 30 00
www.trimcastlehotel.com
68 Zimmer mit direktem Blick auf das Trim Castle, das unmittelbar am Fluss Boyne

liegt – besonders schön am Abend, wenn die Schlossruine beleuchtet ist. Golf und weitere Freizeitaktivitäten in der Umgebung. €€

Crannmor Guest House
Dunderry Rd., Trim, Co. Meath
✆ (046) 943 16 35
www.crannmor.com
Ein allerliebstes georgianisches Haus aus dem Jahr 1825, ca. 1,5 km nordöstlich von Trim. Für Angler: Die Wirtsleute erklären gern, wo man die dicksten Fische fängt. €

Tullamore

Bridge House Hotel
Tullamore, Co. Offaly
✆ (057) 932 56 00
www.bridgehousehoteltullamore.ie
Das 4-Sterne-Hotel gefällt auch den Testern des Michelin Guides. Beeindruckende Eingangshalle und ein Schwimmbad wie aus einem türkischen Traum. Golfplätze in der Nähe. €€–€€€

Gormagh Bed and Breakfast
Gormagh, Durrow, Tullamore, Co. Offaly
✆ (057) 935 14 68
www.gormaghbandb.com
Die Internetseite entlarvt Anne O'Brien sofort als Blumenliebhaberin. Fünf Autominuten von Tullamore entfernt. €

Grennan's Country House
Aharney, Tullamore, Co. Offaly
✆ (057) 935 58 93
www.grennanscountryhouse.ie
Komfort für wenig Geld im Herzen der Highlands! B&B und *self-catering*. €

Waterford

Dooley's Hotel
The Quay, Waterford, Co. Waterford
✆ (051) 87 35 31
www.dooleys-hotel.ie
Traditionell in Frauenhand: Das Hotel wurde im 19. Jh. von den Schwestern Mol und Kate Dooley gegründet. Heute wird es von den Darrer-Ladies betrieben: Großmutter, Tochter und Enkelin. Empfehlenswert, nicht nur wegen des tollen Blicks auf das Hafenviertel. €–€€

Fitzwilton Hotel
Bridge St., Waterford
Co. Waterford, X91 RC9A
✆ (051) 84 69 00, www.fitzwiltonhotel.ie
89 zeitgemäß eingerichtete Zimmer. €–€€

Wexford

Killiane Castle
Drinagh, Wexford, Co. Wexford, Y35 E1NC
✆ (053) 915 88 85
www.killianecastle.com
Wie soll man das beschreiben? Farmhouse eingebaut in Schlossruinen. In jedem Fall sehr malerisch. Zehn Minuten vom Hafen entfernt. €€

Maple Lodge
Castlebridge, Wexford, Co. Wexford
✆ (053) 915 91 95
www.maplelodgewexford.com
Castlebridge: Hier ist die Geburtsstätte des Guinnessbuchs der Rekorde. Muss man sich nicht unbedingt merken. Nur vielleicht, dass es hier eine nette Unterkunft gibt. €–€€

Youghal

Aherne's Townhouse
163 North Main St., Youghal, Co. Cork
✆ (024) 924 24
www.ahernes.com
Das kleine Hotel mit nur zwölf Zimmern bietet individuellen Service, geräumige Zimmer und gutes Essen. €€

Vom Trim Castle Hotel genießt man einen direkten Blick auf Trim Castle

SERVICE VON A BIS Z

Irland und Nordirland in Zahlen und Fakten 296
Anreise, Einreise 297
Auskunft 298
Automiete, Autofahren 298
Diplomatische Vertretungen 299
Einkaufen 299
Eintrittspreise, Ermäßigungen . . . 299
Essen und Trinken 300
Feiertage, Feste 300
Gärten, Parks 302
Geld, Kreditkarten 302
Hinweise für Menschen mit Handicap 302
Internet 303
Klima, Kleidung, Reisezeit 304
Medizinische Versorgung 304
Mit Kindern in Irland 304
Nachtleben 305
Notfälle, wichtige Rufnummern 305
Post 305
Presse, TV 305
Rauchen 305
Sicherheit 306
Sport und Erholung 306
Strom 308
Telefonieren 308
Trinkgeld 308
Unterkunft 308
Verkehrsmittel 309
Zeitzone 310
Zoll 311
Sprachführer 311

Republik Irland in Zahlen und Fakten

Landesname: Irland – Ireland – Éire
Größe: 70 282 km², damit in etwa so groß wie Bayern
Einwohner: 4,76 Millionen
Hauptstadt: Dublin
Sprache: Irisch, Englisch
Währung: Euro
Religion: 86,6 % römisch-katholisch, 3 % Anglikaner (Church of Ireland), 1 % Muslime, 4,4 % ohne Religionszugehörigkeit
Nationalfeiertag: 17. März – St. Patrick's Day
Flagge: Grün-weiß-orangefarbene Trikolore
Telefonvorwahl: +353
Wirtschaft: Die bedeutendsten Wirtschaftssektoren waren im Jahr 2016 das Dienstleistungsgewerbe, das knapp Zweidrittel des BIP erwirtschaftete, und die Industrie mit 41,5 % des BIP. Die Landwirtschaft hatte einen Anteil von 0,9 % am BIP.

Nordirland in Zahlen und Fakten

Landesname: Nordirland – Northern Ireland – Tuaisceart Éireann
Größe: 13 843 km²
Einwohner: 1,85 Millionen
Hauptstadt: Belfast
Sprache: Englisch, Irisch, Ulster Scots
Währung: Pfund Sterling
Religion: 47 % Protestanten, 44 % Katholiken
Nationalfeiertage: St. Patrick's Day – 17. März, 2. Samstag im Juni (The Queen's Birthday)
Flagge: keine eigene offizielle Flagge, verwendet wird der Union Jack
Telefonvorwahl: +44
Wirtschaft: Dienstleistungssektor, Textil-, Elektro- und Lebensmittelindustrie

Anreise, Einreise

Flüge nach Dublin

Die irische Hauptstadt Dublin wird von vielen sogenannten Billigfliegern angeflogen und so ist ein Flugticket teilweise schon für unter 50 Euro zu bekommen. Die Deutsche Lufthansa (www.lufthansa.de) fliegt Dublin von Frankfurt aus an. Aer Lingus (www.aerlingus.com) von Berlin, Düsseldorf, Frankfurt/Main, Hamburg, Stuttgart und München sowie von Wien und Zürich. Ryanair (www.ryanair.com) von Berlin-Schönefeld, Frankfurt-Hahn und Memmingen sowie Salzburg. Mit Eurowings (www.eurowings.com) kommt man von vielen deutschen Städten (Köln/Bonn, Berlin-Tegel, Leipzig, Halle, Dresden, Nürnberg) aus in die irische Hauptstadt.

Insbesondere bei den Billiganbietern ändern sich die Flugrouten recht häufig. Reisende sollten sich deswegen aktuell informieren.

Busverbindung vom Flughafen in die Stadt gibt es mit der Linie 747 (zum Busbahnhof, zur O'Connell St. und zur Heuston Station, Ticket € 6), www.dublinairport.com bzw. www.dublinbus.ie.

Flüge nach Cork und Kerry/Killarney

Aer Lingus fliegt von München nach Cork, Ryanair von Frankfurt-Hahn und Berlin-Schönefeld nach Kerry/Killarney. Bus Éireann verbindet die jeweiligen Flughäfen mit Cork und Killarney.

Flüge nach Belfast

Zurzeit gibt es fast keine Direktflüge von Billigflug-Anbietern nach Belfast. Fluglinien wie British Airways, KLM und Air France fliegen von vielen Städten in Deutschland mit Zwischenstopp in England nach Belfast.

Mit dem Airport Express kommt man vom Flughafen ins Stadtzentrum.

Fährüberfahrten nach Irland

Fährschiffe der Irish Ferries (www.irishferries.com oder www.directferries.de) bzw. von Stena Line (www.stenaline.co.uk) verkehren mehrmals täglich von Holyhead nach Dublin bzw. Dun Laoghaire. Weitere Verbindungen zwischen **Großbritannien und Irland:** von Pembroke und Fishguard nach Rosslare und von Swansea nach Cork/Cobh (www.aferry.de).

Verbindungen zwischen **Frankreich und Irland**: Die Schiffe von Irish Ferries verkehren zwischen Cherbourg bzw. Roscoff und Rosslare.

Zu den **nordirischen Häfen** Belfast bzw. Larne gibt es Verbindungen von Cairnryan, Birkenhead und Troon sowie von Douglas auf der Isle of Man. Infos bei Stena Line, P&OLine (www.poirishsea.com) und der Steam Packet Company (www.steam-packet.com).

Geheimtipp: der kleine idyllisch gelegene Fischerhafen Ballintoy Harbour (County Antrim)

Da die Fährüberfahrten im Vergleich zum Flug extrem teuer sind, lohnt die Mitnahme des eigenen Wagens nur bei sehr langen Aufenthalten. Ansonsten ist es günstiger zu fliegen und vor Ort ein Auto zu mieten.

Einreise
Zur Einreise nach Irland bzw. Nordirland benötigen Deutsche einen Reisepass oder Personalausweis, der noch sechs Monate Gültigkeit haben sollte. Für den Grenzübertritt zwischen der Republik Irland und Nordirland benötigt man keine Dokumente.

Mit einem EU-Reisepass für Haustiere (EU Pet Passport, Heimtierausweis) dürfen Hunde und Katzen nach Irland einreisen. Alle anderen tollwutgefährdeten Tiere müssen vor der Einreise in Quarantäne. Das genaue Procedere erfährt man beim heimischen Tierarzt; Informationen liefern auch die Websites der Botschaften (www.embassyofireland.de, www.ukingermany.fco.gov.uk).

Auskunft

ℹ Fremdenverkehrsämter
Irland Information – Tourism Ireland
Gutleutstr. 32,60329 Frankfurt am Main
✆ (069) 923 18 50
www.ireland.com/de-de oder
www.tourismireland.com
Hier erhält man Informationen sowohl zur Republik Irland als auch zu Nordirland.

Die Adressen der lokalen Fremdenverkehrsämter findet man in diesem Buch bei den jeweiligen Städtebeschreibungen.

Im Internet
Im Web findet man unzählige Seiten über Irland bzw. Nordirland. Die Internetadressen der örtlichen Fremdenverkehrsämter findet man in diesem Buch jeweils in Verbindung mit der Städtebeschreibung. Für Dublin ist besonders die Seite www.dublin.de zu empfehlen. Dort kann man sich auch einen regelmäßig erscheinenden, kostenlosen Newsletter über die irische Hauptstadt bestellen.

Automiete, Autofahren

Alle großen Autovermieter bieten auch in Irland bzw. Nordirland ihre Dienste an. An Kunden unter 21 (Nordirland meist 23) und über 70 wird in der Regel kein Fahrzeug vermietet. Die Zahlung des Mietpreises und die Hinterlegung der Sicherheitsleistung sind nur mit Kreditkarte möglich. Einige Autovermieter verlangen einen Zuschlag, wenn man von der Republik Irland nach Nordirland einreisen will. Einwegmieten sind dagegen meist ohne Zuzahlung möglich. Generell ist es günstiger, einen Mietwagen bereits in Deutschland zu mieten. Zudem lassen sich dann schon vorab die Versicherungsbedingungen klären und eventuell ist auch die Altersbeschränkung zu umgehen.

Vor Ort kann man auch Wohnmobile (Motorhome) mieten: Bunk Campers (Belfast und Dublin, ✆ 0044 28 90 75 57 46, www.bunkcampers.com), Celtic Campervans (Dublin, ✆ 00353 1 864 79 30, www.celticcampervans.com), Wild Atlantic Campers (Oranmore, ✆ 00353 89 425 27 80, www.wildatlanticcamperhire.ie).

In Irland sowie in Nordirland wird auf der linken Straßenseite gefahren! Trotzdem gilt – wie im Rechtsverkehr – die Vorfahrtsregel: rechts vor links.

In Irland liegt die Alkoholgrenze bei 0,5 Promille, in Nordirland gelten noch 0,8 Promille. Streng und nicht immer freundlich geht man mit Falschparkern um. Da wird schnell mal eine Reifenkralle angelegt. In vielen Städten wird fürs Parken generell Geld kassiert; wer glaubt, einen kostenlosen Parkplatz gefunden zu haben, täuscht sich meist. Irgendwo steht (manchmal versteckt) ein Parkautomat, der gefüttert werden will.

Die Straßen in Irland sind meist eng und kurvig. Selbst die erlaubten Höchstgeschwindigkeiten von 50 km/h in Ortschaften (46 km/h in Nordirland) und 80 bzw. 100 km/h (96 km/h in Nordirland) auf Regional- bzw. Nationalstraßen erreicht man nur selten. Zur Berechnung der Reisezeit ist ein Stundenmittel von 50–60 km/h ein realistischer Anhaltspunkt. Auf den wenigen Autobahnen sind 120 km/h (Republik Irland) bzw. 110 km/h (Nordirland) erlaubt.

Auf einigen Autobahnen rund um Dublin sowie einigen gut ausgebauten Landstraßen muss eine geringe Maut bezahlt werden. Eine Besonderheit: Auf der M 50 kann die Gebühr nicht direkt vor Ort entrichtet werden, sie muss innerhalb von 24 Stunden entweder am Flughafen oder telefonisch (in Irland unter ✆ 1890 50 10 50, aus dem Ausland unter ✆ 00353 1 443 05 55) bezahlt werden. Auch online unter www.eflow.ie ist die Bezahlung möglich.

Diplomatische Vertretungen

ℹ Deutsche Botschaft
31 Trimleston Ave.
Booterstown, Co. Dublin
✆ (01) 269 30 11
www.dublin.diplo.de
Mo/Di, Fr 9–12, Mi 8.30–11.30 und 14–16 Uhr
Die Deutsche Botschaft befindet sich an der Grenze zum Vorort Dun Laoghaire.

ℹ Österreichische Botschaft
93 Ailesbury Rd.
Ballsbridge, Dublin 4
✆ (01) 269 45 77
www.bmeia.gv.at/dublin

ℹ Schweizer Botschaft
6 Ailesbury Rd., Ballsbridge, Dublin 4
✆ (01) 218 63 82
www.eda.admin.ch/dublin

Einkaufen

Irland ist kein billiges Reiseland. Mit Ausnahme einzelner Waren – wie etwa Tee – kauft man hier in der Regel teurer ein als zu Hause. Typische Souvenirs sind Kleidung aus Tweed, Pullover von den Aran-Inseln, Kristallglas aus Waterford und natürlich irischer Whiskey.

Staatlich festgelegte Ladenöffnungszeiten gibt es nicht. Die meisten Geschäfte haben montags bis samstags von 9 bis 18 Uhr geöffnet, in ländlichen Gebieten teilweise erst ab 9.30 Uhr. Supermarktketten wie Tesco und Dunnes sind an manchen Orten sogar sieben Tage die Woche rund um die Uhr geöffnet. In Dublin und vielen Städten Nordirlands haben die Geschäfte donnerstags bis 21 Uhr offen. Sonntags kann man in vielen Supermärkten und Einkaufszentren von 12 bis 18 Uhr einkaufen. In Nordirland beginnt die Sonntagsöffnungszeit um 13 und endet um 17 Uhr.

Eintrittspreise, Ermäßigungen

Die in diesem Buch angegebenen Eintrittspreise gelten für Erwachsene und Kinder. Senioren (über 60 Jahre) und Studenten haben fast überall ermäßigte Tarife.

Pubs und Restaurants bieten oft zwischen 17 und 19.30 Uhr sogenannte *Early-Bird*-Menüs an. Auch bei Sehenswürdigkeiten, Übernachtungen und öffentlichen Verkehrsmitteln gibt es vielfältige Möglichkeiten, Geld zu sparen. Hier einige Beispiele:

Ireland at a Glimpse
Ein Gutscheinheft, mit dem man auf der ganzen Insel rund 75 Sehenswürdigkeiten zu ermäßigten Preisen besichtigen kann. Bei Vorlage des entsprechenden Coupons bekommt eine weitere Person freien Eintritt. Das Heft kostet € 13,95. Weitere Infos unter www.irelandataglimpse.com.

Irelandcard
Mit der Irelandcard erhält man 5 bis 50 Prozent Ermäßigung bei Sehenswürdigkeiten, B&B-Übernachtungen, Restaurants und Cafés sowie einigen Shops. Die Broschüre mit den Gutscheinen kostet online € 5,75 (www.irish-shop.de) und vor Ort € 8,75.

Heritage Card
Die Heritage Card (€ 40, Senior € 30, Kind € 10, Familie € 90), die man über das Internet erwerben kann, bietet ein Jahr lang uneingeschränkten Zugang zu rund 65 kulturell bedeutenden Stätten (✆ 01-647 65 92, www.heritageireland.ie/en/info/heritagecards).

Heritage Island
Heritage Island ist eine Organisation, die die wichtigsten privaten Besucherattraktionen sowohl in der Republik als auch in Nordirland repräsentiert. Auch die Orte, die wegen ihres einzigartigen Charakters den Zusatz »Heritage Town« tragen, werden von Heritage Island vermarktet. Die Broschüre

»Ireland Touring Guide« kostet € 8,90 und listet alle Sehenswürdigkeiten auf; im Preis enthalten ist ein Discount Pass, mit dem man sparen kann (Heritage Island, 27 Merrion Sq., Dublin 2, ✆ 01-775 38 71, www.heritageisland.com).

Für **Rundreisen mit öffentlichen Verkehrsmitteln** werden diverse Spezialtarife wie Emerald Card, Irish Rover, Irish Explorer, Open Road Pass oder Freedom of Northern Ireland angeboten. Weitere Infos unter www.buseireann.ie und www.translink.co.uk.

Essen und Trinken

In Irland wird traditionell sehr üppig gefrühstückt. Als Getränke werden Kaffee oder Tee gereicht. Anstelle eines sparsamen Brötchens gibt es aber Cornflakes oder Porridge – Haferbrei. Außerdem: Eier in allen Variationen, Bohnen mit Tomatensauce, gegrillte Tomaten, gebratenen Speck, gebratene Würstchen und Toast. Alles in allem: fetthaltig und kalorienreich.

Bei einer solchen Grundlage gibt es zum Mittagessen meist nur Sandwiches. Nachmittags wird Tee serviert, zu dem durchaus auch etwas gegessen wird.

Abends wird dann wieder reichlich kalorien- und fettreich aufgetischt. Besonders beliebt sind Lammgerichte und Fisch.

Irish Stew, eine Kasserolle mit Lamm- oder Hammelfleisch, Zwiebeln und Kartoffeln, gilt als Nationalgericht. *Dublin Coddle* ist ein Eintopf aus Würstchen, Schinken, Kartoffeln und Zwiebeln. Beliebt – auch bei Touristen – sind *Fish and Chips*, also paniertes, frittiertes Fischfilet mit Pommes frites.

Als Nachtisch kommt oft Apfelkuchen, *Apple Tart*, auf den Tisch, oder man isst *Porter Cake*, der aus Trockenfrüchten, braunem Zucker, Guinness und etwas Mehl hergestellt wird.

Während irisches Essen außerhalb der Grenzen der Insel nur wenige Anhänger findet, sieht es bei den Getränken anders aus. Das irische Bier – allen voran das Guinness – und der Whiskey genießen Weltruhm.

Die Pubs sind für viele Inselbewohner das zweite Wohnzimmer. Hier trifft man sich zu einem Schwatz mit den Nachbarn, um Sport im Fernsehen zu schauen, um einen kleinen Snack einzunehmen oder auf ein Guinness zwischendurch. Außer sonntags öffnen die meisten Pubs um 10.30 Uhr und bleiben dann montags bis donnerstags bis 23.30 Uhr geöffnet, freitags und samstags schließen sie um 0.30 Uhr. Am Sonntag geht es erst nach dem Kirchgang los: von 12.30 bis 23 Uhr.

Für Nordirland gelten ähnliche Öffnungszeiten: montags bis samstags 11.30 bis 23 Uhr, sonntags bis 22 Uhr.

Während *a pint of Guinness* (=0,57 l) im Pub zwischen € 3 und € 5 kostet und ein *Bar menue* die Reisekasse mit etwa € 10 belastet, ist Essengehen in Irland richtig teuer. Selbst in normalen Gaststätten muss man mit mehr als € 15 für das günstigste Hauptgericht rechnen.

Die in diesem Buch unter Service & Tipps empfohlenen Restaurants sind nach folgenden **Preiskategorien** eingeteilt, die sich jeweils auf ein Hauptgericht ohne Getränke beziehen:

€/£	–	bis 15 Euro
€€/££	–	15 bis 20 Euro
€€€/£££	–	20 bis 28 Euro
€€€€/££££	–	über 28 Euro

Feiertage, Feste

Feiertage
In der Republik Irland: Neujahr, St. Patrick's Day am 17. März, Ostermontag, Maifeiertag jeweils am ersten Montag im Mai, Junifeiertag am ersten Montag im Juni, Augustfeiertag am ersten Montag im August, Oktoberfeiertag am letzten Montag im Oktober sowie 25. und 26. Dezember. Der Karfreitag ist eigentlich kein offizieller Feiertag, trotzdem haben an diesem Tag die meisten Läden und Restaurants geschlossen.

In Nordirland: Neujahr, St. Patrick's Day am 17. März, Karfreitag, Ostermontag, Maifeiertag am ersten Montag im Mai, 12. Juli zur Feier des protestantischen Sieges in der Schlacht am Boyne River, Summer Bank Holiday am letzten Montag im August und 25. und 26. Dezember.

Feste

Um die Reiseplanung zu erleichtern, sind hier die wichtigsten Feste und Festivals der ganzen Insel zusammengefasst, die sich großteils auch bei den jeweiligen Orten unter Service & Tipps finden.

Januar

Ende Januar/Anfang Februar: **Irish Champion Hurdles**, eines der wichtigsten Pferderennen des Jahres in Leopardstown bei Dublin.

Februar

Six-Nations-Rugbyturnier in Dublin zwischen Irland, England, Schottland, Wales, Frankreich und Italien. Wer die Spiele nicht im Stadion anschaut, ist im Pub dabei. Das Turnier dauert bis in den März hinein.

März

St. Patrick's Day am 17. März: Straßenumzüge und Feierlichkeiten in vielen Orten.
17. März: **District Horse Ploughing Championship** in Ballycastle, Pferdepflügwettbewerb, der seit über 100 Jahren stattfindet.
Mitte März: **Howth Bay Prawn Festival**, Howth Harbour (http://dublinbayprawnfestival.ie).
Ende März/Anfang April: **Pan Celtic Festival** in Tralee.
Ende März/Anfang April: **Tullamore Arts Festival**, buntes Fest für die ganze Familie mit Musik, Umzügen und Straßenfest.

April

1. Aprilwochenende: **Colours Boat Race**, Ruderrennen auf der Liffey zwischen University College Dublin und Trinity College.
Mitte April: **Belfast Film Festival**.
Ende April/Anfang Mai: **Belfast Cathedral Quarter Arts Festival**, Festival mit Theater, Musik, Literatur und Zirkus (www.cqaf.com).
Ende April/Anfang Mai: **Apple Blossom Festival** in der Grafschaft Armagh.

Mai

Anfang Mai: **Belfast Marathon**.
1. Montag: **May Day Parade**, es wird gefeiert und getrunken – und die Politiker halten Reden, denen keiner zuhört.
Fleadh Nua in Ennis: Irisches Festival mit Tanz und Musik.
Mitte/Ende Mai: **Docklands Summer Festival** in Dublin, Straßenfest.
Mitte/Ende Mai: **Belfast Titanic Maritime Festival**, Segelschiffe aus aller Welt sind zu Gast in der nordirischen Hauptstadt.
Ende Mai/Anfang Juni: **Belfast City Blues Festival**, Nachwuchsmusiker und internationale Stars treten auf (http://belfastcityblues.com).

Juni

Music in the Park: Den ganzen Monat über Freiluftkonzerte in Dublins Parks.
Mitte Juni: **Maracycle**, Radrennen Dublin–Belfast–Dublin.
16. Juni: **Bloomsday**, Gedenktag an Leopold Bloom, die Hauptfigur aus »Ulysses« von James Joyce. Viele Dubliner machen einen Kneipenbummel auf den Spuren des Dichters.
Mitte Juni: **Scurlogstown Olympiad Haymaking Festival** in Trim, rund ums Landleben.

Juli

12. Juli: Überall in Nordirland wird mit Umzügen an den Sieg in der Schlacht am Boyne River von 1690 gedacht. Einstmals Anlass für Straßenschlachten zwischen Protestanten und Katholiken, heute ein großes Volksfest.
Ende Juli: **Fiddler's Green International Festival** Rostrevor – irische Musik.
Mitte bis Ende Juli: **Galway Arts Festival**.
Ende Juli: **Lughnasa Harvest Festival**, Mittelalterjahrmarkt im Carrickfergus Castle.
Ende Juli: **O'Carolan**, Festival für Harfen- und traditionelle Musik in Nobber.

August

Anfang August: Eine Woche geht das **Folkmusicfestival** in Letterkenny.
Mitte August: **Puck Fair in Killorglin**, großes traditionelles Fest, Höhepunkt: eine Ziege wird zum König gekrönt.
Mitte August: **Kilkenny Arts Festival**, Kunstwoche von Kilkenny.
Mitte/Ende August: **Eastside Arts Festival** in Belfast, Nachwuchs und Stars der Musikszene.
Ende August: **Liffey Swim**, Schwimmwettbewerb zwischen Watling St. Bridge und Custom House. Letzter Montag und Dienstag im August: **Oul' Lammas Fair** in Ballycastle, Irlands ältester traditioneller Jahrmarkt.

September

Anfang September: **Laytown Beach Race**, Pferderennen am Strand.
2. und 3. Septemberwoche: **Dublin Fringe**

Theatre Festival.
2. Sonntag: **All-Ireland Hurling Final**, Croke Park, Dublin.
4. Sonntag: **All-Ireland Football Final**, Croke Park, Dublin – Hurling und Gälischer Fußball sind zwei urirische Sportarten. Die alljährlichen Finals sind die wichtigsten Sportereignisse des Jahres.

Oktober
Anfang Oktober: **Kinsale Gourmet Festival**.
Erste zwei Oktoberwochen: Dublin Theatre Festival.
Letzter Montag: **Dublin City Marathon**.
Ende Oktober: **Cork Jazz Festival**.
31. Oktober: **Halloween** – in Irland begründet, inzwischen auch bei uns populär.
Oktober bis Anfang November: **Opera Festival** in Wexford.
Oktober/November: **Belfast Festival at Queens**, großes internationales Kulturfestival.

November
Anfang November: **Internationales Chorfestival** in Sligo.
Mitte November: **William Kennedy Piping Festival**, Dudelsack-Festival in der Grafschaft Armagh.
Mitte November: **Cork Film Festival**.

Dezember
26. Dezember: **St. Stephens Day**, die »Wren Boys«, als Schornsteinfeger verkleidete Sänger, ziehen von Haus zu Haus.
26. bis 29. Dezember: **Leopardstown Races**, das größte Pferderennen Irlands.

Gärten, Parks

Parks und Gärten haben seit Jahrhunderten auf der gesamten irischen Insel Tradition. Schon die Seefahrer brachten von ihren Reisen ungewöhnliche Pflanzen mit, um sie zu Hause zu kultivieren. Das milde atlantische Klima lässt selbst exotische Pflanzen aus ganz unterschiedlichen Klimazonen gedeihen. Zusätzlich hat man Gärten und Parks mit hohen Mauern umgeben, die die Wärme speichern, und schon zu viktorianischer Zeit Pflanzen in Gewächshäusern kultiviert. Einige dieser Gewächshäuser – wie das im Botanischen Garten von Belfast – sind noch heute zu bewundern.

Mit viel Liebe und Können haben Gärtner und Gartenarchitekten im Auftrag des Adels oft wahre Kunstwerke geschaffen, die je nach Zeitgeist akkurat viktorianisch oder naturalistisch gestaltet wurden. Viele Gärten sind öffentlich zugänglich und auch Privatleute öffnen im Rahmen von »Garden Festivals« oder »Garden Trails« ihre Pforten für Besucher. Weitere Informationen unter www.castlegardensireland.com.

Geld, Kreditkarten

In der Republik Irland ist der Euro offizielle Währung. In Nordirland wird mit Pfund Sterling (£) bezahlt, einige große Geschäfte akzeptieren aber auch den Euro. In Nordirland gibt es eigene Pfundscheine. Diese sind theoretisch auch in den anderen Teilen des Königreichs gültig. In England, Schottland oder Wales kennt man die nordirischen Scheine aber meistens nicht und deswegen werden sie oft nicht angenommen.

Tipp: Wer seine Pfundnoten auf der britischen Insel verwenden will, sollte seine nordirischen Pfundnoten vor Verlassen des Landes an der Hotelrezeption oder in einer Bank in »Bank of England«-Pfundnoten umtauschen.

Die meisten Banken verfügen über Bankautomaten, bei denen man mit Visa-, Master- und EC-Karte Geld abheben kann.

Die allgemeinen Bankenöffnungszeiten sind in ganz Irland montags bis freitags von 9.30 bzw. 10 bis 17 Uhr. Mittags sind sie oft für eine Stunde geschlossen. Einige Banken in Nordirland haben auch samstags geöffnet.

Visa-, Mastercard- und (meist auch) American Express-Kreditkarten werden sowohl in der Republik Irland als auch in Nordirland in vielen Geschäften und Restaurants akzeptiert. In Pubs wird generell bar bezahlt.

Hinweise für Menschen mit Handicap

Ein Unterkunftsverzeichnis für Hotels und B & B's mit verbindlich festgelegten, behindertengerechten Standards erhält man bei der Irland Information in Frankfurt am Main.

Wenig behindertenfreundlich ist der öffentliche Nahverkehr. Nur sehr wenige Busse sind mit absenkbaren Böden ausgestattet, und es ist auch nicht vorgesehen, dass die Fahrer beim Einstieg helfen.

Infos für das Reisen in der Republik:
National Disability Authority
Access Dept, 25 Clyde Rd., Dublin 4
✆ (01) 608 04 00, www.nda.ie

Infos für das Reisen in Nordirland:
Disability Action
189 Airport Rd. West, Belfast BT3 9ED
✆ (028) 90 29 78 80, www.disabilityaction.org

Internet

Irland ist sehr gut mit mobilem Internet versorgt. Selbst in entlegenen Gebieten besteht häufig eine nutzbare Internetanbindung per UMTS. Mittlerweile gibt es in vielen Hotels WLAN (teilweise kostenlos).

Im Internet findet man zahlreiche Seiten zur Republik Irland und zu Nordirland, hier eine kleine Auswahl:

Allgemeine Informationen
www.ireland.com/de-de
www.discovernorthernireland.com
www.irish-net.de
www.irlandlexikon.de – Irland von A bis Z
www.cie.ie – Fahrpläne Bus und Bahn
www.dublin.ie – Website von Dublin

Die Internetadressen der örtlichen Fremdenverkehrsämter findet man in diesem Buch jeweils in Verbindung mit der Städtebeschreibung.

Politik und Gesellschaft
www.gov.ie
www.cso.ie
www.irishtimes.com – die irische Times

Kultur und Natur
www.heritageireland.ie/en/ – Irlands Kultur- und Naturdenkmäler
www.kennys.ie – Bücher, Musik, Filme

Das 1425 erbaute Bunratty Castle gilt als die am authentischsten erhaltene mittelalterliche Burg Irlands, im angeschlossenen Park wurde das bäuerliche Leben im 19. Jahrhundert rekonstruiert

Irlandblogs
www.irlandnews.com – Leben und Reisen in Irland
www.irischeheimat.wordpress.com – der in Deutschland lebende Schriftsteller und Journalist Torlach Mac Con Mí über Land, Leute und Kultur Irlands
www.gruene-insel.de/blog/ – Irlandnews und Reiseinfos

Klima, Reisezeit, Kleidung

Die Insel Irland ist vom Golfstrom umgeben und kann sich deshalb über ein relativ mildes Wetter freuen, das jedoch extrem wechselhaft und regnerisch sein kann. Für irische Verhältnisse liegt Dublin allerdings in einem regelrechten Trockengebiet, denn im Osten des Landes sind die Niederschläge wesentlich geringer als im Westen.

Das zweite typische Wetterphänomen Irlands ist der Wind – der nicht selten zum Sturm auffrischt. Regenschirme nützen dann nichts mehr, da muss wetterfeste Funktionskleidung her. An einem Tag kann man in Irland durchaus vier Jahreszeiten erleben. Nicht selten kann man nach einem verregneten Morgen in der Abendsonne sein Bier trinken – umgekehrt verspricht ein sonniger Morgen allerdings auch nicht zwangsweise einen ebensolchen Tag. Bei der Kleiderwahl sollte man dies berücksichtigen; eine leichte Regenjacke gehört immer ins Gepäck.

Im Sommer bleiben die Temperaturen unter denen, die man in Deutschland gewöhnt ist, im Winter ist es dagegen in Irland wesentlich wärmer als hierzulande – Schnee ist die Ausnahme. Die beste Reisezeit ist zwischen Mai und September.

Klimatabelle Dublin:

	Jan.	Febr.	März	Apr.	Mai	Juni	Juli	Aug.	Sept.	Okt.	Nov.	Dez.
Max. Temperatur	8	9	10	13	15	19	20	18	17	14	10	8
Min. Temperatur	1	2	3	4	7	9	11	11	10	7	4	3
Sonnenstunden	2	3	4	6	7	7	6	6	5	4	3	2
Regentage	11	10	9	10	11	10	12	12	12	10	12	13

Medizinische Versorgung

Die medizinische Versorgung ist sowohl in der Republik Irland als auch in Nordirland ausgezeichnet. Mit der EHIC-Karte (European Health Insurance Card), die man bei der Krankenkasse erhält, hat man im Notfall denselben Anspruch auf medizinische Leistungen wie jeder Ire. Da die Kosten in der Regel verauslagt werden müssen und die deutschen Krankenkassen nicht jede Leistung als »medizinisch notwendig« anerkennen, kann der Abschluss einer Auslandskrankenversicherung trotzdem zweckmäßig sein.

Wer regelmäßig Medikamente einnehmen muss, sollte diese aus der Heimat mitnehmen.

Zwar gibt es von Ort zu Ort Unterschiede, doch in der Regel sind Apotheken montags bis freitags zwischen 9 bzw. 9.30 Uhr und 18 bzw. mitunter auch 21/22 Uhr geöffnet, einige auch am Wochenende und an Feiertagen ganztags. In Dublin hat die Hickey's Pharmacy, 310 Harold's Cross, ✆ (01) 492 39 77, Spätdienst bis 22 Uhr. Es gibt allerdings keinen 24-Stunden-Service, haben die Apotheken geschlossen, wendet man sich an das nächstgelegene Krankenhaus.

Mit Kindern in Irland

Irland ist ein junges Land mit vielen Kindern. Entsprechend gut ist man deshalb auf Reisende mit Kindern vorbreitet. Sehenswürdigkeiten und öffentliche Gebäude haben in der Regel Wickelräume. Es gibt nahezu überall Kindermenüs, Hochstühle und Rampen für Kinderwagen und Buggys.

Die meisten Museen und Sehenswürdigkeiten bieten verbilligte Kindertickets und oft auch Sonderpreise für Familien. In Zügen fahren Kinder unter fünf Jahren kostenlos, Jugendliche bis 15 bezahlen nur die Hälfte. In Bussen können Kinder bis drei Jahre kostenlos mitgenommen werden, Jugendliche bis 16 Jahre erhalten Ermäßigungen.

Ein Schwachpunkt ist oft der öffentliche Nahverkehr in größeren Städten. Dort sind nur wenige Busse mit Einstiegshilfen für Rollstuhlfahrer ausgestattet – entsprechend schwer ist auch der Zugang mit Kinderwagen.

Nachtleben

Das Rückgrat des irischen Nachtlebens bilden die Pubs. Selbst in kleinen Dörfern gibt es meistens einen traditionell eingerichteten Pub, oft sind es sogar mehrere. Neben dem frisch gezapften Guinness wird in vielen Pubs auch einfaches, relativ preiswertes Essen serviert. Bei Sportveranstaltungen läuft gern der Fernseher, hin und wieder wird auch Livemusik geboten. Wer auf mehr Abwechslung wie Theater, klassische Musik, Oper oder Tanz aus ist, findet solche Angebote beispielsweise in Dublin, Galway, Waterford, Cork oder Belfast.

Notfälle, wichtige Rufnummern

Kostenfreier Notruf für Polizei, Feuerwehr und Krankenwagen, sowohl in der Republik als auch in Nordirland: ✆ 999.Notruf bei Autopannen: Automobile Association (AA): ✆ (01) 617 99 99 (Irland), ✆ 0800 88 77 66 (Nordirland)

Irish Tourist Assistance Service: Mo–Fr: 6–7 Hanover St. East, Dublin 2, Sa/So/Feiertage: Store St. Garda Station, Dublin 1, Mo–Sa 10–18, So/Feiertage 12–18 Uhr, ✆ 1890 36 57 00. Die Organisation besteht größtenteils aus Freiwilligen und hilft Touristen, die Opfer eines Verbrechens wurden. In Nordirland hilft jede örtliche Polizeidienststelle ✆ (08 45) 600 80 00 oder Victim Support Northern Ireland ✆ (028) 90 24 31 33

Zentrale Nummer für die Sperrung von Kreditkarten: ✆ +49 116 116.

Post

Die Gebühren für Briefe und Postkarten sind in Irland gleich hoch. In der Republik Irland zahlt man für die Beförderung im Inland € 1, in alle anderen Länder € 1,35.

Innerhalb Nordirlands sind es £ 0.56, von dort in EU-Länder £ 0.97 und in Nicht-EU-Staaten £ 0.74.

Die Postämter in der Republik Irland sind in der Regel von 9 bis 17.30 Uhr mit einer einstündigen Mittagspause geöffnet, am Samstag bis 12.30 Uhr. Das Hauptpostamt von Dublin, O'Connell Street, ist montags bis samstags von 8 bis 20 Uhr geöffnet.

Die Öffnungszeiten nordirischer Postämter können variieren, in der Regel haben sie montags bis freitags 9 bis 17 und samstags 9 bis 12.30 Uhr geöffnet, die Hauptpost von Belfast montags bis samstags 9 bis 17.30 Uhr.

Presse, TV

Die wichtigsten irischen Tageszeitungen sind: *The Irish Times* und *The Independent*. Veranstaltungshinweise und Berichte zum Kulturleben von Dublin findet man in *Day&Night*, der Beilage des *Independent*, *The Ticket*, der Beilage der *Irish Times* und den Stadtmagazinen *Totally Dublin* und *In Dublin*.

In Nordirland erscheinen der *Belfast Telegraph*, *News Letter* und *Irish News*.

In größeren Städten sind auch ausländische Zeitungen erhältlich.

Neben den staatlichen Fernsehkanälen RTÉ1 und RTÉ2 gibt es noch die privaten Sender TG 4 und TV 3. Channel 6 ist nur über Kabel zu empfangen. Auch der nordirische Sender UTV und die Fernsehkanäle aus Großbritannien können empfangen werden. Nur wenige große Hotels haben deutsche Sender im Angebot.

Rauchen

Die Republik Irland hat 2004 – als erstes Land der EU – in allen öffentlichen Gebäuden ein totales Rauchverbot eingeführt. Seit 2007 gilt ein ähnliches Gesetz auch in Nordirland. Dies betrifft Ämter, Pubs, Restaurants, Hotels, B&B-Unterkünfte und öffentliche Verkehrsmittel. Bei Missachtung des Rauchverbots drohen hohe Strafen. Einige Hotels bieten spezielle Raucherzimmer an.

Sicherheit

Dublin ist keine Stadt, in der man um Leib und Leben oder Hab und Gut fürchten muss. Taschendiebe sind aber, wie in allen Großstädten, besonders im Gewühl der Einkaufsstraßen durchaus aktiv. Etwas Vorsicht ist also angebracht.

Ähnliches gilt für Belfast. Mit dem Friedensvertrag von 1998 scheint die Zeit der »Troubles« in Derry und Belfast endgültig vorbei zu sein. Barrikaden und Straßensperren sind abgebaut und man kann sich wieder frei bewegen. Dass es unter der Oberfläche aber noch gärt, sieht man an den teilweise aggressiven *Wall Murals* in West Belfast und Derry. Auffällig ist auch, dass nach Geschäftsschluss praktisch alle Geschäfte mit eisernen Rollläden gesichert werden, ein Relikt aus der Zeit der »Troubles«.

Sollte man Opfer oder Zeuge eines Vergehens werden, sollte man sofort die Polizei verständigen, sowohl in der Republik als auch in Nordirland unter der Nummer 999.

Sport und Erholung

Die alten gälischen Sportarten sind in Irland an der Spitze der Beliebtheitsskala: ***Gaelic Football*** und ***Hurling*** bei den Männern und ***Camogie*** bei den Frauen. Wer ein Spiel besuchen möchte, geht am Besten zum Croke Park in Dublin, dem viertgrößten Stadium Europas. Im Stadion in der Landsdowne Road finden die großen Rugby- und auch die Fußballländerspiele statt. Unter »football« versteht man in Irland übrigens die gälische Version des Sports. Fußball ist dort als »soccer« bekannt – beide Teams, das aus der Republik Irland und das aus Nordirland, haben eine große Anhängerschaft.

Für Touristen kaum nachvollziehbar ist die Faszination der Iren für den **Pferderennsport**. Die großen Rennen verfolgt fast die ganze (männliche) Bevölkerung. Ihr Interesse gilt dabei aber nicht nur den Pferden, sondern auch möglichen Wettgewinnen. Die bekannteste Rennbahn des Landes liegt in Leopardstown (www.leopardstown.com) am Stadtrand von Dublin, aber auch Wettbewerbe auf einer der anderen rund 25 Rennstrecken haben ihren ganz speziellen Reiz.

Wie in England sind auch in Irland **Greyhoundrennen** ungemein populär. Die beiden bekanntesten Rennbahnen Dublins liegen in der Harold's Cross Road und der South Lotts Road.

Wer nicht nur zuschauen, sondern sich selbst sportlich betätigen möchte, findet in Irland genügend Möglichkeiten.

Viele Iren sind Pferdenarren und von allem, was mit **Reitsport** zu tun hat, begeistert. Rund 30 Reiterhöfe gibt es landesweit, die sowohl Anfänger als auch Fortgeschrittene aufnehmen. Bei einigen kann man einen Sprachkurs mit Reiterferien kombinieren. Wer es gemütlich liebt, kann Urlaub mit dem Planwagen machen. Weitere Infos unter: www.irishhorsedrawncaravans.com, www.outdoorrecreationni.com, www.discoverireland.com/de.

Sehr beliebt in Irland ist auch der **Golfsport** mit mehr als 500 Plätzen landesweit. Rein statistisch ist der Abstand von einem Golfplatz zum nächsten nie größer als einen Kilometer! Golf ist in Irland Volkssport und wird wegen des milden Klimas das ganze Jahr über ausgeübt. Auf vielen öffentlichen Golfplätzen kann man auch ohne Klubmitgliedschaft spielen. Golfpässe bieten diverse Sparmöglichkeiten. Infos unter www.openfairways.com.

Radtouren durch Irland erfreuen sich steigender Beliebtheit, inländische und auch deutsche Veranstalter bieten Touren mit Gepäcktransfer an. Wer auf eigene Faust unterwegs ist, sollte seine Route genau planen, enge, stark befahrene Straßen meiden und auf Wind und Regen vorbereitet sein. Auf dem markierten Fernradweg »Kingfisher Trail« kann man auf 370 Kilometer Länge überwiegend auf kleinen Straßen durch die Counties Cavan, Fermanagh, Leitrim und Monaghan radeln (www.cycleni.com/101/kingfisher-trail).

Zum **Wandern** eignen sich besonders die sechs Nationalparks Killarney, The Burren, Connemara, Glenveagh, Wicklow und Mayo. Infos: www.hillwalktours.de/wandern-irland und www.mountaineering.ie.

Wer abseits markierter Wanderwege unterwegs ist, hat unter Umständen nicht nur Schwierigkeiten mit der Orientierung, sondern wird auch immer wieder durch Hecken, Feldmauern und Zäune ausgebremst. Dem beugt man vor, wenn man die insgesamt 31 markierten Fernwanderwege nutzt, die die gesamte Insel durchziehen. Hier einige Vorschläge: 1000 Kilometer umfasst der Ulster Way, der durch alle nordirischen Counties einschließlich Donegal führt (www.walkni.com/ulsterway). Der Wicklow Way mit gut 130 Kilometern Länge war der erste Fernwanderweg Irlands (www.wicklowway.com). Der längste Fernwanderweg in der Republik ist mit mehr als 200 Kilometern der Kerry Way (www.kerryway.com). Der Beara Way führt auf einer Länge von knapp 200 Kilometern durch das westliche County Cork (www.bearatourism.com/bearaway.html). Auf dem 179 Kilometer langen Dingle Way kann man zu Fuß eine der schönsten irischen Halbinseln umrunden (www.dingleway.com).

Wem noch ein **Marathon** oder **Triathlon** in seiner Sammlung fehlt, der kann sich für den Belfast City Marathon (www.belfastcity marathon.com), den Connemara Marathon (www.connemarathon.com), den Cork City Marathon (www.corkcitymarathon.ie), den Dublin Marathon (http://sseairtricitydub linmarathon.ie) oder den Galway Ironman (www.ironmanireland.com) anmelden.

Entlang der über 5000 Kilometer langen Küstenlinie gibt es unzählige **Sandstrände**, von denen knapp 100 mit der Blauen Flagge für gute Wasserqualität ausgezeichnet wurden. Vor allem die Süd-, Südwest- und Westküste sind vom Golfstrom beeinflusst und bieten deshalb Wassertemperaturen, die mit denen der Nordsee vergleichbar sind. Für **Angler** sind die irische Küste, die Flüsse und Bäche sowie die großen Seen ein ideales Revier. Zu finden sind alle Spielarten des Sportangelns: Das Hochseeangeln, das »Game Angling« auf Forelle und Lachs, das »Coarse Angling« auf Hechte und Aale und das »Pike Angling« auf Hechte. Bei den Einheimischen ist das »Game Angling« am meisten verbreitet. Für das Angeln auf Lachs und Meerforelle benötigt man eine staatliche Lizenz. Damit darf man aber noch nicht in privaten Gewässern angeln, dazu ist noch eine Erlaubnis vom jeweiligen Eigentümer oder Pächter erforderlich. Der Erlaubnisschein kann für einen Tag oder auch für die ganze Saison erworben werden, die Preise variieren stark und sind abhängig vom zu erwartenden Fang. Infos und spezielle Angebote für Angler gibt es unter folgenden Adressen: www.dcal-fishingni.gov.uk, www.fishinginireland.info, http://irelandflyfishing.com und www.discovernorthernireland.com/things-to-do/activities/fishing/fishing.

Hausboote werden vor allem von Familien und kleinen Gruppen gemietet und können ohne Bootsführerschein gesteuert werden. Die acht bis fünfzehn Meter langen Schiffe bieten Platz für bis zu acht Personen. Alle Boote sind mit Dusche, Toilette und Küche ausgestattet. Vor der Abfahrt bekommt man eine kurze, aber ausreichende Einweisung.

Lässt Golferherzen höher schlagen: der 18-Loch-Golfplatz von Adare Manor

Die Navigation bereitet in der Regel keine Probleme, denn alle Wasserstraßen sind gut markiert. Die Boote können am ersten Miettag – das ist meist ein Samstag – am Nachmittag übernommen und sollten am letzten Tag am Morgen wieder übergeben werden. Empfohlen werden Tagesetappen von bis zu 40 Kilometern, denn nachts muss angelegt werden. Weitere Infos unter: www.boatholidaysireland.com, www.waterwaysireland.org und www.iwai.ie. Hilfreich ist auch die Broschüre »Irlands Binnenseen und Wasserstraßen« vom irischen Fremdenverkehrsamt.

Seit der Instandsetzung des Shannon-Erne-Waterway 1994 können die beiden Flüsse wieder in ihrer ganzen Länge befahren werden. Mitte des 18. Jahrhunderts wurden die wichtigsten Flüsse Irlands – Shannon, Erne und Barrow – mit Kanälen verbunden. Zur gleichen Zeit entstanden der Grand Canal und der Royal Canal, die den Anschluss Dublins an dieses Wasserstraßensystem herstellten.

Ein ganz besonderes Erlebnis sind Fahrten auf dem Barrow mit sogenannten »River Barges«, die an die Lastkähne früherer Zeiten erinnern. Auf diesen Schiffen können Touristen Kabinen buchen und sich von einem Kapitän in gemütlichem Tempo über Irlands Flüsse schippern lassen (Barrowline Cruisers, www.barrowline.ie).

Strom

Die Stromspannung beträgt 220 Volt Wechselstrom. Die in Deutschland üblichen Stecker passen aber nicht in die flachen, dreipoligen Steckdosen. Viele Hotels stellen ihren Gästen kostenlos Adapter zur Verfügung. Auch in Elektrogeschäften sind Adapter erhältlich.

Telefonieren

Telefonkarten für öffentliche Telefone in der Republik Irland erhält man bei der Post und in vielen Zeitungsläden. Sie kosten zwischen € 5 und € 50. Alle Telefonzellen haben eine eigene Nummer, unter der man sich zurückrufen lassen kann.

In Nordirland werden von privaten Telefongesellschaften Telefonkarten angeboten.

Mobiltelefone sind weit verbreitet. 2017 wurden die EU-Roaming-Gebühren abgeschafft, für Deutsche und Österreicher fallen keine Extrakosten an.

Vorwahl Irland ✆ +353 (anschließend Ortsvorwahl ohne 0)
Vorwahl Nordirland ✆ +44 (anschließend Ortsvorwahl ohne 0), von der Republik Irland aus Ortsvorwahl ✆ 028 durch ✆ 048 ersetzen
Vorwahl Dublin ✆ 01
Vorwahl Belfast ✆ 028
Vorwahl nach Deutschland ✆ +49
Vorwahl nach Österreich ✆ +43
Vorwahl in die Schweiz ✆ +41
Telefonauskunft ✆ 118 50, 118 11
International Operator ✆ 114
Telemessage ✆ 196

Trinkgeld

Im Restaurant gibt man in der Regel 10 Prozent des Preises als Trinkgeld. Bevor man das tut, sollte man aber einen Blick auf die Rechnung werfen. Vielerorts ist das Trinkgeld nämlich schon im Rechnungsbetrag enthalten. Taxifahrer erhalten ebenfalls rund 10 Prozent. Kein Trinkgeld gibt man dagegen dem Barpersonal im Pub.

Unterkunft

Hotels, Guesthouses, Ferienwohnungen und Campingplätze werden in Irland mit Sternen klassifiziert – von einem bis zu fünf. In der Hauptsaison von Juni bis August ist eine Vorausbuchung ratsam, vor allem in der Region Cork und Kerry, für Dublin gilt dies ganzjährig. Vor Ort helfen die Touristenbüros, eine Unterkunftsmöglichkeit zu finden.

Hotels und **Guesthouses** bieten in der Regel den höchsten Standard, man kann sich sogar in alten Landsitzen und luxuriösen Schlössern einquartieren. Vier- und Fünf-Sterne-Hotels bieten häufig Sportmöglichkeiten wie Golfplätze, Pools oder Wellness-Einrichtungen.

Bed & Breakfast, auch kurz »B&B« genannt, ist die typisch irische Unterkunftsmöglichkeit mit persönlichem Service und oft

Wandern im Bergland von Connemara, Synonym für Wildheit und Ursprünglichkeit mit endlosen Mooren

reichhaltigem Frühstück. Da die Gastgeber ihren B&B-Betrieb fast immer nur als Nebenerwerb führen, muss man damit rechnen, dass man nur zu bestimmten Zeiten – in der Regel nachmittags zwischen 14 und 18 Uhr – jemanden antrifft. B&B-Schilder findet man in so gut wie jedem Dorf an der Straße.

Auf dem Land sind **Farmhäuser** eine vergleichbar gute Adresse für Gastfreundschaft. **Country Houses** bieten Urlaub in Herrenhäusern mit gehobenem Standard, hier muss die Unterkunft immer im Voraus gebucht werden.

In Irland gibt es rund 200 **Campingplätze**, davon viele in schöner Lage (www.discover northernireland.com/camping). Man kann das Land auch mit dem **Wohnmobil** oder dem Camper entdecken. Bei **Jugendherbergen** gibt es keine Altersbegrenzung und viele bieten auch Familienzimmer an.

Ferienhäuser gibt es für jeden Geschmack. Größe, Komfort, Lage und Preis können stark variieren, deshalb sollte man sich vorab informieren. Fast immer liegen die Cottages ruhig und sind sehr individuell ausgestattet, denn viele werden auch von den Eigentümern selbst genutzt. Besonders gemütlich sind alte irische Cottages, die mit viel Liebe restauriert worden sind. Eine Reihe von Ferienhaus-Anbietern hat sich auf Irland spezialisiert. Informative und detaillierte Internetseiten samt komfortablen Buchungsmöglichkeiten bietet www.fewo-direkt.de.

Verkehrsmittel

Durch Streckenstilllegungen ist das Schienennetz ziemlich geschrumpft, zudem sind die Preise für Zugfahrten recht hoch. Mit Überlandbussen erreicht man dagegen so gut wie jeden Ort.

Infos über Busverbindungen und -preise in der Republik Irland:
Irish Bus – Bus Éireann
✆ (01) 836 61 11, www.buseireann.ie

Infos über Zugverbindungen und -preise in der Republik Irland:
Irish Rail – Iarnród Éireann
✆ (01) 836 62 22
www.irishrail.ie

Infos über Bahn- und Buspreise sowie Fahrpläne in Nordirland:
Translink
✆ (028) 90 66 66 30, www.translink.co.uk

Dublin
Dublin hat ein sehr gut ausgebautes öffentliches Verkehrsnetz. Da die Hauptlast des Transports auf dem Busverkehr lastet, steckt man auf vielen Strecken im Stau. Als Tourist sollte man daher die Rushhour meiden. Der Hauptumsteigebahnhof liegt in der O'Connell Street beim General Post Office.

Seit 2004 gibt es auch zwei **Straßenbahnlinien (Luas)**. Die Red Line verkehrt von der Connolly Station nach Tallaght und die Green Line von St. Stephen's Green nach Sandyford. Die **Vorortbahn DART** verbindet Howth im Norden und Bray im Süden und durchquert dabei auch das Stadtzentrum. Sie ist die schnellste und bequemste Verbindung ins Umland.

Informationen rund um den **Dubliner Busverkehr** erhält man unter www.dublinbus.ie und beim Discover Ireland Centre Dublin in der Suffolk St., ✆ 1850 23 03 30, www.visitdublin.com.

Die Busse fahren werktags von 6 bis 23.30 Uhr. Ab 0.30 Uhr verkehren am Donnerstag, Freitag und Samstag auf einem beschränkten Routennetz Nachtbusse. Der Preis für ein Busticket liegt je nach Streckenlänge zwischen € 2,10 und € 3,65, Express bis € 4 (Ermäßigung für Jugendliche bis 16 Jahre), Nachtbusse sind teurer. Wechselgeld wird im Bus nicht gegeben. Wer zu viel zahlt, bekommt vom Busfahrer ein »Überzahlticket«, das er dann im Dublin Bus-Informationsbüro (59 Upper O'Connell St., ✆ 01-873 42 22) in Bargeld zurücktauschen kann. Das ist umständlich und zeitaufwendig.

Fährt man viel, lohnt sich vielleicht ein **Tagesticket**. Man besorgt sich die **Leap Card** und zahlt für ein Tagesticket dann € 7, für eine Woche € 27,50, diese Tickets gelten allerdings nur für Busse. Will man auch Nachtbusse, Luas und DART nutzen, kann man ein Tages- oder Wochenticket für € 10/40 erwerben.

Um den Tarifwirrwarr noch zu vergrößern, gibt es auch eine **72 Hours Travel Card**. Sie beinhaltet zu einem Preis von € 33 (Kind € 16) zusätzlich zum Bustransport auch Stadtrundfahrten mit dem offenen Doppeldeckerbus sowie Fahrten mit dem Nacht- und dem Flughafenbus.

Will man nicht nur Bus fahren, sondern auch Sehenswürdigkeiten besuchen, lohnt eventuell der **Dublin Pass**. Er berechtigt neben dem kostenlosen Bustransfer vom Flughafen in die Stadt auch zu freiem Eintritt in fast alle Sehenswürdigkeiten Dublins. Den Pass gibt es für 1, 2, 3 und 5 Tage und er kostet € 59/77/94/114, für Kinder € 29/34/44/54 (www.dublin-pass.de).

Belfast
Die Gesellschaft **Citybus** bietet über 60 Verbindungen in und um Belfast an. Tickets sind erhältlich an größeren Haltestellen und Kiosken.

Mehrfahrtenkarten, **Smartlink Multi-Journey-Cards**, werden mit je fünf Fahrten aufgeladen. Mit **Smartlink Travel Cards** kann man sieben Tage oder einen Monat unbegrenzt das Citybusnetz nutzen.

Centrelink Service: Die Nummer 100 verbindet das Stadtzentrum mit den wichtigsten Bushaltestellen und Bahnhöfen innerhalb der Stadt. Die Fahrt mit Centrelink ist umsonst, wenn man ein gültiges Bus- oder Zugticket besitzt.

Eine gute Möglichkeit, Belfast kennenzulernen, ist der **City Sightseeing Bus**, der auch in die Außenbezirke und zu den *Wall Murals* fährt. Eine 90-minütige Rundfahrt kostet £ 12.50/6, Familienticket £ 31 (bei Online-Buchung £ 11.50/5/29). Das Ticket für die Hop-On/Hop-Off-Touren mit mehrsprachigen Erläuterungen ist 48 Stunden gültig (✆ 028-90 32 13 21, www.belfastcitysightseeing.com).

Der Airbus Express 300 verkehrt rund um die Uhr mindestens stündlich, zeitweise sogar im 15-Minuten-Takt, am Wochenende fährt er alle 20 bis 30 Minuten. In der Stadt halten die Flughafenbusse bei der Busstation Glengall Street, hinter dem Europa Hotel. Den Fahrplan kann man online unter http://journeyplanner.translink.co.uk aufrufen.

Zeitzone

In Irland gilt die Greenwich Mean Time (GMT), dies bedeutet, dass Besucher aus Kontinentaleuropa die Uhren um eine Stunde zurückstellen müssen. Mit Beginn der Sommerzeit werden die Uhren auch in Irland Ende März eine Stunde vor und Ende Oktober wieder zurückgestellt. So differiert die Uhrzeit ganzjährig um eine Stunde. Während der Sommermonate bleibt es bis spät abends hell. Dagegen kann es Mitte Dezember schon um vier Uhr dunkel werden.

Zoll

Da Irland Mitglied der Europäischen Union ist, dürfen Alkohol und Tabak zum privaten Gebrauch zollfrei eingeführt werden. Als Richtwerte gelten etwa 800 Zigaretten, 400 Zigarillos, 200 Zigarren oder 1 Kilogramm Tabak, 10 Liter Schnaps, 10 Liter alkoholhaltige Süßgetränke (Alkopops), 20 Liter Zwischenerzeugnisse (z. B. Campari, Sherry) sowie 90 Liter Wein und 110 Liter Bier.

Für Schweizer gelten die folgenden Grenzwerte: 200 Zigaretten oder 100 Zigarillos oder 50 Zigarren oder 250 Gramm Tabak, 1 Liter Spirituosen oder 2 Liter Sherry, Sekt bzw. ähnliche Getränke und 2 Liter Wein.

Zwischen der Republik Irland und Nordirland gibt es keine Grenzkontrollen mehr, man merkt nur an den Straßenschildern, dass man die Grenze überquert hat. Bei der Einreise mit dem Flugzeug gelten die Zollbestimmungen von Großbritannien.

Sprachführer

Die wichtigsten Wörter für unterwegs

In der Republik Irland gibt es zwei Amtssprachen: Englisch und Irisch (Gälisch). Irisch wird in Schulen unterrichtet, offizielle Dokumente, Straßennamen und Verkehrszeichen sind zweisprachig. In den Gaeltacht-Gebieten, die sich überwiegend im Westen des Landes befinden, wird bis heute überwiegend Gälisch gesprochen, doch auch hier versteht jeder Englisch.

In Nordirland ist Englisch Amtssprache. Aufgrund der Umsiedlung von Schotten nach Nordirland im 17. Jahrhundert existiert zudem mancherorts noch der Dialekt Ulster Scot.

In Irland wird Englisch gesprochen – allerdings eine besondere Variante. Hiberno-Englisch nennen es die Sprachwissenschaftler. Dieses irische Englisch verwendet einige vom Englischen abweichende Wörter und auch die Grammatik unterscheidet sich in manchen Fällen. Für Touristen hat dies aber nur geringe Bedeutung.

Wer sich von seinem Englischlischlehrer wegen der Aussprache des th ärgern lassen musste, hat es auf der Insel gut – im irischen Englisch wird das zischende tiaitsch nämlich wie das t gesprochen.

Falls Sie mal nicht alles verstehen, können Sie sagen: *I didn't understand you. Could you speak a bit more slowly, please?* Wenn auch das nicht wirklich hilft, bleibt noch die Möglichkeit, sich das Gesagte aufschreiben zu lassen: *Could you write it down for me, please?*

Begrüßung

Hello! Wer kennt diese alltagstaugliche Begrüßung nicht? Sie klingt weniger salopp als das deutsche Hallo und wird in Irland häufig verwendet. *Good afternoon* und *Good evening* kann man – je nach Anlass – natürlich auch sagen. Das ist dann schon etwas förmlicher. Junge Leute bevorzugen das inzwischen auch hier übliche *Hi!*

Noch etwas wird Ihnen den Einstieg leichter machen: im Englischen gibt es weder unterschiedliche Artikel (es heißt immer *the*) noch die Unterscheidung in »Du« und »Sie«. Man sagt einfach immer *you*.

(Good) morning!	Guten Morgen!
(Good) evening!	Guten Abend!
(Good) night!	Gute Nacht!
Hello!	Guten Tag!
Hi!	Hallo!
How are you?	Wie geht es dir/Ihnen?
Goodbye!	Auf Wiedersehen!
Have a nice trip!	Gute Reise!
Bye!/See you!	Tschüss!
See you soon!	Bis bald!
See you tomorrow!	Bis morgen!
It was nice meeting you.	Schön, dich kennen gelernt zu haben.
yes/no/maybe, perhaps	ja/ nein/ vielleicht
My name is …	Ich heiße …
What's your name?	Wie heißt du?
Excuse me! (I'm) Sorry!	Entschuldigung!
Thank you./Thanks.	Danke.

You're welcome!	Bitte schön./Keine Ursache!

Autofahren

Was auf Straßenschildern steht

diversion	Umleitung
dead-end	Sackgasse
no parking	Parkverbot
parking disc	Parkscheibe
danger	Gefahr

Rund ums Auto

I'd like to hire a car.	Ich möchte ein Auto mieten.
My car has been broken into.	Mein Auto wurde aufgebrochen.
Could you give me your name and address, please.	Bitte geben Sie mir Ihren Namen und Ihre Adresse.
You were driving too fast.	Sie sind zu schnell gefahren.
Could I see your driving licence and insurance, please.	Ihre Papiere, bitte.
You cut the corner.	Sie haben die Kurve geschnitten.
You were driving too close.	Sie sind zu dicht aufgefahren.
I was driving miles ... per hour.	Ich bin ... Meilen/h gefahren.
Can I park here?	Kann ich hier parken?
full tank, please	Bitte volltanken.
oil change	Ölwechsel
motorway	Autobahn
car park, parking space	Parkplatz
parking meter	Parkuhr
seat belt	Sicherheitsgurt
petrol station	Tankstelle
petrol	Benzin
unleaded	bleifrei
diesel	Diesel
four-star	Super verbleit
to drive	fahren
to tow away	abschleppen
to repair	reparieren
(to the) right	(nach) rechts
(to the) left	(nach) links
straight ahead	geradeaus
to cross	überqueren
map of the town/city	Stadtplan
security/safety	Sicherheit
traffic jam	Stau
a four-wheel drive/off-roader	ein Geländewagen
a motorbike	ein Motorrad
a motor caravan/camper van	ein Wohnmobil
driving licence	Führerschein

In der Werkstatt

I've had an accident.	Ich habe einen Unfall gehabt.
Could you tow my car away?	Könnten Sie meinen Wagen abschleppen?
My car won't start.	Mein Auto springt nicht an.
The battery is flat.	Die Batterie ist leer.
The brake is broken.	Die Bremse ist defekt.
The engine sounds funny.	Der Motor klingt seltsam.
When will the car be ready?	Wann wird der Wagen fertig sein?
gears, gearbox	Getriebe
spark plug	Zündkerze
wing, mudguard	Kotflügel
carburettor	Vergaser
flashing lights	Blinker
tyre (pressure)	Reifen(druck)
starter	Anlasser
windscreen wipers	Scheibenwischer
dynamo	Lichtmaschine
headlights	Scheinwerfer
radiator	Kühler

Einkaufen

How much is/are ...?	Was kostet/kosten ...?
I'd like ...	Ich hätte gerne ...
Where can I get ...?	Wo bekomme ich ...?
Could you show me ...	Zeigen Sie mir bitte ...
What are you looking for?	Was wünschen Sie?
Can I help you?	Kann ich Ihnen helfen?
Could I try this on?	Kann ich das anprobieren?
Where are the fitting rooms?	Wo sind die Umkleidekabinen?
Can I pay with this credit card?	Kann ich mit dieser Kreditkarte zahlen?
I'd like something	Ich hätte gerne etwas

cheaper.	Billigeres.
Which other sizes do you have?	Haben Sie das noch in einer anderen Größe?
What size are you?	Welche Größe haben Sie?
I'm (continental) size …	Ich habe Größe …
bigger/smaller	größer/kleiner
money	Geld
too expensive	zu teuer
cash desk	Kasse
to spend	ausgeben
to pay	bezahlen
to sell	verkaufen
special offer	Sonderangebot
shop window	Schaufenster
sales	Ausverkauf
shirt	Hemd
a pair oftrousers	Hose
a pair of jeans	Jeans
a pair of shoes	ein Paar Schuhe
coat	Mantel
skirt	Rock
dress	Kleid
suit	Kostüm
tights	Strumpfhose
stockings	Strümpfe
(sports) jacket	Sakko
jacket	Jacke
scarf	Halstuch
sweater	Pullover

Farben und Muster

beige	beige
blue	blau
brown	braun
yellow	gelb
red	rot
pink	rosa
green	grün
black	schwarz
white	weiß
grey	grau
plain/one coloured	einfarbig
colourful	bunt
patterned	gemustert
checked	kariert

Essen und Trinken

Geschäfte

bakery	Bäckerei
butcher('s shop)	Fleischerei
market	Markt
greengrocer	Gemüsehändler
fruitseller	Obstgeschäft
supermarket	Supermarkt

Im Restaurant

Im Englischen ist es nicht zwingend nötig, sich vor dem Essen einen »Guten Appetit« zu wünschen, bisweilen hört man aber dennoch Bon appétit oder ein Enjoy your meal.

Is there a good restaurant around here?	Wo gibt es hier in der Nähe ein gutes Restaurant?
A table for three, please.	Einen Tisch für drei Personen, bitte.
I'd like to reserve a table for two for eight o'clock.	Ich möchte einen Tisch für zwei Personen um acht Uhr reservieren.
Excuse me, where are the toilets?	Entschuldigung, wo sind hier die Toiletten?
This way.	Dort entlang.
Could I have the menu, please?	Die Karte bitte.
I'd just like something to drink.	Ich möchte nur etwas trinken.
Are you still serving hot meals?	Gibt es noch warme Küche?
What can you recommend?	Was empfehlen Sie mir?
I can recommend …	Ich empfehle Ihnen …
Do you serve vegetarian dishes?	Haben Sie vegetarische Gerichte?
I'll have (Can I have) a beer, please?	Ich möchte ein Bier, bitte.
... a (half-)bottle of red wine.	... eine (halbe) Flasche Rotwein.
Could I have the bill, please?	Ich möchte zahlen, bitte.
We'd like to pay separately.	Wir möchten getrennt bezahlen.
Could I have a receipt?	Ich möchte eine Quittung.
Did you enjoy it?	Hat es Ihnen geschmeckt?
It was delicious, thank you.	Danke, sehr gut.
Do you mind if I smoke?	Stört es dich/Sie, wenn ich rauche?
Cheers!	Zum Wohl!

tip	Trinkgeld
to eat	essen
to drink	trinken
still mineral water	Mineralwasser ohne Kohlensäure
sparkling mineral water	Mineralwasser mit Kohlensäure
house wine	Hauswein
beer	Bier
lager	helles Bier
stout	dunkles Bier
juice	Saft
glass	Glas
bottle	Flasche

Fisch und Meeresfrüchte

mussels	Muscheln
shellfish	Schalentiere
calamari	Tintenfischringe
lobster	Hummer
crayfish	Flusskrebs
king prawn	Riesengarnele
shrimps	Garnelen
crabs	Krabben
spiny lobster	Languste
oysters	Austern
anchovies	Sardellen
tuna	Tunfisch
bass	Seebarsch
eel	Aal
smoked eel	Räucheraal
trout	Forelle
sardines	Sardinen
salmon	Lachs
Dover sole	Seezunge
fishcake	Fischfrikadelle
fish fingers	Fischstäbchen
kedgeree	Reis mit Fisch und gekochten Eiern
plaice mornay	mit Käse überbackene Scholle
fish and chips	fritierte Fischstücke mit Pommes frites

Fleischgerichte

pork	Schwein
fillet of pork	Schweinefilet
hare	Hasenbraten
rabbit	Kaninchen
cutlet	Kotelett
escalope	Kalbsschnitzel
lamb	Lamm
leg of lamb	Lammkeule
beef	Rindfleisch
veal	Kalbfleisch
game	Wild
braised beef	Rinderschmorbraten
roast beef	Rinderbraten
hot pot	Eintopf mit Fleisch und Kartoffeln
stew	Fleischeintopf
Irish stew	Eintopf mit Hammelfleisch, Kartoffeln und Zwiebeln
ham and eggs	Spiegeleier mit Schinken
cottage pie	Fleischwürfel mit Soße, mit Kartoffelbrei überbacken
beefburger, rissole	Frikadelle
meat balls	Fleischklößchen
minced meat	Hackfleisch
sausages	Würstchen
ham	Schinken
boiled/raw/ smoked ham	gekochter/roher/ geräucherter Schinken

Geflügel

chicken	Hähnchen, Huhn
chicken breasts/leg	Hühnerbrust/-keule
chicken wings	marinierte Hühnerflügel
chicken in the basket	paniertes halbes Hähnchen mit Pommes frites, serviert in einem Körbchen
duck	Ente
goose	Gans
turkey	Truthahn, Pute
quail	Wachtel

Gemüse

asparagus	Spargel
spinach	Spinat
cabbage	Kohl
beans	Bohnen
peas	Erbsen
potatoes	Kartoffeln
salad	Salat
tomato	Tomate
cucumber	Gurke
cauliflower	Blumenkohl
mushrooms	Pilze
onion	Zwiebel

pumpkin	Kürbis
sweetcorn	Mais
corn on the cob	Maiskolben
coleslaw	Krautsalat mit Mayonaise
carrots	Möhren

Obst

pineapple	Ananas
apple	Apfel
pear	Birne
strawberries	Erdbeeren
raspberries	Himbeeren
cherries	Kirschen
melon	Melone
peach	Pfirsich
banana	Banane
lemon	Zitrone
orange	Orange
grapes	Weintrauben
dried fruit	getrocknetes Obst

Beilagen

boiled rice	gekochter Reis
brown rice	Naturreis
wild rice	Wildreis
baked potatoe	gebackene Kartoffel
French fries, chips	Pommes frites
duchess potatoes	überbackener Kartoffelbrei
fried potatoes	Bratkartoffeln
mashed potatoes	Kartoffelbrei
potato fritters	Kartoffelkuchen
sweet potatoes	Süßkartoffeln
dumplings	Knödel
noodles	Nudeln
pasta	Teigwaren

Zubereitungsarten

baked	gebacken
barbecued	gegrillt
boiled	gekocht
braised	geschmort
steamed	gedämpft
deep-fried	fritiert
fried	gebraten
medium	medium
rare	englisch, blutig
well done	durchgebraten

Weitere Lebensmittel

milk	Milch
skimmed milk	fettarme Milch
cream	Sahne
cheese	Käse
porridge	Haferbrei
eggs	Eier
butter	Butter
spices	Gewürze
garlic	Knoblauch
salt	Salz
pepper	Pfeffer
chillis	Peperoni
ginger	Ingwer
horse radish	Meerettich
rosmary	Rosmarin
sugar	Zucker
vinegar	Essig
olive oil	Olivenöl
honey	Honig
coffee	Kaffee
decaffeinated coffee, decaf	koffeinfreier Kaffee
ice cream	Eis
soup	Suppe

Backwaren

bread	Brot
sandwich	belegtes Brot
white bread	Weißbrot
wholemeal bread	Brot aus Vollkornmehl
roll	Brötchen
muffin	süßes Gebäck
donut, doughnut	süßer Hefeteigring, frittiert
bagel	ringförmiges Gebäck aus Hefeteig
cake	Kuchen
biscuits	Kekse

Körperpflege

toothbrush	Zahnbürste
toothpaste	Zahnpasta
cotton wool	Wattepads
shaving cream	Rasiercreme
razor-blade	Rasierklinge
brush	Bürste
comb	Kamm
lipstick	Lippenstift
soap	Seife
hair dryer	Fön
handkerchiefs, tissues	Papiertaschentücher
flannel	Waschlappen

nail scissors	Nagelschere
tweezers	Pinzette
cleansing milk	Reinigungsmilch
skin cream/ body cream	Hautcreme
suntan oil	Sonnenöl
mosquito repellent	Mückenschutz

Presse/Geld/Post

Im Zeitschriftenladen

I'd like to buy a German newspaper.	Ich hätte gerne eine deutsche Zeitung.
Do you sell writing-pads?	Verkaufen Sie Briefpapier?
newspaper	Zeitung
magazine	Zeitschrift/Illustrierte
stamps	Briefmarken
envelope	Briefumschlag
paper	Papier
ball-point pen	Kugelschreiber
book	Buch
glue	Klebstoff
adhesive tape	Klebeband

In der Bank

Excuse me, is there a bank around here?	Entschuldigen Sie bitte, wo ist hier eine Bank?
Where can I change some money?	Wo kann ich Geld wechseln?
When does the bank close?	Wann schließt die Bank?
I'd like to cash a traveller's cheque.	Ich möchte einen Reisescheck einlösen.
Could you give me some small change, please?	Geben Sie mir bitte etwas Kleingeld?
cash	Bargeld
cash dispenser	Geldautomat
maximum amount/ limit	Höchstbetrag
credit card	Kreditkarte
traveller's cheque	Reisescheck
transfer	Überweisung
signature	Unterschrift
to sign	unterschreiben
currency	Währung
counter	Schalter
to withdraw	abheben

In der Post

Where's the nearest letterbox?	Wo ist der nächste Briefkasten?
How much is a postcard to Germany?	Was kostet eine Postkarte nach Deutschland?
sender	Absender
to send	verschicken
addressee	Empfänger
telegram	Telegramm
packet	Päckchen
parcel	Paket

Öffentliche Verkehrsmittel

train	Zug
to change trains	umsteigen
station	Bahnhof
aircraft	Flugzeug
airport	Flughafen
take-off	Abflug
to fly	fliegen
to book	buchen
ship	Schiff
port, harbour	Hafen
ferry	Fähre
departure	Abfahrt
arrival	Ankunft
timetable	Fahrplan
extra charge	Zuschlag
luggage, baggage	Gepäck
delay	Verspätung

Medizinische Versorgung

Beim Arzt

I've got …	Ich habe …
My … hurts.	Mein … tut weh.
Does he speak German?	Spricht er Deutsch?
My husband/ my wife is sick.	Mein Mann/meine Frau ist krank.
My stomach is upset.	Ich habe mir den Magen verdorben.
I've been vomiting.	Ich habe mich übergeben.
I've got a bad cold.	Ich bin stark erkältet.
I'm … months pregnant.	Ich bin im … Monat schwanger.
I've got high/	Ich habe einen

low blood pressure.	hohen/niedrigen Blutdruck.
It hurts here.	Hier habe ich Schmerzen.
I've hurt myself.	Ich habe mich verletzt.
I've had a fall.	Ich bin gestürzt.
Can you give me a doctor's certificate?	Können Sie mir ein Rezept ausstellen?
doctor	Arzt
General practitioner/	praktischer Arzt
GP dentist	Zahnarzt

Körperteile

mouth	Mund
arm	Arm
ankle	Knöchel
heart	Herz
tooth	Zahn
knee	Knie
leg	Bein
hand	Hand
eye	Auge
ear	Ohr
skin	Haut
foot	Fuß
head	Kopf
back	Rücken

Erkrankungen

diarrhoea	Durchfall
to vomit	erbrechen
nausea	Brechreiz
cough	Husten
headaches	Kopfschmerzen
circulatory problems	Kreislaufstörungen
lumbago	Hexenschuss
sunburn	Sonnenbrand
dizziness	Schwindel
hay fever	Heuschnupfen
flu, influenza	Grippe

Medikamente

ointment	Salbe
antiseptic ointment	Wundsalbe
pill, tablet	Tablette
sleeping pills/tablets	Schlaftabletten
drops	Tropfen
painkiller	Schmerzmittel
first-aid kit	Erste-Hilfe-Box, Verbandskasten
charcoal tablets	Kohletabletten
plaster	Pflaster
bandage	Verband

Orientierung

Wie man nach dem Weg fragt

Excuse me, where is …?	Entschuldigung, wo ist …?
How do I get to …?	Wie komme ich nach …?
What's the way to get to the station?	Wie komme ich zum Bahnhof?
How do I get onto the motorway?	Wie komme ich zur Autobahn?
Is this the road to …?	Ist das die Straße nach …?
Straight ahead.	Geradeaus.
(To the) right.	Nach rechts.
(To the) left.	Nach links.
Cross the bridge.	Überqueren Sie die Brücke.

Sehenswürdigkeiten

places of interest, sights	Sehenswürdigkeiten
guided tour	Führung
bridge	Brücke
castle, palace	Schloss
treasury	Schatzkammer
tower	Turm
monument	Denkmal
river	Fluss
fountain	Brunnen
church	Kirche
cathedral	Kathedrale
square	Platz
museum	Museum
town hall, city hall	Rathaus
ruins	Ruine

Telefonieren & Internet

Where can I get a phonecard?	Wo bekomme ich eine Telefonkarte?
What's the code for …?	Wie ist die Vorwahl von …?
There is no reply.	Es meldet sich niemand.
The line is engaged.	Die Leitung ist besetzt.
payphone	Münztelefon
text message	SMS

Do you have wi-fi?	Haben Sie WLAN?
printer	Drucker
keyboard	Tastatur
attachment	Anhang
to receive	erhalten
to refresh	aktualisieren
to download	herunterladen
to connect	sich vernetzen
at sign	At-Zeichen (@)

Unterkunft

Do you know where I can find a room in the city centre?	Wissen Sie, wo ich ein Zimmer in zentraler Lage finden kann?
Do you have a room for two nights?	Haben Sie ein Zimmer frei für zwei Tage?
I'm looking for a bed	Ich suche eine Pension.
How much is it?	Wieviel kostet es?
Could you book me in?	Können Sie für mich reservieren?
Is it far from here?	Ist es weit von hier?
How do I get there?	Wie komme ich dorthin?
Do you have a double/single room?	Haben Sie ein Doppelzimmer/Einzelzimmer frei?
Can I see it, please?	Kann ich es mir bitte ansehen?
Can you put in a cot?	Können Sie ein Kinderbett aufstellen?
The key to room 10, please.	Bitte den Schlüssel für Zimmer 10.
We're leaving tomorrow.	Wir reisen morgen ab.
Could you wake me up at seven?	Können Sie mich um sieben wecken?
May I have my bill, please?	Machen Sie bitte die Rechnung fertig.
Would you order me a taxi?	Rufen Sie bitte ein Taxi.
sink	Waschbecken
shower and toilet	Dusche und WC
bathroom	Badezimmer
campsite	Campingplatz
tent	Zelt
youth hostel	Jugendherberge

Wetter

How is the weather today?	Wie wird das Wetter heute?
It's going to be warm.	Es wird warm.
It's quite humid/close.	Es ist ganz schön schwül.
What's the temperature?	Wieviel Grad haben wir?
weather forecast	Wetterbericht
hot	heiß
cloudy	bewölkt
cold	kalt
cool	kühl
variable	wechselhaft
cloud	Wolke
storm, thunderstorm	Gewitter
hailstorm	Hagelsturm
heat	Hitze
rain, shower	Regen, Regenschauer
sun	Sonne
wind	Wind
climate	Klima
wet	nass
fog	Nebel
sunrise	Sonnenaufgang
sunset	Sonnenuntergang

Zahlen

zero	null
one	eins
two	zwei
three	drei
four	vier
five	fünf
six	sechs
seven	sieben
eight	acht
nine	neun
ten	zehn
eleven	elf
twelve	zwölf
thirteen	dreizehn
fourteen	vierzehn
fifteen	fünfzehn
sixteen	sechzehn
seventeen	siebzehn
eighteen	achtzehn
nineteen	neunzehn
twenty	zwanzig
thirty	dreißig
fourty	vierzig
fifty	fünfzig

sixty	sechzig
seventy	siebzig
eighty	achtzig
ninety	neunzig
hundred	hundert
thousand	tausend

Zeitangaben/Kalender

What's the time?	Wie spät ist es?
It's (around) one o'clock.	Es ist (ungefähr) ein Uhr.
It's quarter past one.	Es ist viertel nach eins.
It's half past one.	Es ist halb zwei.
It's quarter to two.	Es ist viertel vor zwei.
In about half an hour.	In ungefähr einer halben Stunde.
today	heute
yesterday	gestern
the day before yesterday	vorgestern
tomorrow	morgen
the day after tomorrow	übermorgen
in the morning	morgens, vormittags
in the afternoon	nachmittags, abends
at night	nachts
early	früh
late	spät
too late	zu spät

day	Tag
week	Woche
month	Monat
year	Jahr
daily	täglich
weekdays	wochentags

Monday	Montag
Tuesday	Dienstag
Wednesday	Mittwoch
Thursday	Donnerstag
Friday	Freitag
Saturday	Samstag
Sunday	Sonntag

January	Januar
February	Februar
March	März
April	April
May	Mai
June	Juni
July	Juli
August	August
September	September
October	Oktober
November	November
December	Dezember

Eine Alternative zum Hotel: Mit dem Pferdewagen unterwegs in den Wicklow Mountains

Orts- und Sachregister

Die **fetten** Seitenzahlen verweisen auf ausführliche Erwähnungen, *kursiv* gesetzte Begriffe bzw. Seitenzahlen beziehen sich auf den Service.

Abbeylara 155, 282
Achill Island 174 f.
– Slievemore Deserted Village 174
Adare 136, 257
Aillwee Cave 132, 261
Altamont Gardens 90
Anreise 297
Antrim 202
Aran-Inseln 133, **160 f.**, 283
– Aran Heritage Centre 162
– Dún Aengus 160, 162
– Dún Aonghasa 160
– Dún Duchathair 160
– Dún Eochla 160
– Dún Eoghanachta 160
– Inisheer 160
– Inishmaan 160
– Inishmore 160
– Kilronan 160
Ardagh 155, 282
Ardgillan Castle 73 f.
Ardgroom 112
Ards-Halbinsel 207, 271
– Ballycopeland Windmill 207
– Exploris Aquarium 207
– Greyabbey 207
– Mount Stewart House and Gardens 207
Armagh **203 f.**, 270, 271, 283
– Armagh County Museum 203
– Armagh Planetarium 203
– Navan Centre & Fort 203
– St. Patrick's Cathedral 203 f.
– Armagh Robinson Library 203
Athenry 163
– Athenry Castle 163
– Athenry Heritage Centre 163
Athlone 151 f., 267, 283
– Athlone Castle 151
– St. Peter-und-Paul-Kirche 151
Aughnacliff 155, 282
Aughnanure Castle 168
Auskunft 298
Autofahren 298 f.
Automiete 298 f.

Ballina 175 f., 264, 265
Ballinasloe 153
Ballintoy Harbour 275
Ballintubber Abbey 172, 173, 264
Ballycasey 137
Ballycastle 208, 283
– Bonarmargy Friary 208
Ballycopeland Windmill 207, 271 f.
Ballydehob 110, 248
Ballyferriter 123, 124, 255
Ballynahown 152
Ballynalackan 131
Ballyvaughan 131, 283 f.
Bantry 111, 248, 284
– Bantry House 111 f.
Barrow 89, 92
Beaghmore (Steinkreise) 199
Beara-Halbinsel 9, 99, **112 ff.**, 248
Belfast 6 f., 12, 188, **216 ff.**, 271, 272, 284 f.
– Albert Memorial Clock Tower 219
– BBC-Gebäude 221
– Belfast Castle 233
– Belfast Cathedral 219, 226 f.
– Belfast Print Workshop Gallery 219, 227
– Belfast Waterfront Hall 220
– Belfast Zoo 232 f.
– Big Fish 220
– Botanic Gardens 227
– Castle Court Shopping Centre 230
– Cathedral Quarter 218 f.
– City Hall 218, 227
– Crown Liquor Saloon 221 f.
– Custom House 219
– Discovery Centre 223
– Grand Opera House 223, 227 f.
– Harmony of Belfast 220
– Hotel Europa 221
– Lagan Weir 220
– Linen Hall Library 218, 228
– MAC –Metropolitan Arts Centre 219, 228
– Movie House 221
– Parliament Buildings 234
– Presbyterian Assembly Building 223
– Queen's Bridge 220
– Queen's University 228
– Royal Belfast Academical Institution 223
– Royal Courts of Justice 220
– St. George's Market 220
– Titanic Belfast 218, 224 f., 275
– Ulster Folk & Transport Museum 234
– Ulster Hall 220, 228 f.
– Ulster Museum 226
– Victoria Square Shopping Centre 218
Bere Island 113
Binevenagh 274
Birr 147
– Birr Castle & Gardens 147
Black Head 133
Blairscove House 112
Blarney 99, 285
Blarney Castle 99, 107, 246
Blasket Islands 123
Book of Kells 25, 33, 59, 78
Boyle 158 f., 281
– Boyle Abbey 158, 159
– King House 158, 159
– Lough Key Forest Park 158, 159
Boyne (Tal und Fluss) 13, 75 ff., 270
Brandon Bay 123, 255
Braveheart Drive 242
Bray 12, 84 f., 239 f.
– National Sealife Centre 85

Browneshill (Dolmen) 89 f.
Bruff 136
Buncrana 186, 277
Bunglass Point 184, 280
Bunratty 135 f., 259, 285
– Bunratty Castle 127, 135 f., 138
– Bunratty Folk Park 136, 138
Burren 126, 131 f., 261
Burren Bird of Prey Centre 132
Bushmills 209, 273
– Old Bushmills Distillery 209, 210 f.

Caherconnel Stone Fort 132, 133
Caherdaniel 119
Cahersiveen 118, 122, 251
Cahir 142 f., 258
– Cahir Castle 142
– Swiss Cottage 143
Carlingford 72
– King John's Castle 72
– Carlingford Heritage Centre 72
Carndonagh 276
Carlow 89
Carrantuohill 119
Carrick 184
Carrick-a-Rede Rope Bridge 208 f., 210, 273
Carrick-on-Shannon 157 f., 281, 282
Carrickfergus 12, 208, 210, 273, 285
– Carrickfergus Castle 189, 208, 210
Carrigaholt 128
Carrigtwohill 103, 245
Carrowkeel 158
Carrowmore Megalithic Cemetery 181, 281
Cashel 139 f.
– Brú Ború 140
– Cormac Chapel 140
– Folk Village 140
– Rock of Cashel 127, 139 f., 258
Castle Coole 189
Castle Ward 271, 275
Castlebaldwin 158
Castlecoote House 155
Castletownbere 113, 248
Causeway Coastal Road 189, **208 ff.**, 214, 273
Céide Fields 13, 160, **177**, 264 f.
Charles Fort 108
Charleville Castle 149, 267
Claddagh-Ring 65
Clare County 126 ff.
Clifden 170 f., 263, 285
Cliffs of Moher 11, 127, 128, **130**, 260
– O'Brien Tower 130
Clonakilty 109, 247 f.
– Lisselan Gardens 109
Clonmacnoise 12, **149 f.**, 151, 267
Cobh 99, **101 f.**, **246**, 285
– Cobh Heritage Centre – The Queenstown Story 101
– Cobh Museum 102
– St. Colman's Cathedral 101, 102
Coleraine 210, 274, 285
Cong 164 f.
– Ashford Castle Garden 165
– Cong Abbey 165
– Quiet Man Cottage Museum 165, 166
Connemara 11, 160, **166 ff.**, 263
Connemara Nationalpark 167, 168, 263
Connor Pass 123, 255
Cookstown 198, 199, 200
Cooley Mountains 72
Coomakesta Pass 119
Cork City 6 f., 10, 98, **102 ff.**, 246, 247, 286
– Blackrock Castle Observatory 104
– Buttermuseum 105
– City Gaol 103, 104
– Cork Public Museum 103, 104
– Crawford Art Gallery 103, 104
– English Market 103, 105
– Radiomuseum 105
– St. Ann's Shandon Church 105
– St. Finn Barre's Cathedral 105
Cork County 9, 98 f.
Cormac Chapel 140
Craggaunowen 134 f., 259
Crinkill 148
Croagh Patrick 172, 173, 264
Crookhaven 110
Cross 128
Cruachan Aí Heritage Centre 154, 266
Curlew Mountains 158
Curracloe 242
Curragh 88
Cushendall 208, 273
Cushendun Caves 275

Dalkey 83, 239
– Dalkey Castle 83
– Dalkey Castle & Heritage Center 84
– Dalkey Hill 83
Dark Hedges 275
Derry 6 f., 12, 189, **192 ff.**, 274, 276, 286
– Museum of Free Derry 193
– St. Columb's Cathedral 192, 193
– The Guildhall 194
– The People's Gallery 194
– Tower Museum 193
Derrynane House 119, 122
Devenish Island 196
Diebstahl 250
Dingle 122, 255, 287
Dingle-Halbinsel 9, 99, **122 ff.**, 251, 255
Diplomatische Vertretungen 299
Donaghmore Museum & Workhouse 147
Donegal City 178, **181 f.**, 277, 280, 281, 287
– Donegal Abbey 181
– Donegal Castle 181, 182
Donegal County 178 ff.
Doolin 130, 132, 261, 287
– Doolin Cave 132
Downhill Demesne and Hetzlet House 214, 274

Downpatrick 204 f., 271
– Down Cathedral 204, 205
– Down County Museum 205
– The Saint Patrick Centre 205
Dowth 75, 76
Draperstown 198
Drogheda 73 f.
Drombeg (Steinkreis) 110
Drumcliff 178, 281
Dublin 6 f., 9, 24 ff., 239, , 267, 269, 282, 287 ff.
– Áras an Uachtaráin 44, 53
– Ashtown Castle 45
– Bank of Ireland 34, 53
– Blanchardstown Centre 64
– Book of Kells 25, 33, 59, 78
– Brazen Head 30, 63 f.
– Chester Beatty Library 29, 49
– Christ Church Cathedral 25, 29, 54
– City Hall 28, 54
– College Green 32
– Cricket Ground 43
– Custom House 39 f., 54 f., 146
– Docklands 40
– Dublin Castle 25, 29, 55
– Dublin City Gallery The Hugh Lane 41 f., 49 f.
– Dublin Writers Museum 41, 46, 50
– Dublin Zoo 44, 59 f.
– Dublinia and the Viking World 30, 50
– Fitzwilliam Square 37
– Four Courts 42, 55
– Garden of Remembrance 41, 60
– Gate Theatre 41
– General Post Office 40, 55 f.
– Grand Canal 37
– Guinness Storehouse 25, 30, 56
– Irish Jewish Museum 50
– Irish Museum of Modern Art 50 f.
– Iveagh Gardens 33, 37, 60
– James Joyce Centre 46, 51
– James-Joyce-Denkmal 41
– Kilmainham Gaol 41, 56
– Leinster House 35, 56
– Long Room 33, 59
– Mansion House 34
– Marsh's Library 31, 56 f.
– Merrion Square 33, 36, 60
– Molly Malone 32, 33, 57
– National Gallery of Ireland 36, 51
– National Library 35
– National Museum of Ireland – Archaeology 34, 51 f.
– National Museum of Ireland – Decorative Arts and History 42 f., 52
– National Museum of Ireland – Natural History 52
– National Photographic Archive 27, 52
– Number Twenty Nine – Dublin's Georgian House Museum 37, 52 f.
– Old Jameson Distillery 42, 57
– Old Library 33, 59
– Phoenix Park 43 f., 60
– Phoenix Park Visitor Centre 45, 53, 60
– Powerscourt Townhouse Centre 32
– Prospect Cemetery 57
– Shopping 65 ff.
– St. Anne's Church 34
– St. Audoen's Church 30, 58
– St. Mary's Pro-Cathedral 41, 58
– St. Michan's Church 42, 58
– St. Patrick's Cathedral 25, 31, 58 f.
– St. Stephen's Church 37
– St. Stephen's Green 32, 33, 34, 37, 60
– Temple Bar 26, **28**, 59, 65
– Temple Bar Gallery 25, 59
– The Casino Marino 53 f.
– The Church 42, 61
– The Famine 40
– The Oliver St. John Gogarty 27, 63
– The Shaw Birthplace 53
– The Spire 41, 57
– Trinity College 25, 32, 59, 78
– Wellington Denkmal 43
Dun Laoghaire 82, 83, 239
Dunamaise 146
Dunbeg Fort 122, 124
Dunboy Castle 113
Dunguaire Castle 165, 166, 261
Dunluce Castle 189, 211, 273
Dunmore Head 123
Dunree Head 186, 277
Dunseverick Castle 209, 210, 273
Dursey Island 112, 248

Einkaufen 299
Einreise 297
Eintrittspreise 299 f.
Elphin 158, 281
Emo Court & Gardens 144, 146
Ennis 134, 259, 289
– Clare Museum 134
– Ennis Friary 134
Enniscorthy 242
Enniskillen 189, **196 ff.**, 289
– Castle Coole 196, 197
– Enniskillen Castle 196, 197
– Inniskillings Museum 196, 197
– Provinzmuseum von Fermanagh 196, 197
Ermäßigungen 299 f.
Errigal 185
Essen und Trinken 300
Excalibur Drive 242
Exploris Aquarium 207
Eyeries 112

Fanore 133
Feeard 128
Feiertage und Feste 300 ff.
Filmrouten 242, 274 f.
Florence Court 197
Fota House & Gardens 107, 245

Fota Wildlife Park 102, 103, 107, 245
Foynes 136, 138, 256

Gallarus-Oratorium 123
Galway City 164 ff., 261, 263, 289 f.
– City Museum 164, 165
– Eyre Square 164
– Kathedrale 164
– Nora-Barnacle-Geburtshaus 164
Galway County 160
Garinish Island 114
Garinish Point 112, 248
Gärten 302
Geld 302
Giant's Causeway 12, 189, 209, **212 f.**, 214, 273
Glanmore (See) 112
Glenariff 275
Glenbeigh 118, 251
Glencolumbkille 182 f., 280
– Father McDyer's Folk Village Museum 183
Glendalough 12, 71, **86 f., 240, 243**
Glendassen River 87
Glendeer Pet Farm 152
Glengarriff 112, 114, 248, 290
– Glengarriff Bamboo Park 114
Glenveagh Castle Gardens 185, 280
Glenveagh Nationalpark 11, **185**, 280
Gortin Glen Forest Park 198
Greencastle 187
Greyabbey 207, 271
Greystones 85
Grianán of Aileach 13, 186, 187, 277
Guinness 5, 25, 30 f.

Healy Pass 112, 248
Heywood Gardens 144, 146
Hill of Tara 76 f.
Hillsborough 206
Hinweise für Menschen mit Behinderungen 302 f.
Hollywood 241
Holywood 234
Howth (Halbinsel) 80 ff.
– Baily Leuchtturm 81
– Howth Castle 80
– Cliff Walk 81
– St. Mary's Church 80

Inch 120, 255, 275
Inishowen-Halbinsel 12, **186 f.**, 276 f.
Innisfallen 116
Internet 303 f.
Inveran 162
Ionad an Bhlascaoid Mhóir – The Blasket Centre 124
IRA 19, 20, 21
Ireland's Eye 81
Iveragh-Halbinsel 9, 99, **118 ff., 250**

Jerpoint Abbey 91

Kells 78, 290
– Kells Heritage Centre 78
– St. Columba's Church 78
Kenmare 113, 248, 250
Kennedy Homestead 92
Kerry Bog Village 118, 251
Kerry County 9, 98 f.
Kilbaha 128
Kildare **88 f.**, 267, 290
– Curragh 88
– St. Brigid's Cathedral 88
Kilkee 129, 259, 260
Kilkenny 12, 71, **90 f.**, 290 f.
– Kilkenny Castle 90, 91
– Kilkenny Design Centre 90, 91
– Rothe House 90, 91
– St. Canice Cathedral 90, 91
Killarney 99, **115**, 118, 251, 254, 255, 291 f.
– St. Mary's Cathedral 115, 117
Killarney-Nationalpark 10, 115, 254
– Gap of Dunloe 116
– Muckross Abbey 115
– Muckross House and Gardens 116, 117
– Ross Castle 116
– Torc-Wasserfall 116
Kilbeggan Distillery 148, 149, 267
Killorglin 118, 251
Killybegs 184
Kilmalock 292
Kilrush 127 f., 259
– Vandeleur Walled Garden 128 f.
Kinder 304 f.
Kinnitty 292
Kinsale 99, **108,** 247, 292 f.
– Charles Fort 108
– Desmond Castle & The International Museum of Wine 108
Kinvarra 165, 293
Kleidung 304
Klima 304
Knappogue Castle 135
Knock 171, 265
Knockdrum Fort 110
Knocknarea 180
Knowth 13, 75, **76**, 270
Kreditkarten 302
Kylemore Abbey & Garden 167 f., 263

Lady's View 119, 250, 254
Lagan Valley Regional Park 233 f.
Laois County 144
Larne 208, 273
Leixlip 293
Letterfrack 167, 168, 263, 293
Letterkenny 178, **184**, 277, 293
– County Museum of Donegal 184
– Newmills Corn and Flax Mills 184
– St. Eunan's Cathedral 184
Limerick City 7, 127, **135 ff.**, 256, 257, 258, 293
– Hunt Museum 135, 136
– King John's Castle 135, 136 f.

– Limerick City Gallery of Art 136
– St. Mary's Cathedral 135, 137
Limerick County 126 ff.
Lisburn 7, **206,** 231, 233, 271
– Irish Linen Centre & Lisburn Museum 206
Liscannor 130, 260, 293
Lismore 100, **245,** 293 f.
– Lismore Castle 100
Londonderry vgl. Derry
Longford 155, 282
Loop Head 129, 259
Lough Conn 175
Lough Corrib 164
Lough Derg 148, 181
Lough Derravaragh 153
Lough Ennell 153
Lough Fea 198
Lough Gara 158
Lough Gur 136, 139, 257
Lough Key 158, 281
Lough Leane 115, 116, 254
Lough Mask 164
Lough Neagh **201 f.**
– Ardboe Cross 201
– Oxford Island 202
– Peatlands Park 202
Lough Owel 153
Lough Ree 151, 267
Lough Veagh 185
Loughshore Trail 202

Malahide 79, 269
– Malahide Castle 78, 79
Malin Head 186, 276
Mayo County 160
Medizinische Versorgung 304
Michael Collins Drive 242
Midleton 103, 245
Mizen-Halbinsel 9, 99, **110, 248**
Moll's Gap 119, 250, 254
Monasterboice 12, 73, 270
Mount Stewart House 13, 271
Mourne Mountains 204, 205, 270
Moyasta 128
Moyne Friary 175 f.
Muckross House 13, 254
Muiredach Hochkreuz 73
Mullingar 153, 282
– Belvedere House & Gardens 153
Murlough Bay 275

***N**achtleben 305*
National Stud und Japanischer Garten 88
Navan 77, 294
New Ross 92, 243 f.
– Dunbrody Famine Ship 92
– JFK Arboretum 92
Newbridge House & Farm 79, 269
Newcastle 204
Newgrange 13, **75 ff.**, 269
Newry 204
Nore River 90, 92
North Antrim Cliff Path 213
Notfälle, wichtige Rufnummern 305

Old Bushmills Distillery 210, 211
Old Midleton Distillery 99, 102, 103, 107
Oldbridge Estate 75, 77
Omagh 198 f., 200
– Ulster American Folk Park 198, 200

***P**arks 302*
Patterson's Spade Mill 232
Portaferry 207, 271, 294
Portlaoise 144
Portmagee 119, 251
Portrush 12, 209, **214**, 273, 274, 294
– Barry's Amusements 214
Portstewart 214, 274 f.
Portumna Castle 147, 148
Post 305
Poulnabrone Dolmen 132
Powerscourt Gardens 13, 84 f., 240
Powerscourt Waterfall 85, 240, 242
Presse 305

Querrin 128

Rathdrum 242
Rathlin Island 208
Rauchen 305
Reisezeit 304
Ring of Beara 112, 248
Ring of Kerry 9, 99, 112, 115, 118, 120, 250
Rock of Dunamaise 144, 146
Roscommon 154 f., 266, 267
– Roscommon Castle 154
– Roscommon County Museum 154
– Sacred Heart Catholic Church 154
Ross Castle 116
Rossaveal 162
Rosserk Abbey 176
Rosslare 93, **243,** 294
Rossnowlagh 181

Sandycove 46, 82 ff., 239
– Forty Foot Bathing Place 82
– James Joyce Museum/ Martello Tower 46, 83 f.
Sawel Mountain 198
Scattery Island 259
Shannon 7, 126 f., 135, 144, 149, 151, 157, 256, 259, 267, 281
Sheep's Head-Halbinsel 9, 99
Sicherheit 306
Skellig Islands 118, 122, 251
Skellig Experience Centre 118, 122, 251
Skibbereen 110, 111, 248
– Skibbereen Heritage Center 111
Slea Head 123, 255
Slieve Donard 204
Slieve Forest Park 72
Slieve League 178, 181, 183 f., 280

Slieve Snaght 185, 186
Sligo 11, **178 ff.**, 281, 294
– County Museum 180
– Sligo Abbey 180 f.
– Yeats Memorial Building 180
Sneem 119
Sperrin Mountains 198 ff.
Sport und Erholung 306 ff.
Sprachführer 311 ff.
Staigue Fort 119, 250
Stormont Castle 234
Strokestown **156 f.**, 266, 281
– Famine Museum 156, 157
Strabane 198, 199, 200
Stradbally Steam Museum 146
Strom 308

Telefonieren 308
Teelin 184
The Blasket Centre 123
Thomastown 91
Tipperary 257 f.
Tipperary County 126 ff.
Tír Sáile 176
Titanic 17, 21, 101, 102, 218, 227 f.
Tollymore Forest Park 275
Tralee 122, 255, 256
Trim 76, 294 f.
Trim Castle 12, 76 f., 242
Trinkgeld 308
Tullamore 148 f., 267, 295
– Tullamore Dew Heritage Centre 148, 149
Tully 88
Tullynally Castle & Garden 156, 282
Tulsk 13, 154, 266, 281
Turlogh 173
– National Museum of Country Life 173
TV 305

Ulster Folk & Transport Museum 234
Unterkunft 308 f.

Valentia Island 118 f., 250 f.
Vandeleur Walled Garden 128
Ventry 122, 255
Verkehrsmittel 309 f.

Wall Murals 189, 222, 223
Warrenpoint 204, 205
Waterford 94 f., 244, 245, 295
– Waterford Crystal 95
– Waterford Museum of Treasures 94
Wellbrook Beetling Mill 200
West Clare Railway 128, 129
Westmeath County 153
Westport 172 f., 263, 264
– Westport House & Gardens 173
– Clew Bay Heritage Centre 173
Wexford **93,** 94, 242, 243, 295
– Selskar Abbey 93
– Wildfowl Reserve 93
White Rocks Beach 209, 273
Whitepark Bay 209, 273
Wichtige Rufnummern 305
Wicklow Mountains 12, 86 f., 240 f.

Youghal 295

Zeitzone 310 f.
Zoll 311

Namenregister

Adair, John George 185
Ahern, Bertie 21
Altamont, Earl of 172
Andrews, Thomas 223

Bacon, Francis 42, 50
Barnacle, Nora 164, 263
Barrymore, Familiendynastie 107
Beckett, Samuel 19, 24, 33, 41, 46, 47, 59
Behan, Brendan 57
Best, George 234
Bingham, Sir Richard 176
Blair, Tony 21
Böll, Heinrich 174
Brendan, heiliger 129
Brennan, Leo 185
Brian Boru 15, 203
Brigid, heilige 88
Bruce, Edward 16
Buite, heiliger 73
Burgo, MacWilliam de 175
Burk, Richard 148
Butler, Familiendynastie 91, 142

Carson, Lord 234
Castlereagh, Lord 207
Caulfeild, James 54
Chambers, William 42, 50, 54
Chester Beatty, Sir Alfred 29, 49
Childers, Erskine 31, 59
Clannad 185
Clemens, Nathaniel 45, 53
Collins, Michael 57, 109

Colman, heiliger 101
Columba, heiliger 182, 193
Connolly, James 40
Cooke, Henry 223
Cooley, Thomas 54
Corrigan, Mairead 20
Cowen, Brian 21
Cromwell, Oliver 16, 90, 142

Deane, Thomas 52
Dominik, heiliger 150
Dubliners 65

Elizabeth I. 16, 33, 100, 113, 173
Emmet, Robert 38
Enya 185

Fitzgerald, Barry 51
Fitzgerald, Thomas 16
Fowke, Francis 36, 51
Francis, heiliger 150

Gandon, James 39, 56, 146
George V. 226
Gibb, James 79
Gillespie, Rowan 40
Guinness, Familiendynastie 37, 60

Händel, Georg Friedrich 42, 58, 59
Harland, Sir Edward 218
Heaney, Seamus 227
Heinrich II. 15
Heinrich VIII. 16
Herzog, Chaim 51
Hoban, James 57
Huntor, John 136
Hyde, Douglas 31, 59

James II. 16, 75, 270
Johannes Paul II. 150
Johnston, Francis 56
Joyce, James 24, 38, 41, 46, 47, 68, 83, 263

Keenan, Johnny 155
Kelvin, Lord William Thomson 224
Kevin, heiliger 86, 240
Kieran, heiliger 149, 150
Kindness, John 220
Knowles, Gareta 219

Lanyon, Sir Charles 227, 233
Laud, heiliger 54
Lawrence, heiliger 29
Le Nôtre, André 202
Leinster, Herzog von 35
Lutyens, Sir Edwin 147

Malone, Molly 32 f., 57
Mangan, James Clarence 38
Markievicz, Countess 38
Marsh, Narcissus 31, 57
McAleese, Mary 227
McDyer, James 183
McNamara, Familiendynastie 129, 135
Molaise, heiliger 196
Molloy, Matt 173
Moore, Henry 61

O'Brien, Familiendynastie 138, 142
O'Casey, Sean 46
O'Connell, Daniel 17, 37, 40, 57, 118, 119, 134
O'Conor, Rory 149
O'Flahertys, Familiendynastie 168
O'Sullivan Beare, Familiendynastie 113
O'Sullivan Maureen 159
O'Toole, Laurence 54

Paisley, Ian 19 f.
Patrick, heiliger 14, 140, 150, 172, 181, 203, 204, 205, 270, 271
Pearce, Edward Lovett 34, 54
Plunkett, Oliver 73
Powerscourt, Lord 67

Quen, Bischof 58

Richard II. 16
Raleigh, Sir Walter 100
Robinson, Mary 20

Shaw, George Bernard 18, 24, 41, 46, 47
Sheridan, Richard Brinsley 41
Soane, John 223
Stewart, Charles Parnell 17
Stoker, Bram 33, 59
Strongbow (Richard Fitz Gilbert de Clare) 29, 54, 146
Swift, Jonathan 31, 33, 41, 46, 47, 59
Synge, John Millington 46

Talbot, Familiendynastie 79
Temple, Sir William 28, 59
Tone, Theobald Wolfe 17, 38

Uzell, Richie 229

Valera, Eamon de 18, 19
Vandeleur, Familiendynastie 128
Victoria, Königin 218, 220

Wellington, Duke of 43
Wilde, Oscar 24, 33, 36, 37, 41, 46, 47, 59, 60, 158
Wilhelm von Oranien 16, 75, 270
Williams, Betty 20
Wyatt, James 172

Yeats, Jack Butler 36, 180
Yeats, William Butler 18, 36, 38, 41, 46, 61, 178, 180, 281

Klaus Acker, Köln: S. 73, 85 o., 110 u., 114 u., 131 o., 133 o., 140, 212, 297
Alamy/agefotostock/Hoffmann Photography: S. 113 u.
Belfast Visitor & Convention Bureau: S. 220, 221, 226, 229, 232
Fáilte Ireland, Dublin: S. 87 u., 103 o., 171 o.
Fotolia/Alce: S. 197 o.; AlienCat: S. 171 u.; Algor7: S. 101 u.; Kelly Ann: S. 106; Apeschi: S. 33, 54; Banner: S. 134 o.; Jon Broughton: S. 8; Butch: S. 230, 283; Captblack76: S. 143, 215; Catnap: S. 15 u.; Daithi C: S. 94 u.; Drx: S. 17 u.; Eric Epoudry: S. 20; Fineartimaging: S. 162 o.; Jose Gil: S. 213; Sean Gladwell: S. 165 u.; David Harding: S. 41 u.; Peter Helin: S. 24; Jwblinn: S. 94 o.; Arvydas Kniukšta: S. 158; Patryk Kosmider: S. 56 o., 129 o., 134 u., 135 u., 137, 138 u., 303; Kwiatek7: S. 125, 135 o..; Agita Leimane: S. 141; Eva Lemonenko: S. 24/25; Sarah Lindsay: S. 187; Thierry Maffeis: S. 6 u.; Manyakotic: S. 284; Morrbyte: S. 100; Martin Mullen: S. 15 o., 296; Steve Mutch: S. 53; Andrei Nekrassov: S. 105 o.; Netdomo: S. 6 o.; Kate Nolan: S. 157 o.; Panimo: S. 309; Pdxnative: S. 12; PHB.cz: S. 88 o., 155, 197 u., 198/199, 207; Photonaka: S. 44 o.; Airi Pung: S. 78 u., 80 o.; Sammy: S. 7 u.; Searagen: S. 29 u.; Sepavo: S. 58 u.; Adam Siese: S. 183; Sms-2info: S. 96/97; Stephan: S. 202; Anthony Troy: S.152; H. D.Volz: S. 291; Vom: S. 172; Edward White: S. 37; Silke Wolff: S. 104 o.
Andrea Herfurth-Schindler, Köln: S. 130 u., 133 u., 150, 170 o., 192 u., 193, 195
iStockphoto/Aitormmfoto: S. 31 u., Francisco Lozano Alcobendas: S. 192 o.; Steve Allen Photo: S. 273; andreybl: S. 262; Philippa Banks: S. 14 o., 74; Kerstin Bastian: S. 176 o., 186; Tomas Bercic: S. 57; Norbert Bieberstein: S. 89; Artur Bogacki: S. 246; Nigel Carse: S. 224 o.; John Cave: S. 48 o.; Linda Marie Caldwell: S. 269; Ariel Cione: S. 182/183; Clu: S. 34 u.; cryber: S. 252/253; Julian Dewert: S. 278/279; Luca Fabbian: S. 165 o.; Paul Flynn: S. 14 u., 77; foodandwinephotography: S. 263; Dirk Freder: S. 40; Agnieszka Gaul: S. 178; Pawel Gaul: S. 44 u.; Kevin Alexander George: S. 280; John Gollop: S. 112, 250; David Greitzer: S. 82 o.; Agnieszka Guzowska: S. 166; Tim Inman: S. 194; Gabriela Insuratelu: S. 93 u., 150/151; Johngalla: S. 184; jonpic: S. 247 u.; Brian Kelly: S. 82 u., 93 o., 95, 128 u., 147 u.; John Kirk: S. 216 o.; Hon Lau: S. 42, 50; Liz Leyden: S. 25; LuckyTD: S. 272; Alexandru Magurean: S. 45; mammuth: S. 270; Robert Mayne: S. 219 u., 228, 271; Brian McMahon: S. 81; Missing35mm: S. 116, 259; MOF: S. 108 o., 108 u.; morrbyte: S.236; Mustang_79: S. 257 o.; Ross Niblock: S. 233; Lara OConnell: S. 80 u.; pepmiba: S. 276; Photo Fires: S. 274; powerofforever: S. 264; Peter o'Toole: S. 244 u.; P-pix: S. 181 o., 196; Ramon Rodriguez: S. 173, 176 u.; Aleksandre Rumjancevs: S. 41 o.; sasar: S. 261; Richard Semik: S. 114 o.; Tito Slack: S. 126; Slongy: S. 249; Rafal Stachura: S. 79; David Stava: S. 138 o.; Studioworxx: S. 120/121; Jon Tarrant: S. 227 o.; Alasdair Thomson: S. 185; Josemaria Toscano: S. 234 u.; twstipp: S. 124; Lisa Valder: S. 131 u.; Vander Wolf-Images: S. 275; Beverley Vycital: S. 84; Sjoerd van der Wal: S. 9 o.; Ingmar Wesemann: S. 4; Westbury: S. 30 r.; Alexey Zarodov: S. 163 o.; Peter Zelei: S. 10/11, 72 u., 117 u., 204
Volkmar E. Janicke, München: S. 22/23, 174
Gerold Jung, Ottobrunn: S. 69 o., 38, 46 o. r.
Roland E. Jung, Möhnesee: S. 170 u., 206
Markus Kirchgeßner, Frankfurt/M.: S. 59, 61, 62, 66 u.
Siegfried Kuttig, Lüneburg: S. 4/5, 7 o., 12/13, 35 o., 55, 63, 64, 86 o., 188/189, 189 o., 319
mauritius images: S. 69, 75 u., 132, 147 o., 148; Photononstop: S. 153 o.; Martin Siepmann: S. 216 u.
National Portrait Gallery, London: S. 16 u.
Christian Nowak, Berlin: S. 177, 222 u., 227 u.
Pixelio: S. 107, 119, 189 u.; Annamartha: S. 117 o., 130 o.; Campomaio: S. 115, 167; Carlosh: S. 180; Jasper J. Carton: S. 85 u.; Reinhard Gerlach: S. 214 o.; Th. Glaser: S. 168; Peter Habereder: S. 181 u.; Hermann: S. 157 u.; Tim K.: S. 208/209; Ronald Kayser: S. 118/119; Mathias Klingner: S. 123 o.; Jens Kühnemund: S. 101 o.; Ulrike Lacour: S. 5; Christina Maderthoner: S. 110 o.; Dieter Möckli: S. 166/167; Detlef Müller: S. 87 o.; Rebel: S. 9 u., 72 o., 128 o.; Dieter Schütz: S. 90 u., 91, 122 u., 154, 160, 162 u., 164 u., 175, 200; Andreas Senftleben: S. 90 o.; Marge Simpson: S. 149 u., 169; Marcus Stark: S. 286; Folker Timmermann: S. 123 u., 164 o.; Claudia Zantopp: S. 136
Shutterstock/4kclips: S. 255; Benjamin B: S.

277; Patryk Cosmider: S. 256; Eric70: S. 251; Mark Fearon: S. 266; Owen J. Fitzpatrick: S. 239; Gimas: S. 260 o.; Mick Harper: S. 267; James Kennedy NI: S. 257 u., 282; Lucky Team Studio: S. 281; Madrugada Verde: S. 244 o., 258; Mathildeb52: S. 243; MNStudio: S. 235; D. Ribeiro: S. 245; Rihardzz: S. 260 u.; Bartlomiej Rybacki: S. 265; Sasapee: S. 113 o.; Stefano Valeri :S. 240, 241, 254; Tyler W. Stipp: S. 247 o.; walshphotos: S. 242
Karsten-Thilo Raab, Essen: S. 28, 29 o., 48 u., 66 o.
The Clarence, Dublin: S. 288
Visit Britain: S. 201 o., 201 u., 210 u., 212/213, 217, 225, 234 o.
VISTA POINT Verlag (Archiv), Rheinbreitbach: S. 16 o., 18 o., 18 u., 34 o., 35 u., 36 o., 36 u., 46 o. l., 46 u., 47 o., 47 Mitte, 47 u., 49, 51, 56 u., 58 o., 60, 65, 75 o., 78 o., 86 u., 102, 105 u., 109, 151, 222 o., 298, 257, 258
Wikipedia: S. 224 u.; Beam Global Deutschland: S. 149 o.; Peter Clarke: S. 88 u.; Library of Congress: S. 19, 21 o.; Thorsten Pohl: S. 144; Sarah777: S. 159; Tommyb67: S. 146; Wikipedia (CC BY-SA 2.0)/Stuart Gaie: S. 17 o.; Michal Osmenda: S. 295; Psyberartist: S. 32; Flickr/WordRidden: S. 104 u.; Wikipedia (CC BY-SA 2.5)/Mike Peel: S. 67; Wikipedia (CC BY-SA 3.0)/Ardfern: S. 203, 231; Andreas F. Borchert: S. 153 u., 163 u.; John Fahy: S. 83; Jamt9000: S. 31 o.; H.-J. Jansen: S. 30 l.; Kainjock: S. 111 o.; Lemidi: S. 103 u.; Prioryman: S. 21 u.; Schorle: S. 111 u.; Sean.mcdaid1: S. 69 u.; Jerzy Strzelecki: S. 122 o.; Suckindiesel: S. 92; Thpohl: S. 186/187
Ernst Wrba, Wiesbaden: S. 139, 307
www.britainonview.com: S. 198, 205, 211, 214 u., 218; Martin Brent: S. 210 o., 219 o.
Fulvio Zanetti/laif, Köln: S. 76

Titelbild: Sonnenuntergang an den Cliffs of Moher, Foto: iStockphoto/upthebanner
Vordere Umschlagklappe (innen): Übersichtskarte des Reisegebietes mit den eingezeichneten Reiseregionen
Schmutztitel (S. 1): Ganz Irland feiert am 17. März den St. Patrick's Day, Foto: iStockphoto/Terry J Alcorn
Haupttitel (S. 2/3): Dunluce Castle – die »starke Festung« an der Antrim Coast im Norden Irlands, Foto: Fotolia/Ydefar
Hintere Umschlagklappe (außen): Howth Marina; Foto: iStockphoto/Infrontphoto
Umschlagrückseite: oben: Papageitaucher auf Skellig Island, Foto: iStockphoto/NoelMoore; unten: Dublins Szeneviertel Temple Bar, Foto: Karsten-Thilo Raab, Essen

1. Auflage 2019

Reihenkonzeption: Horst Schmidt-Brümmer, Andreas Schulz
Bildredaktion: Andrea Herfurth-Schindler, Daniel Fischer, Kathrin Fäller
Lektorat: JB Bild|Text|Satz, Christina Richter
Layout und Herstellung: Sandra Penno-Vesper, Britta Wilken
Reproduktionen: Henning Rohm, Köln; Noch & Noch, Datteln
Kartographie: Kartographie Huber, München
Druckerei: Florjancic tisk d.o.o., Slowenien

ISBN 978-3-96141-172-6